한국어 음운론

강옥미

숙명여자대학교 국어국문학과를 졸업한 후, 미국 시애틀에 있는 워싱턴대학교(University of Washington) 대학원 언어학과에서 언어학 석사학위(1989)를 취득하고, 『한국어 운율음운론(Korean Prosodic Phonology)』으로 언어학 박사학위(1992)를 취득했다. 1995년 이래 조선대학교 국어국문학과 교수로 재직하고 있다. 저서로 『언어여행 ‒ 우리 안의 언어, 우리 밖의 언어』(2009)가 있고, 문자와 문자유희에 대한 연구로 「정서는 어떻게 동·서양 표정 이모티콘에 반영되었는가」(2010), 「야민정음과 급식체의 해체주의 표현연구」(2018), 「보이는 음성과 스토우키 표기, 수톤수화문자의 자질문자적 분석」(2008) 등이 있다.

한국어 음운론

초판 1쇄 발행 2003년 2월 15일
개정판 3쇄 발행 2017년 3월 15일
제2개정판 1쇄 발행 2021년 4월 9일
제2개정판 3쇄 발행 2024년 3월 8일

지은이 | 강옥미
펴낸곳 | (주)태학사
등록 | 제406-2020-000008호
주소 | 경기도 파주시 광인사길 217
전화 | 031-955-7580
전송 | 031-955-0910
전자우편 | thspub@daum.net
홈페이지 | www.thaehaksa.com

ⓒ 강옥미, 2003. Printed in Korea.

값 30,000원
ISBN 979-11-90727-67-9 93710

한국어
음운론

—— KOREAN PHONOLOGY ——

강옥미 지음

태학사

서문

1987년 대학원에서 처음으로 접했던 생성음운론(generative phonology) 이후 음절음운론(syllable phonology), 어휘음운론(lexical phonology), 자질기하학 (feature geometry), 모라음운론(moraic phonology), 운율음운론(prosodic phonology), 율격음운론(metrical phonology), 지배음운론(government phonology), 의존음 운론(dependency phonology) 등 복선음운론을 배우게 되었다. 1992년 8월 귀 국하여 강의준비를 하면서 구조주의 음운론에 대해서 자세히 알게 되었고, 1995년 이후에는 최적이론(optimality theory)을 공부하게 되었다. 한국어 음 운론 전공자나 학습자를 위해서 음운이론과 한국어 음운현상을 다룬 책을 전부터 써보고 싶었다. 구조주의, 생성음운론과 복선음운론을 거치면서 음운 론의 주요 내용이 어떻게 발전되는지 어느 이론이 한국어의 음운현상을 설명 하는데 우위를 보이는지를 한 권의 책에 다루기는 무리다. 따라서 이 책에서 는 초급 단계의 한국어 음운론 안내서로서 음성학, 구조주의음운론, 생성음 운론과 복선음운론의 기초가 되는 핵심내용만 다룬다.

책의 구성을 어떻게 할까 고민했다. 구조주의 이후부터 이론 중심으로 할 까 생각하다가 주제 중심으로 쓰기로 했다. 소리에 대한 음성학 지식, 구조주 의의 음소, 생성음운론의 자질, 음운규칙의 단선적·복선적형식화 단선적 자 질표시의 문제점에 대한 복선음운론의 해결방안, 음절과 관련된 한국어 음운 현상, 운율적 요소와 관련된 한국어 음운현상, 기타 한국어의 음운현상 등이 고찰된다. 이 책은 음운론에 대한 지식이 거의 없는 초보자를 대상으로 하므 로 지나치게 전문적이거나 세부적인 언급은 피하고자 하였다. 따라서 기본 내용만 익히려면 6장의 복선음운론은 지나쳐도 된다. 그동안 여러 책에서 간단히 다루어졌던 초분절적 요소인 음장, 강세, 억양 등이 8장에 간략하게 정리되어 있다.

2003년 초판 발간 이후 많은 독자들이 책을 사랑해주셨다. 부분적인 수정은 판을 찍을 때마다 해왔지만, 2021년 2월 더 많은 오류를 수정하고, 보충 설명을 더하여 제2개정판을 내게 되었다. 제2개정판이 출판되도록 도움 주셨던 태학사 지현구 회장님, 많은 수정 요구를 적극적으로 반영해준 조윤형 주간님, 표지디자인에 신선한 아이디어로 애쓰신 이보아 실장님께 고마움을 표한다.

2021년 3월

강 옥 미

국제음성문자(The International Phonetic Alphabet)

(revised to 2020 https://en.wikipedia.org/wiki/International_Phonetic_Alphabet)

Consonants (Pulmonic)

	Bilabial	Labiodental	Dental	Alveolar	Postalveolar	Retroflex	Palatal	Velar	Uvular	Pharyngeal	Glottal
Plosive	p b			t d		ʈ ɖ	c ɟ	k g	q ɢ		ʔ
Nasal	m	ɱ		n		ɳ	ɲ	ŋ	N		
Trill	ʙ			r					ʀ		
Tap or Flap		ⱱ		ɾ		ɽ					
Fricative	ɸ β	f v	θ ð	s z	ʃ ʒ	ʂ ʐ	ç ʝ	x ɣ	χ ʁ	ħ ʕ	h ɦ
Lateral fricative				ɬ ɮ							
Approximant		ʋ		ɹ		ɻ	j	ɰ			
Lateral approximant				l		ɭ	ʎ	ʟ			

Symbols to the right in a cell are voiced, to the left are voiceless. Shaded areas denote articulations judged impossible.

CONSONANTS (NON-PULMONIC)

Clicks		Voiced implosives		Ejectives	
ʘ	Bilabial	ɓ	Bilabial	ʼ	Examples:
ǀ	Dental	ɗ	Dental/alveolar	pʼ	Bilabial
ǃ	(Post)alveolar	ʄ	Palatal	tʼ	Dental/alveolar
ǂ	Palatoalveolar	ɠ	Velar	kʼ	Velar
ǁ	Alveolar lateral	ʛ	Uvular	sʼ	Alveolar fricative

OTHER SYMBOLS

ʍ Voiceless labial-velar fricative

w Voiced labial-velar approximant

ɥ Voiced labial-palatal approximant

ʜ Voiceless epiglottal fricative

ʢ Voiced epiglottal fricative

ʡ Epiglottal plosive

ɕ ʑ Alveolo-palatal fricatives

ɺ Voiced alveolar lateral flap

ɧ Simultaneous ʃ and x

Affricates and double articulations can be represented by two symbols joined by a tie bar if necessary.   t͡s k͡p

DIACRITICS

Voiceless	n̥ d̥	Breathy voiced	b̤ a̤	Dental	t̪ d̪
Voiced	s̬ t̬	Creaky voiced	b̰ a̰	Apical	t̺ d̺
ʰ Aspirated	tʰ dʰ	Linguolabial	t̼ d̼	Laminal	t̻ d̻
More rounded	ɔ̹	ʷ Labialized	tʷ dʷ	Nasalized	ẽ
Less rounded	ɔ̜	ʲ Palatalized	tʲ dʲ	ⁿ Nasal release	dⁿ
Advanced	u̟	ˠ Velarized	tˠ dˠ	ˡ Lateral release	dˡ
Retracted	e̠	ˤ Pharyngealized	tˤ dˤ	No audible release	d̚
Centralized	ë	~ Velarized or pharyngealized	ɫ	
Mid-centralized	e̽	Raised	e̝ (ɹ̝ = voiced alveolar fricative)	
Syllabic	n̩	Lowered	e̞ (β̞ = voiced bilabial approximant)	
Non-syllabic	e̯	Advanced Tongue Root	e̘	
Rhoticity	ɚ a˞	Retracted Tongue Root	e̙	

Some diacritics may be placed above a symbol with a descender, e.g. ŋ̊

VOWELS

Where symbols appear in pairs, the one to the right represents a rounded vowel.

SUPRASEGMENTALS

ˈ	Primary stress	ˌfoʊnəˈtɪʃən
ˌ	Secondary stress	
ː	Long	eː
ˑ	Half-long	eˑ
◌̆	Extra-short	ĕ
ǀ	Minor (foot) group	
ǁ	Major (intonation) group	
.	Syllable break	ɹi.ækt
‿	Linking (absence of a break)	

TONES AND WORD ACCENTS

	LEVEL			CONTOUR	
e̋ or ˥	Extra high		ě or ˩˥	Rising
é ˦	High		ê ˥˩	Falling
ē ˧	Mid		e᷄ ˦˥	High rising
è ˨	Low		e᷅ ˩˨	Low rising
ȅ ˩	Extra low		e᷈ ˧˦˧	Rising-falling
ꜜ Downstep			↗ Global rise
ꜛ Upstep			↘ Global fall

약어표(List of Abbreviations)

일반 약어

A	Adjective(형용사)
Adv	Adverb(부사)
AP	Adjectival Phrase(형용사구)
AdvP	Adverbial Phrase(부사구)
C	Consonant(자음)
C'	tensed C(경음)
C^h	aspirated C(유기음)
C^j, C^y	palatalized C(경구개화음)
C^w	labialized C(원순화음)
$C^{\text{ɰ}}$	velarized C(연구개화음)
Det	Determiner(한정사, 관형사)
F	Foot(음보), feature(자질)
G	Glide(활음, 반모음, 이동음)
H	High Tone(고조)
HL	High Low(하강조)
IP	Inflectional Phrase(굴절구)
IPA	International Phonetic Alphabet(국제음성문자)
L	Low Tone(저조), Lateral(유음)
lex^o	lexical category(어휘범주): A, N, V, Adv
lex^{max}	어휘범주의 최대투영(Maximal projection): AP, NP, VP, AdvP
LH	Low High(상승조)
M	Mid Tone(중조)
N	Noun(명사), Nasal(비음)
NP	Noun Phrase(명사구)
O	Lax Obstruent(평장애음)
O'	Tensed Obstruent(경장애음)
OCP	Obligatory Contour Principle(필수굴곡원리)
P	Postposition(후치사)
PP	Postpositional Phrase(후치사구)
S	Sonorant(공명음), Sentence(문장)
SPE	Sound Pattern of English(Chomsky&Halle 1968)
V	Vowel(모음), Verb(동사)
VOT	Voice Onset Time(성대진동개시시간)
VP	Verb Phrase(동사구)
X	skeleton(골격)

운율성분(prosodic constituents)

μ	mora(모라)
σ	syllable(음절)
ω	phonological word, prosodic word(운율어)
AP	Accentual Phrase(악센트구)
BG	Breath Group(기식군)
Φ	phonological phrase, prosodic phrase(운율구)
IP, I	I Intonational Phrase(억양구)
SI	Sentence Intonation(문장억양)
U	Utterance(발화)

경계표(boundaries)

#	단어경계	#___ 어두,	___# 어말
$	음절경계	$___ 음절초,	___$ 음절말
+	형태소경계	+___ 형태소초,	___+ 형태소말

자질(features)

[ant]	[anterior]
[ATR]	[Advanced Tongue Root]
[asp]	[aspirated]
[Approx]	[approximant]
[CG]	[constricted glottis]
[cont]	[continuant]
[cor]	[coronal]
[cons]	[consonantal]
[del. rel.]	[delayed release]
[distri]	[distributed]
[dor]	[dorsal]
[glot]	[glottalized]
[lab]	[labial]
[lat]	[lateral]
[nas]	[nasal]
[rel]	[released]
[open]	[open]
[RTR]	[Retracted Tongue Root]
[rnd]	[round]
[SG]	[spread glottis]
[str]	[strident]
[syll]	[syllabic]
[vce]	[voice]

마디(nodes)

aperture	aperture node(개구도마디)
R, root	root node(뿌리마디)
labial	labial node(순음마디)
coronal	coronal node(설정음마디)
C-place	C-place node(위치마디)
dorsal	dorsal node(설배음마디)
laryngeal	laryngeal node(후두마디)
nasal	nasal node(비강마디)
oral cavity	oral cavity node(구강공명실마디)
pharyngeal	pharyngeal node(인강마디)
place	place node(위치마디)
radical	radical node(설근마디)
soft palate	soft palate node(연구개마디)
vocalic	vocalic node(모음성마디)
V-place	V-place node(모음위치마디)

차례

3장　　음소

5장   음운규칙

6장   복선음운론

7장   음절과 음운현상

8장   운율적 요소

9장　한국어의 음운현상

1장 인간과 언어

장 목표

이 장에서 여러분은 다음과 같은 내용을 알게 된다.

· 대뇌에서 언어를 관장하는 영역, 기능과 발성기관의 진화를 안다.
· 음성학의 유형을 안다.
· 음운론의 체계를 안다.
· 음성학과 음운론의 차이를 안다.

1. 대뇌의 언어영역과 기능

인류가 사고를 하고 언어를 습득하게 된 것은 그리 오래 되지 않았다. 불과 도구를 사용하고 사냥과 채집 생활을 하던 원시인들이 복잡한 사회생활을 하게 되고, 더 복잡한 도구를 만들어 사용하면서 두뇌가 적응하는 과정에서 언어가 부산물로 나타났다고 보기도 한다. 즉, 유인원보다 훨씬 발달한 의사소통수단이 필요해졌다. 초기 언어는 단순하고 간단한 문장이었으며 고함, 휘파람, 얼굴표정, 몸짓언어 등과 함께 사용되었을 것이다.

호모 하빌리스
(Homo Habilis)
최초 인류

호모 에렉투스
(Homo Erectus)
직립인간

인류가 사고를 하게 된 것은 뇌의 크기와 관련이 있다. 인류가 사고를 하기 시작한 것은 뇌의 용적이 700-800cm^{3}인 Homo Habilis(최초 인류)부터이다. 화석인류의 발성기관을 복원한 결과 뇌의 용적이 900cm^{3}인 Homo Erectus(직립인간)가 어느 정도 능숙하게 의사소통을 했을 것이라고 추정된다. Homo Habilis부터 시작해서 Homo Erectus까지 연상과 사고의 중심부가 되는 대뇌세포의 피질의 크기가 두 배 이상 증가되었다. 현재 인간 두뇌는 약 1,400~1,500cm^{3}로 약 3백만 년도 못 되는 기간에 대뇌피질의 팽창으로 뇌의 크기가 폭발적으로 증가하였다. 두뇌크기의 증가는 신경조직의 확립과 신경기능의 복잡화를 수반하면서 복잡한 행동반응과 세분된 문화가 진화되었다. 도구, 사냥, 복잡한 사회생활, 발성 등 인간의 생활방식과 두뇌발달은 동시에 발생하여 고대인에게 진정한 Homo란 말을 붙일 수 있게 되었다.

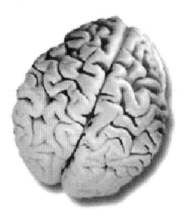

그림 1.1 좌뇌와 우뇌

· 좌뇌(left hemisphere)
· 우뇌(right hemisphere)

뇌의 가장 상층부인 대뇌는 2개의 반구인 좌뇌와 우뇌로 이루어져 있다. **좌뇌**와 **우뇌**는 뇌량(corpus callosum)이라는 섬유질로 연결되어 하나의 정신구조를 이룬다. 대뇌의 표면은 그림 1.1에서 보듯 2-5mm 두께의 주름에 약 140억 개의 **신경세포(neuron)**인 **대뇌피질**로 덮여 있다.

뇌표면의 대부분을 차지하는 대뇌피질은 다시 여러 대뇌엽으로 나누어진다. 각 대뇌엽이 있는 부위의 두개골 이름을 따라 각 반구는 **전두엽(frontal lobe)**, **후두엽(occipital lobe)**, **두정엽(parietal lobe)**, **측두엽(temporal lobe)**으로 나누어진다.

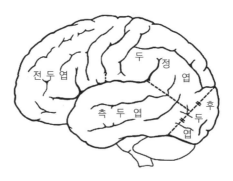

그림 1.2 대뇌피질의 각 영역

인간의 언어를 관장하는 뇌의 영역은 대뇌의 좌반구, 좌뇌이다. 베르니케영역은 언어이해와 관련 있고 브로카영역은 발화와 관련 있다.

우뇌의 피질은 음악적 능력, 감정적 작용, 시각적 형태를 인식하는데 중요한 작용을 하고, 언어적 능력은 좌뇌의 피질에만 **편향(brain lateralization)**되어 있다. 좌뇌의 주언어처리 장소는 뇌의 앞부분에 있는 브로카영역과 뒤로 향해 있는 베르니케영역이다. **브로카영역(Broca's area)**은 전두엽의 뒤쪽 아래에 위치하고 발음근육조직을 통제하는 운동성 언어중추 가까운 곳에 있다. 브로카영역은 주로 언어를 부호화하는 발화와 관련이 있다. **베르니케영역(Wernicke's area)**은 측두엽의 뒤쪽에 위치하고 언어이해를 주로 담당한다. 브로카영역과 베르니케영역은 궁형속(arcuate fasciculus)에 의해 서로 연결되어 있다.

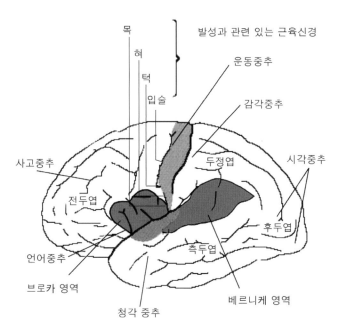

목
혀
턱
입술
발성과 관련 있는 근육신경
운동중추
감각중추
사고중추
두정엽
시각중추
전두엽
후두엽
언어중추
측두엽
브로카 영역
베르니케 영역
청각 중추

그림 1.3 언어와 관련 있는 대뇌 좌반구의 영역

언어와 관련된 두뇌기관의 관련 작용을 살펴보자.

말하기(발화)

화자가 말하고 싶은 것이 생기면 사고한 후 적절한 단어와 어구를 선택하여 어법에 맞게 배열한다. 대뇌 좌반구의 베르니케영역에서 생성된 발화의 구조는 브로카영역에서 부호화되어 위쪽에 있는 발성과 관련된 운동피질에 전해진다. 운동신경이 목, 혀, 턱, 입술의 발성근육에 전해져 해당 근육이 움직이면서 음이 만들어진다.

소리내어 읽기

단어를 읽으면 그 정보가 시각피질(primary visual cortex)로 간 다음, 단어의 청각을 활성화시키는 각상회(angular gyrus)를 거친다. 베르니케영역에서 생성된 발화구조는 브로카영역으로 전달되어 부호화되고 말을 하라는 명령이 발성관련 운동피질에 전해져 발성근육이 움직여 음이 만들어진다.

말하기의 과정
베르니케영역→
브로카영역 → 발성
근육운동신경→
발성근육 → 음파

읽기의 과정
시각피질 → 베르
니케영역 → 브로카
영역 → 발성근육운
동신경 → 발성근육
→ 음파

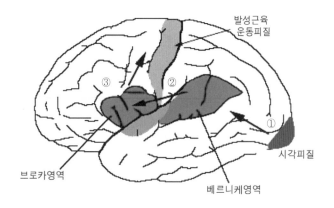

그림 1.4 글자를 읽는 과정에 작용하는 대뇌 좌반구의 영역

소리를 내지 않고 눈으로 읽기만 하면 브로카영역을 거치지 않는다.

언어이해(청각작용)

화자의 입밖으로 나간 음파는 화자 자신과 청자에게 동시에 들린다. 귀에 들어온 음파는 고막을 진동시키고 중이를 지나 내이에 전달된다. 내이에 있는 달팽이관의 청각세포에 전달된 소리들은 신경조직이 이해할 수 있는 형태로 부호화된다. 그 후 대뇌 좌반구의 측두엽의 청각영역에서 베르니케영역으로 전해져서 그곳에서 해석된다.

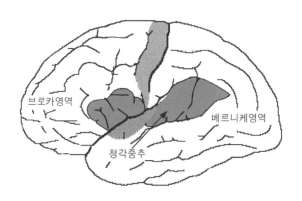

그림 1.5 화자의 발화를 듣고 이해하는 과정의 대뇌 좌반구의 영역

화자가 말한 단어를 청자가 다시 발성하려면 청자의 청각피질(primary auditory

cortex)에 도달한 음파가 베르니케영역에 도달한 후 브로카영역에 전해져서 다시 발성관련 운동피질로 전달된다.

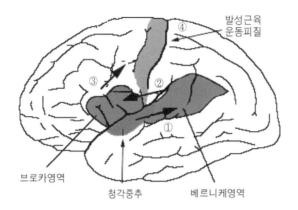

그림1.6 화자의 발화를 듣고 청자가 다시 발화하는 과정의 대뇌 좌반구의 영역

들은 후 발화
청각중추 → 베르
니케영역 → 브로
카영역 → 발성근
육운동신경 → 발
성근육 → 음파

2. 발성기관의 진화

두뇌의 진화만으로 인간이 말을 할 수 없다. 인간이 말을 하기 위해서는 발성기관의 진화가 필수적이다. 이것은 인간과 가장 가까운 침팬지를 보면 알 수 있다. 침팬지가 인간의 말을 할 수 없는 근본적인 이유는 그들의 발성기관이 인간의 발성기관과 다르기 때문이다.

원속동물은 그림 1.7에서 보듯이 후두가 목위에 있고 설근이나 인두가 거의 없이 구강 하나로 구성된 **일관형기관**(one-tube track)을 가지므로 낼 수 있는 소리가 제한되어 있다.

원속동물은 후두가 목위에 있고 설근이나 인두가 없는 일관형기관을 가지고 있다. 어른은 인두와 구강이 합해진 ㄱ자 모양의 이관형 기관을 가져 다양한 소리를 낼 수 있다.

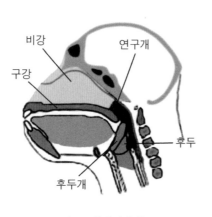

그림 1.7 침팬지의 후두

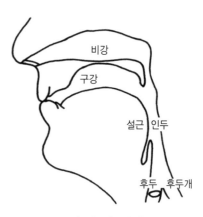

그림 1.8 어른의 후두

약 50만년 전 Homo Erectus에서 Homo Sapiens(현생인류)로 진화될 무렵 인류의 성문이 하강했다. 후두가 밑으로 내려와 인두가 커지게 되어 그림 1.8에서 보듯이 현재 성인어른은 설근이 인두의 앞벽을 이루고 구강과 인두가 합해진 ㄱ자 모양의 **이관형기관**(two-tube track)을 갖고 있다. 이런 구조에서는 혀를 앞뒤와 아래위로 움직일 수 있으므로 다양한 소리를 낼 수 있다.

유아도 원속동물처럼 후두 안의 성문이 목보다 더 높이 올라와 있다. 발성기관이 아직 **일관형**(one-tube track)이어서 다양한 발음을 할 수 없다.

인류가 진화하면서 성문이 하강하였다. Homo Erectus부터 언어를 사용하였다.

유아는 성문이 목 위에 올라온 일관형 기관을 가지므로 다양한 소리를 낼 수 없다.

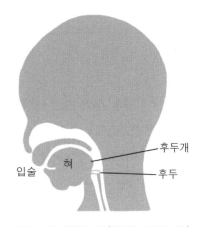

입술　혀　후두개　후두

그림 1.9 유아발성기관(김진우 1985: 52)

모음은 저모음 [a, æ]밖에 발음하지 못한다. Jakobson(1960)은 양순음 [p], [m]와 치경음 [t], [n]은 연구개음 [k], [ŋ] 보다 발음하기 쉽기 때문에 'papa'와 'mama'에 [p]와 [m]가 있다고 주장했다. 한국어 '엄마'와 일본어 '마마'도 [m]와 [a]로 이루어져 있다 성인이 되면서 후두는 목 아래로 내려가게 되어 다양한 소리를 낼 수 있다.

3. 음성학과 음운론

음성학(phonetics)이란 언어의 음을 생리적, 물리적, 실험적으로 연구하는 **자연과학**(natural science)이고, **음운론**(phonology)은 **인지과학**(cognitive science)의 한 분야인 언어학(linguistics)이다. 인간이 내는 음은 여러 음의 연쇄에 의해 서로 연결되면서 변동이 일어난다. 이런 변동을 다루는 학문이 음운론이다. 음운론을 알기 전에 개별음에 대한 음성적 특성을 정확히 알아야 한다. 따라서 음성학은 음운론의 기초가 되는 필수적인 분야이다. 그러나 구조주의 음운론(Trubetzkoy) 이래 오랫동안 음운론 학자들은 음성학을 언어학이 아닌 자연과학으로 분류하며, 음운론 연구에 음성학적 지식이나 타당성을 배제한 체 이론중심의 분석을 해왔다. 하지만 최근 음운론연구는 음성학적 실험결과를 많이 받아들여 음성학적으로 보편타당한 분석방법을 모색하고 있다(ground phonology).

일상생활에서 우리는 남이 말하는 것을 듣고 자신의 생각을 정리하여 말하고 또한 읽기도 한다. 말하기(발화), 듣기(이해), 읽기 활동에 사용되는 음이 음성학의 연구대상이다. 이 장의 2절에서 우리는 이미 음이 만들어지기까지 어떤 과정을 겪는지를 살펴보았다. 언어와 관련된 대뇌의 영역은 좌반구이다. **언어이해**를 담당하는 **베르니케영역**에서 발화구조가 생성되고 **브로카영역**에서 이것이 **부호화**(coding)된다. 브로카영역 위에 있는 턱, 입술, 혀, 목

등의 발성근육을 움직이는 운동피질에 전해지고 운동신경이 턱, 입술, 혀, 목 등의 발성근육에 전해져 발성근육이 움직여서 음파가 만들어진다.

화자가 발화하여 생성된 음파가 공기를 통하여 청자의 귀에 도달한 후 청자의 뇌에서 인식되기까지의 일련의 언어 연쇄과정이 그림 1.10에 나타나 있다.

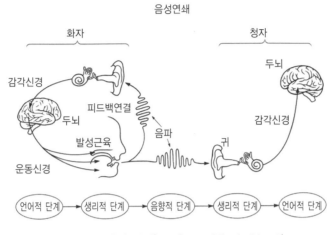

그림 1.10 음의 연쇄(고도흥·구희산 외 1995: 5)

위의 일련의 과정을 3 단계로 나누면 음성학을 다음과 같이 세분화할 수 있다.

첫째, 화자의 음성기관에서 음들이 어떻게 만들어지는지를 연구하는 분야가 **조음음성학**(articulatory phonetics) 또는 **생리음성학**(physiological phonetics)이다. 지금까지 음성학에서 주로 연구되어 왔던 가장 오래된 분야이다. 본고의 2장도 조음음성학적 내용이다.

둘째, 화자의 입밖으로 나와서 청자의 귀에까지 도달하는 동안 공기 중에서 조음된 음이 어떠한 신호로 전달되는지를 연구하는 분야가 **음향음성학**(acoustic phonetics)이다. 전자공학과 물리학의 발달로 음향분석기(spectrogram), 동태구개도(dynamic palatography)와 음성합성기(speech synthesizer) 등을 이용한다. 특히 음향분석기를 사용하여 공기 중에 전파되는 소리의 파형(음파)을 분석할 수 있게 되었다.

셋째, 청자의 귀속에 전달된 소리가 뇌에 어떻게 인지되는지를 연구하는

음성학은 조음음성학, 음향음성학과 청음음성학으로 나누어진다.

분야가 **청음음성학**(auditory phonetics)이다. 최근 신경관계 의학 및 생리학의 발전에 따라 주목을 받고 있지만 아직 많은 부분이 밝혀지지 않고 있다.

음성학은 소리 자체에 관한 연구이고 음운론은 언어학적으로 중요한 소리패턴에 관한 연구이다.

음운론(phonology)은 음들이 개별 언어 속에서 어떠한 **체계**(system)를 이루고 어떻게 연결되고 변동하는지를 연구한다. 보편적으로 언어는 다음 네 가지의 음운체계를 가진다.

음운단위: 언어에 어떤 음운 단위(분절단위 - 분절음, 운율단위 - 모라, 음절, 운율어, 운율구, 억양구, 발화)가 있고 그 구조는 어떻게 이루어져 있는가. 그 예로 '김씨가 온다'라는 문장은 다음과 같은 계층적인 음운 구조를 가진다. 가장 하위에 분절음(segment) · 선율(melody)이 오고 그 위에 모라(μ)가 오고 모라와 다른 분절음이 모여 음절(σ)을 이루고 음절이 모여 운율어(ω)를 운율어가 모여서 운율구(Φ)가 되고 운율구가 모여서 억양구(I), 억양구가 모여서 발화(U)가 된다.

상위의 운율성분은 하나 이상의 하위 운율성분을 지배한다.

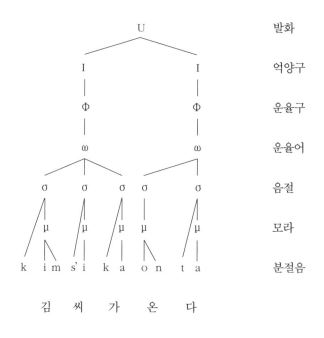

그림 1.11 한국어의 계층적 음운구조

28

분절음체계: 어떠한 분절음(자음, 모음, 반모음)이 있으며, 그들은 어떤 체계를 이루는가. 자음체계는 조음위치, 조음방법, 유·무성으로 구분되고, 모음체계는 혀의 높이(고·중·저모음), 혀의 위치(전설·중설·후설모음), 입술의 모양(원순·평순)으로 구분된다. 몇 개의 반모음이 있는 지도 고려의 대상이 된다.

운율체계(초분절음 체계): 분절음 위에 오는 음절부터 실현되는 초분절적 (운율적) 요소-강세(stress), 성조(tone), 리듬(rhythm), 억양(intonation)-들은 어떤 것이 있으며 이들은 어떤 체계를 이루는가.

변동체계: 위의 분절음과 운율적 요소들이 환경에 따라 어떠한 변동을 보이는가. 변동은 동화, 이화, 탈락, 삽입, 융합 등의 과정을 보여준다.

인간이 내재적으로 가지고 있는 음운체계에 대한 연구는 결국 인간 이해의 일부라고 할 수 있다.

음성학과 음운론은 여러 가지 면에서 차이를 보여준다. 첫째, 음성학의 목적은 각 음성의 물리적 자질이나 연결상황을 파악하는 것이고, 음운론의 목적은 각 음성의 상호관계를 구조적으로 파악하는 것이다. 둘째, 음성학에서 자질은 음성적 자질로 **변별자질**(distinctive features)이나 **잉여자질**(redundant features)이 등가적 가치를 가진다. 하지만 음운론에서는 의미변화를 일으키는 변별자질만 중요하다. 셋째, 음성학의 단위는 실지 발화되는 **음**(phone)이나 **분절음**(segment)이고, 음운론의 단위는 **음소**(phoneme)이다. 넷째, 음성은 [ ]안에 표기하고 **국제음성문자(IPA)**를 사용한다. 음소는 / /안에 표기한다.[1]

음성학의 단위는 음이고 음운론의 단위는 음소이다. 음성은 [ ]안에 표기하고 음소는 / / 안에 표기한다.

1) IPA(International Phonetic Alphabet: 국제음성문자)는 어느 특정 언어를 떠나서 인간이 만들어내는 세계 모든 음을 표기할 수 있도록 하려는 음성부호의 표준화 시도로 1888년에 고안되었다.

요약

　　인간이 유인원과 구별되는 언어를 사용하게 된 것은 두뇌용적의 증가와 발성기관의 진화이다. 대뇌는 좌반구(좌뇌)와 우반구(우뇌)로 나누어지는데 언어를 담당하는 부분은 좌반구의 브로카영역과 베르니케영역이다. 브로카영역은 언어발성에 관여하고 베르니케영역은 언어이해를 담당한다. 인간은 태어나면서 후두가 목 위에 있으므로 유아들은 원숭이처럼 구강만 있고 인두가 없는 일관형기관을 가지게 된다. 성인이 되면서 후두는 하강하게 되어 성인남자는 구강에서 인두까지 약 17cm정도 되는 ㄱ자 모양의 이관형기관을 가진다.

　　음성학은 크게 조음음성학, 음향음성학, 청음음성학으로 나뉘어진다. 음운론은 개별언어의 체계를 연구하고 체계는 음운체계, 분절음체계, 운율체계, 변동체계 등으로 구분된다.

1. 언어를 관장하는 뇌의 반구는?

2. 세계 모든 음을 표시하는 부호를 무엇이라 하는가?

3. 분절음체계와 운율체계는 어떻게 다른가?

4. 음성학의 영역을 다음 그림의 ( )안에 넣으시오.

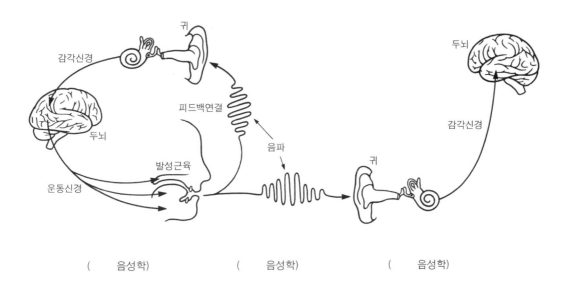

(　음성학) 　　　　(　음성학) 　　　　(　음성학)

그림 1.12 음성학의 영역

🖱 참고 사이트(Websites)

- The International Phonetic Association 국제음성학회
  https://www.internationalphoneticassociation.org/

- International Phonetic Alphabet 국제음성문자
  https://en.wikipedia.org/wiki/International_Phonetic_Alphabet

- 대뇌의 부위별 기능 - 국가건강정보포털
  https://www.youtube.com/watch?v=4xdl3Wq-daw

- 신경해부학 3-5 대뇌의 겉질 by learning mate - 보배교수 TV
  https://www.youtube.com/watch?v=mr4jhTxCiK0

- 대뇌의 구조와 기능 - 촨쌤의 스케치북 과학
  https://www.youtube.com/watch?v=4CXCnWVUqtM&t=41s

- 숙련된 독서가의 뇌, 그리고 뇌의 발달
  https://www.youtube.com/watch?v=z6s8u-VyrTM

- 청각과 시각을 통합 처리하는 각회(Angular Gyrus)의 발달
  https://www.youtube.com/watch?v=jtQRp_fsQic

- 뇌과학, 인간의 뇌를 말한다
  https://www.youtube.com/watch?v=B0KbotSlJ-Q&t=1384s

- 전두엽: Broca's area(브로드만 영역 44), frontal eye field, prefrontal area
  https://www.youtube.com/watch?v=xcKE8cFUl2M

2장 음성의 이해

장 목표

이 장에서 여러분은 다음과 같은 내용을 알게 된다.

· 발성기관의 구조를 안다.
· 음의 분류와 음성적 특성을 안다.
· 자음분류의 기준인 유무성, 조음위치와 조음방법을 안다.
· 반모음의 종류와 특성을 안다.
· 모음의 종류를 알고 모음을 구분할 수 있다.

1. 발성기관(the organs of speech)

인간이 음을 만들어 내기 위해서는 발성관련 기관과 운동이 필수적이다. 대부분의 경우 폐에서 생성된 기류(air stream)가 후두 안의 성대와 성도(vocal track)의 여러 지점을 거쳐 다양한 소리로 만들어진다. 이 때 후두까지를 기류(air stream) 과정, 성대에서의 단계를 발성(phonotation) 과정, 성도 내에서의 단계를 조음(articulation) 과정이라 한다. 말소리는 이 세 과정을 거치면서 생성된다.

1.1. 호흡과정

소리를 만들어 낼 수 있는 기류(air stream)가 어디서 어떻게 만들어지는지를 살펴보자.

한국어에서 대부분의 소리는 폐(lung)에서 내쉬는 날숨인 **呼氣音**(pulmonic egressives)이다. 소리에 따라 외부의 공기를 폐로 들이마시는 들숨인 **吸氣音**(pulmonic ingressives)이 사용되기도 한다. 놀라거나 고통스러운 경우 입을 많이 벌린 상태에서 많은 숨을 들이마시면서 내는 '아'나 '악'과 훌쩍거리면서 우는 아이들의 말소리는 **흡기음**(ingressives)이다.

대부분의 소리는 폐에서 나오는 날숨으로 만들어진다

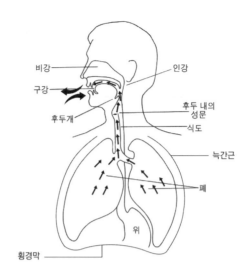

비강
인강
구강
후두 내의
성문
후두개
식도
늑간근
폐
위
횡경막

그림 2.1 호흡과정(기류과정)

대부분 폐에서 나오는 공기에너지로 소리를 만들어내지만 폐만이 소리를 내는 유일한 기관은 아니다. 성문에서 나오는 기류로도 소리를 만들어 낼 수 있다. **방출음**(ejectives)은 성문과 입안의 공기를 폐쇄했다가 그 사이에 남아 있는 압축된 공기를 밖으로 내보는 **성문호기음**(glottal egressives)이다. 방출음은 국제음성문자(IPA)로 [p', t', k']로 표시된다. 한국어의 경음도 자음 위에 apostrophe가 있지만 방출음은 아니고 호기음이다. 이와 반대로 **내파음**(implosives)은 구강의 어느 한 부분의 폐쇄를 개방하면서 후두를 빠르게 내려 구강안의 외부 공기를 성문 안으로 끌어들여서 만드는 **성문흡기음**(glottal ingressives)이다.

연구개의 운동에 의한 기류로도 소리가 만들어진다. 후설로 연구개를 막고 연구개의 앞의 어느 한 부분을 폐쇄하면 연구개폐쇄와 구강폐쇄 사이에 공간이 생겨 공기는 그 곳에 막히게 된다. 혀의 중앙부를 아래로 내리면 외부의 공기가 흡입되어 **연구개흡기음**(velaric ingressives)이 만들어진다. 이것을 **흡착음**(click)이라 부른다. 한국어에서는 '쯧쯧' 하며 혀를 차는 음, '뽀뽀'하는 소리를 흉내 내는 음과 손바닥을 펴고 '끽' 하며 손끝으로 목이 잘리는 시늉을 하면서 내는 음 등은 흡착음이다.

1.2. 발성과정(성대과정)

폐가 수축하고 팽창하면서 나온 기류(날숨)는 발성기관인 후두(larynx) 안에 있는 **성대**(vocal cord, vocal fold)를 거치면서 처음으로 유성이나 무성의 소리색깔을 띠게 된다. **후두**(larynx, Adam's Apple)는 연골의 하나인 **갑상연골**(thyroid cartilage)이 목 앞에 돌출하여 있는 부분이다. 후두는 고정된 위치를 유지하지 않고 삼키고 말하는 동안 계속하여 상하로 움직인다. **후두개**(epiglottis)의 아래는 그림 2.2와 2.3에서 보듯이 갑상연골에 부착되어 있고 다른 쪽은 자유롭게 움직인다.

성대를 지나면서 소리는 처음으로 유·무성의 색깔을 가진다.

발성과정: 후두에서 소리가 만들어진다.

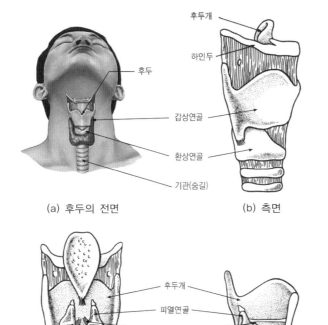

(a) 후두의 전면   (b) 측면

(c) 후면   (d) 절단면

그림 2.2 여러 각도에서 본 후두의 구조(고도흥, 구희산 외 1995: 51)

그림 2.3에서 보듯이 인강 아래에는 두 개의 관이 있는데, 후두 안의 관을 통해 폐로 이어지는 것은 **기관**(trachea)이고, 위로 연결되는 것은 **식도**(esophagus)이다. 숨을 쉴 때는 후두개가 열려서 공기가 성대를 통하여 기관을 거쳐 폐로 들어가고, 음식물을 삼키는 동안은 후두개를 아래로 움직여 음식물과 물이 기관과 폐에 들어가지 못하게 후두로 가는 길을 닫는다.

1.3. 조음과정

후두를 지나서 유성과 무성의 색깔을 띤 음은 여과장치(filter)인 조음기관을 거치면서 다양한 소리로 만들어진다. 조음기관은 후두 위에 있는 **성도**(vocal track, 소리길)인 **비강**(nasal cavity)과 **구강**(oral cavity), **인강·인두**(pharynx)이다. 허파에서 나온 기류가 구강내의 어느 지점에 접착 또는 근접하느냐에 따라 **조음위치**(point of articulation)가 결정된다. 조음자가 조음점에 접촉하여 조음위치가 결정되는데 조음점은 구강 위에 고정되어 있는 윗입술, 치경, 경구개, 연구개, 목젖, 인두, 성문 등이고, 조음자는 구강 아래에 자유롭게 움직이는 아랫입술, 설첨, 설단, 전설, 중설, 후설 등이다. 허파에서 나온 기류가 구강내에서 방해받는 차단의 정도인 접착, 협착(근접), 원격에 따라 **조음방법**(manner of articulation)이 결정된다.

소리가 만들어지는 위치가 조음위치이고 소리가 어떻게 만들어지는가가 조음방법이다.

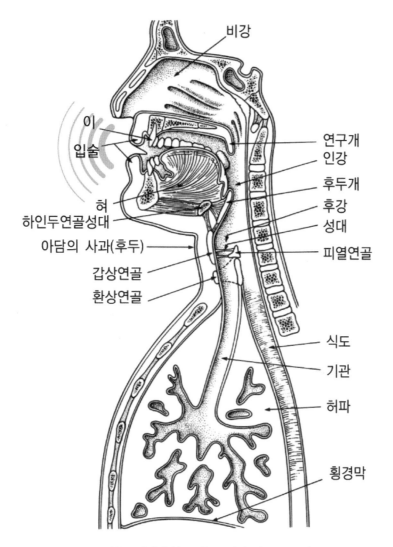

그림 2.3 발성기관(고도흥, 구희산 외 1995: 47)

2. 음의 분류와 음성적 특성

발화를 가장 작은 단위로 쪼개었을 때 나누어지는 자음, 모음과 반모음이 분절음(segments)이다. 분절음들이 모여서 이루는 음절, 음절의 상위 단위인 단어와 구절 등에 나타나는 초분절적 요소(suprasegments) 혹은 운율적 요소(prosodic elements)로는 강세, 성조, 억양과 음장 등이 있다.

2.1. 대집단 구분(major class)

2.1.1. 자음/모음/반모음(consonants/vowels/semi-vowels)

B.C. 2세기 그리스의 Dionysius Thrax가 최초로 자음과 모음을 구분하였다. 모음은 혼자서 또는 다른 음과 합하여 음절을 이룰 수 있지만 자음은 모음의 도움 없이는 발음될 수 없다. 자음(consonants)은 입술이나 구강 내에서 장애를 받거나 마찰을 일으킬 정도로 좁혀져서 소리가 나고 **모음(vowels)**은 막힘이나 좁힘이 없이 공기가 완전히 자유롭게 빠져 나가면서 소리가 난다. **반모음, 반자음, 활음** 또는 **이동음**(glides)은 입의 아래윗부분이 마찰이 일어나지 않을 정도로 좁혀져서 발음된다.

2.1.2. 공명음/장애음(sonorants/obstruents)

공명음(sonorants)은 폐에서 올라온 기류가 후두를 지나 성도인 구강, 비강, 인강을 거쳐 공명을 일으키면서 나오는 순수한 소리다. 구강이나 비강 중 어느 한 부분이 막히더라도 다른 한쪽 또는 부분이 막히지 않고 열려 있어 공기가 자유롭게 흐르면 공명음이다. **구강모음** [a, i, o...]는 구강으로 공기가 자유롭게 흐르고 **비강모음** [ã, õ, ũ...]은 구강과 비강으로 공기가 자유롭게 흐른다. **반모음** [y, w, ɥ, ɰ]는 두 조음체가 접근하지만 구강 내에서 공기가 자유롭게 흐른다. **비자음** [m, n, ŋ]은 구강은 막히고 비강을 통하여 공기가 자유롭게 흐른다. **설측음** [l]은 구강중앙부는 막히지만 측면으로 공기가 자유롭게 흐르고, **탄설음** [ɾ]은 구강 중앙부에서 일시적으로 막히나 구강중앙으로 공기가 자유롭게 흐른다. **장애음**(obstruents)은 구강내에서 마찰이나 갑작스런 파열에 의한 장애를 동반하면서 만들어진다. **폐쇄음(파열음)**, **마찰음**, **파찰음** 등을 발음할 때 비강으로 가는 길도 역시 막히므로 비강 내 공기의 흐름도 자유롭지 못하다.

2.1.3. 구강음/비강음(orals/nasals)

비강음(nasals)은 공기의 흐름이 비강을 통해서 나가는 소리로 비자음 [m, n, ŋ]과 비강모음 [ã, ĩ, õ...]이 있다. 구강 안의 공기는 차단되지만 연구개를 아래로 내리고 구개수가 앞으로 나오면서 비강으로 들어가는 통로가 열려 숨이 비강으로 흐른다. **구강음**(orals)은 연구개를 올리고 구개수를 인두쪽으로 밀어서 비강으로 가는 공기가 차단되어 숨이 구강으로 흐른다. 구강모음과 구강자음 [k, t, s...]가 해당된다.

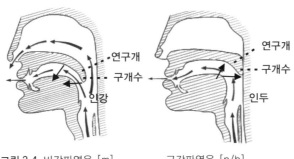

그림 2.4 비강파열음 [m]　　　　구강파열음 [p/b]

2.2. 자음(consonants)

자음은 유무성(voicing), 후두의 긴장(tense) 유무, 기식(aspiration)의 유무, 조음위치와 조음방법에 따라 분류된다.

표 2.1 IPA 자음표

조음방법 \ 조음위치			양순음	순치음	치간음	치경음	구개치경음	경구개음	연구개음	구개수음	인두음	성문음
장애음	파열음	무성	p			t			k	q		ʔ
		유성	b			d			g	G		
	마찰음	무성	ɸ	f	θ	s	š(ʃ)		x		ħ	h
		유성	β	v	ð	z	ž(ʒ)		ɣ		ʕ	ɦ
	파찰음	무성					č(ʧ)					
		유성					ǰ(ʤ)					
공명음	비음		m	ɱ		n		ɲ	ŋ			
	설측음					l		ʎ	ɫ			
	탄설음					ɾ						
	전동음									R		
	반모음							y(=j), ɥ	w, ɰ			

경음(tensed C): p', t', k', č'
경구개화음(palatalized C): pʸ, tʸ, kʸ, čʸ
원순화음(labialized C): pʷ, tʷ, kʷ, mʷ
연구개화음(velarized C): ɫ

유기음(aspirated C): pʰ, tʰ, kʰ, čʰ
무성화음(voiceless C): b̥, d̥, g̥, ɣ̥
불파음(unreleased C): p˺, t˺, k˺
성절적 자음(syllabic consonants): m̩, n̩, ŋ̍, l̩

2.2.1. 유성/무성(voiced/voiceless)

후두 안에는 한 쌍의 얇고 질긴 막인 **성대(vocal folds)**가 있다. 조음 중에 성대의 진동이 있으면 유성음이고 없으면 무성음이다. 성대의 앞쪽은 **갑상연골(thyroid cartilage)**에 붙어 있고 뒤쪽은 **피열연골(arytenoid cartilage)**까지 뻗어 있다. 피열연골이 움직여 두 성대가 붙었다 떨어졌다 할 때 생기는 두 성대 사이의 공간을 **성문(glottis)**이라 한다. 성대가 열릴 경우 피열연골과 연결된 후반부가 떨어지므로 성문은 V자를 이룬다.

그림 2.5는 위에서 내려다 본 성대의 열린 상태이다.

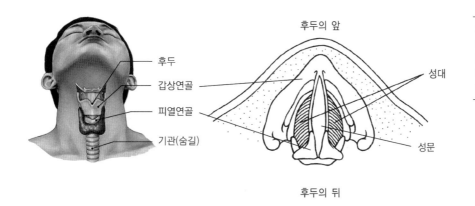

후두는 연골로 이루
어진 원통형으로 연
골을 가로질러 한 쌍
의 근육인 성대가 뻗
어 있다.

그림 2.5 위에서 내려다 본 성대의 열린 상태

　무성음(voiceless sounds)은 피열연골이 자유로이 운동하여 성문이 활짝 열
려 공기가 자유롭게 나오므로 성대의 진동 없이 만들어진 소리이다. 유성음
(voiced sounds)은 성대가 좁아질 만큼 좁아져서 기류가 좁은 성문 틈새로
나오면서 성대가 진동하며 만들어진 소리이다. 속삭임은 무성음으로 성문의
앞부분은 닫히고 좁게 열린 뒤쪽 피열연골로 공기가 나오고, 중얼거림은 무
성음보다 좁게 열린 성문으로 공기가 나온다.

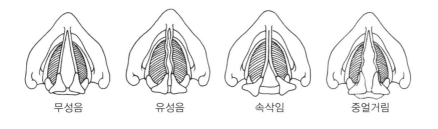

성대가 좁아져 지나
가는 기류가 떨리면
서 웡웡거리는 소리가
나오면 유성음이다.

그림 2.6 성대의 모양에 따른 분류(O'Grady et al 1989: 17)

무성음과 유성음을 구분하여 정리하면 표 2.2와 같다.

표 2.2 유성음과 무성음의 분류

유성음	모음	a, i, o, u, …
	반모음	y, w, ɥ, ɯ
	공명자음	l, r, m, n, ŋ
	유성장애음	b, d, g, v, z, ʒ, ð, ǰ, …
무성음	무성장애음	p, p', pʰ, t, t', tʰ, k, k', kʰ f, s, ʃ, θ, č, č', čʰ, ʔ, …
	무성모음	ḁ, i̥, o̥, u̥, …

동일한 조음위치와 조음방법을 가지면서 성대의 진동유무에 따라 유성자음과 무성자음이 구분되는 언어가 있다. 영어는 유성자음(b, d, g)과 무성자음(p, t, k)의 변별력이 있지만 한국어는 어두에 오는 장애음은 모두 무성음이고 공명자음(유음과 비음)은 모두 유성음이므로 유무성은 자음의 분류기준이 되지 못한다.

2.2.2. 기식(aspiration)의 유무

한국어, 태국어, 힌두어는 자음이 가지는 기식의 정도에 따라 자음이 구분된다. 파열음과 파찰음은 조음 시 구강에서 기류가 방출되고 난 후 성문 아래에서 압축된 공기가 방출되면서 마치 [h]와 같은 마찰 소음을 내는 강한 기류(turbulence airflow)가 나온다. 이것을 **기**(aspiration)라 한다. 이렇게 만들어지는 소리를 **기식음**, **격음**, **유기음**(aspirated sounds)이라 하고 그렇지 않은 음을 무기음(unaspirated sounds)이라 한다. 평음은 약간의 기가 있지만 경음과 더불어 무기음으로 분류된다. 한국어의 장애음은 기식의 정도에 따라 다음과 같이 분류된다.

pʰ, tʰ, kʰ, čʰ를 발음할 때 입 앞에 종이를 가져다 대면 종이가 떨린다. 이 때 기가 나온다.

(1) 한국어 장애음의 기식의 정도

　　유음(pʰ, tʰ, čʰ, kʰ): 重氣音(heavily aspirated)

　　평음(p, t, s, č, k): 輕氣音(slightly aspirated)

　　경음(p', t', s', č', k'): 無氣音(unaspirated)

무기음	평음	연음
	경음	경음
유기음	유기음	

44

한국어의 파열음, 마찰음, 파찰음의 평음, 경음, 유기음은 모두 성대진동이 없는 무성음이다.

2.2.3. 후두긴장(tense)의 유무

한국어의 장애음은 기식의 유무성 외에도 후두긴장(constriction of glottis)의 유무가 자음을 분류하는 기준이 된다(Chin-Wu Kim(김진우 1965)). 후두의 성대 긴장을 수반하는 음은 **경음(된소리, tense sounds, fortis)**이고 그렇지 않는 음은 **연음(lax consonants, lenis)**이다. 한국어의 평음 [p, t, s, č, k]은 연음에 해당되고 경음 [p', t', s', č', k']과 유기음 [pʰ, tʰ, čʰ, kʰ]은 경음에 해당된다. 경음 [p', t', s', č', k']를 발음할 때 두 성대를 맞닿아 성문을 완전히 막았다가 성문아래에 압축된 공기를 조금만 방출한다. 이것이 마치 성문파열음 [ʔ]을 발음하는 것과 같다고 하여 경음표시 [ʔ]를 사용하여 [pʔ, tʔ, sʔ, čʔ, kʔ]로 표시하기도 한다.

기식의 유무와 후두긴장의 유무에 따라서 한국어 장애음을 분류하면 다음과 같다.

(2) 한국어의 장애음

         무기/유기 연음/경음

p :	무기	연	양순파열음(평양순파열음)
p':	무기	경	양순파열음(경양순파열음)
pʰ:	유기	경	양순파열음(유기양순파열음)

편의상 '무기연음'을 '평음'으로 '무기경음'을 '경음'으로 '유기경음'을 '유기음'으로 분류한다. 긴장성을 가진 경음과 유기음은 그렇지 않은 연음에 비해서 모음 사이에서 약 2배 정도 길게 발음된다(8장 2.1절 자음의 음장 참조).

경음, 평음과 유기음은 성대 사이의 간격의 크기와 **성대진동시간의 지연(voicing lag)**으로 구분할 수 있다. 그림 2.7에서 보듯이 모음1이 끝나고 파열음을 발음하는 동안 자음의 폐쇄(closure)가 지속되다가 모음을 발음하기 위하여 자음은 파열 또는 개방된다(released). 파열이 시작되면 모음2의 성대진동이 바로 일어나야 한다.

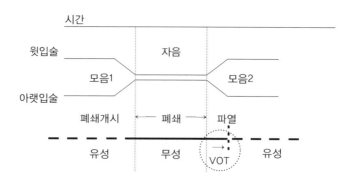

그림 2.7 VOT에 의한 모음간 파열음 구별

하지만 평음, 경음, 유기음을 발음할 때 **성문의 열린 정도**에 따라 파열이 시작된 후 모음2의 성대진동이 바로 시작되지 않고 성대가 짧은 기간 열려 있는 무성의 기간이 있다. 후행모음의 성대진동이 조금 지연되는 이 무성의 기간이 **성대진동개시시간(Voice Onset Time, VOT)**이다. 경음, 평음과 유기음을 VOT로 비교하면 표 2.3과 같다.

표 2.3 한국어 자음의 VOT 기간(Chin-Wu Kim 1965)

음	해당음	VOT	기의 정도
경음	p', t', č', k'	12ms	무기음(無氣音)
평음	p, t, č, k	35ms	경기음(輕氣音)
유기음	pʰ, tʰ, čʰ, tʰ	93ms	중기음(重氣音)

성대가 많이 벌어 질 수록 무성의 시간이 비례하여 길어진다.

유기음의 VOT가 가장 긴 이유는 유기음을 발음할 때 성대 사이의 간격이 가장 넓게 벌어지기 때문이다(Chin-Wu Kim(김진우 1970)). 강한 기가 나오면 당연히 성문이 넓게 열리므로 성문을 닫는데 상당한 시간이 걸리므로 무성의 기간이 길어진다. 유기음 〉 평음 〉 경음의 순서로 성문이 넓게 열리므로 무성의 시간도 이에 비례하여 길게 되므로 자연히 성대진 동개시시간(VOT)도 이에 비례하여 유기음 〉 평음 〉 경음의 순서로 지연된다.

2.2.4. 조음위치(point of articulation)

조음위치를 이해하기 위해서 조음기관의 위치를 알아보자.

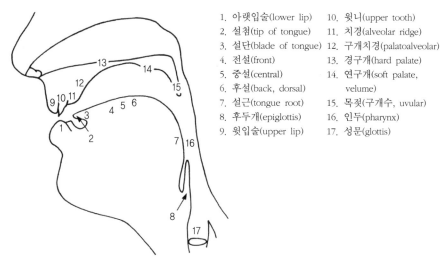

1. 아랫입술(lower lip)	10. 윗니(upper tooth)
2. 설첨(tip of tongue)	11. 치경(alveolar ridge)
3. 설단(blade of tongue)	12. 구개치경(palatoalveolar)
4. 전설(front)	13. 경구개(hard palate)
5. 중설(central)	14. 연구개(soft palate, velume)
6. 후설(back, dorsal)	15. 목젖(구개수, uvular)
7. 설근(tongue root)	16. 인두(pharynx)
8. 후두개(epiglottis)	17. 성문(glottis)
9. 윗입술(upper lip)	

그림 2.8 조음기관(정국 1994: 21)

조음자(articulator)는 능동적으로 움직이는 구강의 아랫부분으로 아랫입술, 설첨(혀끝), 설단(혓날), 전설, 중설, 후설 등이 해당된다.

설단은 설첨 바로 뒤에 오고 혀의 여러 부분 중에서 가장 잘 움직이는 숙련된 부분이다.

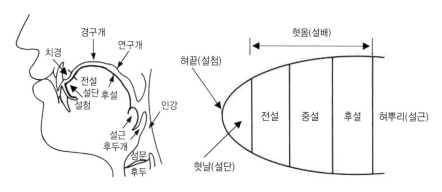

그림 2.9 조음자

조음점(point of articulation)은 수동적인 조음기관으로 구강의 윗부분인 윗입술, 치경(치조), 구개치경, 경구개, 연구개, 구개수, 인두, 성문 등이 해당된다.

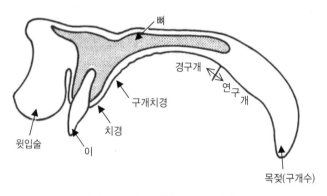

그림 2.10 조음점(전상범 1995: 32)

조음자가 고정된 조음점에 접착하거나 근접하여 조음된다. 조음자가 조음점으로 움직이는 방향을 화살표로 표시하면 다음과 같다.

인두, 구개수와 성문은 조음자없이 조음점만으로 조음위치가 정해진다. 따라서 8, 9, 10에 화살표가 없다.

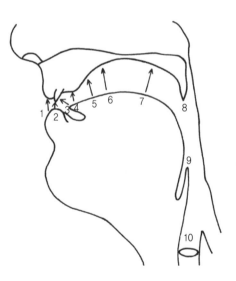

그림 2.11 자음의 조음위치(정국 1994: 22)

자음의 조음위치는 조음자+조음점으로 이루어지나 조음자는 빼고 조음점 (밑줄)만으로 불리기도 한다: 1. 아랫입술-윗입술(양순음) 2. 아랫입술-윗니 (순치음) 3. 설단-윗니(설단-치음) 4. 설단-치경(설단-치경음) 5. 설단-구개치 경(설단-구개치경음) 6. 전설-구개(전설-경구개음) 7. 후설-연구개(후설-연구 개음) 8. 목젖(구개수음) 9. 인두(인두음) 10. 목구멍(성문음)

표 2.4 조음위치의 종류

조음위치	조음기관의 움직임	해당 음
양순음(bilabials)	아래윗입술의 접촉	p, p', pʰ, b, m
순치음(labiodentals)	윗니가 아랫입술을 누름	f, v
치간음(interdentals)	설단이 아래윗니 사이에	θ, ð
치경음(alveolars)	설단이 치경에 접촉	t, t', tʰ, d, s, z, l, r, n
구개치경음(palato-alveolars)	설단이 구개치경에 접촉	ʃ(š), ʒ(ž), ʧ(č), ʤ(ǰ)
경구개음(palatals)	전설이 경구개쪽으로	ç, j=y
연구개음(velars)	후설이 연구개쪽으로	k, k', kʰ, g, ŋ
구개수음(uvulars)	후설이 구개수에 접근	q, G, R
인두음(pharyngeals)	인두를 조이면서	ħ, ʕ
성문음(glottals)	두 성대 사이에서	h, ɦ, ʔ,

철자와 달리 음성문 자는 언제나 동일한 소리를 나타내고 각 소리는 언제나 동일 한 음성문자로 표기 된다.

2.2.5. 조음방법(manner of articulation)

조음방법은 조음자와 조음점이 공기의 흐름을 방해하는 차단의 정도로 구 분된다. 조음자와 조음점 사이의 간격의 정도에 따라 접착, 협착(근접)과 원격 으로 나눌 수 있다.

1) 파열음(plosives)/폐쇄음(stops)

조음자와 조음점의 접착으로 공기의 흐름이 구강 내에서 폐쇄되었다가 구 강의 중앙에서 파열된다.

구강 내에서 일순간 장애를 받아 폐쇄된 기류를 개방하여 기 류가 갑자기 나가면 서 만들어지는 음이 파열음/폐쇄음이다.

(3) 조음위치에 따른 파열음의 분류

　　　양순파열음(bilabial stops): p, b, p', pʰ

　　　치경파열음(alveolar stops): t, d, t', tʰ

　　　연구개파열음(velar stops): k, g, k', kʰ

　　　성문파열음(glottal stops): ʔ

1) 지금부터 쓰이는 '/'의 왼쪽은 무성음을, 오른쪽은 유성음을 나타낸다.

조음위치에 따른 파열음을 그림으로 구분하면 다음과 같다.[1]

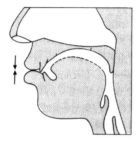

그림 2.12 [p]/[b]
무성양순파열음/유성양순파열음

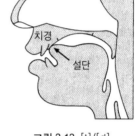

그림 2.13 [t]/[d]
무성치경파열음/유성치경파열음

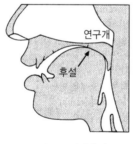

그림 2.14 [k]/[g]
무성연구개파열음/
유성연구개파열음

그림 2.15 성문파열음 [ʔ]

성문파열음 [ʔ]은 재채기를 할 때처럼 공기가 나가지 못하도록 성대를 순간적으로 닫았다가 갑자기 개방한다. 영어에서 button, written, kitten의 tt는 성문파열음 [ʔ]로 발음된다.

불파음(unreleased sounds): 그림 2.7에서 보듯이 자음의 발화 시 파열음은 폐쇄개시, 폐쇄, 파열(개방)의 3단계를 거치나 불파음은 마지막 단계인 파열이 없다. 한국어에서 음절초에 오는 장애음은 **파열**(released)되지만, 음절말에 오는 자음은 폐쇄된 숨을 개방하지 않으므로 **불파**(不破)나 **미파**(未破)된다. 말음에서 발음되는 불파음은 [m˺, n˺, ŋ˺, l˺, k˺, t˺, p˺]이다.[2]

(4) 밥 [pap˺], 닫 [tat˺], 국 [kuk˺], 학교 [hak˺k'yo

　　감 [kam˺], 길 [kil˺], 돈 [ton˺], 강 [kaŋ˺]

표 2.5 파열음의 구분

구강	조음위치→ 성문의 상태↓		양순음	치경음	경구개음	연구개음	성문음
파열	무성	평음	p	t		k	ʔ
		경음	p'	t'		k'	
		유기음	pʰ	tʰ		kʰ	
	유성		b	d		g	
불파	무성		p˺	t˺		k˺	

2) 마찰음(fricatives)

공기가 구강 안에서 완전히 방해를 받지 않고 부분적으로 방해를 받으며 구강의 어느 좁혀진 공간으로 마찰하면서 나간다. 조음자와 조음점이 마찰을 일으킬 정도로 근접(협착)한다.

(5) 조음위치에 따른 마찰음의 분류

　　　순치마찰음(labiodental fricatives): f̲ine [f], v̲ine [v]

　　　치간마찰음(interdental fricatives): th̲ank [θ], th̲y [ð]

　　　치경마찰음(alveolar fricatives): s̲un [s], z̲ip [z]

　　　구개치경마찰음(palato-alveolar fricatives):

　　　　　sh̲ip [ʃ=š], az̲ure [ʒ=ž], '시'[ʃi], '씨'[ʃi]의 'ㅅ' 발음

　　　성문마찰음(glottal fricatives): 한국어 'ㅎ', h̲at [h]

2) 'unreleased'를 내파음으로 번역하면 'implosive'를 뜻하는 내파음과 혼동이 되므로 'unreleased'는 불파음이나 미파음으로 번역한다. 내파음(implosive)은 외부의 공기를 성문의 안으로 끌어들여서 만드는 성문흡기음(glottal ingressive)이다. [m˺, n˺, ŋ˺, l˺]은 편의상 [m, n, ŋ, l]로 표기한다.

바보 [pabo]
다도 [tado]
가구 [kagu]
밥 [pap˺]
덫 [tat˺]
국 [kuk˺]

[ ]가 음성부호를 나타내기 위해서 쓰인다.

[θ]   [ð]
thin   the
think   they
through   their

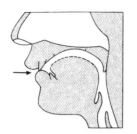 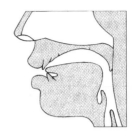

그림 2.16 [f]/[v]
무성순치마찰음/유성순치마찰음

그림 2.17 [θ]/[ð]
무성치간마찰음/유성치간마찰음

입의 어느 부분에서
마찰이 일어났느냐에
따라 마찰음의 조음
위치는 다르다.

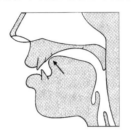 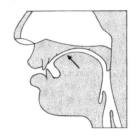

그림 2.18 [s]/[z]
무성치경마찰음/유성치경마찰음

그림 2.19 [ʃ=š]/[ʒ=ž]
무성구개치경마찰음/유성구개치경마찰음

3) 파찰음(affricates)

파열음+마찰음이
파찰음이다.

파열음 [t/d]와 마찰음 [ʃ/ʒ]의 연속으로 설단이 치경에 접착하여 구강 내 공기가 완전히 차단되었다가 혀가 구개치경으로 이동하면서 공기가 마찰을 일으키면서 지속적으로 개방된다.

(6) 무성구개치경파찰음 č(ʧ): church, chip, '잠' [čam]

유성구개치경파찰음 ǰ(ʤ): judge, jump, journal, '바지' [paǰi]

파찰음은 [t/d]에서
시작하여 [ʃ/ʒ]로 이
동한다.

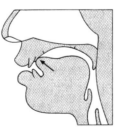

[t, d]   [ʃ, ʒ]

그림 2.20 [č=ʧ]/[ǰ=ʤ](혀가 [t/d]에서 [ʃ/ʒ]로 이동)

표 2.6 마찰음과 파찰음의 구분

조음 방법	유무성	조음위치 성문	순치음	치간음	치경음	구개치경음	성문음
마찰음	무성	평음	f	θ	s	š=ʃ	
		경음			s'	ʃˀ	
		유기음					h
	유성		v	ð	z	ž=ʒ	ɦ
파찰음	무성	평음				č	
		경음				č'	
		유기음				čʰ	
	유성					ǰ	

ㅅ-구개음화
시 [ʃi]
씨 [ʃˀi]

자주 [čaju]

4) 비강음(nasals)/구강음(orals)

연구개를 올려 비강으로 가는 길이 차단되어 구강에서 음이 생산되면 구강음이고, 구강 안의 공기는 차단되지만 연구개를 내려 비강으로 공기가 흐르면서 음이 생산되면 비강음이다.

(7) 조음위치에 따른 비음의 분류

　　양순비음(bilabial nasal stop): m

　　치경비음(alveolar nasal stop): n

　　경구개비음(palatal nasal stop): ɲ, '냐, 녀, 뇨, 뉴, 니'의 'ㄴ' 발음

　　연구개비음(velar nasal stop): ŋ

비음은 구강 외에 두 번째 공명실인 비강이 사용된다.

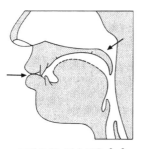

그림 2.21 양순비음 [m]

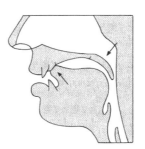

그림 2.22 치경비음 [n]

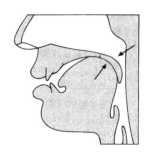

그림 2.23 연구개비음 [ŋ]

5) 유음(liquids)

설측음(l, lateral): 혀끝이 치경에 접착하고 구강중앙부는 폐쇄되고 비강으로 가는 공기의 흐름도 차단되나, 구강의 양측면으로 공기가 빠져나간다(구강측면개방).

(8) 한국어 말음 'ㄹ' [l]: '길' [kil], '별' [pyəl]
　　 영어 [l]: light, little

한국어에서 두음에 오는 'ㄹ' [ɾ]은 탄설음이고, 영어에서 두음과 말음에 오는 [ɹ]은 권설음이다.

탄설음(D=ɾ, flapping, tap): 혀끝으로 치경을 한 번 두드린 다음 떼어 내는 소리이다.

(9) 한국어 두음 'ㄹ' [ɾ]: '다리' [taɾi]
　　 영어 [D]: latter, ladder, butter, bitter, rider

권설음(ɹ, r, retroflex): 혀끝이 입천장에 닿지 않고 꼬부라져 경구개 쪽에 근접하여 발음되는 소리이다.

(10) 영어 [r]: rider, car

54

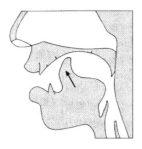
그림 2.24 권설음 [r]

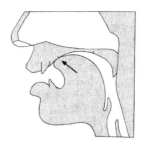
그림 2.25 설측음 [l]

전동음(R, trill): 혀끝이 치경을 여러 번 쳐서 내는 소리이다. 이탈리아어, 스페인어 등에서 발음된다.

표 2.7 공명자음의 구분

성문의 상태＼조음위치		양순음	치경음	경구개음	연구개음	구개수음
비음		m	n	ɲ	ŋ	
유음	설측음		l	ʎ	ɬ	
	탄설음		D=ɾ			
	권설음		ɽ=ɻ			
	전동음					R

[ʎ]: 랴, 려, 료, 류, 리의 'ㄹ' 발음

2.2.6. 2차적 조음(secondary articulations)

대부분의 자음은 앞에서 살펴본 것처럼 어느 하나의 조음기관이 참여하여 음이 만들어진다. 그러나 일부 자음은 한 조음기관과 더불어 다른 조음기관도 동시에 사용한다. 주조음이 1차적 조음이고 주조음에 모음의 색채(coloring)를 부차적으로 더한 것이 2차적 조음이다.

자음의 1차적 조음은 C로 나타내고 2차적 조음은 위첨자로 나타낸다(Cʷ, Cʲ, Cˤ, Cˠ).

1) 원순화음 Cʷ

자음 뒤에 원순모음 o/u나 반모음 w가 올 때 자음이 원순음에 동화되어 1차적 조음을 발음하면서 입술을 둥글게 앞으로 내민다.

(11)

    a. s̲on '손' [sʷon], s̲'uta '쑤다' [s̲'ʷuda]

    b. k̲oŋ '공' [kʷoŋ], k̲'we '꾀' [k'ʷwe]

    c. p̲ul '불'[pʷull, t̲'uŋp̲o '뚱보' [t'ʷuŋbʷo]

    d. c̲ool, q̲ueen, c̲onq̲uest, c̲ook [kʷ]

    e. s̲wim, s̲weet, s̲wing [sʷ]

두 입술을 동그랗게
하면서 [s]를 발음하
면 [sʷ] 발음이 된다.

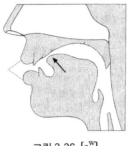

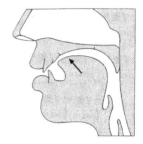

그림 2.26 [sʷ]   그림 2.27 [s]

2) 경구개화음 Cʸ=Cʲ

자음 뒤에 i나 y가 올 때 자음이 경구개쪽으로 접근하는 2차적 조음을 수반한다. i나 y는 경구개에 가깝게 발음되므로 자음이 i나 y쪽으로 옮겨가서 발음되는 동화현상이다.

(12)

    a. p̲i '비' [pʸil], m̲il '밀' [mʸil]

    b. t̲une [tʸun], p̲ure [pʸuər], m̲usic [mʸuzik˺]³⁾

3) [y]가 조건음일 경
우 [y]가 앞의 자음을
경구개음으로 동화
시킨 후 자신은 탈락
된다.
[tʸyun] 'tune'→
[tʸun]

자음 위에 y와 j를 [tʲ], [dʲ]로 표기한다. [ʃ]와 [ʒ]는 각기 구개음화 한 [s]와 [z]를 나타내며 [ɲ]와 [ʎ]은 구개음화 한 [n]과 [l]을 나타낸다.

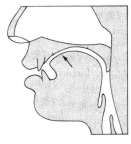

그림 2.28 [ʃ=sʸ]

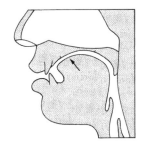

그림 2.29 [s]

3) 연구개화음 Cᵚ

두음(onset)에 오는 /l/은 'clear l' [l]로 발음되고 말음(coda)에 오는 /l/은 연구개음화된 'dark l' [ɫ]로 발음된다. [ɫ]은 1차적 조음으로 혀가 치경에 접착하고 2차적 조음으로 후설을 연구개쪽으로 들어올리면서 발음된다.

(13)

    a. $(C)__ [l]: l̲eaf, l̲ittle, l̲ie, l̲ow, gl̲ance, val̲ue

    b. __(C)$ [ɫ]: school̲, pool̲, seal̲, simpl̲e, hel̲p, bel̲t

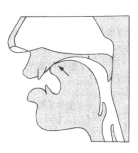

그림 2.30 clear l [l]

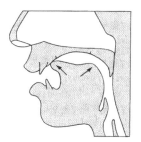

그림 2.31 dark l [ɫ]

2.2.7. 이중조음(double articulations)

어느 것이 1차적 조음이라 할 것도 없이 두 조음위치가 동시에 사용된다. 양순연구개음 [gb]와 [kp]는 입술 [b, p]을 쓰면서 동시에 연구개 [g, k]도 사용한다. 양순치경음 [pt]와 [bd]는 입술 [p, b]과 치경 [t, d]을 동시에 사용한다.

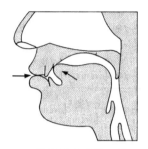

그림 2.32 [pt]의 조음

2.2.8. 동시조음(coarticulations)

일종의 복합조음으로 두 소리가 이어 나올 때 어떤 소리를 내는데 꼭 필요한 조음체는 본래의 목표 위치로 향하고, 이 소리에는 필요하지 않지만 인접음을 내는데 주요한 또 다른 조음체를 이미 알맞은 위치로 거의 동시에 이동해 간다. key, caw에서 [k]의 조음위치는 연구개이다. key에서 전설모음 [i]앞에 오는 [k]는 모음 [i]의 영향으로 미리 경구개에 가까운 입천장의 한 지점에 접촉된다. car [kʰaɹ]에서 후설모음 [a] 앞에 오는 [k]는 후설모음 [a]의 영향으로 미리 연구개 훨씬 밑의 입뒷쪽의 한 지점에 접촉된다.

자음명칭은 IPA에서 (1) 유·무성 (2) 조음위치 (3) 조음방식의 순서로 구분한다. 한국어의 자음은 (1) 유무성 (2) 후두의 긴장유무·기식의 유무 (3) 조음위치 (4) 조음방식의 순서로 불린다. 한국어의 장애음은 모두 무성음이고 공명자음은 전부 유성음이므로 유무성은 잉여적이므로 유무성을 생략해도 된다.

(14) 자음 명칭

　a. 영어자음

　　　유무성　조음위치　조음방법

　　[p] : 무성　　양순　　　파열음
　　[d] : 유성　　치경　　　파열음
　　[s] : 무성　　치경　　　마찰음
　　[j] : 유성　구개치경　　파찰음

b. 한국어의 자음

후두 긴장/기식 유무

[p] : (무성) 평 양순파열음

[tʰ] : (무성) 유기 치경파열음

[s'] : (무성) 경 치경마찰음

2.3. 반모음(semi-vowels)

반모음은 지속시간이 고모음보다 훨씬 짧고, 고모음보다 구강내에서 조금 높은 지점에서 발음된다. [y=j]는 경구개반모음으로 평순전설고모음 [i]보다 입천장에 더 가깝게 좁혀 발음한다.[4]

(15) 영어 [y]: yes, beyond

한국어 [y]: ya 'ㅑ', yə 'ㅕ', yo 'ㅛ', yu 'ㅠ'

[w]는 연구개반모음으로 원순후설고모음 [u]보다 입천장에 더 가깝게 좁혀 발음한다.

(16) 영어 [w]: away, where

한국어 [w]: wa 'ㅘ', wə 'ㅝ', wi 'ㅟ'

[ɥ]는 원순경구개반모음으로 원순전설고모음 [ü]와 비슷하게 발음하나 입천장에 더 가깝게 좁혀 발음한다. '위' /wi/에서 w가 i 앞에서 구개음화 되어 [ɥi]로 발음된다. 평순연구개반모음 [ɰ]는 평순후설고모음 [ɯ]와 비슷하게 발음된다. 허웅(1985), 이호영(1996), 신지영(2000), 이익섭(2001)은 'ㅢ'를 하강이중모음 /iy/가 아니라 평순연구개반모음 ɰ + 전설고모음 i로 보아 상승이중모음 /ɰi/로 분석하였다(3장 3.2.2절 참고).

[4] [y]는 U. S. symbol 이고 IPA로는 [j]로 표시한다.

y는 i와, w는 u와 비슷하게 발음된다.

반모음과 고모음 /y, i/, /ü, ɥ/, /ɯ, ɰ/, /u, w/의 조음위치는 같다.

표 2.8 모음과 반모음

반모음	경구개음		연구개음	
	평순	원순	평순	원순
	y	ɥ	ɰ	w
고모음	i	ü	ɯ	u
	평순	원순	평순	원순
	전설모음		후설모음	

　　모음은 음절에서 음절핵이 될 수 있지만 반모음은 그렇지 못하다. 반모음은 혼자서 발음될 수 없고 항상 모음의 앞뒤에 나타나서 음절의 중심인 모음으로 미끄러져 옮겨가므로 **활음**이나 **이동음**(glides)이라 부른다. 그림 2.33은 공명도가 낮은 반모음에서 공명도가 높은 모음으로 옮겨가는 **상승이중모음**(rising diphthongs)이고, 반대로 그림 2.34는 공명도가 높은 모음에서 공명도가 낮은 반모음으로 이동하는 **하강이중모음**(falling diphthongs)이다.

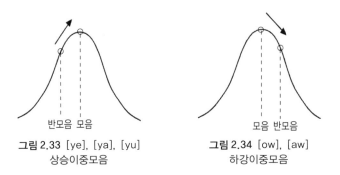

반모음 모음　　　　　　　　모음 반모음

그림 2.33 [ye], [ya], [yu]　　**그림 2.34** [ow], [aw]
상승이중모음　　　　　　　　하강이중모음

2.4. 모음(vowels)

2.4.1. 단모음(simple vowels)

　　모음은 혀의 높이, 혀의 위치, 입술모양과 혀의 긴장성의 네 가지 기준에 의해서 구분된다.

1) 혀의 높이(tongue height)

혀가 입천장 쪽으로 어느 정도 올라갔는지를 나타내는 수직적인 구분이다. 입을 닫고 있을 때 혀의 높이는 **중모음**(mid vowels)이므로 이것보다 혀를 올리면 **고모음**(high vowels)이고 이것보다 혀를 내리면 저모음(low vowels)이다. 혀의 높이는 입이 얼마나 벌어지는가를 나타내는 **개구도**(aperture)와 반비례한다.

표 2.9 혀의 높이와 개구도

혀의 높이	개구도
고모음(high vowels)	폐모음(closed vowels)
중모음(mid vowels)	반폐모음(half-closed vowels)
	반개모음(half-open vowels)
저모음(low vowels)	개모음(open vowels)

혀의 높이가 낮아질수록 개구도는 커지고, 혀의 높이가 높아질수록 개구도는 작아진다.

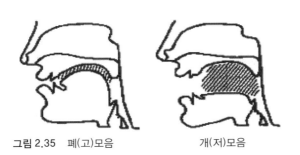

그림 2.35   폐(고)모음   개(저)모음

2) 혀의 위치(tongue position)

혀의 신축도를 나타내는 수평적 위치에 따른 구분이다. 입을 닫고 있을 때 혀의 위치는 **중설모음**(central vowels)이고, 혀가 앞쪽으로 뻗어서 혀의 가장 높은 위치가 입의 앞부분이면 **전설모음**(front vowels)이고, 혀를 뒤쪽으로 뻗어서 혀의 가장 높은 위치가 뒷부분이면 **후설모음**(back vowels)이다.

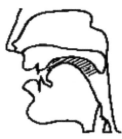

그림 2.36   전설모음   후설모음

3) 입술모양(lip rounding)

입술을 둥글게 오므려 발음하면 **원순모음**(rounded vowels)이고, 입술을 평평하게 하여 발음하면 **평순모음**(unrounded vowels)이다.

평순   원순   보통순

그림 2.37 Denes & Pinson(1963: 51)

4) 긴장성(tenseness)

혀와 설근근육에 긴장이 일어나면서 발음되면 **긴장모음**(tense vowels)이고 같은 혀의 높이(고모음, 중모음, 저모음)에서 혀와 설근이 이완된 상태로 발음되면 **이완모음**(lax vowels)이다. 한국어 모음은 긴장과 이완의 구분이 필요 없다.

영어의 모음은 혀의 높이, 혀의 위치, 긴장성과 원순성에 따라 구분한다.

(17)

    a. [i]: high front tense unrounded vowel

    b. [o]: mid back tense rounded vowel

    c. [u]: high back tense rounded vowel

    d. [ə]: mid central lax unrounded vowel

한국어의 모음은 긴장성을 제외하고 혀의 높이, 혀의 위치와 원순성으로 구분한다.

(18)

    a. [i]: 평순전설고모음

    b. [o]: 원순후설중모음

    c. [u]: 원순후설고모음

위의 네 가지 기준에 따라 모음들을 정리하면 다음과 같다.

표 2.10 모음표

혀의 높이	혀의 위치 / 입술 모양 / 긴장·이완	전설(front) 평순	전설(front) 원순	중설(central) 평순	중설(central) 원순	후설(back) 평순	후설(back) 원순
고	긴장	i	ü=y		ʉ	ɯ	u
고	이완	I	Ü	*ɨ			U
중	긴장	e	ö=ø			ɤ	o
중	이완	ɛ	ö̈ =œ	*ə		ʌ	ɔ
저	긴장			ɐ			
저	이완	*æ	ɶ	a		ɑ	ɒ

긴장모음은 이완모음보다 조금 더 높은 지점에서 발음되고, 좀 더 길게 발음된다.

*표 한 모음들은 언어에 따라 긴장모음 또는 이완모음이 될 수 있다. 한국어에서 'ㅐ'는 æ대신 ɛ를 사용하여 저모음으로 분류하기도 한다. ü, ö, ö̈는 미국식 표기이고 y, ø, œ는 국제음성문자(IPA) 표기이다. 언어에 따라 위 모음의 일부는 나타나지 않는다.

2.4.2. 기본모음(Cardinal Vowels)

Daniel Jones(1918)가 제안한 기본 모음체계는 실제로 존재하는 자연언어의 모음 음가의 기준을 마련하기 위해서 비교의 준거로 사용된다. 기본모음 8개가 실제 구강 내에서 발음될 때 혀의 높이와 위치를 기록하면 그림 2.39와 같다.

그림 2.38 Daniel Jones

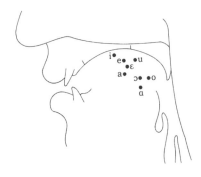

그림 2.39 실제 모음의 조음위치

모든 모음의 기준이 되는 모음이 (제1차) 기본모음이다.

그림 2.40에서 보듯이 (1) i와 (5) a를 축의 가장자리에 두고 그 사이를 청각적 등거리로 4 등분하여 나머지 기본모음을 배열하면 (2) [e] - (8) [u], (3) [ɛ] - (7) [o], (4) [a] - (6) [ɔ]가 된다 (1), (2), (3), (4)는 전설모음이고 (6), (7), (8)은 후설모음이다. (1) [i]의 평순성이 가장 크고 (2) [e], (3) [ɛ], (4) [a], (5) [ɑ]로 갈수록 적고, 원순성도 (8) [u]가 가장 크고 (7) [o], (6) [ɔ]로 갈수록 적어진다.

기본모음은 이상적인 모음이다.

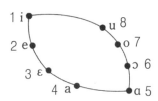

그림 2.40 기본모음과 혀의 높이

모음사각도는 입안에서 경구개와 연구개에 걸쳐놓을 수 있는 2차원적 구조이다. **제1차 기본모음**(primary cardinal vowels)은 그림 2.41과 같다.

전세계적으로 가장 흔한 5개의 모음은 i, e, o, u, a이다.

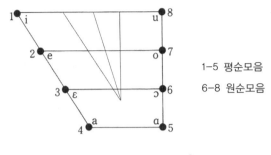

1-5 평순모음

6-8 원순모음

그림 2.41 제1차 기본모음

제2차 기본모음(secondary cardinal vowels)은 제1차 기본모음과 같은 혀의 높이와 혀의 위치를 가지고 있으나 원순성이 상반되게 구성되어 있다.

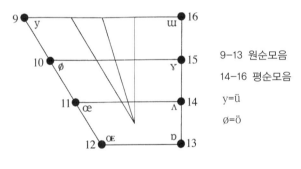

9-13 원순모음

14-16 평순모음

y=ü

ø=ö

그림 2.42 제2차 기본모음

IPA모음표는 16개 기본 모음 외에 다른 모음들도 포함되어 있고, 혀의 위치, 개구도, 혀의 높이와 입술의 모양으로 구분된다. 그림 2.43에서 동일한 혀의 높이와 혀의 위치에서 왼쪽음은 평순모음이고 오른쪽음은 원순모음을 나타낸다.

중설모음은 기본모음에 공식적으로 포함되지는 않지만 여전히 중요하다.

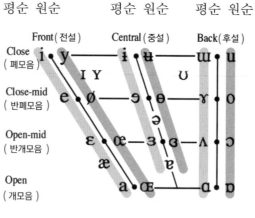

평순 원순　　평순 원순　　평순 원순

Front (전설)　Central (중설)　Back (후설)

Close (폐모음)
Close-mid (반폐모음)
Open-mid (반개모음)
Open (개모음)

그림 2.43 IPA 모음표

2.4.3. 이중모음(diphthongs)

모음은 공명도의 정점으로 음절의 핵을 이루고 모음의 앞뒤에 오는 이동음(반모음)은 음절의 정점을 이루지 못한다. 이동음에서 모음으로, 모음에서 이동음으로 이동하기 때문에 이중모음은 하나의 음절을 이룬다.

상승이중모음(rising diphthongs)은 반모음+모음 [ya, yo, we, wi]로 반모음은 빨리 스쳐 지나가고 뒤에 오는 모음은 길게 발음된다. 하강이중모음(falling diphthongs)은 모음+반모음 [ay, ey, aw, ow]로 모음은 길게 발음하고 뒤에 오는 반모음은 짧게 발음된다.

음절의 핵은 모음이므로 반모음은 짧게 스쳐지나 간다.

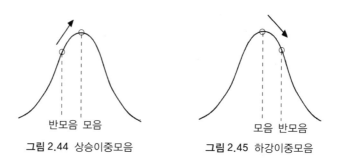

반모음 모음　　　　　　　　　　모음 반모음

그림 2.44 상승이중모음　　　　그림 2.45 하강이중모음

66

2.5. 자 · 모음통합조음위치

우리는 앞에서 자음과 모음의 조음위치를 다른 자질로 구분해왔다. Clements(1993), Hume(1990), Clements and Hume(1994)는 자음과 모음의 조음위치를 통합하여 순음, 설정음, 설배음으로 구분한다. 이들 음의 구분은 SPE나 IPA의 음의 기술구분에는 포함되지는 않았지만 오랜 기간 동안 사용되어왔다(자세한 논의는 4장 2.4절과 6장 4.2.1절 참조).

순음(labials)

순음은 입술이 협착되어 발음되는 음으로 양순음, 순치음, 원순모음과 원순반모음이 해당된다.

(19) 순음

    a. 양순음 [p, b, m, Φ, β], 순치음[f, v]

    b. 원순모음 [o, u, ü, ö], 원순반모음 [w, ɥ]

설정음(coronals)

설정음은 설첨과 설단이 올라가서 협착되어 발음되는 음으로 치경음, 구개치경음, 전설모음과 경구개 반모음이 해당된다.

(20) 설정음

    a. 치경음 [t, t', tʰ, s, s'], 구개치경음[š, ž, č, ǰ]

    b. 전설모음 [i, e, ɛ], 경구개반모음 [y, ɥ]

설배음(dorsals)

설배음은 후설이 협착되어 발음되는 음으로 연구개음, 인두음과 후설
모음, 연구개반모음이 해당된다.

(21) 설배음

    a. 연구개음 [k, g, ŋ], 인두음 [ʕ, ʔ, ħ]

    b. 후설모음 [u, o], 연구개반모음 [ɯ, w]

같은 위치에 있어서
같은 자질을 공유한다.

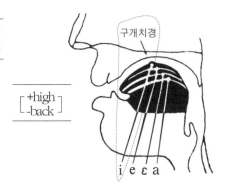

$$\left[\begin{array}{c}+high \\ -back\end{array}\right]$$

그림 2.46 설정음의 조음점

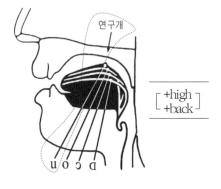

$$\left[\begin{array}{c}+high \\ +back\end{array}\right]$$

그림 2.47 설배음의 조음점

3. 초분절 특성

운율자질(prosodic features)은 모음의 장단, 강세, 악센트, 리듬, 억양 등이 있다. 운율자질은 분절음 위의 단위인 음절, 단어, 구나 문장에 놓여 의미를 구별하므로 **초분절 자질**(suprasegmental features)이다. 운율은 높이, 크기, 길이의 세 가지 운율자질에 의해서 결정된다. 높이는 성대의 진동속도가 빠르면 높은 소리(H tone)가 형성되고 느리면 낮은 소리(L tone)가 생성된다. 크기는 강세, 음장, 강도, 높이 등이 섞여서 나타난다. 길이는 조음의 지속시간에 따라 장음과 단음이 결정된다. 강세는 단어단계에 부과되고 악센트는 문장에서 초점을 받는 단어에 부과된다. 문장에서 돋들림(prominence)을 받는 음절에 놓이게 되는 높이의 곡선을 억양이라 한다.

3.1. 강세(stress)

강세(stress)는 일반적으로 음장, 강도, 기본 주파수(F_0) 등이 함께 나타난다. 한 단어 내에서 어느 한 음절이 강세를 받으면 강한 조음의 힘으로 발음되어 주위의 다른 음절보다 상대적으로 크게 들리고 길게 발음되며 강하게 발음된다.

단어에 강세가 달리 실현될 때 영어는 품사가 달라진다. 그러므로 강세는 단어단계에 놓이게 되는 운율자질이다.

(22) 명사   동사
      récord   recórd
      import   impórt
      présent   presént
      súbject   subjéct

다음은 영어 단어강세의 최소변별쌍을 보여주는 예이다. (23a) 명사 pérmit
에서는 1음절에 강세가 오고 (23b) 동사 permít에서는 2음절에 강세가 온다.
강세를 받은 음절에서 피치가 상승하고 그 뒤에 빠른 하강을 보여주고 있다.

(23) 김기호(1999: 128)

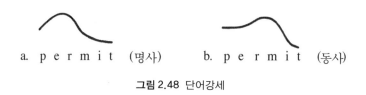

그림 2.48 단어강세

하지만 의문문의 끝에는 억양이 상승하므로 (23)과 달리 (24a)의 명사
pérmit과 (24b)의 동사 permít에 놓여진 두 단어강세는 거의 변별력이 없다.

(24) 김기호(1999: 128)

    a. Do you have any permit? b. Did you permit that?

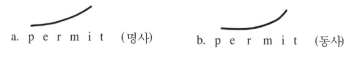

그림 2.49 의문문에서 단어강세의 변별성

또한 (25)처럼 문장 속에 pérmit과 permít이 포함될 때는 그들의 단어강세는 전혀 효력을 발휘하지 못한다.

(25) 김기호(1999: 128)

a. 명사 pérmit

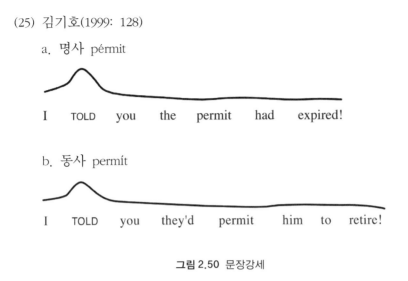

b. 동사 permít

그림 2.50 문장강세

강세는 단어차원에 부과되고 구나 발화에서는 가장 돋들리는 음절에 **구절악센트**(phrase accent)나 **문장강세**(sentence stress)가 부과된다.

영어는 강세의 유무에 따라 의미와 품사가 구별된다. 한국어는 (22)의 영어와 같이 강세의 유무에 따라 어휘의미가 구별되는 낱말짝은 존재하지 않는다.

3.2. 고저악센트(pitch accent)

어느 특정한 음정(H, L)이 그 단어의 어느 음절에 나타나느냐가 의미결정의 주요인이 되고 그 음절을 제외한 다른 음절의 음정이 잉여적인 경우를 **고저악센트**(pitch accent)라 한다. 일본어와 경상방언은 고저악센트를 가지고 있다. 다음은 경상방언이 고저악센트임을 나타내는 예이다.

(26) 정국(1994: 49-50)

    a. 가지가(종류)   b. (먹는) 가지가   c. (나무) 가지가

(26a)에서 '가지가종류'에서는 고조(H)가 1음절에 나타나고 (26b) '(먹는)가지가'에서는 고조가 2음절에 (26c)의 '(나무)가지가'에서는 고조가 1음절과 2음절에 나타난다. H가 나타나는 음절에 따라 어휘의 뜻이 달라진다.

3.3. 성조(tone)

높이(pitch)는 성대의 진동속도에 의해 결정되는데 성대의 진동속도가 빠르면 높은 소리(H tone)가 형성되고 느리면 낮은 소리(L tone)가 생성된다. 성조는 주로 모음에 실현되는데 모음이 가진 고유한 음정(pitch)의 높낮이 -High(고조), Mid(중조), Low(저조)-에 따라 단어의 의미가 구별될 때 **성조언어**(tone language)라 한다. 따라서 성조는 단어단계에 놓이는 운율자질이다. 성조는 기본주파수값과 같은 절대적인 음조로는 확인할 수 없고 앞뒤 음절과의 상대적인 비교를 통해서만 확인할 수 있다. 따라서 1음절로 이루어진 단어를 독립적으로 발화했을 때 성조를 판단하기는 어렵다.

성조는 한 성조 내에서 처음과 끝의 음정이 같은 **평판조**(level tone)와 성조가 바뀌는 **굴곡성조**(contour tone)로 나뉘어진다.

(27)

    a. 평판조: 고조(H), 저조(L)

    b. 굴곡성조: 상승조(LH), 하강조(HL),

                  상승하강조(LHL), 하강상승조(HLH)

현대 북경어(Mandarin Chinese)의 성조는 높낮이를 1~5단계로 나누어 다음과 같이 구별된다.

(28)

성조명	병음 표시	의미	고저	
제1성	mā	媽(어머니)	55	① 고
제2성	má	麻(삼, 마)	35	② 중
제3성	mǎ	馬(말)	214	
제4성	mà	罵(꾸짖다)	51	③ ④ 저
경성			앞 음절에 따라 결정	

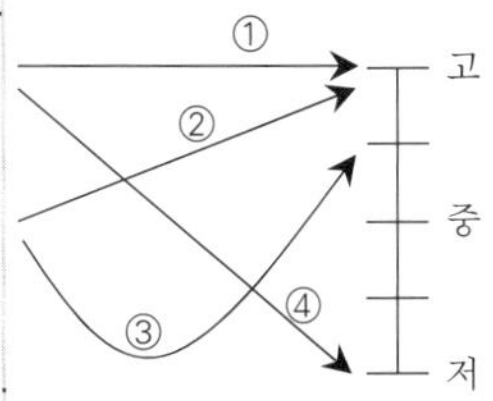

3.4. 억양(intonation)

음정의 고저차이가 단어차원에서 변별성을 가지면 성조(tone)이고 구(phrase)나 발화(utterance)차원에서 변별성을 가지면 억양(intonation)이다. 억양은 발화에서 화자의 감정과 태도를 직접적으로 표시한다. 억양은 언어적·문법적 기능뿐만 아니라 새로운 정보와 화제의 전환 등을 알려주는 정보적·화제적 기능을 가진다 다음은 한국어에서 '학교에가요'라는 문장이 억양의 차이에 의해서 의미가 달라짐을 보여준다.

(29) 이기문·김진우·이상억(2000: 64)

    a. 학교에 가요. (서술)

    b. 학교에 가요? (의문)

    c. 학교에 가요! (명령)

    d. 학교에 가요. (권유)

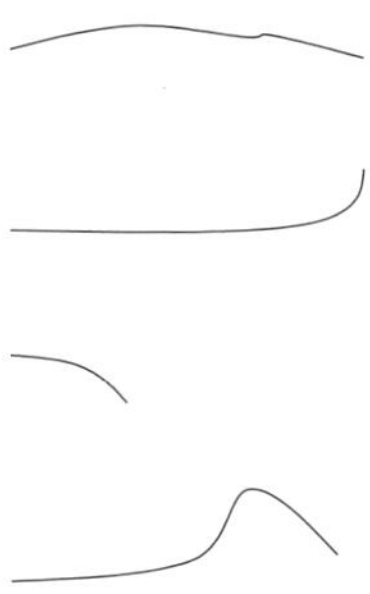

그림 2.51 억양의 차이에 따른 의미 구별

3.5. 음장(length, duration)

자음과 모음의 길이가 의미의 차이를 나타낸다. 다음 예는 자음과 모음의 장단으로 의미가 구별되는 최소대립쌍이다.

(30)

    a. 한국어 nun '눈', nuːn '눈ː'

    b. 이탈리아어 nono '여덟번째', nonno '할아버지'

    c. 일본어 ojisan '아저씨', ojiisan '할아버지'

          obasan '이모/고모/숙모', obaasan '할머니'

한국어의 모음 음장은 평안방언, 중부방언과 전라방언에 나타난다. 젊은 세대로 올수록 음장의 변별성이 약해지고 있다. 음장은 한국어에서 어두에서만 변별적으로 구별된다.

(31)

    a. paːm '밤'   vs.   kunpam '군밤'

    b. maːl '말'   vs.   čʰammal '참말'

3.6. 연접(juncture)

휴지(pause)는 숨을 쉴 정도의 휴식을 두는 것인 반면, 연접은 휴지만큼은 아니더라도 약간의 간격을 두고 이어 붙이는 간격의 특징을 말한다. 연접은 /+/로 표시한다.

(32)

    a. 아버지 + 가방에 + 들어가신다.

    b. 아버지가 + 방에 + 들어가신다.

(33)

    a. 잘 + 안다

    b. 자란다

위에서 보듯이 연접의 위치에 따라 뜻이 달라진다. 연접은 의미분화의 기능을 하므로 초분절체계에 포함된다.

요약

발성을 하기 위한 기관으로는 호흡기관인 폐, 성대, 그리고 후두 위에 있는 조음기관이 있다. 폐에서 나온 기류는 후두를 지나 성도(구강, 비강, 인강)를 지나면서 다양한 소리로 만들어진다. 분절음의 대집단은 크게 세 가지로 나눌 수 있다. 자음·모음·반모음, 공명음·장애음, 구강음·비강음이 있다. 자음을 분류하는 기준은 유성·무성, 후두긴장의 유무와 기식의 유무, 조음위치와 조음방법이다. 성대의 진동상태에 따라 유성·무성으로 나눌 수 있다. 조음자가 조음점에 접촉하는 부위에 따라 조음위치는 크게 양순음, 순치음, 치간음, 치경음, 구개치경음, 경구개음, 연구개음, 인두음, 성문음 등이 있다. 조음자와 조음점 사이의 간격의 정도에 따라 파열음, 마찰음, 파찰음, 구강음, 비강음, 유음 등이 있다. 2차적 조음에는 원순화음 C^w, 경구개화음 C^y, 연구개화음 ɫ가 있다. 반모음은 y, w, ɥ, ɰ가 있다. 모음을 구분하는 네 가지 기준은 혀의 높이(고·중·저모음), 혀의 위치(전설·중설·후설모음), 입술의 모양(평순·원순모음)과 설근의 긴장성(긴장·이완모음)이다 초분절적 요소로는 강세, 성조, 고저악센트, 억양, 음장, 연접 등이 있다.

76

💡 **연습문제**

1. 다음 조음기관을 보고 답하시오.

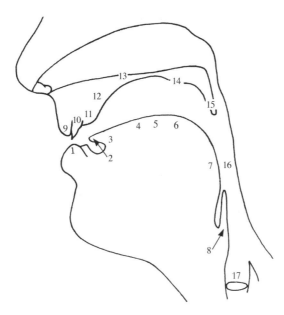

그림 2.52 조음기관

(1) 조음기관의 이름을 적으시오.

    ①   ②   ③

    ④   ⑤   ⑥

    ⑦   ⑧   ⑨

    ⑩   ⑪   ⑫

    ⑬   ⑭   ⑮

    ⑯   ⑰

(2) 유성음과 무성음을 구별하는 기관은 무엇인가?

(3) 구강음과 비강음을 구별하는 두 기관은?

(4) ④에서 발음되는 모음과 ⑬에서 발음되는 자음은?

    ④ _____   ⑬ _____

(5) ⑥에서 발음되는 모음과 ⑭에서 발음되는 자음은?

    ⑥ _____   ⑭ _____

2. 아래에 주어진 단어의 첫소리를 국제음성문자(IPA)로 [ ]에 적고 각 소리
   의 조음위치를 적으시오.

   a. 산나물 [s] 치경음   b. 다리   [ ] _____
   c. 파랑새 [ ] _____   d. thin   [ ] _____
   e. 라디오 [ ] _____   f. vie   [ ] _____
   g. 쉰세대 [ ] _____   h. 야밤   [ ] _____
   i. 가구   [ ] _____   j. 나비   [ ] _____
   k. 하얀   [ ] _____   l. 마라도 [ ] _____
   m. 조수   [ ] _____

자음은 입술, 윗니,
혀의 어느 부분이 조
음점의 어디에 접촉
하는지, 비강으로 가
는 길이 열렸는지, 성
문의 진동이 있는지
없는지에 따라 구분
된다.

3. 아래 구강구조가 나타내는 자·모음을 국제음성문자로 적으시오(Language
   Files 1991: 59).

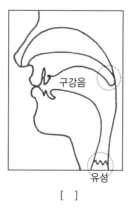

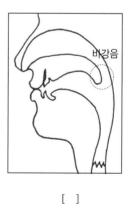

    무성   유성

    [p]   [ ]   [ ]

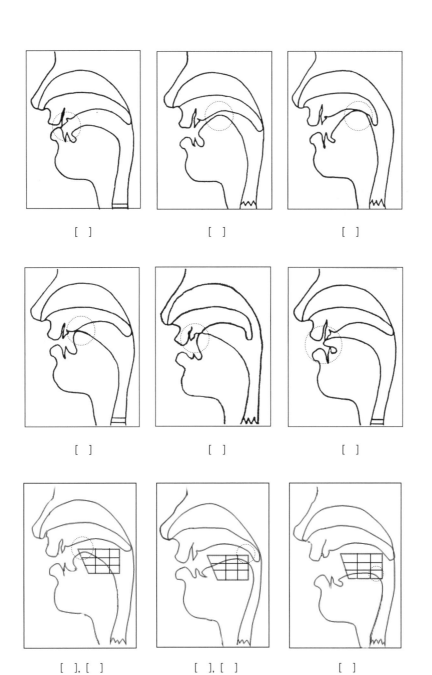

[ ]　　　　　　　[ ]　　　　　　　[ ]

[ ]　　　　　　　[ ]　　　　　　　[ ]

[ ], [ ]　　　　　[ ], [ ]　　　　　[ ]

혀의 수평적 위치와 혀의 수직적 높이에 따라 모음사각도에 생기는 교점을 찾으면 모음의 성격이 정해진다.
[ ]가 두 개이면 긴장모음과 이완모음을 적는다.

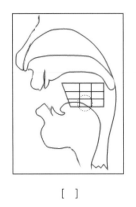 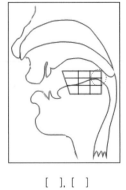 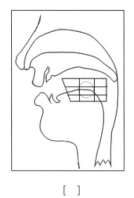

[　]　　　　　　　[　], [　]　　　　　　[　]

그림 2.53 구강구조

4. 아래의 음성 기호 중에서 유성음을 나타내는 것에 동그라미 치시오.

   [s], [v], [h], [w], [r], [z], [k], [b], [t], [p], [l], [f],

   [š], [d], [g], [i], [m], [θ], [ʔ], [č], [ð], [o]

5. 다음의 음에 해당하는 국제음성문자를 적으시오.

   a. 평순전설긴장고모음

   b. 원순후설이완중모음

   c. 원순후설이완저모음

   d. 평순전설이완중모음

   e. 유성순치마찰음

   f. 무성평구개치경파찰음

   g. 유성연구개비음

   h. 무성성문마찰음

   i. 유성치간마찰음

   j. 유성구개치경마찰음

   k. 유성치경설측음

6. 다음 자음을 유/무성, 조음점, 조음방법에 따라 이름을 적으시오.

  * 표시음은 한국어의 장애음으로 후두의 긴장유무와 기식의 유무까지
    포함하시오.

  a. *[s'] : 무성경치경마찰음

  b. [n] :

  c. *[č^h] :

  d. [ŋ] :

  e. [g] :

  f. [f] :

  g. [š] :

  h. [ɾ] :

7. 다음 모음을 혀의 높이, 혀의 위치, 긴장성, 원순성에 따라 이름을 적으
   시오. 한국어 모음은 긴장·이완의 구분이 필요 없으므로 긴장성에 괄
   호를 표시하시오.

  a. [I] 평순전설이완고모음

  b. [o]

  c. [ɛ]

  d. [u]

  e. [æ]

  f. [U]

8. 다음 음성의 집합이 나타내는 공통특성을 적으시오.

  a. [b, d, g, v, ð, z, ʒ] 유성장애음

  b. [p, t, k, q, ʔ]

  c. [t, d, l, n, s]

d. [w, n, l, r, y]

e. [m, n, ŋ, ã, ẽ, õ...]

f. [s, z, ʃ, ʒ, f, v]

g. [l, r]

h. [w, ɰ]

i. [i, I, ɨ, u, U, ɯ]

j. [I, ɛ, æ, ɔ, ɨ]

k. [e, ö, o, ɛ]

9. 아래의 모음을 분류하시오.

보기 : [o, œ, ø, ɔ] 원순모음

a. [æ, a, ɑ, ɒ]   b. [u, o, ɒ, ɣ]

c. [u, y, U, o, ø, œ]   d. [i, u, y, ɯ, ɨ, ʉ]

e. [I, U, ɛ, œ, æ]   f. [i, I, y, u]

g. [ɨ, ʉ, ə, a]   h. [y, ø, œ]

i. [u, ɔ, o]   j. [u, ɯ, ɨ, ʉ, U]

10. 다음의 분절음들 중에서 다른 것을 골라 밑줄을 긋고 나머지 모음의
공통특성을 적으시오.

보기: [u], [o], [y], [a], [i] : [a], [i]를 제외한 나머지 모음은 원순모음이다.

a. [i], [e], [æ], [ɯ], [ɨ]

b. [u], [o], [e], [ɛ], [ɔ]

c. [æ], [a], [ə], [ɑ], [ʌ]

d. [u], [y/ü], [ø], [i], [œ]

🖱 참고 사이트(Websites)

- 호흡기의 구조 - 국가건강정보포털
  https://www.youtube.com/watch?v=WUhbZJs9drU

- 기도 - 서울아산병원
  https://www.youtube.com/watch?v=dw2Htl5jGDU

- 생리학 - 호흡 : 인두, 후두, 기관지-보배교수 TV
  https://youtu.be/Tze4gVRWA_g

- 성대의 기능 - JY연기뮤지컬아카데미에서 번역
  https://www.youtube.com/watch?v=unJ4MQA50WA

- 유성음과 무성음의 구분
  https://www.youtube.com/watch?v=Ee8fWgxbo18

- Each and Every sound of American English 49개 음의 조음
  https://www.youtube.com/playlist?list=PLYJV5Moz9cfyRIyd3HKzwRGnDM_BSbEuI

- English Vowel Pronunciation _Mad English TV
  https://youtu.be/j-27eVle65A

- Interactive IPA Chart(국제음성문자 mp3)
  https://www.ipachart.com/

- UBC Visible Speech 채널
  https://www.youtube.com/channel/UCGY29xt9tsphxyKcXST9roA

- 자음의 조음 - UBC Visible Speech, Evan Ashworth, Ph. D. 언어학자
  https://youtu.be/dfoRdKuPF9I

- 모음의 조음 - UBC Visible Speech
  https://youtu.be/u7jQ8FELbIo

- 국제음성문자(IPA) UBC Visible Speech 동영상
  https://youtu.be/g_SHfoUDj8A

- 비강모음(nasal vowels) vs. 구강모음(oral vowels)
  https://www.youtube.com/watch?v=OZC_FmTIGdk

- 비강모음(nasal vowels) Introduction to Nasal Vowels a-o-e
  https://www.youtube.com/watch?v=o4ylX2JgE3Q

- 비강모음(Nasal e)
  https://www.youtube.com/watch?v=l2ablhfbMoA

- [차이티 기초 중국어] 한어병음 총정리 (1) 성조, 기본운모, 성모
  https://youtu.be/1IkB3QaVzMw

3장 음소

장 목표

이 장에서 여러분은 다음과 같은 내용을 알게 된다.

· 음성과 음소를 구별할 수 있다.
· 한국어의 자음과 모음의 음소체계를 안다.
· 한국어에 어떠한 이음이 있는지를 안다.
· 최소대립쌍과 상보적 분포를 통해 음소와 이음을 구분한다.

1. 음소와 음의 구별

1.1. 음운론의 태동

음성학(phonetics)이 발달한 19세기 후반 음운론(phonology) 연구의 필요성이 인식되기 시작했다. 음운론과 음성학의 분기점이 되는 19세기 말에 영어가 음성학의 근원이 된 이유는 첫째, 철자(spelling)와 발음(pronunciation)의 일치를 위하여 철자를 고치려는 운동(Spelling Reform Movement of English)이 일어났고(k̲night, h̲erb), 둘째, 외국인을 위한 영어교수법(Teaching English as a Second Language)이 발달하기 시작했으며, 셋째, Veda(梵語)를 연구하는 Sanskrit 학자들이 많아졌기 때문이다.

12세기 이음과 음소를 같은 철자로 표기하는 **음소적 원리**(phonemic principle)가 아이슬란드학자에 의해 처음으로 아이슬란드 철자법에 적용되었다. 세종대왕도 음소적 원리를 인식하고 [l]과 [ɾ]을 각기 다른 문자로 표기하지 않고 'ㄹ'로 표기했다. 스위스의 방언학자 Winteler(1876)는 '의미를 구분하는 음(phoneme, 음소)'과 '그렇지 않는 음(allophone, 이음)'을 구분할 필요성을 최초로 언급했다. 하지만 그는 음운론을 음성학과 다른 독립적인 학문으로 나누어야 한다는 결론에는 도달하지 못했다. 그 후 영국 음성학의 태두인 Henry Sweet(1845-1912)는 음소적 원리에 따라 음소만 표기에 반영하는 **간략전사**

(broad transcription)와 실재 발음되는 음을 자세히 나타내는 이음을 표기에 반영하는 **정밀전사**(narrow transcription)를 구별했다.

초기의 비구조주의 음운론학자로는 러시아의 **까잔학파**(Kazan School)에 속한 폴란드인 Baudouin de Courtenay(1845-1929)가 있다. 그는 처음으로 현대적 의미의 음소를 사용하였는데 1920년대에 와서 그의 학설이 서구학계에서 받아들여졌다. 그는 음소(phoneme)를 대상으로 하는 음운론과 음(phone)을 대상으로 하는 음성학을 구분할 것을 주장했으나, 그의 논문이 러시아어와 폴란드어로 적혀졌기 때문에 당시 유럽학자들에게 널리 알려지지 않았다. 20세기 이전에 활동했음에도 불구하고 그의 학설은 20세기 언어학인 구조주의로 분류된다. 그는 Saussure의 '**언어능력**(langue)'과 '**언어수행**(parole)'에 해당하는 것을 구별할 필요성과 통시적 연구와 공시적 연구를 구별할 필요성을 역설했다. Saussure는 Courtenay가 자신의 사상과 여러 면에서 일치한다고 생각하여 그의 사상과 독창성을 서구 언어학계에 소개하였다.

Saussure의 langue와 parole은 Chomsky의 competence와 performance에 해당된다.

1.2. 구조주의와 음소

구조주의(structuralism)란 이미 알고 있는 사실에 대한 새로운 접근 방법으로 **체계**(system) 내에서 기능을 재검토 하는 이론이다. 구조주의의 창시자인 Saussure(1857-1913)의 **고전적 구조주의는** **제네바학파**(Geneva School)에 속하는 그의 제자들에 의해 이어졌다.

그림 3.1 Saussure

Saussure는 언어를 특유한 사회적 커뮤니케이션 기능을 가진 조직적 체계로 파악했다. 즉, 개개의 사실을 고립시켜 보지 않고 항상 전체로 보아야 하고 언어체계는 대립에 입각하여 구성된다고 보았다. 그는 언어를 음성과 의미가 결합된 기호(sign)의 체계로 파악하였다.

(1) 기호 ── 음의 형태(signifiant) : [yənpʰil] '연필'
　(sign) └─ 의미(signifié) 　　: 필기구의 하나

　언어활동을 사회의 언어인 **언어능력(langue)**과 개인의 언어인 **언어수행(parole)**으로 구별하였고 언어에 대한 연구방법을 **통시적(diachronic)**방법과 **공시적(synchronic)**방법으로 구분하였다. 언어의 현재 상태를 분석할 때 역사적인 기준을 개입시키는 것을 허용하지 않았다. 음소는 음으로서 실현될 수 있으나 반드시 실현되지 않아도 된다고 보았고, 음소를 언어 사회의 의식 속에 항상 존재하는 심리적 실재(psychological reality)로 보았다.

　음소를 심리적 실재로 파악한 학자로는 Courtenay, Sapir(1925), Chomsky and Halle(1968) 등이 있다. 화자나 청자가 발음하거나 듣는 소리는 구체적인 이음(allophone)이 아니라 추상적인 음소(phoneme)라는 주장이다. 따라서 여러 화자나 동일 화자가 [p]를 발음할 때마다 소리는 다르지만 동일한 [p]로 청자가 받아들이는 것은 그 음에 대한 어떤 상(image)을 화자와 청자가 의식 속에 가지고 있다고 본다.

음소는 화자와 청자의 의식 속에 있는 심리적인 실재이다.

　Nicolas Trubetzkoy, Roman Jakobson(1896-1982) 등이 속한 **프라그학파(Prague School, 1926년 창립)**는 기능언어학과 전체적인 구조주의 언어학을 가장 잘 대표한다. 프라그학파는 음소와 음, 음성학과 음운론을 구별할 것을 주장하였고 음운론만 언어학이고, 음성학을 보조과학으로 여겼다. Trubetzkoy(1939)는 언어에 **대립(opposition)**, **기능(function)**, **체계(system)**의 개념을 도입하여 공시음운론의 기초를 확립했다.

　프라그학파는 음소가 동일한 위치에서 대립하면 단어의 의미가 달라진다고 본다.

(2)
　a. /pul/ '불'　　/p'ul/ '뿔'　　/pʰul/ '풀'
　b. /tal/ '달'　　/t'al/ '딸'　　/tʰal/ '탈'
　c. /kita/ '기다'　/k'ita/ '끼다'　/kʰita/ '키다'

어두에 오는 자음은 대립하고, 의미를 구별하는 변별적인 기능을 가지고 있다. 자음은 양순음, 치경음, 연구개음의 체계에서 평음, 경음, 유기음의 대립을 이룬다.

(2)에서 /p, p', pʰ/, /t, t', tʰ/, /k, k', kʰ/가 어두에서 대립하기 때문에 의미가 다르다. /p, p', pʰ/, /t, t', tʰ/, /k, k', kʰ/는 양순파열음, 치경파열음과 연구개파열음의 체계 내에서 평음, 경음과 유기음의 대립을 이룬다.

표 3.1 한국어 파열음의 체계

조음위치	양순음	치경음	연구개음
평음	p(ㅂ)	t(ㄷ)	k(ㄱ)
경음	p'(ㅃ)	t'(ㄸ)	k'(ㄲ)
유기음	pʰ(ㅍ)	tʰ(ㅌ)	kʰ(ㅋ)

유럽과 미국의 구조주의는 상호접촉 없이 동시에 발전하였다. **미국의 구조주의**(1920-1950)는 콜롬비아 대학의 Franz Boas(1858-1942)와 Edward Sapir(1884-1939)에서 시작되었다. Sapir(1925)는 미국 원주민어(native American languages)를 연구했는데 원주민어는 문자의 전통이 없으므로 철저하게 공시적으로 연구를 해야 했다. 음운을 정의하는데 중요한 분포(distribution)의 개념을 도입했다.

그림 3.2 Franz Boas

그 후 Bloomfield(1887-1949)와 그 후계자들이 중심이 된 **예일학파(Yale School)**가 있다. Bloomfield(1933)는 언어의 물리적·음성적 측면을 엄밀하고 객관적으로 연구하고자 했기 때문에 언어분석에 의미를 배제하였고 또한 심리적으로 언어를 분석하는 것을 반대하였다. Bloomfield가 제시한 원리의 증명 및 적용(분포, 대치)과 그 원리에 입각한 분석의 기법과 순서가 언어학을 과학의 경지에 올려두었다. 이러한 방법은 음소를 발견하는 절차에서 채택되었다.

(3) 음소발견절차

    a. 최소대립쌍을 찾는다.

    b. 자유변이인지를 확인한다.

    c. 분포는 어떠한지를 알아본다.

    d. 음성적 유사성이 있는가를 확인한다.

   1950년대 이후 미국학자들은 프라그학파의 구조주의와 접촉하기 시작하였다. 유럽에서 Jakobson(1886-1982)이 미국으로 건너가 프라그학파의 음운이론을 미국에 보급했다. 전적으로 분포의 기준에서 연구하던 미국학자들이 변별적 특징을 받아들이기 시작하였다. Jakobson은 음소가 변별자질들의 집합으로 구성되어 있는 복합적인 음운론적 단위라고 생각하여 음운현상분석에 변별자질과 이분법 [+/-F]를 도입하였다.

   그 후 구조주의음운론은 **생성음운론(generative phonology)**에 의해 비판을 받는다. 생성음운론 이론서는 Halle(1959)의 Sound Pattern of Russian과 Chomsky and Halle(1968)의 Sound Pattern of English 등이 있다.

2. 음소의 발견과정

미국의 구조주의에서는 음소를 분포로 파악하고 프라그학파에서는 의미를 구별하는 변별적 기능으로 파악하였다. 지금부터 음소발견과정을 살펴보자.

2.1. 최소대립쌍(minimal pair)

자유변이가 아닌 최소대립쌍에서 나타나는 음만이 음소이다.

우리는 어려서 한글을 배울 때 다음과 같은 구절을 모두 외우고 공책에 적기도 했다.

(4)
    a. 가, 나, 다, 라, 마, 바, 사, 아, 자, 차, 카, 타, 파, 하
    b. 가, 갸, 거, 겨, 고, 교, 구, 규, 그, 기

위의 구절은 학습자에게 한국어의 자음과 모음의 음소 개념을 익히게 하는 구절이다. /tap/ '답'과 /pap/ '밥'처럼 동일 지점인 어두의 소리만 제외하고 나머지 소리가 똑같은 두 단어를 **최소대립쌍**(minimal pair)이라 한다. /t/와 /p/가 달라서 단어의 의미가 구별되므로 /t/와 /p/는 음소이다. (5)처럼 동일

한 지점에 오는 소리만 다르고 나머지 소리가 같은 어군(語群)을 **최소대립군**
(minimal set)이라 한다.

(5) 최소대립군

    kata   '가다'   k'ata '까다'   t^{h}ata '타다'

    sata   '사다'   s'ata '싸다'   čata '자다'

    č'ata '짜다'   č^{h}ata '차다'   hata '하다'

    : /k, k', t^h, s, s', č, č', č^h, h/

어두나 음절말에 오는 한국어 자음의 최소대립쌍을 알아보자.

(6) 한국어 자음의 최소대립쌍

    a. tal '달' t'al '딸' t^{h}al '탈': /t, t', t^h/

    b. pul '불' p'ul '뿔' p^{h}ul '풀': /p, p', p^h/

    c. pam '밤' pan '반' paŋ '방' pal '발': /m, n, ŋ, l/

    d. si '시' s'i '씨': /s, s'/

    e. čata '자다' č'ata '짜다' č^{h}ata '차다' hata '하다'

       : /č, č', č^h, h/

    f. kita '기다' k'ita '끼다' k^{h}ita '키다': /k, k', k^h/

(6)에 근거한 한국어의 자음음소체계는 다음과 같다.

표 3.2 한국어의 자음의 음소체계

조음방법		조음위치	양순음	치경음	구개치경음	경구개음	연구개음	성문음
장애음	파열음	평음	p(ㅂ)	t(ㄷ)			k(ㄱ)	
		경음	p'(ㅃ)	t'(ㄸ)			k'(ㄲ)	
		유기음	p^h(ㅍ)	t^h(ㅌ)			k^h(ㅋ)	
	마찰음	평음		s(ㅅ)				
		경음		s'(ㅆ)				
		유기음						h(ㅎ)
	파찰음	평음			č(ㅈ)			
		경음			č'(ㅉ)			
		유기음			$č^h$(ㅊ)			
공명음	비음		m(ㅁ)	n(ㄴ)			ŋ(ㅇ)	
	유음			l(ㄹ)				
	반모음					y=j	w, ɰ	

(반모음 ɰ에 관한 설명은 3장 3.1절과 3.2.2절 참조)

한국어 모음의 최소대립쌍도 찾아보자.

(7) 한국어 모음의 최소대립쌍

　　a. soli '소리' suli '수리' sali '사리' səli '서리' : /a, o, u, ə/

　　b. sɨta '쓰다' sota '쏘다' : /ɨ, o/

　　c. siki '시기' seki '세기' : /i, e/

　　d. peta '(벼를) 베다' pɛta '(아이를) 배다' : /e, ɛ/

(7)에서 /a, o, u, ə, ɨ, i, e, ɛ/는 한국어의 모음음소이다.

2.2. 자유변이(free variation)

이음은 자유변이나 상보적 분포에서 나타난다.

어떤 단어의 한 소리를 다른 소리로 바꾸어 발음해도 의미의 차이가 없을 경우 한 단어에 나타나는 두 음은 **자유변이**(free variation)이다. 자유변이에서

94

나타나는 소리들은 독립적 음소가 아니라 한 음소의 이음이다.

economics의 경우 일부 화자는 어두 모음을 [I]로 발음하고 일부 화자는 [ɛ]로 발음한다. [ɛ]를 [I]로 대치해도 의미는 변하지 않으므로 [ɛ]와 [I]는 자유변이를 보여준다.

(8)   economics

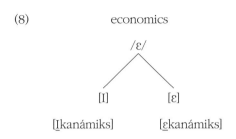

2.3. 상보적 분포(complementary distribution)

어떤 음들이 같은 음소에 속하는가를 결정하는 작업이다. 음들이 절대 같은 환경에서 나타나지 못하고 다른 환경에서 발음될 때 이들은 **상보적 분포**(complementary distribution)를 보여준다. 상호배타적 환경(mutually exclusive)에 나타나는 음들은 한 음소의 이음이다.

상보적 분포에 나타나는 이음들은 서로 음성적 유사성이 있다.

한국어에서 구개치경마찰음 [ʃ]는 원순전설고모음 /ü/나 평순전설고모음 /i/ 앞에서 실현되고, 원순치경마찰음 [sʷ]는 /o, u, w/ 앞에서 실현되고, 치경마찰음 [s]는 기타 모음 앞에서 실현되는 상보적 분포를 보여준다.

표 3.3 한국어 마찰음 /s/의 상보적 분포

이음	[ʃ]	[sʷ]	[s]
환경	__ü, i	_o, u, w	__기타 모음
예	쉽다 [ʃüpˀtˀa]	수원 [sʷuwən]	사람 [saɾam]
	실[ʃil]	소원 [sʷowən]	서리 [səɾi]
		쇄국 [sʷwegukˀ]	슬픔 [silpʰɨm]

이음 중에서 보다 일
반적인 음 [s]가 음소
가 된다.

(9)

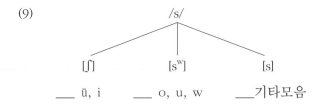

[ʃ]는 전설고모음 ü, i 앞에서만 실현되고 [sʷ]는 원순음 o, u, w 앞에만 실현
되고 그 외 다른 모음 앞에서는 [s]가 나타난다.

상보적 분포에서 나타나는 이음 중에서 음소를 정하려면 다음 두 가지를
살펴보아야 한다.

(10) 상보적 분포에서 음소설정기준

　　a. 이음 중에서 보다 일반적인 음이 음소가 된다.

　　b. 음소는 여러 환경에서 나타난다.

(10)의 기준에서 보면 [s]가 [ʃ]나 [sʷ]보다 음성학적으로 일반적인 음이고
여러 환경에서 나타나므로 음소가 된다.

한국어의 장애음은
기저에서 모두 무성
음이다.

한국어의 장애음을 살펴보자. 무성평파열음 /p, t, k/는 어두에 나타나고,
유성평파열음 [b, d, g]는 공명음(S) 사이에 나타나고, 불파음 [p̚, t̚, k̚]는
음절말에서 실현되는 상보적 분포를 보여준다.

표 3.4 한국어 파열음의 상보적 분포

이음	[p, t, k]	[b, d, g]	[p̚, t̚, k̚]
환경	#____	S____S	____$
예	바다 [pada]	아버지 [abəji]	굽다 [kup̚t'a]
	다리 [tari]	어디 [ədi]	닫다[tat̚t'a]
	고기 [kogi]	아가 [aga]	걱정 [kək̚č'əŋ]

96

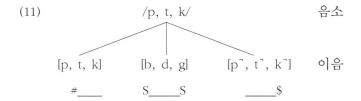

(11)   /p, t, k/   음소

    [p, t, k]   [b, d, g]   [pˀ, tˀ, kˀ]   이음

    #___   S___S   ___$

　　무성평파열음 [p, t, k], 유성평파열음 [b, d, g]와 무성불파음 [pˀ, tˀ, kˀ]가
나타나는 환경의 수는 1개로 모두 같다. 무성불파음은 음성적으로 무성파열
음이나 유성파열음보다 특수한 음이다. 그렇다면 무성평파열음이나 유성평
파열음 중 어느 것도 음소가 될 수 있다. 하지만 한국어의 장애음은 기저에서
모두 무성음이므로 무성평파열음 [p, t, k]가 음소가 된다. 따라서 /p, t, k/는
공명음 사이에서 유성음화가 일어나서 [b, d, g]로 실현되고, 음절말에서 [pˀ,
tˀ, kˀ]로 실현된다.

　　한국어의 유음 'ㄹ'을 살펴보자 (12a)에서 'ㄹ'은 음절말에서는 설측음 [l]로
실현되고, (12b)에서 한자어나 순우리말의 모음과 모음사이에서 탄설음 [ɾ]로
실현되고, (12c)에서 서양외래어의 어두에서 [ɾ]로 실현된다.

(12)

    a. kil̚ '길'   tal̚ '달'   mal̚ '말',

    b. soɾi '소리'   taɾi '다리'   poɾa '보라'

    c. ɾubi '루비'   ɾadio '라디오'   ɾidim '리듬'

    d. ɾain '라인'   ɾabel '라벨'   ɾaunǰi '라운지'

음절 말 /l/ → [l]
음절 초 /l/ → [ɾ]
어두　　/r/ → [ɾ]
어두　　/l/ → [ɾ]

　　[ɾ]은 어두나 모음사이에 나타나고 [l]은 음절말에 나타나므로 상보적 분포
를 보인다. 그러나 /l/이 [ɾ]로 변하는 약화현상이 /r/이 [l]로 변하는 강화현상
보다 보편적이므로 학자들은 'ㄹ'의 음소를 /l/로 정한다.[1]

1) /l/이 [ɾ]로 변하
는 탄설음화는 7장
3.1.3.1절을 참고하
길 바란다. /l/로 기
저음을 설정하는 것
은 5장 2.3절에서 다
시 논의된다.

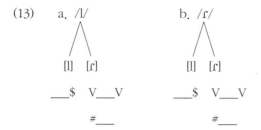

(13)   a. /l/   b. /ɾ/

           [l] [ɾ]   [l] [ɾ]

        ___$ V__V   ___$ V__V

            #___   #___

하지만 영어의 유음은 한국어의 유음과 다르다. 영어에는 [l]과 [ɾ]이 음절초와 음절말에 나타나는 최소대립쌍이 있다.

(14) 영어의 유음 /l/, /r/

    a. lead, read, leaf, reef : 음절초
    b. car, KAL : 음절말

따라서 영어는 유음 /l/과 /r/이 모두 음소이고 한국어는 /l/만 음소이고 [ɾ]은 이음이다.

2.4. 음성적 유사성(phonetic similarity)

Daniel Jones는 음소는 음성적 유사성에 의해 서로 관계를 맺고 있는 음의 가족이라고 규정했다. 영어의 [h]는 음절초에 나타나고 [ŋ]은 음절말에 나타나서 상보적 분포를 보이는 것처럼 보인다.

(15)

    a. $___ [h]: behind, hey, hat, home, hello
    b. ___$ [ŋ]: sing, sang, song, interesting, something

상보적 분포에 나타나는 음이라도 음성적 유사성이 전혀 없으면 각각 음소이다.

하지만 [h]는 무성성문마찰음이고 [ŋ]은 유성연구개비음이므로 두 자음은 유·무성 조음위치와 조음방법이 모두 달라서 음성적 유사성이 전혀 없다.

따라서 [h]와 [ŋ]은 한 음소의 이음이 아니라 각각 독립적인 음소이다.

(16) /h/   /ŋ/

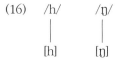

상보적 분포에 나타나는 이음들은 음성적으로 서로 비슷해야 한다.

[h]와 [ŋ]은 음성적 유사성이 전혀 없으므로 각각 독립적인 음소이다.

2.5. 음소와 이음

지금까지 논의한 음소와 이음에 대한 정의를 요약하면 다음과 같다.

(17) 음소(phoneme)

    a. 의미를 구별하는 변별(대립)적인 음

       영어 fine, vine : /f/, /v/

       한국어 t'al, tal, tʰal : /t'/, /t/, /tʰ/

    b. 최소대립쌍(군)에 나타나는 변별적인 음

    c. 상보적 분포에서 여러 음운환경에 나타나고 이음들 중에서 보다 일반적인 음

    d. 자유변이에서 일반적으로 많이 발화되는 음

    e. 발화되지 않고 심리적으로 존재하는 추상적인 음

    f. / /로 표시

(18) 이음(allophone)

    a. 음소가 실지 발화되는 음성

    b. 음소가 예측가능한 곳에 나타나는 변이형

    c. 특수한 음운론적 환경에 나타나는 구체적인 음

    d. [ ]로 표시

    e. 이음은 음운규칙에 의해서 음소로부터 도출된다.

(11)에서 보았듯이 한국어의 /p, t, č, k/는 어두에서 [p, t, č, k]로, 공명음과 공명음 사이에서 [b, d, ǰ, g]로, 음절말에서는 [pˀ, tˀ, kˀ]로 실현된다. 음소 /p, t, č, k/가 이음으로 실현되는 현상은 음소규칙(phonemic rules)으로 표시된다.

(19) 음소 /p, t, č, k/에서 이음 도출규칙

    a. /p, t, č, k/ → [b, d, ǰ, g] / S_____S

    b. /p, t, č, k/ → [pˀ, tˀ, kˀ] / ____$

3. 한국어의 음소체계

3.1. 자음의 음소체계

한국어의 파열음과 파찰음은 평음: 경음: 유기음의 대립을 이루지만 마찰음 s는 평음: 경음의 대립만 이룬다.

(20) 한국어 장애음

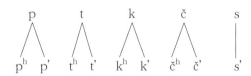

조음위치는 양순음, 치경음, 구개치경음, 연구개음, 성문음의 5계열의 대립이 존재한다. 유음은 (12)에서 보았듯이 음절말에서는 [l]로 순우리말과 한자어의 모음과 모음 사이에서나 외래어의 어두에서 [ɾ]로 실현되는 상보적 분포를 보이지만 /l/을 음소로 삼는다.

표 3.5 한국어의 자음의 음소체계

조음방법		조음위치	양순음	치경음	구개치경음	경구개음	연구개음	성문음
장애음	파열음	평음	p(ㅂ)	t(ㄷ)			k(ㄱ)	
		경음	p'(ㅃ)	t'(ㄸ)			k'(ㄲ)	
		유기음	pʰ(ㅍ)	tʰ(ㅌ)			kʰ(ㅋ)	
	마찰음	평음		s(ㅅ)				
		경음		s'(ㅆ)				
		유기음						h(ㅎ)
	파찰음	평음			č(ㅈ)			
		경음			č'(ㅉ)			
		유기음			čʰ(ㅊ)			
공명음	비음		m(ㅁ)	n(ㄴ)			ŋ(ㅇ)	
	유음			l(ㄹ)				
	반모음					y=j	w, ɰ	

반모음은 /y=j/와 /w/ 2개를 설정하나 학자에 따라 /ɰ/를 넣어 3개를 설정하기도 한다.

표 3.6 한국어의 반모음

반모음	경구개음	연구개음	
	평순	평순	원순
	y(U.S.)=j(IPA)	ɰ	w
고모음	i	ɯ	u
	평순	평순	원순
	전설모음	후설모음	

ɰ는 i앞에만 나타나므로 ɰi는 상승이중모음이다.

전통적으로 'ㅢ'는 모음 i + 반모음 y로 하강이중모음으로 분석해왔다. 다른 이중모음과 달리 'ㅢ'만 한국어에서 유일한 하강이중모음이다. 따라서 허웅(1985), 이호영(1996), 신지영(2000), 이익섭(2001)은 'ㅢ'를 평순연구개반모음 [ɰ] + 모음 [i]로 보아 상승이중모음 /ɰi/로 분석하였다. 그러나 /ɰ/는 오로지 [i] 앞에서만 나타나므로 이중모음 'ㅢ' 때문에 반모음 목록에 /ɰ/를 하나 더 설정하는 부담이 생기게 된다(자세한 내용은 이 장의 3.2.2절 참조).

3.2. 모음의 음소체계

3.2.1. 단모음체계

방언과 학자에 따라 단모음의 수와 이중모음의 수가 다르다. 중부방언과
전라방언의 노년층에서 나타나는 10모음을 살펴보자. 10모음체계에서는 'ㅟ'
와 'ㅚ'는 단모음 /ü/와 /ö/로 'ㅐ'는 이중모음 /wε/로 'ㅞ'는 /we/로 분석한다
(허웅 1985; 김무림 1992; 이호영 1996). 'ㅡ'는 전통적으로 평순중설고모음 /ɨ/
로 알려져 왔지만 음성학적으로 평순후설고모음 /ɯ/와 가깝게 발음된다고
보고되었다(이현복 1971; 이호영 1996; 신지영 2000; 이익섭 2001).

방언에 따라 10, 9,
8, 7, 6모음체계가
있다.

표 3.7 10모음체계

10모음에서 ü와 ö는
단모음이다.

혀의 높이 \ 혀의 위치 / 입술 모양	전설		중설	후설
	평순	원순	평순	원순
고모음	i(ㅣ)	ü(=y, ㅟ)	ɨ(ㅡ)	u(ㅜ)
중모음	e(ㅔ)	ö(=ø, ㅚ)	ə(ㅓ)	o(ㅗ)
저모음	ε(ㅐ)		a(ㅏ)	

허웅(1985)은 (21a)처럼 두음에 자음이 있으면 'ㅚ', 'ㅟ'를 단모음 /ü, ö/로
분석하고 (21b)처럼 두음에 자음이 없으면 'ㅚ, ㅟ'를 이중모음 /we, wi/로 분
석한다.

(21) a. 이[C____   b. 이[____

쇠고기 [sögogi]   외국 [weguk]

꾀 [k'ö]   외아들 [weadɨl]

쥐 [čü]   위반 [wiban]

뒤 [tü]   더위 [təwi]

9모음체계(오정란 1993a: 65)에서 'ㅟ'를 이중모음 /wi/로 분석한다.

표 3.8 9모음체계

혀의 위치 / 입술 모양 / 혀의 높이	전설		중설	후설
	평순	원순	평순	원순
고모음	i(ㅣ)		ɨ(ㅡ)	u(ㅜ)
중모음	e(ㅔ)	ö(=ø, ㅚ)	ə(ㅓ)	o(ㅗ)
저모음	ɛ(ㅐ)		a(ㅏ)	

8모음체계에서는 10모음체계의 단모음 /ü, ö/ 'ㅟ, ㅚ'가 이중모음 /wi, we/로 실현된다. 'ㅚ'와 'ㅞ'가 모두 이중모음 /we/로 분석되므로 둘은 구별이 되지 않는다.

(22) 괴짜 [kweč'a], 궤짝[kweč'akˀ]

표 3.9 8모음체계

혀의 위치 / 입술 모양 / 혀의 높이	전설		중설	후설
	평순	원순	평순	원순
고모음	i(ㅣ)		ɨ(ㅡ)	u(ㅜ)
중모음	e(ㅔ)		ə(ㅓ)	o(ㅗ)
저모음	ɛ(ㅐ)		a(ㅏ)	

7모음은 중부방언과 전라방언의 젊은 세대에서 나타난다. /e/ 'ㅔ'와 /ɛ/ 'ㅐ'를 구별하지 못하여 'ㅐ'가 'ㅔ'로 상승하여 합류되는 현상이 나타난다. 두 모음이 합류한 음가는 /e/나 /E/로 본다.

(23) 베(布), 배(腹, 船, 梨): [pE], [pe]

　　 테(輪), 태(胎): [tʰE], [tʰe]

표 3.10 7모음체계

혀의 위치 입술 모양 혀의 높이	전설		중설	후설
	평순	원순	평순	원순
고모음	i(ㅣ)		ɨ(ㅡ)	u(ㅜ)
중모음	E/e(ㅔ)		ə(ㅓ)	o(ㅗ)
저모음			a(ㅏ)	

6모음은 일부 지역을 제외한 경상방언의 화자에게서 나타난다. 'ㅔ'와 'ㅐ'
의 대립이 없어서 두 모음이 합류한 /E/나 /e/로 실현되고 /ɨ/ 'ㅡ'와 /ə/ 'ㅓ'의
대립도 없어서 두 모음이 합류한 /Ǝ/나 경북방언에서는 /ə/로 경남방언에서
는 /ɨ/로 실현된다.

(24) 틀(機), 털(毛): [tʰƎl], [tʰəl](경북), [tʰɨl](경남)

표 3.11 6모음체계

혀의 위치 입술 모양 혀의 높이	전설		중설	후설
	평순	원순	평순	원순
고모음	i(ㅣ)		Ǝ/ɨ(ㅡ): 경남	u(ㅜ)
중모음	E/e(ㅔ)		Ǝ/ə(ㅓ): 경북	o(ㅗ)
저모음			a(ㅏ)	

3.2.2. 이중모음체계

1) y-계 이중모음: y+V, V+y[2]

2) [y]는 U.S. symbol 이고 IPA로는 [j]로 표시된다.

y는 i보다 약간 높은 지점에서 발음된다. 반모음 y에서 시작하여 8모음으로 이동하면 다음과 같이 이중모음이 만들어진다.

y V
상승이중모음

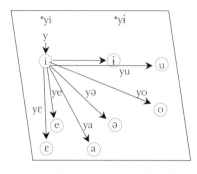

그림 3.3 y-계 상승이중모음

* 표시된 이중모음은 실현되지 않는다. y에서 i까지와 y에서 ɨ까지의 과도 (glide)가 너무 짧기 때문에 *yi, *yɨ는 실현되지 않는다. 그림 3.3을 도표로 그리면 다음과 같다.

후기중세한국어의 y계 하강이중모음 'ㅔ' /əy/, 'ㅐ' /ay/, 'ㅟ' /uy/, 'ㅚ' /oy/는 18세기 근대한국어부터 단모음 /e, ɛ, ü, ö/이 되었고, 'ㅓ' /ʌy/는 18세기 중엽부터 'ㅔ' /ɛ/가 되었다. 그 결과 현재 y계 하강이중모음은 'ㅢ' /ɨy/밖에 없다.

표 3.12 y-계 이중모음: y+V, V+y

혀의 위치 / 높이	y+V (상승이중모음)			V+y (하강이중모음)		
	전설	중설	후설	전설	중설	후설
고모음	*yi	*yɨ	yu(ㅠ)		iy(ㅢ)	
중모음	ye(ㅖ)	yə(ㅕ)	yo(ㅛ)			
저모음	yɛ(ㅒ)	ya(ㅑ)				

'ㅢ'는 불안정하여 ㅣ나 ㅡ로 발음된다.

허웅(1985), 이호영(1996), 신지영(2000), 이익섭(2001)은 'ㅢ'를 하강이중모음이 아니라 평순연구개반모음 ɰ + 전설고모음 i로 보아 상승이중모음 /ɰi/로 분석하였다. 'ㅢ'의 불안정성은 'ㅡ'와 'ㅣ' 사이의 거리가 너무 짧아 과도가 잘 드러나지 않기 때문이다.

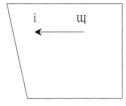

상승이중모음 'ㅢ'

그림 3.4 상승이중모음 'ㅢ'(ɯi)

/i/에 모음점을 두어서 발음하면 [iy]로 발음되기도 하지만 과도의 거리가 짧아서 [i]로 되어 버리는 경향이 있다.

(25) 모음 i + 반모음 y
　　의정부 [으정부], 의사 [으사], 의미 [으미]

/i/에 모음점을 두어서 발음하면 [ɯi]로 발음되기도 하지만 과도의 거리가 짧아서 [i]로 되어 버린다.

(26) 반모음 ɯ + 모음 i
　　의정부 [이정부], 의사 [이사], 의미 [이미]

본고에서는 전통적인 방법을 따라서 'ㅢ'를 하강이중모음 /iy/로 분석한다.

2) w-계 이중모음: w+V

u보다 약간 높은 지점에서 w는 발음된다. w에서 다른 모음으로 이동하면 그림 3.5처럼 8모음과 결합하게 된다.

w V
상승이중모음

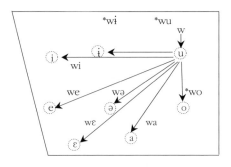

그림 3.5 w-계 상승이중모음

그림 3.5를 도표로 그리면 다음과 같다.

표 3.13 w-계 상승이중모음

혀의 위치 혀의 높이	전설	중설	후설
고모음	wi(ㅟ)	*wɨ	*wu
중모음	we(ㅞ, ㅚ)	wə(ㅝ)	*wo
저모음	wɛ(ㅙ)	wa(ㅘ)	

4. 한국어의 이음

이 절에서는 앞으로 살펴볼 음운현상 중에서 중요한 자음과 반모음의 이음을 살펴보겠다.

음소가 음운론적 환경에 따라 나타나는 변이형이 이음이다.

4.1. 자음의 이음

1) 유성음화(intersonorant voicing)

무성평장애음 /p, t, č, k/이 공명음 사이에 올 때 유성평장애음 [b, d, ǰ, g]로 바뀐다.

(27)

    a. /ipal/   '이발' → [ibal]

    b. /čuta/   '주다' → [čuda]

    c. /aka/   '아가' → [aga]

    d. /kačəŋ/ '가정' → [kaǰəŋ]

공명음
모음
반모음
유음
비음

(28) 상보적 분포

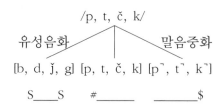

경음 /p', t', č', k'/, 유기음 /pʰ, tʰ, čʰ, kʰ/와 /s/는 유성음화를 겪지 않는다.[3]

(29) /osi/ '옷이' → [oʃi], *[oɯi]

2) 말음중화현상(Coda Neutralization)

장애음 중 경음 /p', t', č', k'/과 유기음 /pʰ, tʰ, čʰ, kʰ/는 음절초에서는 자신의 음가대로 발음되지만 음절말에서는 불파음 [p˺, t˺, k˺]로 중화된다.

(30)

a.	/nopʰ+ta/	'높다'	→ [nop˺t'a]
b.	/k'itʰčaŋ/	'끝장'	→ [k'it˺č'aŋ]
c.	/k'očʰ/	'꽃'	→ [k'ot˺]
d.	/puəkʰ/	'부엌'	→ [puək˺]
e.	/k'ək'+ta/	'꺾다'	→ [k'ək˺t'a]
f.	/is+ta/	'있다'	→ [it˺t'a]

3) ㅅ-구개음화(s-palatalization)

/s, s'/ 'ㅅ, ㅆ'은 고모음 /i, ü/ 'ㅣ, ㅟ'나 경구개반모음 /y, ɥ/ 앞에서 [ʃ, ʃ]로 원순모음 /o, u/ 'ㅗ, ㅜ'와 원순연구개반모음 /w/ 앞에서는 [sʷ]로, 기타 모음 앞에서는 [s, s']로 실현된다. 구개치경음 ʎ, ʃ, ʃ, ɲ, ʎ 뒤의 y는 탈락하기도 한다.

(31)

    a. /s̲yakal/   '샤갈' →   [ʃyagal], [ʃagal]

    b. /has̲yə/   '하서' →   [haʃyə], [haʃə]

    c. /s̲üm/   '쉼' →   [ʃüm], [ʃɥi:m]

    d. /s̲i/   '시' →   [ʃi]

(32) 상보적 분포

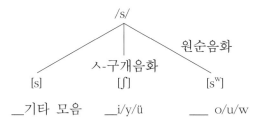

(31c)의 '귀'를 단모음 [ü]로 인식하면 [ʃüm]으로 발음된다. '귀'를 이중모음 /wi/로 인식하면 [w]가 [i] 앞에서 구개음화되어 [ɥ]로 실현되고 /s/가 [ɥ]앞에서 구개음화되어 [ʃɥim]으로 실현된다.

4) ㄴ-구개음화(n-palatalization)

/n/ 'ㄴ'이 i, y앞에서 구개치경비음 [ɲ]로 실현된다.[4]

(33)

    a. /an̲i/   '아니' →   [aɲi]

    b. /son̲yə/   '소녀' →   [soɲyə]

(34) 상보적 분포

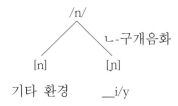

4) 엄밀히 말하면 /ɲ/ 나 /ʎ/은 경구개음 이지만 한국어에서 는 설단이 치경 뒤 에 닿으므로 경구개 음이 아니라 구개치 경 음 이 다(신지영 2000: 88-89).

5) ㄹ-구개음화(l-palatalization)

/l/ '르' 뒤에 i, y가 올 경우 구개치경유음 [ʎ]로 실현되고 (35b)와 (35c)에서 보듯이 [ʎ] 뒤의 [y]는 탈락하기도 한다.

(35)

    a. /p'alli/   '빨리'   →   [p'aʎʎi]

    b. /tallyək/   '달력'   →   [taʎʎyək˺], [taʎʎək˺]

    c. /hillyə/   '흘려'   →   [hɨʎʎyə], [hɨʎʎə]

(36) 상보적 분포

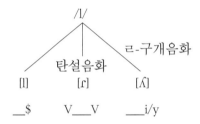

6) ㄷ-구개음화(t-palatalization)

/t, tʰ/ 'ㄷ, ㅌ'가 i/y앞에서 [č, čʰ] 'ㅈ, ㅊ'로 발음된다.

(37)

    a. /kut+i/   '굳이'   →   [kuǰi]

    b. /katʰ+i/   '같이'   →   [kačʰi]

(38) 상보적 분포

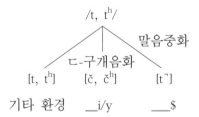

7) 탄설음화(l-weakening)

/l/ 'ㄹ'은 순우리말이나 한자어에서는 모음 사이에서 탄설음 [ɾ]로 서양외래어의 어두에서도 탄설음 [ɾ]로 소리난다.

(39) 탄설음화

    a. /məlu/   '머루'   →   [məɾu]

    b. [ɾadio]   '라디오', [ɾamyən] '라면'

(40) 상보적분포

8) ㄴ-설측음화(n-lateralization)

/n-l/과 /l-n/의 연속을 허용하지 않아서 [ll]로 실현된다.

(41)

    a. /sin-la/   '신라'   →   [ʃilla]

    b. /tal+nala/ '달나라'   →   [tallaɾa]

(42) 상보적 분포

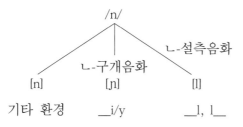

/ll/ 'ㄹㄹ'이 연속적으로 올 때는 중자음 [lll로 발음된다.

(43) /tal+li+ta/ '달리다' → [tallida] → [taʎʎida]

4.2. 반모음의 이음

이중모음 /wi/ 'ㅟ'에서 반모음 /w/가 /i/ 앞에서는 구개음화가 일어나 원순경구개반모음 [ɥ]로 실현된다.

(44)
    a. /wilo/   '위로' → [ɥiɾo]
    b. /wisɛŋ/   '위생' → [ɥisɛŋ]

(45) 상보적 분포

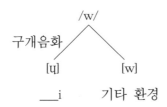

/y/가 원순모음 /u, o/ 'ㅗ, ㅜ' 앞에서 원순음화되어 원순경구개반모음 [ɥ]로 실현된다.

(46)
    a. /yoŋsə/ '용서' → [ɥoŋsə]
    b. /yuli/   '유리' → [ɥuɾi]

(47) 상보적 분포

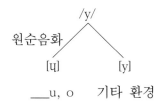

지금까지 논의한 한국어의 반모음은 다음과 같다.

표 3.14 한국어의 반모음

반모음	경구개음		연구개음	
	평순	원순	평순	원순
	ⓨ	ⓤ	ɰ	ⓦ
고모음	i	ü	ɰ	u
	평순	원순	평순	원순
	전설모음		후설모음	

한국어의 자음과 반모음의 음성체계를 요약하면 다음과 같다.

표 3.15 한국어의 음성체계

조음방법 / 조음위치			양순음	치경음	구개치경음	경구개음	연구개음	성문음
장애음	파열음	무성평음	p(ㅂ)	t(ㄷ)			k(ㄱ)	
		유성평음	b	d			g	
		경음	p'(ㅃ)	t'(ㄸ)			k'(ㄲ)	
		유기음	pʰ(ㅍ)	tʰ(ㅌ)			kʰ(ㅋ)	
		불파음	p̚	t̚			k̚	
	마찰음	무성평음	ɸ	s(ㅅ)	ʃ	ç	x	
		유성평음						
		경음		s'(ㅆ)	ʃ'			
		유기음						h(ㅎ)
	파찰음	무성평음			č(ㅈ)			
		유성평음			ǰ			
		경음			č'(ㅉ)			
		유기음			čʰ(ㅊ)			
공명음		비음	m(ㅁ)	n(ㄴ)	ɲ		ŋ(ㅇ)	
	유음	설측음		l(ㄹ)	ʎ			
		탄설음		ɾ				
		반모음				y=j, ɥ	w, ɰ	

116

요약

구조주의에서 음소는 변별적 기능을 가지고 대립하는 음이다. 음소를 발견하기 위해서 최소대립쌍, 자유변이, 상보적 분포와 음성적 유사성을 고려해야 한다. 음소는 또한 심리적으로 구별되는 음이기도 하다. 한국어의 장애음은 음절초에서 대립되지만 음절말에서는 중화되어 불파되므로 음절초에서 대립하는 최소대립쌍을 찾아야 한다. 한 단어의 어떤 음이 다른 음으로 발음되더라도 의미에 변화가 없으면 두 음은 자유변이를 보여준다. 자유변이를 보이는 두 음을 포함한 두 단어는 최소대립쌍이 될 수 없다. 따라서 자유변이를 보이는 두 음은 한 음소의 이음이다. 상보적 분포에 나타나는 이음 중에서 다른 이음들보다 일반적이거나 여러 환경에 나타나는 음이 음소가 된다. 이음들은 음소가 예측 가능한 곳에 나타나는 변이형이다. 상보적 분포에 나타나는 음이라 할지라도 서로 음성적 유사성이 없으면 그들은 독립적인 음소이다.

한국어의 파열음은 양순음, 치경음, 구개치경음, 연구개음과 성문음의 5계열로 나누어지고 각 파열음 체계 내에서 평음, 경음, 유기음이 대립한다. 모음은 방언과 화자의 연령에 따라 10, 9, 8, 7, 6모음으로 나눌 수 있다. 반모음은 y, w, ɰ 등이 있다.

1. 다음 음들이 가지는 공통특성을 분류하시오.

   예 [p, t, k] 무성파열음

   a. [ɾ, l]
   b. [f, v, s, ʃ, θ, h, ð]

   c. [w, y, ɥ, ɰ]
   d. [i, e, ɛ]

   e. [p, b, m]
   f. [u, o, ɔ]

   g. [m, n, ŋ]
   h. [b, d, g, z, m, l]

2. 다음 단어를 발음나는 대로 국제음성문자로 전사하시오. 유성/무성의
   구별, 말음의 불파표시, 경음화, 위치에 따른 ㄹ의 표시, 구개음화 등
   음운현상을 반영하여 전사해야 한다.

   a. 전화   [čənhwa]
   b. 신라시대   [   ]
   c. 독립   [   ]
   d. 홑이불   [   ]
   e. 해돋이   [   ]
   f. 붙이다   [   ]
   g. 꼭지   [   ]
   h. 신촌   [   ]
   i. 돌다리   [   ]

3. 다음 자음들을 유성/무성, 조음점, 구강중앙개방/측면개방, 구강음/비강
   음, 조음방법에 따라 분석하시오(장애음은 후두긴장의 유무와 기식의
   유무를 표시하시오).

	sʼ	k	n	čʰ	l
유성/무성					
후두긴장과 기식의 유무					
조음점					
구강중앙개방/ 구강측면개방					
구강음/비강음					
조음방법					

4. 다음 단어를 국제음성문자로 전사하시오.

a. 국내 [   ]   b. 감로 [   ]

c. 칼날 [   ]   d. 전라도 [   ]

e. 백리 [   ]   f. 섭리 [   ]

g. 끝이 [   ]   h. 방바닥 [   ]

i. 반달 [   ]   j. 냇가 [   ]

k. 속잎 [   ]   l. 알약 [   ]

m. 낙하 [   ]   n. 몇 해 [   ]

o. 닭도 [   ]   p. 구워 [   ]

q. 눕다 [   ]   r. 전통문법 [   ]

5. 음소에 관하여 여러 학설이 있다. 학설과 관련 학자를 연결하시오.
   한 학자가 한 군데 이상 연결되어도 무방하다.

   Courtenay, Sapir, Jakobson, Trubetzkoy, Bloomfield, Daniel Jones

   a. 심리적 견해:

   b. 변별자질:

   c. 즉물주의:

   d. 대립, 기능, 체계:

   e. 음성적 유사성:

6. 다음은 한국어의 움라우트 현상이다.

[a̲bi]	아비	~	[ɛ̲bi]	애비
[mə̲gida]	먹이다	~	[me̲gida]	멕이다
[ko̲gi]	고기	~	[kö̲gi]	괴기
[čŭ̲gida]	죽이다	~	[čü̲gida]	쥑이다

(1) 위에 나타난 단어들을 최소대립쌍이라 할 수 있는가?

(2) 아니라면 a ~ ɛ, ə ~ e, o ~ ö, u ~ ü는 무엇을 나타내는가?

7. 한국어에서 아래 음들이 음소임을 나타내는 최소대립쌍을 적으시오.

예) /t, t', tʰ/ : tal, t'al, tʰal

a. /i, u/:

b. /o, a/:

c. /m, p/:

8. 한국어와 영어의 [g, d, b]를 보고 비교하시오.

A. 한국어의 파열음

고기 [ko̲gi]	아가 [aga]	복 [pok̚]
다리 [taɾI]	어디 [ə̲di]	닫다 [tat̚t'a]
바다 [pa̲da]	아버지 [ab̲ə̲ji]	밥 [pap̚]

B.

p̲an:	b̲an	[p], [b]
t̲ill:	d̲ill	[t], [d]
k̲ill:	g̲ill	[k], [g]

(1) 한국어의 g, d, b가 나타나는 환경을 적고 그들이 한국어의 음소인지 이음인지를 밝히시오.

(2) 영어의 g, d, b가 나타나는 환경을 적고 그들이 영어에서 음소인지
이음인지를 밝히시오.

(3) 한국어와 영어의 g, d, b의 차이는 무엇인가?

9. 한국어의 [k, g, kʰ, k', k˺]에 대하여 답하시오.

(1) 위의 소리 중 음소는 어느 것이고 음소임을 나타내는 최소대립쌍을
적으시오.

(2) 위의 소리 중 이음이 있으면 음소와의 상보적 분포를 나타내는 도표
를 그리고 이음이 나타나는 환경을 적으시오.

4장 변별자질

장 목표

이 장에서 여러분은 다음과 같은 내용을 알게 된다.

· 언어마다 변별성이 다를 수 있음을 안다.
· 분절음의 변별자질이 무엇인지를 구별할 수 있다.
· 개별음의 자질을 기술할 수 있다.
· 개별음이나 집단의 자연부류를 파악할 수 있다.
· 한국어의 변별자질과 잉여자질을 구별할 수 있다.

1. 변별자질과 잉여자질

생성음운론은 모든 언어에 나타나는 모든 음들의 공통적인 특성을 뽑아 풀(pool)을 만들면 모든 음을 설명할 수 있는 일정한 제한된 수의 특성을 찾을 수 있을 것이라고 가정했다. 그 특성이 바로 **변별자질**(distinctive features)이다. 세계의 음에 공통으로 있는 자질이 설정되면 모든 음들은 이런 자질들로 이루어진 집합으로 표시된다. 생성음운론에서 한 음은 여러 자질의 묶음(bundle of features)으로 파악된다. 예를 들어 '봄' /p/, /o/, /m/에 나타난 세 분절음은 아래와 같이 자질들의 묶음으로 단일선상에 표시되고, 자질들은 순서 없이 나열되고 각 자질은 2분적(binary)이므로 +나 -값을 가진다.

어떤 자질이 어떤 언어에서 의미를 구별하면 변별자질이다.

(1)　　　　/p/　　　　/o/　　　　/m/

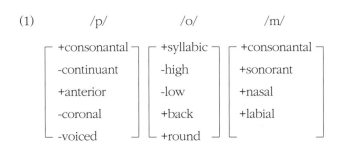

변별자질은 +나 -의 이분적 자질값을 가진다.

Sound Pattern of English(이후 SPE, Chomsky and Halle 1968)에서는 2분적으로 자질을 표시하므로 어떤 자질이라도 +나 -로 표시되어야 한다. 한 자질이 어느 값도 가지지 않거나 두 값 +와 -를 동시에 가질 수는 없다. 어떤 음이 유성이면 [voice]자질이 +로 표시되고, 무성이면 -로 표시된다.

구조주의음운론에서는 (2)에서 보듯이 어두에 오는 음소 /t, t', tʰ/가 의미의 차이를 가져오므로 음소(phoneme)가 최소의 음운단위이다.

(2) t̠al '달' t̠'al '딸' t̠ʰal '탈'

생성음운론에서 /t, t', tʰ/를 구성하는 자질은 (3)과 같다.

(3)

	[t']	[t]	[tʰ]
	+cons	+cons	+cons
	-son	-son	-son
	-cont	-cont	-cont
	-del. rel.	-del. rel.	-del. rel.
	+cor	+cor	+cor
	+ant	+ant	+ant
	-SG	-SG	+SG
	+CG	-CG	-CG

한국어의 장애음은 평음, 경음, 유기음의 구별이 있으므로 [CG]와 [SG]는 변별 자질이다.

구조주의음운론과 달리 생성음운론에서는 자질(feature)이 음운 기술의 최소단위이다. '달'과 '딸'의 /t/와 /t'/는 나머지 자질은 다 같고 [constricted glottis]([CG])의 값이 달라서 뜻이 달라지고, '달'과 '탈'의 /t/와 /tʰ/도 나머지 자질은 다 같고 [spread glottis]([SG])의 값이 달라서 뜻이 다르다. 따라서 한국어에서 [CG]와 [SG]는 변별자질이다.

126

한국어와 영어의 기음성(aspiration)을 비교해보자.

(4) 한국어의 파열음

    a. p̲ul '불'   p̲ʰul '풀'

    b. t̲al '달'   t̲ʰal '탈'

    c. k̲ita '기다'   k̲ʰita '키다'

(5) 영어의 파열음

    a. p̲íll [pʰ]   sp̲ill [p]   há.p̲py [p]

    b. t̲íll [tʰ]   st̲ill [t]   té.p̲id [p]

    c. k̲íll [kʰ]   sk̲ill [k]   lí.k̲ly [k]

(4)에서 보듯이 [-SG]의 [p, t, k]와 [+SG]의 [pʰ, tʰ, kʰ]는 동일하게 어두에 나타나므로 한국어의 기음성(aspiration)은 예측 불가능하다. 따라서 한국어에서 [SG]는 변별자질이다. 하지만 영어는 (5)에서 보듯이 유기음 [pʰ, tʰ, kʰ]는 음절초에 오고 뒤에 오는 모음에 강세가 올 때 실현되고, [p, t, k]는 [s] 다음이나 음절초에 오고 뒤에 오는 모음이 강세가 오지 않을 때 실현된다. 영어에서 [-SG]의 [p, t, k]와 [+SG]의 [pʰ, tʰ, kʰ]가 실현되는 환경은 예측 가능하므로 [SG]는 **잉여자질**(redundant feature)이다.

어떤 자질이 일어나는 환경이 예측가능하면 잉여자질이다.

영어에서 유기음과 무기음은 의미를 구별하지 않으므로 [SG]는 잉여자질이다.

다음으로 한국어와 영어의 유무성(voicing)을 비교해보자.

(6) 영어의 무성음과 유성음

    a. p̲an, b̲an   /p, b/

    b. t̲ill, d̲ill   /t, d/

    c. k̲ill, g̲ill   /k, g/

    d. c̲hill, J̲ill   /č, ǰ/

(7) 한국어의 무성음과 유성음

    a. 바다 [pada]   아버지 [abəǰi]

    b. 다리 [taɾi]   어디   [ədi]

    c. 고기 [kogi]   아가   [aga]

    d. 자기 [čagi]   가정   [kaǰəŋ]

변별자질과 잉여자질은 언어마다 다르다.

영어에서 [-voice]의 [p, t, č, k]와 [+voice]의 [b, d, ǰ, g]는 (6)에서 보듯이 동일한 환경인 어두에 나타나므로 **유무성(voicing)**이 예측 불가능하다. 따라서 영어의 유무성자질인 [voice]는 변별자질이다. 하지만 한국어에서 [-voice]의 [p, t, č, k]는 어두에 나타나고 [+voice]의 [b, d, ǰ, g]는 공명음 사이에 나타난다. 유성음과 무성음이 실현되는 환경이 예측 가능하므로 [voice]는 잉여자질이다.

영어 화자와 청자는 음성적으로 분명히 다른 두 소리 [pʰ]와 [p]를 심리적으로 구분하지 못하므로 'pill' [pʰiːl]을 [piːl]로 'spill' [spiːl]을 [spʰiːl]로 발음해도 동일한 단어로 받아들인다. 또한 한국어 화자와 청자도 [k]와 [g]를 심리적으로 구별하지 못하여 '아가' [aga]를 [aka]로 발음해도 동일한 단어로 받아들인다. 기음성은 한국어에서는 변별적이나 영어에서는 비변별적이고, 유무성은 영어에서는 변별적이나 한국어에서는 비변별적이다. 이처럼 변별자질과 잉여자질은 언어마다 다르다.

2. 자질(features)

Chomsky and Halle(1968)의 SPE에서 변별자질은 **능동적인 조음자(active articulator)**와 **수동적인 조음점(passive articulator)**의 활동에 근거하여 음을 분류하는 기능만 가졌다. 이 장에서 논의되는 자질은 6장에서 다루는 자립분절음운론에서 자립분절소(autosegment)로 기능하고 자질기하학(feature geometry)에서 자질들간에 자연부류를 이루어 계층적인 구조를 이룬다. 이 장에서 다룰 자질들은 성격에 따라 크게 다음과 같이 나뉘어진다.

(8)
    a. 주요부류자질(major class features)
    b. 후두자질(laryngeal features)
    c. 조음방법자질(manner of articulation features)
    d. 조음위치자질(place of articulation features)
    e. 혓몸자질(body of tongue features)
    f. 운율자질(prosodic features)

그럼 우선 주요부류자질부터 살펴보자.

2.1. 주요부류자질(major class features)

분절음을 크게 대집단으로 나누어 보면 자음, 모음, 공명음으로 나눌 수 있다. 이들을 구별하는 자질은 [consonantal], [syllabic], [sonorant], [approximant]이다.

[±consonantal](줄여서[cons])

자음은 구강 중앙에서 근육이 수축되어 공기가 장애를 받으면서 발음된다. 따라서 모든 자음은 [+cons]이고 모음과 반모음은 [-cons]이다.

[±syllabic]([syll])

음절의 핵을 이루는 모든 모음은 [+syll]이고 그렇지 않는 자음과 반모음은 [-syll]이다. 영어에서 음절 내에 모음이 없고 음절말에 비음과 유음이 오면 비음과 유음이 음절핵의 역할을 한다. 이런 **성절적 자음**(syllabic consonants) [n̩, m̩, l̩, r̩]은 [+syll]이다.[1]

(9) 성절적 비음(syllabic nasals)

button [bʌtn̩]   rhythm [riðm̩]   mutton [mutn̩]

c.f. name [n]   mouse [m]

(10) 성절적 유음(syllabic liquids)

bottle [baDl̩]   bird [br̩d]   her [hr̩]

c.f. rice [r]   little [l]

[±sonorant]([son])

인두, 구강과 비강 내에서 공기가 자유롭게 흐르면 공명음이고 그렇지 않으면 장애음이다. 비강 내에서 공기가 자유롭게 흐르는 비강모음 [ã, õ, ũ, ẽ...]과 비자음 [m, n, ŋ], 구강 내에서 공기가 자유롭게 흐르는 유음 [l, r], 반모음 [y, w]와 구강모음은 모두 [+son]이다. 구강 내에서 공기가 장애를 받는

130

장애음인 파열음 [p/b, t/d, k/g], 파찰음 [č/ĵ], 마찰음 [s/z, f/v, ʃ/ʒ, θ/ð]는 [-son]이다.

[±approximant]([±approx])

두 조음체가 접근하되 마찰음보다 넓게 근접하여 그 공간을 통과하는 기류가 동요 없이 발음되는 음이 접근음이다. 모음, 반모음과 유음은 [+approx]이고 장애음과 비음은 [-approx]이다.

주요부류자질로 음의 대집단을 구분하면 아래와 같다.

(11)

	장애음	공명음				
		성질적 자음	유음	비음	반모음	모음
[cons]	+	−	+	+	−	−
[syll]	−	+	−	−	−	+
[son]	−	+	+	+	+	+
[approx]	−	+	+	−	+	+

자음, 모음과 반모음의 변별자질은 다음과 같다(잉여자질은 괄호 속에 표시).

(12)

    a. 자음: [+cons] ([-syll])

    b. 모음: [+syll] ([-cons])

    c. 반모음: [-cons, -syll]

2.2. 후두자질(laryngeal features)

[±aspirated]/[±spread glottis]([asp]/[SG])

[asp]는 [SG](Halle and Stevens 1971)와 유사하다. 한국어의 유기음 [pʰ, tʰ,

한국어에서 활동적 인 후두자질은 [SG], [CG]이고 영어에서 활동적인 후두자질 은 [voice]이다.

čʰ, kʰ, h]는 성대를 넓게 벌려 발음하는 기음성을 가진 음으로 [+aspl/ [+SG]이 다. 평음과 경음을 포함한 그 외 모든 자음은 [-aspl/[-SG]이다.

[±glottalized]/[±constricted glottis]([glot]/[CG])

[glot]는 [CG](Halle and Stevens 1971)와 유사하다. 한국어의 경음 [p', t', s', č', k']은 성문이 닫히거나 좁혀져서 나는 소리로 [+glot]/[+CG]이고 평음과 유 기음을 포함한 그 외 모든 자음은 [-glot]/[-CG]이다.

[±voice]

성대의 진동이 있는 유성음은 [+voice]이고 성대의 진동이 없는 무성음은 [-voice]이다. 한국어에서 장애음(파열음, 파찰음, 마찰음)은 기저에서 전부 [-voice]이고, 공명음(비음, 유음, 반모음, 모음)은 모두 [+voice]이다.

후두자질로 자음을 분류하면 다음과 같이 표시된다.

(13)

	평음	경음	유기음	비음	유음
[glot]/[CG]	–	+	–	–	–
[aspl]/[SG]	–	–	+	–	–
[voice]	–	–	–	+	+

2.3. 조음방법자질(manner of articulation features)

[±continuant]([cont])

공기가 구강중앙에서 막히지 않고 계속해서 흐르는 마찰음 [s, z, ʃ, ʒ], 반 모음 [y, w]와 모음은 [+cont]이고, 공기가 구강중앙에서 완전히 막혔다 파열되 는 파열음 [p, t, k]와 비자음 [m, n, ŋ]은 [-cont]이다. 설측음 [l]은 혀가 구강중 앙에 접착하므로 [-cont]이고, 탄설음 [r]은 [+cont]이다. 파찰음 [č=ʧ, ǰ=ʤ]는

132

파열음 [t, d]와 마찰음 [ʃ, ʒ]로 이루어져서 [-cont]와 [+cont]의 연속이지만 SPE 에서는 두 자질을 동시에 표시할 수 없으므로 [-cont]로 표시한다.

[±delayed release] ([del. rel.])[2]

파열음과 파찰음은 둘 다 [-cont]이므로 이들을 구별하기 위하여 [del. rel.]가 고안되었다. 파열음 [t, d]와 마찰음 [ʃ, ʒ]의 연속으로 구성된 파찰음 [tʃ=č, dʒ=ǰ]는 구강을 지속적으로 개방하므로 [+del. rel.]이고, 구강을 순간적으로 개 방하는 파열음과 마찰음을 포함한 그 외 자음은 [-del. rel.]이다.

[±release](rel)

구강중앙이 개방되어 나는 음은 [+release]이고 구강중앙이 개방되지 않는 미개방음은 [-release]이다. 한국어에서 음절초에 오는 자음은 개방되어 [+release] 이고, 음절말에 오는 자음은 불파(미파)되어 [m̚, n̚, ŋ̚, l̚, p̚, t̚, k̚]로 실현되 므로 [-release]이다.

[±nasal]([nas])

공기가 비강으로 흐르는지 아닌지를 구분한다. 비자음 [m, n, ŋ]과 비모음 [ã, õ, ĩ]는 공기가 비강으로 흐르므로 [+nasal]이고, 그 외 자음과 구강모음은 공기가 구강으로 흐르므로 [-nasal]이다.

[±lateral]([lat])

구강중앙은 폐쇄되나 구강측면으로 공기가 흐르는 [l]은 [+lat]이고 구강중 앙을 개방하여 공기가 흐르는 탄설음 [ɾ]을 포함한 모든 자음은 [-lat]이다.

[±strident]([str])

시끄러운 마찰이 일어나면서 조음되는 마찰음과 파찰음은 [+str]이다. 순치 마찰음 [f, v]와 치찰음(sibilants) [s, z, ʃ, ʒ, č, ǰ]는 [+str]이고 치간마찰음 [θ, ð]은 [-str]이다.

2) 파찰음을 자립분 절적으로 표시하면 [-cont]와 [+cont]가 골격 X에 동시에 연 결되므로 자질 [del. rel.]가 필요 없다.

마찰음과 파찰음들만 구별하는 자질은 [str] 이다.

조음방법자질로 음들을 구분하면 다음과 같다.

(14)

	파열음	마찰음	파찰음	l	ɾ	비음	반모음
[cont]	−	+	−	−	+	−	+
[del.rel.]	−	−	+	−	−	−	−
[lat]	−	−	−	+	−	−	−
[nas]	−	−	−	−	−	+	−

2.4. 조음위치자질(place of articulation features)

[±coronal]([cor])

혀의 앞부분(설단)이 중립위치(neutral position)에서 위로 올라가서 협착되어 발음되는 설정음인 치경음 [t, n, s], 구개치경음 [č, ǰ, ʃ, ʒ]와 경구개음 [y, ɥ]는 [+cor]이고, 그 외의 양순음 [p, b, m]과 연구개음 [k, g, ŋ]은 [-cor]이다(2.6절 참조).

[±anterior] ([ant])

조음점이 치경부터 그 앞쪽에 있는 치경음, 치간음, 순치음과 양순음은 [+ant]이고, 조음점이 치경 뒤쪽에 있는 구개치경음, 경구개음과 연구개음은 [-ant]이다.

SPE에서 자음과 관련된 조음위치자질은 대체로 [coronal]과 [anterior] 두 자질값으로 양순음, 치경음, 구개치경음과 연구개음을 구별한다.

(15)

	양순음 p b m	치경음 t d s n	구개치경음 č ǰ ʃ ʒ	연구개음 k g ŋ
[anterior]	+	+	−	−
[coronal]	−	+	+	−

[coronal]과 [anterior] 외에 모음으로 인한 2차적 조음을 기술하기 위해서 [labial], [high], [low], [back] 등도 쓰인다.

[±labial] ([lab])

입술과 관련된 자질로 두 입술이 관여하는 양순음 [p, b, m], 아랫입술이 관여하는 순치음 [f, v], 2차적 조음을 가진 원순화음 [kʷ, tʷ, pʷ], 원순모음 [o, u]과 원순반모음 [w, ɥ]는 [+labial]이다. 그 외 자음과 평순모음은 [-labial]이다. [labial] 자질은 두 입술 중 적어도 한 부분이 관계된 자음, 모음과 원순반모음까지 포함하므로 [round] 보다 포괄적인 자질이다. 따라서 원순모음의 경우 [+labial]을 쓰면 [+round]를 쓸 필요가 없다.

원순모음을 [+lab]로 표시하면 [+md]를 쓸 필요가 없다.

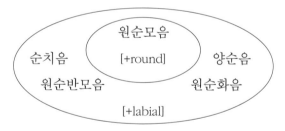

그림 4.1 [+round]와 [+labial]의 포함관계

모음의 조음 시 혓몸의 움직임과 관련된 자질로 SPE에서는 [high], [back]과 [low]가 사용된다. 이 자질들은 자음 자체를 규정하거나 자음의 2차적 조음을 나타내는 데도 쓰인다.

[±high]

혀의 수직적 위치를 구별하는 자질은 [high]와 [low]이다. 구강에서 가장 높은 지점에서 발음되는 구개치경음 [č, ǰ, ʃ, ʒ], 경구개음 [y, ɲ, ʎ], 연구개음 [k, g, ŋ], 구개화음 [pʸ, tʸ, kʸ]는 [+high]이고, 기타 자음은 [-high]이다.

[±back]

혀의 수평적 위치를 나타내는 자질로 중립의 위치에서 후설을 연구개쪽으로 당겨서 소리 내는 연구개음 [k, g, ŋ], 연구개화음 [ɬ]은 [+back]이고, 경구개 앞쪽에서 발음되는 양순음, 치경음, 구개치경음, 경구개음과 전설모음은 [-back]이다.

[±low]

혀를 아래로 내려서 발음되는 소리로 인두음과 성문음 [h, ʔ]는 [+low]이다.

지금까지 다룬 자음의 위치자질을 2분적으로 표시하면 다음과 같다.

(16)

	양순음 p b m	치경음 t s n	구개치경음 č ǰ ʃ ʒ	경구개음 y ɥ	연구개음 k g ŋ	성문음 k ʔ
[labial]	+	−	−	− +	−	−
[coronal]	−	+	+	+ +	−	−
[anterior]	+	+	−	− −	−	−
[high]	−	−	+	+ +	+	−
[back]	−	−	−	− −	+	+

조음위치자질을 구강내의 위치로 표시하면 그림 4.2와 같다.

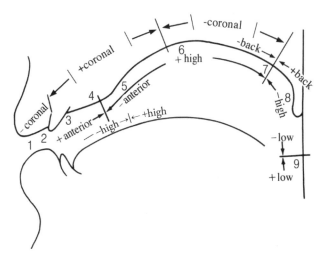

그림 4.2 조음위치의 구분
① 양순음 ② 치간음 ③ 치음 ④ 치경음 ⑤ 구개치경음
⑥ 경구개음 ⑦ 연구개음 ⑧ 구개수음 ⑨ 성문음

이 외에도 영어에는 마찰음과 파찰음을 구분하기 위하여 설정음(치간음, 치경음, 구개치경음, 경구개음)에만 적용되는 [distributed]가 필요하다.

[±distributed]([distri])
설단이 구강중앙에 상당한 거리동안 이어져서 협착되어 나오면 [+distri]이 고 그렇지 않으면 [-distri]이다. 치간음과 구개치경음은 [+distri]이고 치경음은 [-distri]이다.

표 4.1 2분적으로 표시된 자음의 자질

주요 부류 자질 ↓	조음 방법 자질 ↓	조음 위치 자질 →	양순음	순치음	치간음	치경음	구개치경음	경구개음	연구개음	구개수음	인두음	성문음
			-high,-low → +high,-low → -low,-hi → +low,-high									
			-back					+back				
			-dor						+dor		-dor	
			+lab	-lab								
			+ant		-ant							
			-cor	+cor				-cor				
+cons	-son	-cont -del, rel	파열음 -vce	p p' pʰ			t t' tʰ			k k' kʰ	q		ʔ
			+vce	b			d			g	G		
		-cont +del, rel	파찰음 -vce					č(ʧ) č' čʰ					
			+vce					ǰ(ʤ) 치					
		+cont (-del, rel)	마찰음 -vce	ɸ	f	θ	s s'	š(ʃ) 찰		x		ħ	h
			+vce	β	v	ð	z	ž(ʒ) 음		ɣ		ʕ	ɦ
			strident		+	-	+	+					
	+son	+nas(-lat)	비음(+vce)	m	ɱ		n		ɲ	ŋ			
		+lat(-nas)	설측음(+vce)				l		ʎ	ɫ			
		-lat, -nas	탄설음(+vce)				ɾ						
-cons, -syll			반모음(+vce)						y(=j), ɥ	w, ɰ			

ɥ, w는 원순으로 [+labial], p', t', k', č': [+CG], pʰ, tʰ, kʰ, čʰ: [+SG]

2.5. 혓몸자질(body of tongue features)

모음의 위치자질은 [high], [low], [back]으로 표시된다.

[±high]

혀를 중립의 위치보다 올려서 발음하는 고모음 [i, I, ɨ, u, ü, U]와 반모음 [y, ɥ, ɯ, w]는 [+high]이다. 저모음과 중모음은 [-high]이다.

[±back]

후설을 연구개쪽으로 당겨서 내는 중설모음 [ə, ɨ, a], 후설모음 [u, U, o, ɔ, ɑ]와 연구개반모음 [ɯ, w]는 [+back]이고, 전설모음과 경구개반모음 [y, ɥ]는 [-back]이다.

138

[±low]

혀를 아래로 내려서 발음되는 소리로 저모음 [a, æ]는 [+low]이고, 중모음과 고모음은 [-low]이다.

이 외에도 [round], [tense]와 [ATR]/[RTR] 등으로 모음의 특성을 구분한다.

[±round]([rnd])

입술모양을 구별하는 자질로 입술을 둥글게 하여 발음하는 원순모음 [o, u, ö, ü, ㄱ]와 원순반모음 [ɥ, w]는 [+round]이고 평순모음 [i, e, ɛ, ɨ, ə, a]와 평순반모음 [y, ㅄ]는 [-round]이다. [round]는 [labial]의 하위자질이므로 [+labial]을 사용하면 [+round]를 쓸 필요가 없다.

[rnd]는 [lab]의 하위 자질이다.

[±tense]

발음 시 혀에 긴장이 들어간 음과 이완된 음을 구분하는 자질로 긴장모음은 [+tense]이고, 이완모음은 [-tense]이다. 영어에는 긴장모음과 이완모음의 구분이 있으나, 한국어의 모음은 긴장과 이완의 구분이 없으므로 모음을 표시할 때 [±tense]자질을 표시할 필요가 없다.

[±ATR]

[+ATR]은 Advanced Tongue Root이고 [-ATR]은 Retracted Tongue Root로 모음에 적용된다. [+ATR] 모음은 혀뿌리를 앞으로 내밀어서 인두의 공명실이 넓어지고 혓몸을 위로 올리게 되어 좀 더 긴장된 모음 [i, e, o, u]가 만들어진다. [ɪ, ɛ, ɔ, a, ɑ]는 이런 동작이 없으므로 [-ATR]이다. [±ATR]은 모음조화를 설명하는데 사용된다(9장 2.3.4절).

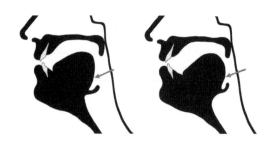

ATR	RTR
+	−
−	+

그림 4.3 [o] ([+ATR])　　　　[ɔ] ([−ATR])

Roca & Johnson(1999: 148)

위에서 다룬 자질로 주요 모음을 표시하면 다음과 같다.

표 4.2 모음의 자질표시

혀 높 ↓ 이	혀위치 → 원순성 긴장성	[-back] 전설 평순 [-rnd]	[-back] 전설 원순 [+rnd]	[+back] 중설 평순 [-rnd]	[+back] 후설 평순 [-rnd]	[+back] 후설 원순 [+rnd]
고 +high (-low)	긴장[+tns]	i	ü=y		ɯ	u
고 +high (-low)	이완[-tns]	I	Ü	ɨ		U
중 -high -low	긴장[+tns]	e	ö=ø		ɤ	o
중 -high -low	이완[-tns]	ɛ	ɔ̈	ə	ʌ	ɔ
저 +low (-high)	긴장[+tns]					
저 +low (-high)	이완[-tns]	æ		a	ɑ	ɒ

ɛ는 한국어에서 저모음으로 [+low]

SPE의 [high]와 [back] 자질로 자음과 모음의 공통특성이 어떻게 표시되는지 살펴보자. 고모음과 구개음의 조음위치를 그림 4.4에서 살펴보자.

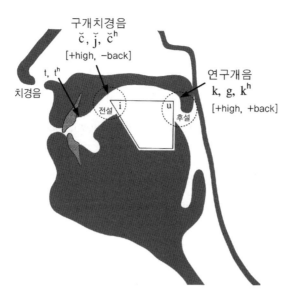

그림 4.4 고모음과 구개음의 조음위치

경구개음과 연구개음은 [+high]이므로, 이 둘을 구분하는 자질은 [±back]이다 경구개음 구개치경음 경구개화음은 [-back]이고 연구개음과 연구개화음 [ㅓ]은 [+back]이다. 경구개음과 가장 가깝게 발음되는 [i]는 [+high, -back]이고, 연구개음과 가장 가깝게 발음되는 [u]는 [+high, +back]이다.

한국어의 ㄷ-구개음화는 i나 y 앞에서 일어난다.

(17) ㄷ-구개음화

    a. /kut̪ + i/   '굳이'   →   [kuǰi]

    b. /pat̪ʰ + i/   '밭이'   →   [pač̪ʰi]

전설고모음 [i]는 앞에 오는 치경음 /t, tʰ/를 동화시켜 구개치경음 [č, čʰ]로 변동시킨다. [i]와 [č, čʰ]는 [+high, -back]이다.

2.6. 자·모음의 통합위치자질

　지금까지 살펴본 것처럼 SPE에서는 자음과 모음의 위치자질을 따로 표시해왔다. 자음의 조음위치는 (15)에서 본 것처럼 [coronal]과 [anterior]로 주로 구분해왔고, 모음은 표 4.2에서 보듯이 [high], [low], [back], [round]로 구분된다. 그러나 Clements(1993), Hume(1990)과 Clements and Hume(1994)는 자·모음을 통합한 조음위치자질을 제시했다. 조음위치는 구강내에서 좁아지는 협착부위에 따라 위치자질 [coronal], [labial], [dorsal]로 표시된다(6장 4.4.1절 참조).

3) SPE에서 [cor]은 자음의 위치자질이어서 모음은 모두 [-cor]이다. Campbell(1974), Ladefoged(1982), Hume(1990), Clements and Hume(1994)은 전설모음을 [+cor]로 분류한다.

순음 자질 [±labial]

　입술이 좁혀져서 협착되어 발음되는 음이다. 양순음 [m, p]와 순치음 [f, v], 원순모음 [o, u], 원순화음 [kʷ, tʷ, pʷ]와 원순반모음 [w, ɥ]는 순음(labials)으로 [+labial]이다. [labial]은 [round] 보다 포괄적이므로 [labial]을 쓰면 SPE의 [round] 자질이 필요 없다.

설정음 자질 [±coronal]

　설단이나 전설이 위로 올라가서 협착되어 발음되는 음이다. 치간음 [θ, ð], 치경음 [s, z], 구개치경음 [ʃ, ʒ, č, ǰ], 전설모음 [i, e, ɛ]와 경구개반모음 [y, ɥ]가 설정음(coronals)으로 [+coronal]이다.[3]

4) Clements and Hume (1994)과 달리 Sagey (1986)와 Halle(1995)는 혓몸이 능동적인 조음자인 음을 [dor]로 보아서 모든 모음은 [dor]이다. 따라서 모음은 혀의 높이와 위치를 나타내는 하위자질 [±back], [±high], [±low]로 구분된다(6장 4.3.2절 참조).

설배음 자질 [±dorsal][4]

　혓몸의 후설이 연구개로 올라가 협착되어 발음된다. 연구개음 [k, g, ŋ], 인두음 [ʕ, ħ], 후설모음 [u, o]와 연구개반모음 [ɰ, w]는 설배음(dorsals)으로 [+dorsal]이다. [-back]인 설정음은 [+coronal]로 표시하고 [+back]인 음은 [+dorsal]로 표시하므로 SPE의 [back] 자질은 더 이상 필요 없다.[5]

　자음과 모음을 위치자질 [coronal], [labial], [dorsal]로 2분적으로 명시하면 다음과 같다.

5) SPE에서 혓몸을 나타내는 [dorsal] 자질은 존재하지 않았다.

(18)

	양순음 p b m	순치음 f v	치경음 t d	구개치경음 č ǰ	경구개음 y ɥ	연구개음 k g	성문음 ʕ ɦ
[lab]	+	+	−	−	− +	−	−
[cor]	−	−	+	+	+ +	−	−
[dor]	−	−	−	−	− −	+	+

(19)

	평순전설모음 i e ɛ	원순전설모음 ü ö	평순중설모음 ɨ ə a	원순후설모음 u o
[lab]	−	+	−	+
[cor]	+	+	−	−
[dor]	−	−	−	+

이 장의 4절 1분적 자질에서 이들은 다시 논의될 것이다.

2.7. 운율자질(prosodic features)

SPE의 운율자질은 [±stress], [±long], [±H], [±L] 등이다

[±stress]

모음에 강세가 있으면 [+stress]이고 없으면 [-stress]이다. [±stress]는 율격음운론(Metrical Phonology)에서는 더 이상 필요가 없다. 강세를 s(trong)나 w(eak)로 상대적 탁립(relative prominence)으로 계층적으로 표시되거나 율격격자(metrical grid)로 표시된다(이 장의 (37) 참조).

[±long]

분절음이 장음이면 [+long]이고 단음이면 [-long]이다. 음절음운론에서는 단음과 장음을 시간단위를 나타내는 골격(C, V, X)의 수로 구분하므로 [±long]

자질은 더 이상 필요 없다(261쪽 (9)와 (10) 참조).

[±H], [±L]

모음의 성조(Tone)가 고조(High)이면 [+H]이고 저조(Low)이면 [+L]이다. 중조(Mid)는 [-H, -L]이다. Goldsmith(1976)의 자립분절음운론에서 성조 H, L는 성조 층위에서 독자적으로 존재하는 자립분절소이다. 따라서 SPE의 [±H], [±L] 자질은 더 이상 필요 없다(이 장 3.4절 (41) 참조).

3. 자질기술

SPE이래 단선음운론(linear phonology)에서는 각 음을 구성하는 자질들 사이에 아무런 순서도 없고, 자질들이 어울려 무리(subgrouping)를 이루는 어떠한 계층적 구조도 없고, 자질은 서로 중복되지 않고, 자질 사이에는 어떠한 관계도 존재하지 않는다. 이런 단선표시는 음운현상을 매끄럽게 설명하지 못하고 [del. rel.] 같은 불필요한 자질을 만들거나 그리스문자 α, β, γ를 고안해야 했다. 또한 자음, 모음, 반모음을 표시하는 분절자질과 성조, 자·모음의 장단 강세를 표시하는 운율자질들이 함께 모두 선형적으로 배열되어 표시되었다.

3.1. 자음자질(features for consonants)

생성음운론에서 음은 자질의 묶음으로 표시된다. 음을 변별자질로 표시할 때 문법의 경제성을 고려하여 예측 불가능한 변별 자질만 표시하고 예측 가능한 잉여 자질정보는 표시하지 않는다. 자음은 크게 후두자질, 조음방법자질과 조음위치자질로 표시된다. 유기양순파열음 [pʰ]와 경치경마찰음 [sʹ]는 다음과 같이 표시된다.

(20)

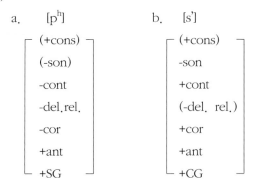

a. [pʰ]

$$\begin{bmatrix} \text{(+cons)} \\ \text{(-son)} \\ \text{-cont} \\ \text{-del. rel.} \\ \text{-cor} \\ \text{+ant} \\ \text{+SG} \end{bmatrix}$$

b. [s']

$$\begin{bmatrix} \text{(+cons)} \\ \text{-son} \\ \text{+cont} \\ \text{(-del. rel.)} \\ \text{+cor} \\ \text{+ant} \\ \text{+CG} \end{bmatrix}$$

후두자질과 관련하여 [pʰ]는 [+SG]로 [s']는 [+CG]로 표시된다. 조음방법자질과 관련하여 [pʰ]는 파열음으로 [-cont, -del. rel]로, [s']는 마찰음으로 [-son, +cont]로 표시된다. 조음위치자질로 [pʰ]는 양순음이므로 [-cor, +ant]로, [s']는 치경음으로 [+cor, +ant]로 표시된다. 주요부류자질과 관련하여 [pʰ]와 [s']는 장애음이므로 [+cons, -son]이다 (20)에서 괄호 안에 표시된 자질은 다른 자질로부터 알 수 있는 잉여자질이므로 굳이 명시하지 않는다. 장애음과 관련된 잉여자질의 미명시를 지금부터 살펴보자(5장 2.2절과 6장 3절 참조).

장애음과 관련된 주요 자질은 다음과 같다.

표 4.3 장애음의 자질표시

	[cons]	[son]	[cont]	[del. rel.]
파열음	+	–	–	–
파찰음	+	–	–	+
마찰음	+	–	+	–

표 4.3에서 보듯이 [-cont, -del. rel.]이면 파열음이므로 장애음을 나타내는 [+cons, -son]은 잉여자질로 (20a) [pʰ]에 명시되지 않는다. [s']도 [pʰ]처럼 [+cons, -son]이 잉여자질로 명시되지 않을 수 있을까? 그림 4.5에서 보듯이 [+cont]만 표시하면 마찰음뿐만 아니라 모음과 반모음까지 포함하므로 모음과 반모음을 제외하기 위해서 마찰음 [s']에는 [+cont] 외에도 변별자질인 [-son]이 명시되

146

어야 한다. (20b)에서 [-son, +cont]만으로 마찰음을 나타내므로 자음을 표시하는 [+cons]는 잉여자질로 미명시된다. [del. rel.]는 [-cont]인 파열음과 파찰음을 구별하는데 필요하고 마찰음 [s']에는 잉여자질이므로 명시할 필요가 없다.

[+cont]	
[-son]	[+son]
마찰음	모음
	반모음

그림 4.5 [+cont]인 음의 집합

공통특성을 가진 음들의 변별자질표시를 살펴보자(잉여자질은 괄호 속에 표시).

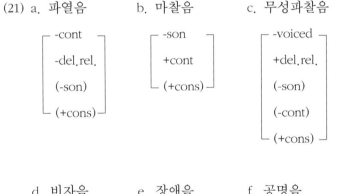

(21) a. 파열음

$$\begin{bmatrix} -cont \\ -del. rel. \\ (-son) \\ (+cons) \end{bmatrix}$$

b. 마찰음

$$\begin{bmatrix} -son \\ +cont \\ (+cons) \end{bmatrix}$$

c. 무성파찰음

$$\begin{bmatrix} -voiced \\ +del. rel. \\ (-son) \\ (-cont) \\ (+cons) \end{bmatrix}$$

d. 비자음

$$\begin{bmatrix} +cons \\ +nas \\ (+son) \end{bmatrix}$$

e. 장애음

$$\begin{bmatrix} -son \\ (+cons) \end{bmatrix}$$

f. 공명음

$$\begin{bmatrix} +son \\ (+voice) \end{bmatrix}$$

비음 [+nasal]	
비자음	비모음
[+cons]	[+syll]
([+son])	([+son])

공명음 [+son]	
[+syll]	[-syll]
	반모음
모음	유음
	비음

(21a)에서 [-cont, -del. rel]만으로 장애음의 하위부류인 파열음을 나타내므로 장애음을 나타내는 [-son, +cons]가 미명시된다. (21b)에서 마찰음을 나타내기 위해서는 [+cont]와 [-son]을 명시해야 한다. [-son]이 명시되면 장애음은 당연히 자음이므로 [+cons]는 잉여자질이라 미명시된다. (21c)에서 장애음 중

파찰음만 [+del. rel.]를 가지므로 장애음을 나타내는 잉여자질 [-son, -cont, +cons]는 미명시된다. (21d)에서 [+cons, +nas]는 비자음을 나타내므로 공명음을 나타내는 잉여자질인 [+son]을 명시하지 않았다. (21e)에서 [-son]은 자음의 하위부류인 장애음을 나타내므로 [+cons]를 미명시했고, (21f)에서 공명음은 공명자음과 모음, 비음, 유음, 모음을 모두 포괄하므로 [syll], [cons]의 자질값을 명시할 필요가 없다. 공명음은 모두 유성음이므로 [+voice]는 미명시된다.

한국어의 자음집단을 구별하는 SPE의 변별자질을 살펴보자.

(22)

a. p, t, k, pʰ, tʰ, kʰ   [-CG, -cont, -del.rel.]

b. p, t, k   [-SG, -CG, -cont, -del. rel.]

c. s, s', t, n, l   [+cons, +ant, +cor]

d. p', t', k'   [+CG, -cont, -del. rel.]

e. s, s', h   [-son, +cont]

f. m, n, ŋ, l, y, w   [+son, -syll]

g. y, w   [-syll, -cons]

3.2. 반모음자질(features for glides)

j=y는 i와 w는 u와 비슷하다. /y/는 [+high, -back]이고 /w/는 [+high, +back]이다. 한국어에 y, w 2개의 반모음만 가정하면 기저에 [back]의 +/-값만 명시하고 잉여자질인 [+high]는 명시하지 않는다. 기저에 명시되는 y와 w의 변별자질은 다음과 같다.

[+high]	
전설[-back]	후설[+back]
i, y	u, w

(23) y, w만 설정할 경우

a. j=y [-syll, -cons, -back]

b. w [-syll, -cons, +back]

148

[-syll, -cons]는 무조건 잉여자질 [+high]를 부여하는 기정치규칙이 필요하다.

(24) [-syll, -cons] → [+high]

y, w, ɰ는 원순성이 추가되므로 [back] 외에 [round]가 필요하다.

연구개반모음을 포함하여 3개의 반모음 [y, w, ɰ]을 설정하면 원순과 평순을 구별할 자질 [round]가 필요하다. w는 /i/ 앞에서 (/wili/ '위로' → [ɥiɾo]), y는 /o, u/ 앞에서 (/yoŋsə/ '용서' → [ɥoŋsə]) 원순화음 [ɥ]로 실현된다.

(25) y, ɰ, w를 설정할 경우
    a. j=y [-syll, -cons, -back, -round]
    b. ɥ   [-syll, -cons, -back, +round]
    c. w   [-syll, -cons, +back, +round]
    d. ɰ   [-syll, -cons, +back, -round]

표 4.4 한국어의 반모음

반모음	경구개음 [-back]		연구개음 [+back]	
	평순 [-round]	원순 [+round]	평순 [-round]	원순 [+round]
	y	ɥ	ɰ	w
고모음	i	ü	ɯ	u
	평순 [-round]	원순 [+round]	평순 [-round]	원순 [+round]
	전설모음 [-back]		후설모음 [+back]	

완전명시된 한국어 자음은 표 4.5와 같다.

표 4.5 완전명시된 한국어 자음

	장애음															공명음					
	p	p'	pʰ	t	t'	tʰ	s	s	č	č'	čʰ	k	k'	kʰ	h	m	n	ŋ	l	y	w
[cons]	+	+	+	+	+	+	+	+	+	+	+	+	+	+	+	+	+	+	+	−	−
[syll]	−	−	−	−	−	−	−	−	−	−	−	−	−	−	−	−	−	−	−	−	−
[son]	−	−	−	−	−	−	−	−	−	−	−	−	−	−	−	+	+	+	+	+	+
[cont]	−	−	−	−	−	−	+	+	−	−	−	−	−	−	+	−	−	−	−	+	+
[del.rel.]	−	−	−	−	−	−	−	−	+	+	+	−	−	−	−	−	−	−	−	−	−
[nas]	−	−	−	−	−	−	−	−	−	−	−	−	−	−	−	+	+	+	−	−	−
[lat]	−	−	−	−	−	−	−	−	−	−	−	−	−	−	−	−	−	−	+	−	−
[ant]	+	+	+	+	+	+	+	+	−	−	−	−	−	−	−	+	+	−	+	−	−
[cor]	−	−	−	+	+	+	+	+	+	+	+	−	−	−	−	−	+	−	+	+	−
[lab]	+	+	+																	−	+
[dor]	−	−	−	−	−	−	−	−	−	−	−	+	+	+	−	−	−	+	−	−	+
[voiced]	−	−	−	−	−	−	−	−	−	−	−	−	−	−	−	+	+	+	+	+	+
[CG]	−	+	−	−	+	−	−	−	−	+	−	−	+	−	−	−	−	−	−	−	−
[SG]	−	−	+	−	−	+	−	−	−	−	+	−	−	+	+	−	−	−	−	−	−

표 4.5에서는 2.6절에서 논의된 자·모음의 통합위치자질 [cor], [lab], [dor]로 자음의 조음위치를 구분한다. 양순음은 [+lab], 치경음은 [+cor, +ant], 구개치경음은 [+cor, -ant], 연구개음은 [+dor]로 표시된다.

그러나 이제 살펴볼 표 4.6에서는 전통적인 SPE의 위치자질 [cor]과 [ant]로 자음의 조음위치를 구분한다. 양순음은 [-cor, +ant], 치경음은 [+cor, +ant], 구개치경음은 [+cor, -ant], 연구개음은 [-cor, -ant]로 표시된다.

표 4.6 2분적으로 표시된 자음의 변별자질

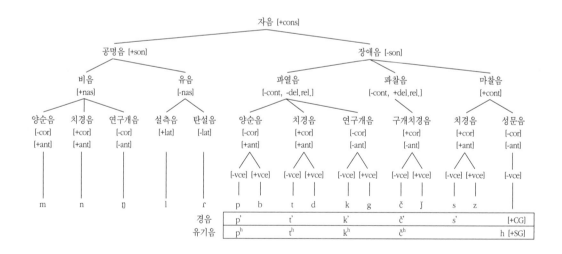

150

3.3. 모음자질(features for vowels)

모음의 기술에 쓰이는 SPE의 혓몸자질은 다섯 가지이다.

(26) [±high], [±low], [±back], [±tense], [±round]

(26)의 혓몸자질을 가지고 모음을 구분하면 다음과 같다(잉여자질은 괄호 안에 표기).

(27) 혀의 높이
    a. 고모음   [+high, (-low)]
    b. 중모음   [-high, -low]
    c. 저모음   [+low, (-high)]

(28) 혀의 위치
    a. 전설모음   [-back]
    b. 중·후설모음 [+back]

(29) 혀근육의 긴장성
    a. 긴장모음   [+tense]
    b. 이완모음   [-tense]

(30) 입술모양
    a. 원순모음   [+round]
    b. 평순모음   [-round]

긴장모음:
혓몸에 힘을 준다.
이완모음:
혓몸에 힘을 뺀다.

SPE자질로 한국어 모음을 완전명시하면 표 4.7과 같다.

표 4.7 한국어 10모음의 완전명시

혀의 위치 자질	전설모음 i ü ö e ε	중설모음 ɨ ə a	후설모음 u o
[cons] 자음성	- - - - -	- - -	- -
[syll] 모음성	+ + + + +	+ + +	+ +
[son] 공명성	+ + + + +	+ + +	+ +
[cont] 지속성	+ + + + +	+ + +	+ +
[voice] 유성성	+ + + + +	+ + +	+ +
[high] 고설성	+ + - - -	+ - -	+ -
[low] 저설성	- - - - +	- - +	- -
[back] 후설성	- - - - -	+ + +	+ +
[round] 원순성	- + + - -	- - -	+ +

일분적 자질 [cor]과 [dor]로 모음의 위치를 구분하면 [-back]은 [+cor]로 [+back]은 [+dor]로 표시된다. 따라서 SPE의 [back] 자질은 더 이상 필요 없다.

표 4.7에서 [back]과 [round] 대신 이 장의 2.6절에서 논의된 자ㆍ모음을 통합한 위치자질 [coronal], [dorsal], [labial]로 모음을 구분하면 (28)과 (30)은 다음과 같이 대체된다.

(31) 조음위치

    a. 전설모음   [+coronal, (-dorsal)]

    b. 중설모음   [-coronal, -dorsal]

    c. 후설모음   [(-coronal), +dorsal]

(32) 입술모양

일분적 자질 [lab]로 모음을 구분하면 원순모음은 [+lab], 평순모음은 [-lab]이므로 SPE의 [round] 자질은 더 이상 필요 없다.

    a. 원순모음   [+labial]

    b. 평순모음   [-labial]

[-back]은 [+cor]로 [+back]은 [+dor]로 대체되어 SPE의 [back] 자질은 더 이상 필요 없다. [round]는 [labial]로 대체된다.

152

한국어 10모음의 조음위치를 [cor], [lab], [dor] 자질로 완전명시하면 표 4.8
과 같다.

표 4.8 한국어 모음의 위치자질

혀의 위치 자질	전설모음 i ü ö e ɛ	중설모음 ɨ ə a	후설모음 u o
[coronal]	+ + + + +	− − −	− −
[dorsal]	− − − − −	− − −	+ +
[labial]	− + + − −	− − −	+ +
[high]	+ + − − −	+ − −	+ −
[low]	− − − − +	− − +	− −

모음집단의 특성을 SPE의 변별자질로 표시하면 다음과 같다.

(33)

    a. o, u   [+syll, +round, +back, −low]

    b. i, ɨ, ü, u   [+syll, +high]

    c. e, o, a   [+syll, −high]

    d. i, e, ɛ   [+syll, −back, −round]

    e. ü, u, o, ö   [+syll, −low, +round]

3.4. 운율자질(prosodic features)

단선음운론(linear phonology)에서 성조는 [±H], [±L]로 악센트는 [±stress]로
음의 장단은 [±long]으로 표시되었다. 성조나 강세와 같은 운율적 자질은 분
절음과 불가분의 관계를 맺고 있다고 믿어 모음을 나타내는 분절자질과 함께
묶어 단선적으로 배열되었다. 생성음운론에서는 기저차원과 표면차원에 분
절음층위 하나밖에 설정하지 않으므로 분절음인 선율(melody)과 전혀 상관
없는 성조, 악센트, 장단을 달리 표시할 수가 없었다. 1970년대부터 성조(tone),

음절의 시간단위(timing unit) 등의 운율자질과 변별자질들은 **자립분절소 (autosegment)**로서 각 층위(tier)에 나뉘어지고 각 층위에서 이들 요소들이 각각 단선적으로 배열된다고 보는 복선이론이 제시되었다.

이 절에서는 SPE에서 초분절 자질이 단선적으로 어떻게 표시되는지를 살펴보고 이들이 복선음운론에서 어떻게 표시되는지를 알아보기로 하자.

첫째, 음의 장단은 [long] 자질을 사용하여 장음은 [+long]으로 단음은 [-long]으로 표시했다.

SPE에서 운율자질 [long]이 분절음 자질과 함께 단선적으로 표시된다.

(34)

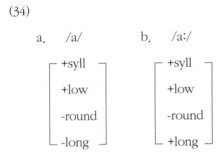

Clements and Keyser(1983)의 CV이론에서 음절과 분절음을 연결하는 CV층위를 설정하여 분절음은 CV골격에 연결된다. 장모음 a:는 선율(melody)이 2개의 시간단위 VV에 동시에 연결되고 단모음은 선율이 1개의 시간단위 V에 연결된다(6장 2.2절 참조).

CV층위의 C와 V는 자립분절적 시간 단위를 나타낸다. 분절음 층위의 선율 a는 음의 음성적 실현을 나타낸다.

(35)

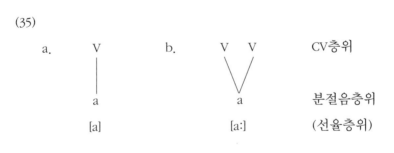

골격으로 음의 장단을 표시하면 [±long] 자질이 필요 없다.

154

둘째, 강세는 모음의 속성이 아니라 초분절 상황에 따라 주어지는 운율적 속성인데도 불구하고 분절음인 모음에 [±stress] 자질을 주어 마치 분절적 속성처럼 보이게 했다.

(36)

/á/

$$\begin{bmatrix} +\text{syll} \\ +\text{low} \\ -\text{round} \\ +\text{stress} \end{bmatrix}$$

율격음운론(Metrical Phonology)에서는 강세를 상대적 프로미넌스(prominence)로 이분지 수형도(binary branching tree)로 나타낸다. 주변 음절에 비해서 상대적으로 프로미넌스가 강한 음절은 s(trong)의 지배를 받아 수형도에서 s아래 오고 프로미넌스가 약한 음절은 w(eak)의 지배를 받는다. 단어에 제 2강세가 있으면 sw가 두 쌍 나타난다. 제 1음절 sèn은 제 2강세를 받아 s의 지배를 받는다. 세 번째 음절 tí에 제 1강세가 오므로 tí가 다른 음절보다 더 많은 s의 지배를 받는다.

(37)

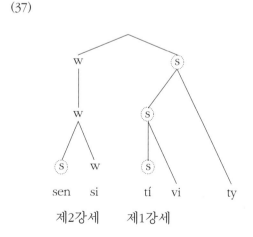

제2강세   제1강세

강세는 단어의 모음에 실현된다.

따라서 위와 같은 율격구조의 도입으로 SPE의 [±stress] 자질도 더 이상 필요 없게 되었다.

셋째, 단모음이 굴곡성조(contour tone)를 가질 때 분절음과 달리 행동하는 성조를 단선적으로 표시하는 것이 문제가 된다. 모음 a가 상승조(LH)를 가질 때 모색할 수 있는 다음 두 가지 방법은 SPE에서 모두 허용되지 않는다. (38a)는 모음 a에 성조자질 [+L], [+H]가 연속적으로 표시되어 있다. (38b)는 [+L]와 [+H]를 종적으로 표기하여 상승조(LH)를 나타내려고 했으나 성조가 동시조음되는 것을 뜻한다.

(38)

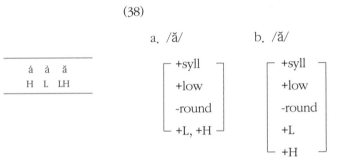

a. /ǎ/

$$\begin{bmatrix} +syll \\ +low \\ -round \\ +L, +H \end{bmatrix}$$

b. /ǎ/

$$\begin{bmatrix} +syll \\ +low \\ -round \\ +L \\ +H \end{bmatrix}$$

á à ǎ
H L LH

[+L]와 [+H]를 연속적으로 표시하려면 이 자질을 두 개의 분절음에 나누어서 표기해야 한다.

(39)

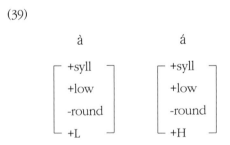

à

$$\begin{bmatrix} +syll \\ +low \\ -round \\ +L \end{bmatrix}$$

á

$$\begin{bmatrix} +syll \\ +low \\ -round \\ +H \end{bmatrix}$$

그러나 (39)는 성조가 다른 두 모음에 나타나는 [à á]을 뜻하지 단모음에

두 성조가 나타나는 [ǎ]를 뜻하지 않는다. 따라서 상승조를 나타내기 위해
[rising]이라는 자질을 만들었다.

(40)

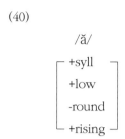

/ǎ/

$$\begin{bmatrix} +syll \\ +low \\ -round \\ +rising \end{bmatrix}$$

Goldsmith(1976)의 자립분절음운론에서 성조자질은 모음의 분절음과 달리
자립분절소(autosegment)로서 독자적인 층위에 배열된다. /ǎ/의 성조를 분절
음층위와 다른 성조층위에 표시하면 다음과 같다(6장 2.1절 참조).

(41)

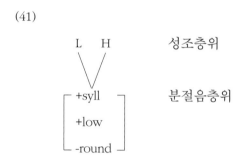

L   H   성조층위

$$\begin{bmatrix} +syll \\ +low \\ -round \end{bmatrix}$$ 분절음층위

성조, 강세, 음의 장단뿐만 아니라 분절음 자질인 [nasal], [labial], [voice],
[cor], [dor], [high], [low] 등이 독자적인 층위를 형성함이 1970년대부터 학자들
에 의해서 제시되었다. 분절음의 여러 자질과 운율자질이 각기 다른 층위에
배열되는 것이 6장에서 살펴볼 복선음운론(non-linear phonology)의 핵이다.

4. 1분적 자질(unary features)

자질의 2분적 표시는
상보적인 상황을 설
명하는데 이상적이다.

생성음운론에서 모든 변별자질은 '+'나 '-'로 **2분적**(binary)으로 표시된다. 어떤 음이 [+voice]이면 그 음은 [-voice]가 될 수 없고, 어떤 음이 [-voice]이면 그 음은 [+voice]가 될 수 없다. 어떤 음이 [+nasal]이면 [-nasal]이 될 수 없고, 어떤 음이 [+nasal]이 아니라고 하면 그 음은 자동적으로 [-nasal]이다. 또한 [+nasal] [-nasal]처럼 한 자질이 두 값을 동시에 가질 수 없다. 그러나 조음위치 자질 [coronal], [labial], [dorsal]은 [nasal]이나 [voice]와 달리 어떤 음이 순음이 아니라고 하면 그 음은 치경음, 구개치경음, 연구개음 등이 될 수 있다. 따라서 [labial], [coronal], [dorsal]은 다른 자질처럼 2분적으로 표시할 필요가 없고 유표적 자질값만 **1분적**(unary, one-valued)으로 표시해야 한다는 주장이 제기되어 왔다. Trubetzkoy(1939)를 따르면 대립항의 하나가 유표적(marked)이고 다른 하나는 무표적(unmarked)일 때 이들은 **유무대립**(privative opposition)관계에 있다. 예를 들어 한국어에서 /p/와 /pʰ/는 유무대립을 보여준다. /pʰ/는 유표적인 [+SG]를 가지고 /p/는 무표적인 [-SG]를 가진다.

자음의 위치자질 [coronal], [labial]과 [dorsal]의 유표적 자질값은 다음과 같다(이 장의 2.6절 참고).

표 4.9 자음의 조음위치자질의 유표적 자질값

자질 \ 조음위치	양순음 p m	순치음 f v	치경음 t d	구개치경음 č ǰ	경구개음 y	연구개음 k g
[lab]	+	+				
[cor]			+	+	+	
[dor]						+

모음의 위치자질 [coronal], [labial], [dorsal], [high]와 [low]의 유표적 자질값은 다음과 같다.

표 4.10 모음의 조음위치자질의 유표적 자질값

자질 \ 혀의 위치	전설모음 i ü ö e ɛ	중설모음 ɨ ə a	후설모음 u o
[coronal]	+ + + + +		
[dorsal]			+ +
[labial]	+ +		+ +
[high]	– –	–	–
[low]	+	+	

한국어에서 가장 무표적인 모음 /i/를 완전 미명시하기 위해 [high]의 유표적 자질을 '–'로 삼았다.

1분적 자질표시는 유표적 자질값이 '+'이면 '+' 표시 없이 [F]로 표시하고, 유표적인 자질값이 '–'이면 '–'를 그대로 둔 [-F]로 표시한다.

(42a)에서 설정음 i는 [coronal]만 명시하고 [dorsal]과 [labial]은 명시할 필요가 없다. 그러나 유표적인 [-high]는 그대로 [-high]로 표시된다. 무표적인 자질값이 '–'이면 (42b)처럼 아예 자질을 표시하지 않는다(6장 4.5절 참조).

(42) 2분적 자질표시 1분적 자질표시

   a. 유표적 자질

       [+coronal] → [coronal]

       [+labial] → [labial]

       [+dorsal] → [dorsal]

       [-high] → [-high]

b. 무표적 자질

[-coronal]   →   [   ]

[-labial]   →   [   ]

[-dorsal]   →   [   ]

2분적 자질인 [±nasal], [±voice]와 달리 1분적 자질인 [labial], [coronal], [dorsal]은 표 4.10에서 보았듯이 동시에 나타날 수 있다. 각 자질이 표시하는 조음기관의 모양이 다른 자질들이 나타내는 조음기관의 모양과 상호 모순적이지 않다. [w, o, u]는 입술을 둥글게 하고 동시에 설배(후설)가 연구개로 접근하므로 [labial]과 [dorsal]자질을 포함한다. 원순화된 치경파열음 tʷ는 설단이 치경에 협착하고 동시에 입술이 협착하므로 [coronal]과 [labial] 자질을 포함한다. 구개화된 연구개파열음 kʸ는 후설이 연구개로 협착하고 설단이 올라가서 협착하므로 [dorsal]과 [coronal]을 포함한다.

이들 음에 관련된 1분적 자질을 정리하면 다음과 같다.

(43)

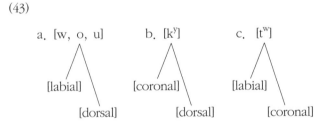

a. [w, o, u]   b. [kʸ]   c. [tʷ]

[labial]   [coronal]   [labial]

[dorsal]   [dorsal]   [coronal]

일분적 자질인 [lab], [cor], [dor]은 한 음에 함께 나타날 수 있다.

조음위치자질 [coronal], [labial], [dorsal] 뿐만 아니라 다른 자질들도 최근에 논의되는 자질수형도(feature geometry)에서 1분적으로 표시되고 있다. 이 내용은 6장 3절 **미명시이론**(underspecification theory)에서 자세히 다루어진다.

5. 자연부류(natural classes)

둘 이상의 분절음들은 그들이 공통적으로 가진 특성에 따라 함께 묶일 수 있다. 이 때 각 분절음의 자질수보다 상대적으로 적은 수의 공통자질로 명시되는 음의 집단을 **자연부류**(natural classes) 혹은 **자연군**이라 한다. 자연부류는 개개의 분절음을 나타내는데도 편리하지만 동일한 음운과정을 겪는 분절음 집단을 나타내는데도 유용하다.

/t, tʰ/가 /i, y/앞에 오면 [č, čʰ]로 변하는 한국어의 ㄷ-구개음화가 자연부류로 이루어져 있는지 살펴보자(자세한 설명은 6장 4.4.2절 참조).

음성문자(IPA)는 언어음을 전사하는데는 유용하지만 음의 유형을 구분하거나 설명하는데는 도움이 되지 않는다.

(44)

    a. /kut+i/   '굳이'   →   [kuǰi]

    b. /katʰ+i/   '같이'   →   [kačʰi]

ㄷ-구개음화를 음소규칙으로 표시하면 A, B, C, D, E라는 다섯 가지의 자연 부류를 보여준다.

(45)

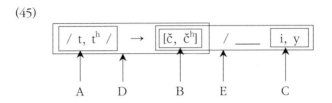

첫째, 동일한 음운과정을 겪는 음은 자연부류이다(A). t, tʰ는 무성치경파열 음으로 [-cont, -del. rel., +cor, +ant, -CG] 자질을 공통으로 가진다(표 4.5 참조).

(46)

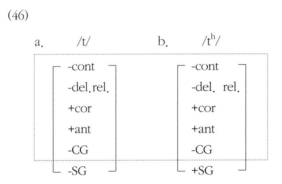

둘째, 음운규칙의 결과 변동된 분절음은 자연부류를 형성한다(B). č, čʰ는 구개치경파찰음으로 [-cont, +del.rel., +cor, -ant, -CG]라는 공통특성을 가진다.

(47)

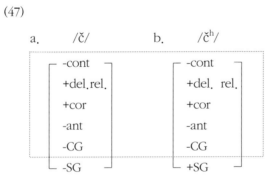

셋째, 음운규칙의 환경은 자연부류를 이룬다(C). i, y는 고전설성으로 [-cons, +high, -back]이라는 공통특성을 가진다.

(48)

    a.   /i/   b.   /y/

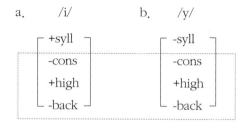

넷째, 음운규칙에 의하여 다른 분절음으로 변한 분절음(B)은 그전의 분절음(A)과 자연부류를 형성한다(D). t, tʰ와 č, čʰ는 설정장애음으로 [-son, -cont, +cor]을 공유한다(표 4.5 참조).

(49)

    a.   /t, tʰ/   b.   /č, čʰ/

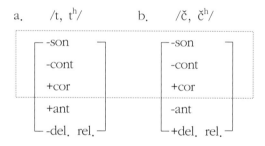

다섯째, 도출된 분절음(B)은 환경을 이루는 분절음(C)과 자연부류를 형성한다(E). č, čʰ와 i, y는 고전설성으로 [+high, -back]이라는 공통특성을 가지므로 자연부류를 형성한다.

(50)

    a.   /č, čʰ/   b.   /i, y/

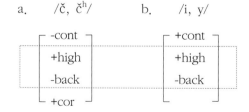

SPE의 자질로 ㄷ-구개음화는 다음과 같이 형식화된다.

(51) ㄷ-구개음화

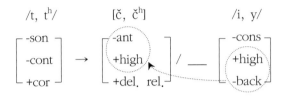

2.6절에서 논의한 자·모음의 통합위치자질을 이용하면, č, čʰ, i, y는 모두 설정음으로 [+coronal]이다. č, čʰ, i, y는 고설정음으로 [+cor, +high]의 공통자질을 가진다.

(52)

a.   /č, čʰ/   b.   /i, y/

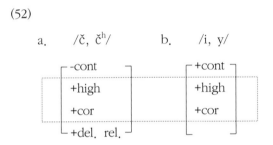

[coronal] 자질을 이용하면 ㄷ-구개음화규칙은 다음과 같다.

(53)

$$\begin{bmatrix} -son \\ -cont \\ +cor \end{bmatrix} \rightarrow \begin{bmatrix} -ant \\ +high \\ +del.\ rel. \end{bmatrix} / \_\_\_ \begin{bmatrix} -cons \\ +high \\ -back \end{bmatrix}$$

자연부류를 논할 때 자질의 수가 많아질수록 그 집단의 구성음 수가 적어지고, 자질 수가 적어질수록 음의 수가 많아진다.

164

(54) 비자음

    a. /m/   [+cons, +nas, <u>-cor, +ant</u>]   양순비음

    b. /n/   [+cons, +nas, <u>+cor, +ant</u>]   치경비음

    c. /ŋ/   [+cons, +nas, <u>-cor, -ant</u>]   연구개비음

    d. /m, n/   [+cons, +nas, +ant]

    e. /m, n, ŋ/ [+cons, +nas]

(55) 고모음

    a. /i/   [+syll, +high, -back, -round]   전설평순고모음

    b. /u/   [+syll, +high, +back, +round]   후설원순고모음

    c. /ɨ/   [+syll, +high, +back, -round]   중설평순고모음

    d. /i, u/   [+syll, +high]

    e. /i, u, ɨ/ [+syll, +high]

(56) 유성파열음

    a. /b/   [-cont, -del. rel., +ant, -cor, +voice]

    b. /d/   [-cont, -del. rel., +ant, +cor, +voice]

    c. /g/   [-cont, -del. rel., -ant, -cor, +voice]

    d. /b, d, g/ [-cont, -del. rel., +voice]

(57) 고전설성

    a. /y/   [-cons, -syll, +high, -back]

    b. /i/   [-cons, +syll, +high, -back]

    c. /y, i/   [-cons, +high, -back]

(58) 고후설성

    a. /w/   [-cons, -syll, +high, +back]

    b. /u/   [-cons, +syll, +high, +back]

    c. /w, u/ [-cons, +high, +back]

    d. /y, w/ [-cons, -syll, +high]

생성음운론에서는 지금까지 논의한 변별자질을 도입함으로써 음소를 최소

단위로 삼았던 구조주의음운론보다 음운현상을 자연스럽게 설명할 수 있게
되었다.

요약

자음의 주요부류자질은 [cons], [syll], [son]이 있고, 조음방법자질은 [cont], [del. rel.], [lat], [nasal]이 있고, 조음위치자질은 [ant], [cor], [lab]이 있다. 혓몸자질은 [round], [high], [back], [low], [tense]가 있고, 후두자질은 [asp]/[SG], [glot]/[CG], [voice]가 있다. 자·모음을 통합한 조음위치자질로는 [labial], [coronal], [dorsal]이 있다. 생성음운론에서 분절음이나 분절음을 구성하는 변별자질들은 연속적으로 단일선상에 나열되므로 단선음운론이라 한다. 자질들 간에는 순서도 없고, 중복표시가 될 수 없고, 자질간에 어떠한 계층구조도 허락하지 않고, 단지 2분적으로 +나 −값을 가진다. 운율자질도 분절자질과 함께 단선적으로 배열되었다. 분절음들은 특성에 따라 묶일 수 있는데 이를 자연부류라 한다. 음들을 공통특성에 따라 묶는 자연부류는 뒤에 자질수형도에서 마디(node)를 생성하게 하는 가장 중요한 근거가 된다. 단선음운론에서 제기되었던 문제점은 1970년대부터 본격적으로 발표된 자립분절음운론에서 해결되기 시작한다.

연습문제

1. 다음 자음들과 관련된 자질을 +/-로 표시하시오.

	m	l	θ	s	č	g	w
sonorant							
consonantal							
continuant							
voiced							
labial							
anterior							
coronal							
dorsal							
back							
nasal							
lateral							
strident							

2. 다음 모음들과 관련된 자질을 +/-로 표시하시오.

	a	o	I	u	i	ɛ(한국어)	ɨ
high							
low							
back							
tense							
round							

3. 다음에서 요구하는 변별자질이나 음의 부류를 적으시오.

  a. 장애음의 세 부류에 대한 변별자질은?

168

b. 비음과 유음을 구별하는 변별자질은?

c. 공명음의 잉여자질은 무엇인가?

d. i와 y를 공통으로 나타내는 자질은?

e. l과 r을 구분 짓는 변별자질은?

f. 원순모음과 순음의 공통자질은 무엇인가?

g. [+nasal]을 가지는 두 음의 부류는?

h. 반모음을 나타내는 자질을 쓰시오.

4. 다음의 음들이 가지는 공통적인 변별자질을 적으시오.
   a. o, u, ö, ü, U, œ
   b. f, v, s, z, ʃ, θ, h
   c. o, ə, a, e
   d. l, m, n, ŋ, o, i, y, w
   e. h, tʰ, pʰ

5. 한국어에서 다음 자질이 나타내는 음의 집단을 쓰시오.
   a. [-cont, -del. rel., -voice]
   b. [-syll, -cons, +high, -back, -round]
   c. [+cons, +nasal]
   d. [+syll, +low, -back]

6. 다음에서 자연부류를 형성하지 않는 음을 찾고 나머지 음들의 공통점을 적으시오.

예) [p], [b], [s], [m], [v], [f]

[s], 나머지 음은 모두 순음으로 [+labial]이다.

a. [o], [e], [u], [ɔ], [ö]

b. [m], [n], [ŋ], [p]

c. [p], [s], [t], [n], [l]

d. [z], [v], [s], [t], [f]

e. [i], [I], [u], [ü], [e]

f. [g], [p], [b], [d], [z], [v]

g. [u], [i], [ɛ], [o], [e]

h. [g], [k], [b], [d], [p], [v], [t]

i. [a], [u], [e], [w], [i], [o]

j. [z], [v], [s], [ž], [g]

k. [t], [z], [d], [n], [f], [s], [ž]

7. 다음 음을 구별하는 조음위치자질의 값을 +/-로 표시하시오.

	양순음	치경음	구개치경음	연구개음
coronal				
anterior				
labial				
dorsal				

8. 다음 음을 나타내는 변별자질을 적으시오

a. 반모음

b. 마찰음

c. 파찰음

d. m, n, ŋ, l, r, w

e. m, p, b

f. e, a, o

g. I, U, ɨ.

h. u, U, o, ɔ

9. 아래 각 쌍의 소리를 구분짓는 변별자질은 무엇인가?
   둘 중에서 +값을 갖는 것에 동그라미를 치시오.

   a. [p] [b]

   b. [ð] [z]

   c. [l] [r]

   d. [h] [ʔ]

   e. [θ] [s]

   f. [u] [w]

   g. [ɨ] [ə]

   h. [u] [ü]

   i. [i] [I]

10. 아래의 각 쌍의 소리를 구분 짓는 변별자질은 무엇인가?

    a. [p] [pʰ]

    b. [t] [tʼ]

    c. [t] [s]

    d. [p] [m]

    e. [p] [t]

    f. [i] [ü]

    g. [e] [ɛ]

    h. [y] [w]

    i. [o] [u]

5장 음운규칙

장 목표

이 장에서 여러분은 다음과 같은 내용을 알게 된다.

· 기저형, 표면형과 도출의 관계를 안다.
· 음운변동에 작용한 음운규칙의 유형을 안다.
· 음운규칙의 형식과 표기상의 규약을 안다.
· 변별자질을 이용하여 음운규칙을 만들 수 있다.
· 자립분절적 규칙과 제약을 안다.

1. 변동과 변화

변동(alternation)은 **변화**(change)와 구별된다. 변동은 기저음이 주변의 음들의 영향으로 표면차원에서 기저와 다른 음으로 나타나는 것을 뜻한다. 변화는 어떤 음 S_1이 S_2로 변하여 고착된 형태이다. (1)에서 중세한국어의 치음 /t, t', t^h/ 'ㄷ, ㄸ, ㅌ'가 17세기 말과 18세기 초에 i/y 앞에서 구개치경음 /č, č', $č^h$/ 'ㅈ, ㅉ, ㅊ'로 변한 후 현대한국어에서도 그대로 발음된다. (2)에서는 중세한국어의 /ɨ/ 'ㅡ'가 양순음 /m, p/ 'ㅁ, ㅂ'의 영향으로 원순음화가 일어나 /u/ 'ㅜ'가 된 후 현대한국어에서도 /u/ 'ㅜ'로 쓰인다.

공시적인 변화는 변동이고 통시적인 변화는 변화이다.

(1) 중세 한국어 현대 한국어

    a. /tyoh+ta/   '됴타'   >   /čoh+ta/   '좋다'

    b. /tyə/   '뎌'   >   /čə/   '저'

(2) a. /mɨl/   '믈'   >   /mul/   '물'

    b. /pɨl/   '블'   >   /pul/   '불'

(1)과 (2)는 역사적 음운현상으로 '변화'이다.

과거형 ⇍ 현재형

위의 구개음화와 원순음화는 통시적인 현상으로 다시 이전의 상태로 돌아갈 수 없고 고착화되었다.

이에 반하여 음운변동은 일정한 음운환경에서 규칙적으로 변하며 공시적인 현상의 기술에 쓰인다. (3)에서 /ip^h/ '잎'의 자음 /p^h/는 '잎이'에서는 [p^h]로, '입만'에서는 [m]으로 '입도'에서는 [p$^{\neg}$]로 환경에 따라 달리 실현된다. 이렇게 한 음이 주위 음에 따라 달리 실현되는 것이 **변동**(alternation)이다.

(3)

    a. /ip^h+i/   '잎+이'   →   [ip^{h}i]

    b. /ip^h+man/ '잎+만'   →   [imman]

    c. /ip^h+to/   '잎+도'   →   [ip$^{\neg}$t'o]

(3b)와 (3c)에서 형태소 /ip^h/ '잎'의 자음이 주위에 오는 음에 따라 표면음이 달리 실현되는 현상을 **형태소의 음운론적 교체** 또는 **형태음운론적 교체**(morphophonological alternation)라 한다. [ip^h], [im], [ip$^{\neg}$]은 '잎'의 이형태(allomorph)이다. 이 책에서 다루는 논의의 범위는 변화가 아닌 변동에 한한다. 한 소리가 주위의 환경에 따라 다른 소리로 바뀌는 것을 생성음운론에서 어떻게 표시되는지를 다음 절에서 알아보고자 한다.

2. 생성이론의 음운부

2.1. 문법모델

　표준생성문법에서 음운현상이 어떻게 일어나는지 알아보기 위해 Chomsky (1965)의 표준문법의 모델을 살펴보자. 그림 5.1에서 보듯이 문법은 통사부, 의미부와 음운부로 나누고 통사부는 생성의 기능을 가진다. 통사부는 기저부(base component)와 변형부(transformational component)로 나뉘어진다. 기저부에는 구절구조규칙(phrase structure rules)과 어휘부(lexicon)가 포함된다. 문장은 일련의 구절구조규칙에 의해 생성된다. 각 언어의 어휘를 구성하는 모든 언어학적 신호의 결합체를 **어휘부(lexicon)**라 한다. 어휘부에는 각 단어나 형태소에 대한 모든 정보가 수록된 어휘항목(lexical item, lexical entry)이 저장된다. 어휘항목에는 단어를 배우는 과정에서 외워야 할 음과 의미에 관한 정보가 수록된 기저음운표시(lexical representation) 또는 기저형(underlying representation)이 포함된다.

1) Chomsky(1965)의
표준이론(Standard
Theory)은 Chomsky
(1971) 확대표준이론
(Extended Standard
Theory), Chomsky
(1973)의 수정확대표
준이론(Revised
Extended Standard
Theory), Chomsky
(1981)의 지배-결속
이론(Government
and Binding Theory)
으로 수정·발전된다.

다음은 Chomsky(1965)의 표준문법의 모델이다.[1]

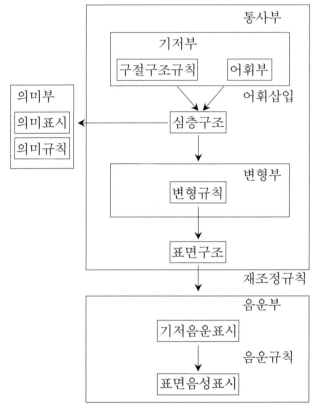

생성음운론에서는
기저차원과 표면차원
두 차원을 설정한다.

그림 5.1 표준문법의 모델

S(Sentence) 문장
AdvP(Adverbial Phrase)
부사구
Adv(Adverb) 부사
NP(Noun Phrase) 명사구
N(Noun) 명사
VP(Verb Phrase) 동사구
V(Verb) 동사
PP(Postpositional phrase)
후치사구
P(Postposition) 후치사

'우리는 오늘 숲에 간다'를 생성하는 구절구조규칙은 다음과 같다.

(4) '우리는 오늘 숲에 간다'의 구절구조규칙

   a. S   →   AdvP S   b. S   → NP VP

   c. NP   →   N   d. VP → PP V

   e. AdvP → Adv   f. PP   → NP P

어휘부에 등재된 하
나하나의 단위를 어
휘항목이라 한다.

'우리는 오늘 숲에 간다'를 구성하는 어휘항목은 다음과 같다.

(5) '우리는 오늘 숲에 간다'에 대한 어휘항목

/uli/ '우리' : 명사(N),　　/onɨl/ '오늘' : 부사(Adv)

/supʰ/ '숲' : 명사(N),　　/-nɨn/ '-는' : 주제격조사

/ka-/ '가' : 동사어간V)

/-e/ '-에' : 처소격조사(postposition)

/-n-/ '-ㄴ' : 현재시제선어말어미

/-ta/ '-다' : 어말어미

　(4)의 구절구조규칙으로 만들어진 문장구조에 (5)의 어휘항목을 각 마디 (node)에 삽입하면 아래의 심층구조가 생성된다.[2]

2) 구절구조규칙은 Chomsky(1986)의 핵계층이론(Xbar theory)으로 바뀌어진다. S는 IP에 대응된다. 핵계층이론에 따른 격조사와 어미에 대한 세부구조는 여기서 논의하지 않는다.

(6) 심층구조(deep structure)

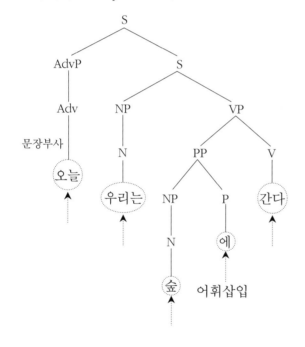

PP: Postpositional Phrase(후치사구)

　심층구조에서 생성된 문장 (6)은 변형부로 들어가서 문장부사(AdvP)인 '오늘'이 주어인 '우리는' 뒤로 이동(movement)하는 변형규칙을 거쳐 다음과 같은 표면구조(surface structure)를 갖게 된다.

(7) 표면구조(surface structure)

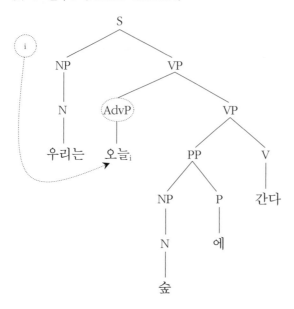

생성문법에서 음운론은 통사부의 모든 활동이 끝난 다음에 시작된다.

통사부에서 만들어진 단어나 문장은 재조정규칙(readjustment rule)을 거쳐 알맞게 손질되어 음운부에 입력된다. 음운부에서 이것은 변별자질로 표시된 기저음운표시(underlying representation)가 된다. 여기에 음운규칙이 적용되어 표면음성표시(surface representation)가 도출된다. 다음 절에서 구체적으로 이들의 관계와 표시를 자세히 살펴보자.

2.2. 기저음운표시, 표면음성표시와 규칙

생성음운론에서는 두 개의 차원(level)을 설정한다. 음운적 차원인 **기저차원**(underlying level)과 음성적 차원인 **표면차원**(surface level)이 있다. 구조주의에서는 변별적으로 쓰이는 음은 '음소'이고 그렇지 않고 음성학적으로 다른 음과 구별되는 음은 '음성'이다 생성음운론에서는 **음소**를 **음운** 또는 **기저음**(underlying segment)이라 하고 음성을 **표면음**(surface segment)이라 한다.

/ka+n+ta/ '간다'의 음운단위와 차원을 살펴보자. '간다'는 기저차원에서 형태소의 연결 /ka+n+ta/ '가+ㄴ+다'로 표시되고 표면차원에서는 형태소의 연쇄

구조주의 음운론	생성 음운론
음소	음운/ 기저음
음성	표면음

음운규칙은 기저음이 어떤 환경에서 다른 음으로 바뀌는 것을 나타낸다.

는 없고 [kanda] '간다'로 나타난다.

(8) 기저음운표시: /ka+n̲+ta/ '가+ㄴ+다'

  ↓

  d ← 유성음화

  ↓

표면음성표시: [kanda] '간다'

'가' 동사어간
'-ㄴ' 현재시제
   선어말어미
'-다' 어말어미

기저차원에서 존재하는 형태소 또는 형태소의 결합 /ka+n+ta/는 **기저음운표시**(underlying representation) 또는 **기저형**(underlying form)이다. 표면차원에서 [kanda]로 실현되는 것은 **표면음성표시**(surface representation) 또는 **표면형**(surface form)이다. 이 때 기저음운표시에 쓰인 각 음운 /k/, /a/, /n/, /t/, /a/는 기저음이고 표면음성표시에 나타난 음성 [k], [a], [n], [d], [a]는 표면음이다. (8)에서 기저음운표시에 유성음화가 작용하여 표면음성표시가 도출되었다. 이처럼 기저음은 표면차원에서 변동될 수 있다.

기저음은 / /안에 표시되고 실제 발음되는 표면음은 [ ]안에 표시된다. 따라서 두 음은 서로 구별된다.

생성음운론에서는 자질이 음운기술의 최소단위이기 때문에 기저음운 표시와 표면음성표시에 쓰이는 각 음은 자질의 묶음으로 표시되어야 한다. 그렇다면 각 음은 보편문법(universal grammar)에서 쓰이는 모든 자질(features)의 묶음으로 표시되어야 할까? 생성문법학자들은 문법의 경제성을 고려하여 화자의 두뇌에 있는 어휘부에 저장해야 할 정보를 최소화해야 한다고 가정한다. 따라서 기저음운표시에는 각 음의 예측 불가능한 변별자질만 **명시**(specified)하고 예측 가능한 잉여자질은 **미명시**(underspecified)하여 기저에 표시되는 정보를 최소화한다. 그 후 예측가능한 음의 자질들은 음운규칙이나 잉여규칙(redundancy rules)으로 기저음운표시에 공급하여 표면음성표시를 도출한다.

/supʰ/ '숲'의 기저음운표시를 살펴보자. +/- 표시는 해당 자질이 명시된 것이고, 빈칸은 해당 자질이 미명시된 것이다.

문법의 경제성을 고
려하여 기저에 예측
가능한 정보는 미명
시한다.

(9) '숲'의 기저음운표시

	/s	u	pʰ/
cons		−	
son	−	+	
cont	+		−
del. rel.			−
cor	+		−
ant	+		+
rel			
labial		+	+
voice			
nasal			
SG			+
CG			
low			
high		+	
back		+	

(9)에 나타난 자질의 +나 -값은 화자들이 배울 때 예측 불가능한 정보라서 반드시 기저음운표시에 명시되어야 한다. 빈칸으로 남은 미명시된 자질값이 어떻게 공급되는지 살펴보자. 첫째, 음운규칙의 결과 미명시된 자질값이 공급된다. /pʰ/가 음절말에서 [p˺]로 되는 말음중화는 (10)으로, /s/가 /u/앞에서 [sʷ]로 되는 원순음화는 (11)로 형식화된다.

(10) 말음중화

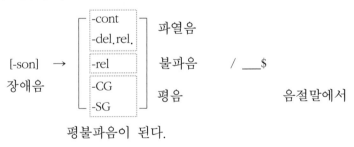

(11) 원순음화

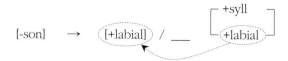

[-son] → [+labial] / ___ $\begin{bmatrix} +syll \\ +labial \end{bmatrix}$

음운규칙으로 얻은 자질값이나 변경된 자질값을 (9)에 우선공급한다.

기저음운표시에서 [+SG]였던 /pʰ/는 말음중화로 인하여 [p˺]가 되므로 (10)에 의해서 [-SG]로 자질값이 바뀐다. 표면음성표시에서 [p˺]는 [-rel, -del, -SG, -CG]로 명시된다. /s/는 원순음화에 의해 [sʷ]로 실현되므로 (11)에 의해 [sʷ]는 [+labial] 자질을 부여받는다.

둘째, 나머지 채워지지 않은 자질값은 **잉여규칙**(redundancy rules)에 의해 부여된다. 잉여규칙은 자질들간의 잉여관계로 인한 자질값이 부여되는 **기정치규칙**(default rules)과 보편적으로 무표적인 자질값(unmarked value)이 부여되는 **보충규칙**(complement rules)이 있다. 우선 (9)에 적용되는 기정치규칙을 살펴보자.

(12) 기정치규칙(default rules)

나머지 빈 자질을 (12)의 기정치규칙으로 (9)에 공급한다.

    a. [-son] → [+cons]

    b. $\begin{bmatrix} -cont \\ -del. \ rel. \end{bmatrix}$ → [-son]

    c. $\begin{bmatrix} -cons \\ +son \end{bmatrix}$ → [+cont]

    d. [+son] → [+voice]

    e. [-son] → [-voice]

    f. (1차적 조음만으로 이루어진)자음위치자질

       i . [+cons] → [-high]

       ii . [+cons] → [-low]

       iii . [+cons] → [-back]

       iv . [+cons] → [-labial]

치경음	구개치경음	연구개음
t, t', tʰ	č, č', čʰ	k, k', kʰ
+cor	+cor	-cor
+ant	-ant	-ant
-back	-back	+back
-high	+high	+high

g. 모음자질

    ⅰ. [+high] → [-low]

    ⅱ. [+back] → [-cor]

       [+back] → [-ant]

[-son]인 장애음 [sʷ]와 [pˀ]는 자음이므로 (12a)에 의해 [+cons]로 표시된다. [-cont, -del. rel.]인 파열음 [pˀ]는 장애음이므로 [-son]가 (12b)에 의해 명시된다. [-cons, +son]인 모음 [u]는 지속음(continuant)으로 (12c)에 의해 [+cont]가 명시된다. [+son]인 공명음 [u]는 유성음이므로 (12d)에 의해 잉여자질 [+voice]가 공급되고, [-son]인 장애음 [sʷ]와 [pˀ]는 무성음이므로 (12e)에 의해 잉여자질 [-voice]가 공급된다. 자음중에서 2차적 조음을 가지는 자음은 유표적이다. 유표적 자질에 관하여 성문화음은 [+low], 구개화음은 [+high], 연구개화음은 [+back], 원순화음은 [+labial] 자질로 표시된다. 따라서 이런 2차적 조음을 하나도 가지지 않는 [pˀ]와 원순음화된 [sʷ]는 (12fi)-(12fⅲ)에 의해 무표적인 자질 [-low, -high, -back]이 주어진다. [pˀ]가 [+labial]로 기저에 표시된 것은 1차적 조음 때문이다. [+high]인 [u]는 (12gi)에 의해 [-low]로 명시되고, 또한 [+back]이므로 (12gⅱ)에 의해서 [-cor, -ant]로도 명시된다.

(10), (11), (12)로 채우고도 채워지지 않은 자질은 보편적으로 무표적 자질값을 무조건 부여하는 보충규칙이 적용된다.

(13) 보충규칙(complement rules)

    a. [ ] → [-del. rel.]([del. rel.]의 빈칸은 [-del. rel.])

    b. [ ] → [+rel] ([rel]의 빈칸은 [+rel])

    c. [ ] → [-CG] ([CG]의 빈칸은 [-CG])

    d. [ ] → [-SG] ([SG]의 빈칸은 [-SG])

    e. [ ] → [-nasal] ([nasal]의 빈칸은 [-nasal])

[sʷ]는 두음에 오는 마찰음이므로 (13a)와 (13b)에 의해 [-del. rel.]와 [+rel]가

명시된다. [p̚]는 불파음이므로 (13a)에 의해 [-del. rel.]이 명시된다. [sʷ]와 [p̚]는 평음이고, [u]는 모음이므로 (13c)와 (13d)에 의해 무표적 자질 [-CG]과 [-SG]가 채워진다. [sʷ], [u], [p̚]은 모두 구강음이므로 [-nasal]이 (13e)에 의해 채워진다.

'숲'의 기저음운표시 (9)에 음운규칙 (10)-(11)과 잉여규칙 (12)-(13)을 공급하면 (14)의 표면음성표시가 도출된다.

(14) '숲'의 표면음성표시

(11) 원순음화		[sʷ	u	p̚]
	cons	+	−	+
	son	−	+	−
	cont	+	+	−
	cor	+	−	−
	ant	+	−	+
	del. rel.	−	−	−
	rel	+	+	⊖ −
(11) 원순음화	labial	⊕ −	⊕ +	+
	voice	−	+	−
	nasal	−	−	−
	SG	−	−	⊖
	CG	−	−	⊖
	low	−	−	−
	high	−	+	−
	back	−	+	−

← (화살표: u labial → sʷ labial)

SG, CG → (10) 말음중화

기저음운표시 (9)에 (10)-(13)의 규칙으로 자질이 공급된다. 실제 발음될 때는 이 자질들의 꾸러미가 음으로 실현되어 [sʷ], [u], [p̚]이라는 음의 연쇄로 나타난다.

'숲'의 기저음운표시 (9)와 표면음성표시 (14)에서 보듯이 각 음은자질들의 묶음으로 단일선상에 연결되어 표시되므로 단선음운론으로 분류된다.

2.3. 기저음운표시 설정의 기준

보이지 않는 기저음운표시에 음운규칙이 적용되어 표면음성표시가 도출되므로 우리는 기저음운표시에 넣을 정보에 신중을 기해야 한다. 음운론은 항상 **왜(why)** 이러한 음운현상이 일어나고 **어떻게(how)** 음운변동이 일어나는지를 기술적으로 설명할 수 있는 **기술적 타당성(descriptive adequacy)**을 충족시켜야 한다. 이것은 어떤 기저음운표시를 설정하여 어떻게 음운현상을 올바르게 입증하느냐이다. 이런 음운기술의 정당화 방법의 평가척도로 생성음운론에서 전통적으로 **간결성(simplicity)**, **예측성(predictability)**, **음성적 가능성(phonetic plausibility)** 또는 **자연성(naturalness)** 등이 제시되었다.

기저형 설정의 기준에 대한 예로 한국어의 'ㄹ'로 논의를 전개해 보자. 'ㄹ'은 모음과 모음사이에서 [ɾ]로 음절말에서 [l]로 발음되므로 'ㄹ'의 기저음은 /l/, /ɾ/ 또는 /L/이 될 수 있다. /L/은 /l/도 /ɾ/도 아닌 유음(liquid)이다. 이 세 기저음후보를 기저형 설정의 평가척도로 비교해보자.

첫째, **간결성(simplicity)** 기준에서 'ㄹ'의 기저음을 살펴보자. 'ㄹ'의 기저음을 /l/로 설정하면 '말'과 '말이'는 다음과 같은 도출과정을 거친다.

(15) 'ㄹ'의 기저음 /l/: 음운규칙1개

	기저형 a. /mal/ '말'	b. /mal+i/ '말+이'
	_____ NA	maɾi /l/ → [ɾ] / V__V
표면형	[mal]	[maɾi] 탄설음화, 약화현상

(15a)에서 /mal/은 기저형과 표면형에 아무런 변동이 없으나, (15b)에서 기저음 /l/이 모음과 모음사이에서 [ɾ]로 바뀌는 음운규칙 1개가 필요하다.

'ㄹ'의 기저음을 /ɾ/로 설정하면 '말'과 '말이'의 도출과정은 다음과 같다.

(16) 'ㄹ'의 기저음 /ɾ/: 음운규칙 1개

	기저형 a. /maɾ/ '말'	b. /maɾ+i/ '말+이'
	mal /ɾ/ → [l] / __$	_____ NA
표면형	[mal] 강화현상	[maɾi]

3) 역사음운론 학자들은 알타이어의 *r¹, *r², *l¹, *l²(r², l²은 전설모음 i, ï 뒤에 오는 구개음화된 r, l)이 고대 한국어에서 *r로 대응하는 것을 근거로 'ㄹ'의 기저음을 /r/로 설정한다.

(16a)는 /r/이 음절말에서 [l]로 발음되는 규칙이 필요하고, (16b)는 모음과 모음사이에서 [ɾ]이 그대로 실현된다.[3]

'ㄹ'의 기저음을 /L/로 설정하면 '말'과 '말이'는 (17a)와 (17b)의 과정을 겪는다.

(17) 'ㄹ'의 기저음 /L/: 음운규칙 2개

기저형 a. /maL/ '말'   b. /maL+i/ '말+이'

/L/ → [l] /___$ /L/ → [ɾ] / V___V

표면형   [mal]   [maɾi]

(17a)에서 유음 /L/은 음절말에서 [l]로 변하는 규칙이 필요하고 (17b)에서 유음 /L/은 모음과 모음사이에서 [ɾ]로 변하는 규칙이 또 필요하다. 간결성이라는 기준으로 보면 기저음을 /L/로 설정하여 규칙이 2개 필요한 것보다 기저음을 /l/이나 /ɾ/로 설정하여 규칙이 1개 필요한 것이 낫다.

둘째, 규칙이 정해지면 모든 자료가 예외 없이 적용되는 **예측성**(predictability)이 있어야 한다. [ɾ]의 환경을 음절초가 아닌 모음과 모음 사이라고 하는 이유는 다음 예 때문이다.

(18)

a. /soli/   '소리'   →   [soɾi]

/tali/   '다리'   →   [taɾi]

b. /sil-lak-wən/ '실락원'   →   [ʃillagwən], *[ʃilɾagwən]

/sil-lok/   '실록'   →   [ʃillok˥], *[ʃilrok˥]

c. /tam-lon/   '담론'   →   [tamnon]

/hɛŋ-lo/   '행로'   →   [hɛŋno]

/l/이 음절초에서 [ɾ]로 실현된다고 하면 (18b)의 두 번째 음절초 /l/과 (18c)의 /l/도 모두 [ɾ]로 실현되어야 한다. 그러나 (18b)에서 /l/ 앞에 /l/이 오면

융합이 일어나 중자음 [ll]이 된다. (18c)에서 /l/ 이외의 자음 뒤에 오는 /l/은 [n]으로 실현되는 ㄹ-비음화를 겪는다. 따라서 [ɾ]이 나타나는 환경을 모음과 모음사이라고 해야만 (18b)와 (18c)를 제외할 수 있다.[4] 기저음을 /l/, /ɾ/, /L/로 설정한 (15), (16), (17)에서 논의된 네 개의 규칙은 모두 예외 없이 모든 자료(data)를 설명할 수 있다. 따라서 예측성의 관점에서 /l/, /ɾ/, /L/ 어느 것도 우위를 가릴 수 없다.

셋째, **자연성**(naturalness) 또는 **음성적 가능성**(phonetic plausibility)이라는 관점에서 위의 세 기저음 후보를 비교해보자. 'ㄹ'의 기저음을 /l/이라고 할 경우 기저형 '말이' /mal+i/에서 /l/이 모음과 모음사이에서 [ɾ]로 발음되는 것은 약화현상(weakening process)이다. 한국어에서 단자음 [l]은 음절초에서 발음될 수 없으므로 [ɾ]로 실현된다. 반대로 'ㄹ'의 기저음을 /ɾ/라고 설정했을 때 /ɾ/이 음절말에서 [l]로 발음되는 것은 한국어의 자음이 음절말에서 불파(unreleased)되기 때문이다. /l/이 [ɾ]로 변하는 약화현상이 /ɾ/이 [l]로 변하는 강화현상(strengthening process) 보다 여러 언어에서도 보편적으로 일어나므로 음성적 가능성으로 본다면 /l/이 [ɾ]로 변하는 것이 자연스럽다.

지금까지 논의한 세 가지 기준을 가지고 비교한다면 'ㄹ'의 기저음은 /l/이 가장 자연스럽다.

표 5.1 'ㄹ'의 기저형 설정의 기준비교

기저음후보	간결성	예측성	자연성	음운현상
☞ /l/	규칙 1개	O.K.	O.K.	약화
/ɾ/	규칙 1개	O.K.		강화
/L/	규칙 2개	O.K.		

4) 탄설음화에 대한 자세한 설명은 5장 3.4.2절과 7장 3.1.3.1절을 참고 하길 바란다.

3. 단선규칙의 형식

3.1. 기본개념과 형식

우리는 이미 기저음운표시에 음운규칙이 일어나 표면음성표시가 도출 (derivation)됨을 살펴보았다. 생성음운론에서 기저음운표시 (9)와 표면음성 표시 (14)에 나타나는 형태소는 각 분절음을 구성하는 자질 묶음의 연쇄로 표시되지만 편의상 (19)에서 자질들의 묶음을 분절음의 연쇄로 표시하였다.

(19)

기저음운표시	/k'oc͡hʰ+to/	'꽃도'	
	t̚	말음중화	음운론
	t'	경음화	
표면음성표시	[k'ot̚t'o]	— 음성학	

음운론은 기저음운 표시와 규칙의 활동 과 관련 있고, 음성 학은 표면차원의 음 의 성질과 관련 있다.

말음중화를 형식화하려면 음운규칙의 기본형식을 알아야 한다. 음운규칙 은 아래의 형식을 따른다.

규칙의 형식은 초점
과 환경으로 이분된다.
초점: A → B
환경: ___C
둘은 /로 나누어진다.

(20)
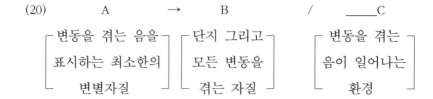

한국어의 음절말에 오는 모든 장애음은 말음중화를 거치므로 다음과 같이
음소규칙으로 형식화된다.

(21) 말음중화
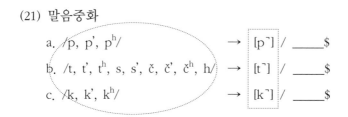

위와 같이 음소로 음운규칙을 기술할 때는 무엇이 어떻게 변하였는가에
대한 기술만 할 수 있지 왜 말음중화가 일어났는지 설명하기 어렵다.[5]
변별자질을 이용하면 (21)의 3개의 음소규칙이 1개의 규칙으로 표시된다.

5) 말음중화에 대
한 자립분절적 분석
은 5장 5.2절과 7장
3.1.4.1절을 보길 바
란다.

(22)
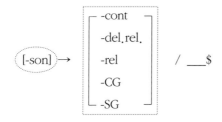

규칙 (22)는 장애음 [-son]이 음절말(__$)에서 불파음 [-cont, -del.rel., -rel,
-CG, -SG]가 되는 것을 뜻한다. 다음 절에서 음운규칙을 형식화하는데 필요한
세부내용을 하나씩 살펴보자.

3.2. 음운환경

(20)의 음운규칙에 필요한 음운환경은 네 가지로 축약된다.

(23)

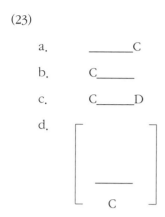

   a.   _____C

   b.   C_____

   c.   C_____D

   d.

밑줄(___)은 변동되는 음이 나타나는 환경이다. (23a)에서 A는 분절음 C 앞에 나타나고 (23b)에서 A는 분절음 C뒤에 나타나고 (23c)에서 A는 C와 D사 이에 나타난다. (23d)는 [A]가 [C]의 특성을 가질 때를 나타낸다.[6]

음운환경을 경계표로 나타날 수 있다. 경계표는 형태소경계표(+), 단어경 계표(#)와 음절경계표($) 등이 있다. 이러한 경계표는 음운규칙에서 다음과 같이 쓰인다.

(24)

   a. A → B / ___+ (A가 형태소말에서 B로 바뀐다)

   b. A → B / +___ (A가 형태소초에서 B로 바뀐다)

   c. A → B / ___# (A가 어말에서 B로 바뀐다)

   d. A → B / #___ (A가 어두에서 B로 바뀐다)

   e. A → B / ___$ (A가 음절말에서 B로 바뀐다)

   f. A → B / $___ (A가 음절초에서 B로 바뀐다)

6) (23d)의 예로 '[+round] 인 원순모음이면 후 설모음 ([+back])이다' 를 다음과 같이 쓸 수 있다.

$$[+syll] \rightarrow [+back]$$
$$/ \begin{bmatrix} \underline{} \\ +round \end{bmatrix}$$

3.3. 단선규칙의 유형

음운규칙에는 다음과 같이 네 가지 유형이 있다.

첫째, 분절음 A의 자질 F의 값이 변수 X와 Y 사이에서 +에서 -로 또는 -에서 +로 변하는 **자질변경규칙**(feature changing rule)이 있다.

F(Feature): 자질

(25) A → [+F] / X ___ Y

둘째, 분절음 A가 변수 X와 Y 사이에서 탈락하는 **탈락규칙**(deletion rule)이 있다.

(26) A → ø / X ___ Y

한국어의 합성어에서 어간 말음 /l/이 탈락한다.

(27)

    a. /tal̩+tal+i/   '달달이' → [tadaɾi]   '다달이'

    b. /sol̩+namu/ '솔나무' → [sonamu] '소나무'

셋째, 기저에 없던 분절음을 표면에서 삽입하는 **삽입규칙**(insertion rule)이 있다.

(28) ø → A / X ___ Y

ㄷ-삽입은 15세기 중세국어의 사이 ㅅ에서 유래했다.

(29a)에는 'ㄴ-삽입'이 (29b)에는 'ㄷ-삽입'이 일어났다.

(29)

    a. /hotʰ+n̩+ipul/ '홑이불' → [honn̩ibul]

b. /nɛ+t̲+ka/ '냇가' → [nɛt̚k'a]

넷째, 두 곳 이상에서 음소의 순서가 바뀌는 것은 **음운전위**(methathesis)이
다. 음소배열순은 숫자로 표시되어 있다.

(30)

X A B Y → 1 3 2 4
1 2 3 4

전위현상은 이화작
용이다.

전위에는 음절전위와 음운전위가 있다.

1음절과 2음절의 모
음이 같을 때

1 2 3 4
| | | |
h a y a l o p i

2음절과 3음절 모음
을 서로 바꾼다.

(31)

    a. 빗복 (중세)   >   빗곱(근대한국어)

    b. 하야로비(중세)   >   해오라기(현대한국어)

    c. 시혹(중세)   >   혹시(현대한국어)

    -더시   >   -시더

    -거시   >   -시거

(31a)에서는 중세한국어에서 근대한국어로 오면서 2음절의 두음과 말음이
바뀌었다(pok > kop). (31b)에서는 2음절과 3음절의 모음이 바뀌었다(-yalo-
> -ola-). (31c)에는 음절이 바뀌었다.

3.4. 표기상의 규약

동일한 성격의 음운현상을 나타낼 때 사용되는 표기상의 규약을 살펴보자.

3.4.1 소괄호 표기(parenthesis notation)

한 분절음의 존재가 수의적일 때 음운규칙의 환경에서 소괄호 ( )를 사용한다.

(32)

    a. A → B / C ____ XY

    b. A → B / C ____ Y

(32a)는 A가 C와 XY사이에서 B로 변하고 (32b)는 A가 C와 Y 사이에서 B로 변하는 것을 말한다. 이 때 X가 수의적이므로 두 규칙 (32a)와 (32b)를 하나로 통합하면 규칙 (33)이 된다.

(33) A → B / C ____ (X) Y

(33)에서 '가장 긴 것을 먼저 적용'하라는 최대우선적용원칙에 따라 (32a)를 먼저 적용하고 적용되지 않으면 (32b)를 적용한다. 이것을 **이접적 순서 (disjunctive order)**라 하고 규칙은 둘 중 하나만 적용된다.

이접적 순서의 예는 한국어의 움라우트에서 살펴볼 수 있다. 움라우트는 i/y 앞에 오는 중설모음과 후설모음 /a, ə, o, ɨ, u/가 전설모음 /i, e, ɛ/로 실현되는 현상이다. 이 때 두 모음 사이에 오는 개재자음이 (34)처럼 1개이거나 (35)처럼 2개여도 된다.

(34) 중·후설 V + C + i/y

    a. /nok+i+ta/   '녹이다'   →   [negida]

    b. /čuk+i+ta/   '죽이다'   →   [čigida]

    c. /kil+i+ta/   '그리다'   →   [kirida]

    d. /səkyu/   '석유'   →   [segyu]

(35) 중·후설 V + CC + i/y

    a. /an+ki+ta/   '안기다'   →   [engida]

    b. /samkʰi+ta/   '삼키다'   →   [seŋkʰida]

    c. /čap+hi+ta/   '잡히다'   →   [čɛpʰida]

    d. /hak-kyo/   '학교'   →   [hɛk˺k'yo]

움라우트의 결과 8모음체계에서는 중설과 후설모음은 같은 혀의 높이의 평순전설모음으로 변한다. 즉, /ɨ, u/는 [i]로, /ə, o/는 [e]로 /a/는 [ɛ]로 변한다.

표 5.2 한국어의 8모음체계

혀의 위치 입술 모양 혀의 높이	전설모음 평순	중설모음 평순	후설모음 원순
고모음	i(ㅣ) ◀	ɨ(ㅡ)	u(ㅜ)
중모음	e(ㅔ) ◀	ə(ㅓ)	o(ㅗ)
저모음	ɛ(ㅐ) ◀	a(ㅏ)	

움라우트규칙을 알아보자. (34)에서 중설모음과 후설모음은 뒤에 자음 1개가 오고 i/y가 오면 같은 혀높이의 전설모음으로 실현된다.

(36)   /i/y/

$$[+\text{syll}] \rightarrow [-\text{back}] \ / \ \underline{\quad} \ C \begin{bmatrix} -\text{cons} \\ +\text{high} \\ -\text{back} \end{bmatrix}$$

/i/   /y/
+syll   -syll

$$\begin{bmatrix} -\text{cons} \\ +\text{high} \\ -\text{back} \end{bmatrix} \begin{bmatrix} -\text{cons} \\ +\text{high} \\ -\text{back} \end{bmatrix}$$

(35)에서 중설모음과 후설모음은 뒤에 자음 2개가 오고 i/y가 오면 같은 혀높이의 전설모음으로 실현된다.

(37)

$$[+\text{syll}] \rightarrow [-\text{back}] \ / \ \underline{\quad} \ CC \begin{bmatrix} -\text{cons} \\ +\text{high} \\ -\text{back} \end{bmatrix}$$

규칙 (36)과 (37)을 통합하면 규칙 (38)이 된다.

(38)

$$[+\text{syll}] \rightarrow [-\text{back}] \; / \; \underline{\hspace{1cm}} C(C) \begin{bmatrix} -\text{cons} \\ +\text{high} \\ -\text{back} \end{bmatrix}$$

최대우선적용원칙에 따라 2개의 개재자음이 들어 있는 규칙 (37)을 먼저 적용하고 적용되지 않으면 (36)을 적용한다.

3.4.2. 중괄호 표기(brace notation)
규칙에서 두 개의 다른 환경을 통합해서 나타낼 때 중괄호(braces) { }를 쓴다.

(39)

a. A → B / C _____ [X]
b. A → B / C _____ [Y]

(39a)는 A가 C와 X 사이에서 B로 변하고 (39b)는 A가 C와 Y 사이에서 B로 변하는 것을 나타낸다. 즉, A는 C와 X 사이거나 C와 Y 사이에서 B로 변한다. 이것을 하나의 규칙으로 나타내면 (40)과 같다.

(40) A → B / C _____ {X, Y}

중괄호가 쓰인 예를 살펴보자. 서양외래어의 어두 /l/은 차용된 후에 [ɾ]로 실현된다.

(41) 근원어 차용 후 발음

　　a. lounge → [ɾaunǰi] '라운지'
　　b. line → [ɾain] '라인'
　　c. level → [ɾebel] '레벨'

196

서양외래어에 일어나는 탄설음화는 다음과 같이 형식화된다.

(42) 탄설음화(서양외래어)

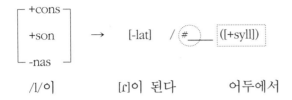

$$\begin{bmatrix} +cons \\ +son \\ -nas \end{bmatrix} \rightarrow [\text{-lat}] \ / \ \# \_\_\_ \ (\text{[+syll]})$$

/l/이   [ɾ]이 된다   어두에서

한자어와 순우리말의 /l/은 모음과 모음 사이에서 [ɾ]로 실현된다.

(43)

    a. 한자어

      /kʰwɛ-lak/   '쾌락'   →   [kʰwɛɾak˺]

      /kə-lɛ/   '거래'   →   [kəɾɛ]

      /čʰo-lok/   '초록'   →   [čʰoɾok˺]

    b. 순우리말

      /soli/   '소리'   →   [soɾi]

      /tali/   '다리'   →   [taɾi]

      /pola/   '보라'   →   [poɾa]

한자어와 순우리말에 나타나는 탄설음화는 다음과 같이 형식화된다.

(44) 탄설음화(한자어와 순우리말)

$$\begin{bmatrix} +cons \\ +son \\ -nas \end{bmatrix} \rightarrow [\text{-lat}] \ / \ (\text{[+syll]}) \_\_\_ \ \text{[+syll]}$$

/l/이   [ɾ]이 된다   모음 사이에서

탄설음화는 하나의 규칙으로 다음과 같이 통합될 수 있다.

(45) 탄설음화: (42)와 (44) 통합

$$\begin{bmatrix} +cons \\ +son \\ -nas \end{bmatrix} \rightarrow [\text{-lat}] \Big/ \left\{ \begin{matrix} \# \\ [+syll] \end{matrix} \right\} \underline{\quad} [+syll]$$

/l/이   [ɾ]이 된다   어두나 모음 사이에서

즉, /l/은 어두나 모음과 모음사이에서 [ɾ]로 변동한다.

3.4.3. 무한식형

위첨자(superscript)와 아래첨자(subscript)는 규칙에 사용되는 분절음의 개수를 뜻한다. 아래첨자는 최소숫자(minimum number)를 위첨자는 최대숫자(maximum number)를 나타낸다. C_0는 위첨자가 없으므로 자음이 없거나 자음이 몇 개와도 상관이 없음을 뜻한다. C_0^3은 자음이 최소 0에서 3개까지를 말한다.

(46) 개재자음

    a. C_0^1 = ø, C = (C)

    b. C_0^2 = ø, C, CC = (C)(C)

    c. C_1^2 = C, CC = (C)C

움라우트규칙 (38)에서 개재자음이 1개나 2개 일 때 개재자음을 C(C)로 아래와 같이 표현하였다.

(47)

$$[+syll] \rightarrow [\text{-back}] \Big/ \underline{\quad} C(C) \begin{bmatrix} -cons \\ +high \\ -back \end{bmatrix}$$

198

(47)의 C(C)를 무한식형을 사용하면 C_1^2로 다음과 같이 표시된다.

(48)

$$[\text{+syll}] \rightarrow [\text{-back}] / \underline{\quad\quad} C_1^2 \begin{bmatrix} \text{-cons} \\ \text{+high} \\ \text{-back} \end{bmatrix}$$

즉 개재자음이 최소 1개에서 최대 2개임을 나타낸다.

3.4.4. 그리스문자표기

어떤 자질의 값을 나타내기 위하여 그리스문자(α, β, γ)를 사용한다. 한 음이 어떤 자질의 +, -값을 가질 때 다른 음도 해당 자질의 값을 그대로 가질 때 쓰인다. 그리스문자는 동화규칙이나 이화규칙에 주로 쓰이므로 관여하는 자질의 수에 따라 α, β, γ가 필요하다. 그리스문자는 규칙에서 관련 있는 두 음에 동시에 표시된다.

첫째, 장애음의 유성음화 및 무성음화를 나타내는 규칙을 살펴보자.

(49) 무성장애음이 유성장애음 앞에서는 유성장애음이 된다(유성음화).

$$[\text{-son}] \rightarrow [\text{+voice}] / \underline{\quad\quad}[\text{-son, +voice}]$$
$$(\text{-voice})$$

동화작용

(50) 무성장애음이 무성장애음 앞에서는 무성장애음이 된다(무성음화).

$$[\text{-son}] \rightarrow [\text{-voice}] / \underline{\quad\quad}[\text{-son, -voice}]$$

장애음은 뒤에 오는 장애음의 [voice] 자질의 +나 -값에 동화되어 [+voice] 앞에서는 [+voice]가 [-voice] 앞에서는 [-voice]가 된다. 즉, 동화는 피동화주(target)가 동화주(trigger)의 [voice] 자질값을 그대로 가지는 것으로 일반화된

(49)와 (50)의 2개의 규칙은 α를 사용하면 하나의 규칙 (51)이 된다.

다. 동화에 관련하는 자질이 1개이므로 [voice] 자질 값을 α로 대체하여 α가 +이면 피동화주도 +로 α가 -이면 -로 되는 현상으로 (51)과 같이 표시된다.

α	voice
+	+voice
−	-voice

(51) [-son] → [αvoice] / _____ [-son, αvoice]

둘째, 두 음의 변동에서 관련되는 자질이 2개이면 그리스문자 α, β가 필요하다. 한국어의 치경음, 구개치경음과 양순음은 일상적인 말씨(casual speech style)에서 후행자음과 동일한 조음위치(homorganic)를 가지는 위치동화가 일어난다.

(52)

치경음   양순음
구개치경음

a. 치경음/구개치경음+양순음 → 양순음 양순음

  /tan+pi/ '단비' → [tambi]

  /yəs+po+ta/ '엿보다' → [yəpp'oda]

  /k'oč^h+pat^h/ '꽃밭' → [k'opp'at⁻]

b. 치경음+치경음 → 치경음 치경음

  /tat+ta/ '닫다' → [tatt'a]

  /tan+sul/ '단술' → [tansul]

치경음 구개치경음

c. 치경음+구개치경음 → 구개치경음 구개치경음

  /tanči/ '단지' → [tanǰi]

  /tit+či/ '듣지' → [tičč'i]

치경음   연구개음
구개치경음

d. 치경음/구개치경음+연구개음 → 연구개음 연구개음

  /mun+ko/ '문고' → [muŋgo]

  /os+kəli/ '옷걸이' → [okk'əri]

  /pič^h+k'al/ '빛깔' → [pikk'al]

양순음   연구개음

e. 양순음+연구개음 → 연구개음 연구개음

  /č^ham+kilim/ '참기름' → [č^haŋgirim]

  /pap+kilis/ '밥그릇' → [pakk'irit⁻]

조음위치에 따른 [coronal]과 [anterior]의 2분적 자질값을 알아보자.

(53)

입에서 위치	입의 앞	중앙		뒤
조음 위치 자질	양순음 p m	치경음 t s n	구개치경음 č čʰ ɲ	경구개음 y k ŋ
[anterior]	+	+	−	−
[coronal]	−	+	+	−

(52)에서 조음위치별로 일어나는 위치동화는 다음과 같이 4개의 개별 규칙으로 형식화된다.

조음위치의 강도는
6장 (26) 참조

(54)

    a. (52a): 치경/구개치경음+양순음 → 양순음 양순음

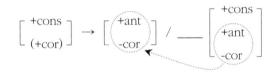

치경음〈구개치경음〈양순음〈연구개음

$$\begin{bmatrix} +\text{cons} \\ (+\text{cor}) \end{bmatrix} \rightarrow \begin{bmatrix} +\text{ant} \\ -\text{cor} \end{bmatrix} / \underline{\quad} \begin{bmatrix} +\text{cons} \\ +\text{ant} \\ -\text{cor} \end{bmatrix}$$

    b. (52b): 치경음+치경음 → 치경음 치경음

$$\begin{bmatrix} +\text{cons} \\ +\text{cor} \\ +\text{ant} \end{bmatrix} \rightarrow \begin{bmatrix} +\text{ant} \\ +\text{cor} \end{bmatrix} / \underline{\quad} \begin{bmatrix} +\text{cons} \\ +\text{ant} \\ +\text{cor} \end{bmatrix}$$

    c. (52c): 치경음+구개치경음 → 구개치경음 구개치경음

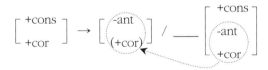

$$\begin{bmatrix} +\text{cons} \\ +\text{cor} \end{bmatrix} \rightarrow \begin{bmatrix} -\text{ant} \\ (+\text{cor}) \end{bmatrix} / \underline{\quad} \begin{bmatrix} +\text{cons} \\ -\text{ant} \\ +\text{cor} \end{bmatrix}$$

d. (52d & e):

치경/구개치경음/양순음+연구개음 → 연구개음연구개음

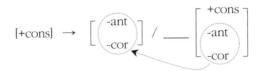

$$[+cons] \rightarrow \begin{bmatrix} \text{-ant} \\ \text{-cor} \end{bmatrix} \Big/ \underline{\hspace{1cm}} \begin{bmatrix} \text{+cons} \\ \text{-ant} \\ \text{-cor} \end{bmatrix}$$

(54a)는 치경음이 양순음 앞에서 양순음 [p, m]이 되고, (54b)는 치경음이 치경음 앞에서 치경음 [t, n]이 되어 아무런 변화가 없으므로 규칙이 공허하게 적용되었다(vacuously applied). (54c)는 치경음이 구개치경음 앞에서 구개치경음 [č, ɲ]이 되고, (54d)에서는 치경음, 구개치경음과 양순음이 연구개음에 동화되어 연구개음 [k, ŋ]이 된다. SPE에서 위치동화는 피동화주인 치경음, 구개치경음과 양순음이 동화주인 후행자음의 [cor]과 [ant] 자질의 +나 -값을 그대로 복사하는 것으로 분석된다. 관련 자질이 2개이므로 α, β를 사용하면 (54)의 4개의 규칙이 1개의 규칙으로 표시된다.

그리스문자 α, β는 각 변항과 별개로 임의적인 +, -값을 나타낸다.

자질\자질값		α ant	
		+	-
β c o r	+	+ant +cor	-ant +cor
	-	+ant -cor	-ant -cor

(55)   피동화주   동화주

$$[+cons] \rightarrow \begin{bmatrix} \alpha\text{ant} \\ \beta\text{cor} \end{bmatrix} \begin{bmatrix} \text{+cons} \\ \alpha\text{ant} \\ \beta\text{cor} \end{bmatrix}$$

[ant]와 [cor]의 자질값 α, β에 +와 -를 번갈아 넣으면 4개의 조합이 나와서 (54)를 나타낸다. 하지만 이처럼 그리스문자를 이용하여 선행자음이 후행자음의 [cor]과 [ant]의 자질값을 복사하는 단선적 규칙표시는 왜 위치동화가 음성적으로 자연스러운 현상인지를 설명하지 못하고, 왜 두 자질([ant], [cor])이 동화에서 하나의 단위로 작용하는지를 설명하지 못한다.

위의 분석 대신 4장 4절에서 논의한 1분적 위치자질을 사용하면 양순음은 [lab], 연구개음은 [dor], 치경음과 구개치경음은 [cor]이다. 구개치경음은 [cor]의 하위자질 [ant]를 가져 [cor, -ant]이다. 선행자음이 후행자음의 조음위치에 동화되는 현상은 다음과 같다.[7]

7) 9장 2.3.1절의 (51)에서 위치동화는 후행자음의 [cor], [lab], [dor] 자질이 선행자음으로 확산되는 것으로 설명된다.

(56)

a. 설정음+양순음 → 양순음 양순음(52a)

$$\begin{bmatrix} +cons \\ cor \end{bmatrix} \rightarrow [lab] \ / \ \underline{\hspace{1cm}} \ \begin{bmatrix} +cons \\ lab \end{bmatrix}$$

b. 치경음+치경음 → 치경음 치경음(52b)

$$\begin{bmatrix} +cons \\ cor \end{bmatrix} \rightarrow [cor] \ / \ \underline{\hspace{1cm}} \ \begin{bmatrix} +cons \\ cor \end{bmatrix}$$

c. 치경음+구개치경음 → 구개치경음 구개치경음(52c)

$$\begin{bmatrix} +cons \\ cor \end{bmatrix} \rightarrow [-ant] \ / \ \underline{\hspace{1cm}} \ \begin{bmatrix} +cons \\ cor \\ -ant \end{bmatrix}$$

d. 설정음+연구개음 → 연구개음 연구개음(52d)

$$\begin{bmatrix} +cons \\ cor \end{bmatrix} \rightarrow [dor] \ / \ \underline{\hspace{1cm}} \ \begin{bmatrix} +cons \\ dor \end{bmatrix}$$

e. 양순음+연구개음 → 연구개음 연구개음(52e)

$$\begin{bmatrix} +cons \\ lab \end{bmatrix} \rightarrow [dor] \ / \ \underline{\hspace{1cm}} \ \begin{bmatrix} +cons \\ dor \end{bmatrix}$$

규칙 (56)에서 1분적 자질 [labial], [coronal], [dorsal]을 사용하면 그리스 문자 α, β가 필요 없다. 위의 규칙은 선행자음의 조음위치가 후행자음의 조음위치로 대치되는 동화를 나타낸다. 동화작용이라는 것은 누구나 인정하지만 왜 선행자음이 후행자음의 다른 자질과는 별도로 [labial], [coronal], [dorsal]의 자질값과 동일해야 하는지에 대해서 여전히 SPE의 단선규칙은 설명할 수가 없다. 따라서 한 음이 가지고 있는 자질을 인접음으로부터 가져오는 동화를 다룰 수 있는 새로운 규칙이 필요하다. 5장 5절에서 모든 자질들이 자립분절소로 작용하는 분석에서 이 문제는 자연스럽게 해결된다.

3.4.5. 각괄호(angled bracket)

선택적 자질 사이의 상호의존관계를 **각괄호**(angled bracket)로 표시하는데 각괄호는 규칙에서 한 쌍으로 쓰인다.

(57)

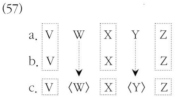

(57c)는 최대우선적용원칙에 따라 (57a)처럼 선택의 짝인 W와 Y를 함께 택하든지, (57b)처럼 택하지 않든지 한다. 이접적 순서로 (57a)를 먼저 적용하고 일어나지 않으면 (57b)를 적용한다.

모음 사이의 자음의 약화현상은 각괄호로 표시될 수 있다.

(58)

a. 모음 사이에서 무성파열음에 유성음화가 일어난다.

b. 모음 사이에서 유성파열음이 유성마찰음이 된다.

c. a+b를 통합하면

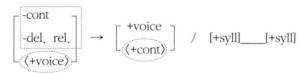

(58a)와 (58b)는 동일한 약화현상으로 각괄호 ⟨ ⟩를 사용하여 (58c)로 표시

204

된다. 최대우선적용원칙에 따라 각괄호를 포함한 (58b)를 먼저 적용하고 적용되지 않으면 각괄호를 뺀 (58a)를 적용한다.

3.4.6. 경상규칙(mirror image rules)

분절음 A가 변항 X의 앞에서 B로 변하거나 X의 뒤에서 B로 변할 때 두 환경을 합하여 경상규칙(mirror image rules)으로 나타낸다.

(59) 경상규칙: %, //

    a. A → B / _____ X

    b. A → B / X _____

    c. A → B // X

       A → B % X

//X, %X는 X의 앞뒤에서

(59a)는 A가 변항 X의 앞에서 B로 바뀌는 것을 나타내고 (59b)는 A가 X의 뒤에서 B로 바뀌는 것을 나타낸다. 이 두 규칙을 묶을 때 %나 //을 사용하면 경상규칙 (59c)가 된다.

한국어의 ㄴ-설측음화는 경상규칙의 예이다.

(60) ㄴ-설측음화

    a. /n/ → [l] / __l

      /čʰənli/ '천리' → [čʰəlli]

    b. /n/ → [l] / l__

      /tal+nala/ '달나라' → [tallara]

*nl, *ln이므로 [ll]로 실현되면 'ㄴ-설측음화', [nn]로 실현되면 'ㄹ-비음화'이다.

(60a)와 (60b) 규칙은 (61)처럼 통합될 수 있다.

(61) /n/ → [l] % l

3.4.7. 규칙의 형식화(the formalization of rules)

이 절에서는 그동안 학습한 음운규칙의 기본 형식에 맞추어서 몇 가지 음운현상을 형식화해보자. 변별자질을 이용한 음운규칙의 기본 형식을 다시한 번 살펴보자.

음운규칙은 한 번 보아서 전체를 이해할 수 있도록 간단하게 표기되어야 한다.

(62)

$$
\begin{bmatrix} \text{변동을 겪는 음을} \\ \text{표시하는 최소한의} \\ \text{변별자질} \end{bmatrix} \rightarrow \begin{bmatrix} \text{단지 그리고} \\ \text{모든 변동을} \\ \text{겪는 자질} \end{bmatrix} / \begin{bmatrix} \text{변동을 겪는} \\ \text{음이 일어나는} \\ \text{환경} \end{bmatrix}
$$

(62)의 형식에 맞추어 개별음이나 음의 집단이 다른 음이나 음의 집단으로 변동한 것을 규칙으로 만들어 보자.

(63) 음운규칙의 예

a. 유성파열음 /b, d, g/가 어말에서 무성파열음 [p, t, k]로 변한다(무성음화).

$$
\begin{bmatrix} \text{-cont} \\ \text{-del. rel.} \\ (\text{[+voice]}) \end{bmatrix} \rightarrow [\text{-voice}] / \underline{\hspace{2cm}} \#
$$

8) /l/이 [+son, -cont]이므로 [-cont]인 /l/을 제외하기 위해서 [-son]를 표시했다.

b. /p, t, č, k/가 공명음 사이에서 [b, d, ǰ, g]로 변한다(유성음화).[8]

$$
\begin{bmatrix} \text{-son} \\ \text{-cont} \\ (\text{[-voice]}) \end{bmatrix} \rightarrow [\text{+voice}] / [\text{+son}] \underline{\hspace{1.5cm}} [\text{+son}]
$$

/p, t, k/ /č/

-son	-son
-cont	-cont
-del rel	+del rel

c. 구강모음 /a, i, o, u/가 비자음 [m, n, ŋ] 앞에서 비강모음 [ã, ĩ, õ, ũ]로 변한다(비모음화).

$$
[\text{+syll}] \rightarrow [\text{+nas}] / \underline{\hspace{1.5cm}} \begin{bmatrix} \text{+cons} \\ \text{+nas} \end{bmatrix}
$$

d. 유성치경마찰음·유성구개치경마찰음 /z, ž/가 무성음 앞에서 무성
마찰음 [s, š]로 변한다(무성음화).

유성치경 유성구개치경
마찰음　파찰음

$$\begin{bmatrix} -son \\ +cont \\ +cor \end{bmatrix} \rightarrow [-voice] \quad / \quad \underline{\quad} \quad [-voice]$$

$$\begin{bmatrix} -son \\ +cont \\ +cor \\ +ant \end{bmatrix} \begin{bmatrix} -son \\ +cont \\ +cor \\ -ant \end{bmatrix}$$

e. 고모음 /i, u, ü/이 반모음 [y, w, ɥ]로 변한다(반모음화).

고모음　반모음

$$\begin{bmatrix} -cons \\ (+syll) \\ +high \end{bmatrix} \rightarrow [-syll]$$

$$\begin{bmatrix} +syll \\ -cons \\ +high \end{bmatrix} \begin{bmatrix} -syll \\ -cons \\ +high \end{bmatrix}$$

f. 장애음 /p, t, s, č, k/이 [u, o, ɔ] 앞에서 원순장애음 [pʷ, tʷ, sʷ, čʷ,
kʷ]로 변한다(원순음화).

장애음

무성파열음 p, t, k
무성마찰음 s
무성파찰음 č

$$[-son] \rightarrow [+lab] \quad / \quad \underline{\quad} \quad \begin{bmatrix} +syll \\ +lab \end{bmatrix}$$

g. /d/가 [l] 앞에서 [l]로 변동한다(설측음화).

/d/: 유성치경파열음

$$\begin{bmatrix} -cont \\ -del.\ rel. \\ +ant \\ +cor \\ +voice \end{bmatrix} \begin{matrix} 파열음 \\ \\ 치경음 \\ \\ 유성음 \end{matrix} \rightarrow [+lat] \quad / \quad \underline{\quad} \quad [+lat]$$

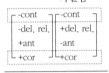

연구개 마찰음	연구개 파열음
[+cont -son -del. rel. -ant -cor]	[-cont -son -del. rel. -ant -cor]

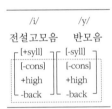

파열음	구개치경 파찰음
[-cont -del. rel. +ant +cor]	[-cont +del. rel. -ant +cor]

/i/ 전설고모음	/y/ 반모음
[+syll] [-cons] +high -back]	[-syll] [-cons] +high -back]

h. 연구개마찰음 /x, ɣ/이 어말에서 연구개파열음 [k, g]로 변동한다.

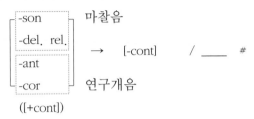

$$\begin{bmatrix} -son \\ -del.\ rel. \\ -ant \\ -cor \end{bmatrix} \begin{matrix} 마찰음 \\ \\ \rightarrow \end{matrix} [-cont] \quad / \underline{\qquad} \ \#$$

연구개음

([+cont])

i. 치경파열음 /t, d/가 /i, y/ 앞에서 구개치경파찰음 [č, ǰ]로 변한다
(ㄷ-구개음화).

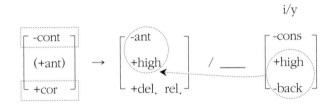

i/y

$$\begin{bmatrix} -cont \\ (+ant) \\ +cor \end{bmatrix} \rightarrow \begin{bmatrix} -ant \\ +high \\ +del.\ rel. \end{bmatrix} \quad / \underline{\qquad} \quad \begin{bmatrix} -cons \\ +high \\ -back \end{bmatrix}$$

208

4. 선형적 규칙순서(linear rule ordering)

생성음운론(generative phonology)은 기저음운표시에서 표면음성표시를 도출하는 과정에 음운규칙들이 선형적으로 적용된다고 가정한다. 생성음운론에서는 어린이들은 언어습득과정에서 규칙순서를 배운다고 가정하지만, 최적이론(Optimality Theory: Prince and Smolensky 1993)은 규칙과 규칙순서를 가정하지 않는다. 생성음운론의 선형적 규칙순서는 기저음운표시에 규칙 R_1이 적용되고, 규칙이 적용된 도출형(derived from) D_1에 규칙 R_2가 적용되고, 규칙이 적용된 도출형 D_2에 다시 규칙 D_3이 적용되고 계속 이런 과정이 반복된다.

(64)

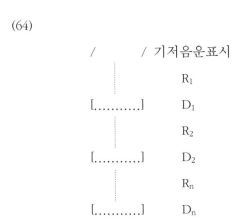

만약 어떤 규칙이 적용될 환경을 갖추지 않아서 규칙이 지나가고 나면 다시 돌이켜 적용될 수 없다.

4.1. 내재적 순서(intrinsically ordered)

대부분의 규칙은 내재적으로 순서가 정해지거나 보편적인 순서에 의해서 순서가 정해진다. 그러나 일부 고집스런 경우는 외재적인 순서가 필요하다.

규칙들의 관계로부터 자연히 순서가 정해진다. 합성어에서는 (65b)에서 보듯이 말음중화가 유성음화 보다 먼저 적용된다.

(65)

	a. /os+i/ '옷+이'	b. /os+an/ '옷안'	
	_____	otˀan	말음중화
	_____	odan	유성음화
	[osi]	[odan]	

말음중화가 유성음화가 적용될 환경을 만들어주므로 말음중화가 유성음화를 **급여(feeding)**한다. 그러나 외재적으로 순서가 정해지기도 한다.

4.2. 외재적 순서(extrinsically ordered)

Shona어에는 어말의 파열음이 [h]로 바뀌고 비음 /n/은 후행하는 파열음의 조음위치에 동화되어 [m, n, ŋ]으로 실현된다.

(66) Shona어

m	n	ŋ
+ant	+ant	-ant
-cor	+cor	-cor

$/n\underline{p}/ \rightarrow [\underline{m}h]$

$/n\underline{t}/ \rightarrow [\underline{n}h]$

$/n\underline{k}/ \rightarrow [\underline{ŋ}h]$

이 현상은 (67)의 비음위치동화와 (68)의 비음 뒤에 오는 무성파열음 /p,

t, k/가 h로 변하는 마찰음화가 작용한 결과이다.

(67) 비음위치동화(nasal place assimilation)

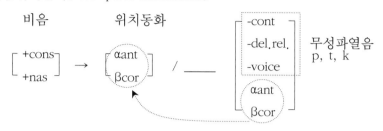

$$\begin{bmatrix} +cons \\ +nas \end{bmatrix} \rightarrow \begin{bmatrix} \alpha ant \\ \beta cor \end{bmatrix} / \underline{\qquad} \quad \begin{bmatrix} \begin{bmatrix} -cont \\ -del.rel. \\ -voice \end{bmatrix} & \text{무성파열음} \\ \alpha ant \\ \beta cor \end{bmatrix} \quad p, t, k$$

(68) 마찰음화(spirantization)

/p, t, k/가   [h]가 된다   비자음 뒤에서

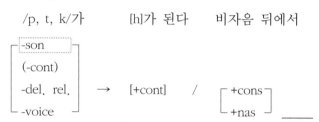

$$\begin{bmatrix} -son \\ (-cont) \\ -del.\ rel. \\ -voice \end{bmatrix} \rightarrow [+cont] / \begin{bmatrix} +cons \\ +nas \end{bmatrix} \underline{\qquad}$$

m, n, ŋ, l을 제외하기
위해서 [-son] 필요

규칙 (67)과 (68)을 순서대로 적용하면 (69a)와 같고 반대로 적용하면 (69b)와 같다.

(69) 외재적인 적용순서

a. /np/	/nt/	/nk/		b. /np/	/nt/	/nk/	
mp	nt	ŋk	(67)	nh	nh	nh	(68)
mh	nh	ŋh	(68)	──	──	──	(67)
───────				───────			
[mh]	[nh]	[ŋh]		*[nh]	*[nh]	*[nh]	

규칙순서를 (68)-(67)로 할 경우는 모든 출력형이 [nh]가 된다. 따라서 올바른 출력형을 갖기 위해서는 규칙순서를 (67)-(68)로 정해야 한다.

4.3. 급여(feeding)와 역급여(counterfeeding)

두 규칙 중 첫 번째 규칙이 두 번째 규칙이 적용될 환경을 만들어주면 급여관계이다. 첫 번째 규칙이 두 번째 규칙을 급여한다.

규칙 A가 적용되어 규칙 B가 적용될 환경을 만들어 줄 때 규칙순서 A-B를 **급여관계(feeding)**라고 한다. 규칙순서가 B-A로 되면 **역급여(counterfeeding)**이다.

한국어에서 ㄹ-비음화와 비음동화의 규칙순서를 살펴보자.

(70)

a. 급여관계		b. 역급여 관계	
/kiklak/	'극락'	/kiklak/	'극락'
kiknak	ㄹ-비음화	_____	비음동화(NA)
kiŋnak	비음동화	kiknak	ㄹ-비음화
_____		_____	
[kiŋnak]		*[kiknak]	

(70a)에서 ㄹ-비음화는 비음동화가 일어날 환경을 만들어 주므로 ㄹ-비음화와 비음동화는 급여관계에 있다. 올바른 출력형을 도출하려면 ㄹ-비음화-비음동화의 순서가 되어야 한다. 그러나 (70b)에서 ㄹ-비음화보다 비음동화의 순서가 앞서면 비음동화는 적용되지 못한다. 첫 번째 규칙인 비음동화가 두 번째 규칙인 ㄹ-비음화를 역급여한다.

4.4. 출혈(bleeding)과 역출혈(counterbleeding)

한 규칙이 적용되어 바로 다음규칙이 적용될 환경을 제거할 경우를 출혈이라 한다. 첫 번째 규칙이 두 번째 규칙을 출혈한다.

규칙 A가 적용되어 규칙 B가 적용되지 못하게 하는 규칙순서 A-B는 출혈(bleeding)이고, 규칙순서 B-A는 역출혈(counterbleeding)이다.

다음 자료는 ㄹ-비음화와 ㄴ-설측음화의 관계를 보여준다.

(71)

a. 출혈관계

/sinmun+lo/ '신문로'

sinmunno ㄹ-비음화

_____ ㄴ-설측음화(NA)

_____

[sinmunno]

b. 역출혈관계

/sinmun+lo/ '신문로'

sinmullo ㄴ-설측음화

n ㄹ-비음화[9]

_____

*[sinmulno]

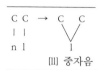

[III] 중자음

9) 단선음운론에서는 /lo/ '로'의/l/에 ㄹ-비음화가 일어나지만 CV이론에서는 ㄴ-설측음화가 일어나면 /n+l/은 중자음 C C 가 된다.

이럴 경우 중자음 [III] 의 후반부 [l]에 중자음의 불변화성 때문에 ㄹ-비음화가 적용되지 못한다. 7장 3.1.3.2절 (66) 참조.

(71a)에서 ㄹ-비음화가 먼저 일어나면 ㄴ-설측음화가 일어나지 못하므로 ㄹ-비음화와 ㄴ-설측음화는 출혈관계에 있다. (71b)에서 두 규칙의 순서를 바꾸면 두 규칙이 모두 적용된다. 따라서 ㄹ-비음화와 ㄴ-설측음화는 역출혈관계에 있다.

5. 자립분절적 규칙(autosegmental rules)

각 자질은 여러 자질의 덩어리로 표시되던 자질꾸러미로부터 빠져 나와 각각 독자적인 층위에 존재한다는 단순한 발상이 자립분절음운론의 정수이다.

한 자음이 여러 개재자음을 지나 다른 자음에 동화되는 원격동화나 한 단어 내의 여러 모음에 일어나는 모음조화는 분절음을 자질묶음으로 간주하는 단선규칙으로는 자연스럽게 설명할 수가 없다. Goldsmith(1976), Kahn(1976)과 Clements and Keyser(1983) 등은 모든 분절자질과 운율자질을 다른 자질과 상관없이 독자적인 층위(tier)에 오는 자립분절소(autosegment)로 분석했다. 따라서 자립분절소간에 일어나는 음운현상을 설명할 수 있는 새로운 규칙이 필요하다. 이 절에서는 복선음운론의 음운규칙 중 확산과 삭제를 소개한다.

5.1. 확산(spreading)

단선규칙에서 동화는 한 분절음의 자질을 인접음으로부터 복사해 왔으나 자립분절음운론(Goldsmith 1976, 1979)에서 동화는 연결선을 삽입(점선표시)하여 자립분절소의 영역을 확대하는 확산으로 표시된다. (72)에서 피동화주(target)가 자질 F나 마디 α에 대하여 미명시되어 있으면 확산은 동화주(trigger)의 자질 F나 마디 α를 피동화주에 공급하는 **자질메꾸기형식(feature-filling mode)**으로 이루어진다.

(72)

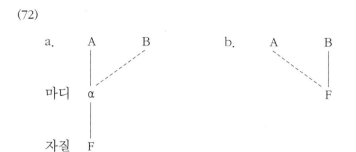

F, G, α, β는 각각의
층위에 있는 자립분
절소이다.

(72a)에서 분절음 A의 마디 α가 마디 α가 미명시된 인접음 B로 연결되는
단일마디확산(single node spreading)이 일어난다. (72b)에서는 분절음 B의
자질 F가 인접음 A로 연결되는 **단일자질확산**(single-feature spreading)이 일
어난다. 목표음이 이미 다른 자질로 명시되어 있을 경우는 자질을 **삭제**
(delinking)하고 확산이 일어나는 **자질변경형식**(feature-changing mode)으로
이루어진다.

(73)

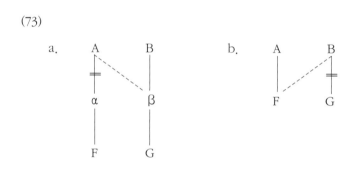

음운표시는 여러 층
위가 있으므로 복선
적이다.

(73a)에서 피동화주 A가 이미 마디 α로 명시되어 있을 경우 마디 α를 삭제
하고 동화주 B의 마디 β를 피동화주 A에 공급한다. (73b)는 피동화주 B가
이미 자질 G로 명시되어 있으므로 B의 자질 G를 삭제하고 A의 자질 F를 B로
확산한다.

그러나 피동화주가 이미 동화주가 확산할 자질이나 마디가 명시되어 있을
경우 확산은 잉여적이다.

(74)

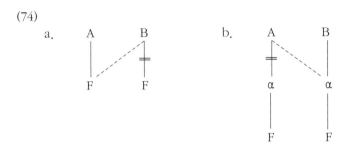

(74a)에서 피동화주 B가 이미 동화주 A와 동일한 자질 F로 명시되어 있고, (74b)에서도 피동화주 A가 동화주인 B와 동일한 마디 α와 하위자질 F로 명시되어 있다. 입력형과 출력형에 차이가 없으므로 확산은 공허하게 적용된다. 확산이 일어날 때는 연결선가로지르기규약(Line Crossing Convention, Goldsmith 1976)을 따라야 한다.

연결선은 서로 가로질러서는 안 된다(연결선가로지르기 제약).

(75) 연결선 가로지르기 제약

연결선은 가로질러서는 안 된다.

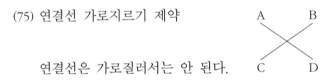

(76a)에서 보듯이 분절음 ABC의 연쇄에서 B에 자질 F가 명시되어 있으면, 인접음 C의 자질 F가 B와 F를 연결하는 연결선을 가로지르며 A로 확산할 수 없다.

(76)

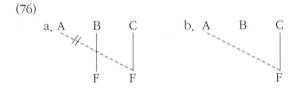

그러나 (76b)에서는 B에 자질 F가 명시되어 있지 않기 때문에 C의 자질 F가 A로 확산할 수 있다.

확산으로 일어난 동화의 예로 (52)에서 이미 살펴본 위치동화에서 선행자음이 비음인 경우(비음위치동화)를 살펴보자.

(77)

    a. /ta<u>n</u>+<u>p</u>i/   '단비'   →   [ta<u>mb</u>i]

    b. /ta<u>n</u>+<u>s</u>ul/   '단술'   →   [ta<u>ns</u>ul]

    c. /mu<u>n</u>+<u>k</u>o/   '문고'   →   [mu<u>ŋg</u>o]

    d. /č^ha<u>m</u>+<u>k</u>iɫim/   '참기름' → [č^ha<u>ŋg</u>iɾim]

/n/은 p앞에서 양순비음 [m]이 되고, /n/은 /s/ 앞에서 변동 없이 그대로 발음되고, /n/은 /k/ 앞에서 연구개비음 [ŋ]이 되고, /m/은 /k/ 앞에서 연구개비음 [ŋ]이 된다. 단선규칙으로 표시하면 다음과 같다.

(78)

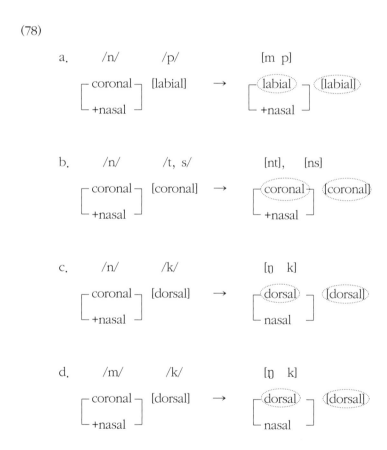

(78a)에서 관련 자질 [coronal], [labial], [+nasal]을 모두 독자적으로 행동하는

자립분절소로 표시하면 다음과 같다. 화살표는 입력형과 출력형을 연결시켜
준다.

(79)

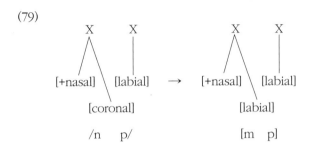

(79)를 자립분절적으로 보면 피동화주가 위치자질 [coronal]이 명시되어 있
으므로 자질변경형식으로 확산이 일어난다.

동화는 자립분절적
으로 한 자질의 연결
선을 바꾸는 것으로
설명한다.

(80)

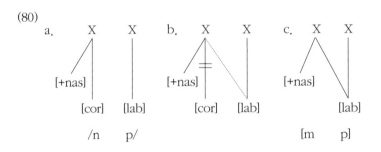

(80b)에서 후행자음 [p]의 [labial]이 [n]으로 확산하고 동시에 [n]의 [coronal]
자질을 삭제하면 양순비음 [m]으로 실현된다. (80c)에서 보듯이 후행자음의
위치자질 [labial]이 두 자음에 이중으로 연결되어 두 자음이 조음위치 [labial]
을 공유한다. 다른 위치동화도 이처럼 이루어진다.

(81a)는 규칙이 공허
하게 적용되어 아무
런 효과가 없다. 그
러나 적용되어도 해
가 되지 않는다.

(81)

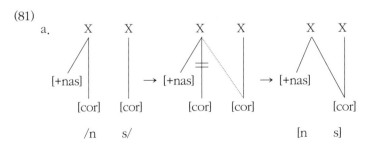

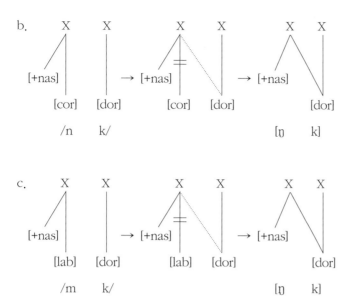

(81a)에서 설정비음 /n/은 설정음 /t, s/ 앞에서 아무런 변동 없이 그대로 발음되므로 [coronal]의 확산은 공허하게 적용된다. (81b)도 후행자음의 [dorsal]이 /n/으로 확산하고 선행자음 /n/의 [coronal]이 삭제되어 연구개비음 [ŋ]이 된다. (81c)도 /k/의 [dorsal]이 /m/으로 확산하고 선행자음 /m/의 [labial]이 삭제되어 연구개비음 [ŋ]이 된다. (80)과 (81)은 후행자음의 [coronal], [labial], [dorsal] 자질이 선행자음으로 확산하여 두 자음이 동일한 조음위치를 공유하는 부분동화(partial assimilation)이다. 후행자음의 다른 자질들은 전혀 위치동화에 참여하지 않고 [coronal], [labial], [dorsal]만 확산한다.

5.2. 삭제(delinking)

분절음의 어떤 자질이 특정한 환경에서 삭제된다. 삭제는 자질(feature)이나 관련자질을 지배하는 마디(node)의 연결선삭제로 일어난다. 중화는 무표적인 음을 추구하여 유표적인 자질을 제거하여 무표적인 음으로 실현된다. 한국어에서는 (82)에서 보듯이 경음과 유기음이 음절말에서 중화되어 불파음이 되고, (83)에서 보듯이 설정장애음 /t, tʰ, t', s, s', č, č', čʰ/가 음절말에서

[t˺]로 중화된다.

(82)

    a. /ipʰ/   '잎'   →   [ip˺]

    b. /puəkʰ/   '부엌'   →   [puək̲˺]

    c. /pak̲'/   '밖'   →   [pak̲˺]

(83)

    a. /k'it̲ʰaŋ/   '끝장'   →   [kit˺č'aŋ]

    b. /k'oč ͪ+tapal/ '꽃다발' →   [k'ot̲˺t'abal]

    c. /is̲'+ta/   '있다'   →   [it̲˺t'a]

말음중화는 후두자질 [SG]와 [CG]의 삭제로 이루어진다.

말음중화는 유기음의 [SG]과 경음의 [CG]자질의 삭제로 이루어진다.

(84)

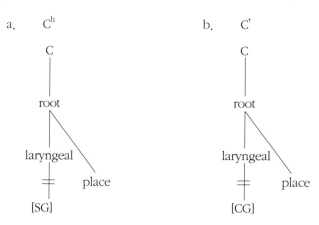

    a. Cʰ   b. C'

(83)의 설정장애음에서 일어나는 말음중화를 Sagey(1986)의 자질수형도 (feature geometry)에 따라서 분석하면 다음과 같다(Clements and Hume 1993).

220

(85)

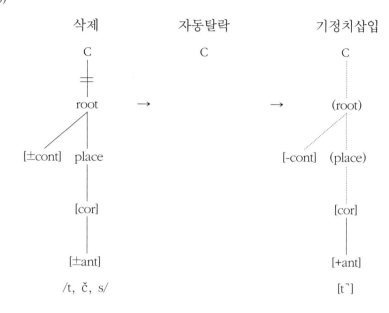

| 삭제 | 자동탈락 | 기정치삽입 |

Sagey(1986)의 자질수형도에서 중화와 관련된 자질 [cont]과 [ant]는 자질수
형도에서 서로 떨어져 있다. [cont]는 뿌리마디(root node)의 지배를 받고, [ant]
는 [cor]의 지배를 받는다. Clements and Hume(1993)은 음운규칙은 하나의 작
용으로 이루어져야 한다는 원리에 따라서 설정장애음 /t, t', s, s', tʰ, č, č',
čʰ/인 경우 뿌리마디를 삭제한다. 따라서 빈 골격(empty skeleton) C에 불파의
[t˞]를 나타내는 자질 [cor]과 [+ant]를 기정치규칙에 의해 삽입한다. 괄호 안에
든 위치마디(place node)와 뿌리마디(root node)는 [cor]과 [+ant]가 위의 C로
연결되도록 삽입되었다.

⬤ 요약

분절음은 자질들의 묶음으로 기저음운표시(UR)나 표면음성표시(SR)에 표시된다. 기저음운표시에는 예측 불가능한 변별자질만 명시하고 예측 가능한 잉여자질 값은 미명시한다. 음운규칙이 기저음운표시에 적용되어 표면음성표시를 도출한다. 규칙에는 음운규칙과 잉여자질값을 부여하는 잉여규칙이 있다. 음운규칙은 자질변경규칙, 탈락규칙, 삽입규칙, 음운전위 등이 있다. 규칙들은 나름대로 순서가 정해져 있다. 단선규칙에서 피동화주(target)가 동화주(trigger)의 관련 자질값을 복사하는 것이 동화이다. 그러나 분절음을 자질의 묶음으로 표시하는 단선적인 규칙의 형식화는 확인되지 않는(unattested) 동화도 만들어 낼 수 있는 치명적인 결점이 있다. 단선규칙의 이러한 문제는 모든 자질들이 자립분절소로 작용하는 자립분절음운론의 출현으로 해결되기 시작한다. 동화는 관련자질이나 마디의 확산으로 중화는 관련자질이나 마디의 삭제로 이루어진다.

☀️ **연습문제**

1. 다음의 음성작용은 무엇인가?

    예) /p, t, k/   →   [p^h, t^h, k^h] : 유기음화

    a.   /b, d, g/   →   [p, t, k]:

    b.   /ɛ, a, o/   →   [ɛ̃, ã, õ]:

    c.   /p, t, k/   →   [p^y, t^y, k^y]:

    d.   /t, t^h/   →   [č, č^h]:

    e.   /t, s, k/   →   [t^w, s^w, k^w]:

    f.   /l/   →   [ɬ]:

2. 한국어의 유음 [l]과 [ɾ]의 음성적 환경을 적으시오.

    [pal]   '발'   [paɾi]   '발이'

    [pyəldo]   '별도'   [pyəɾi]   '별이'

    [tal]   '달'   [taɾa]   '달아'

    [čul]   '줄'   [čuɾin]   '줄은'

3. 영어에서는 다음과 같이 두 가지 구개음화가 일어난다.

    A.   a. pure /pyuə/   →   [p^{y}yuə]

         b. teen /tin/   →   [t^{y}in]

         c. key /ki/   →   [k^{y}i]

    B.   a. [hit̠ mi]   'hit me'   [hič̠ yu]   'hit you'

         b. [lid̠ hɪm]   'lead him'   [liǰ yu]   'lead you'

         c. [pæs̠ əs]   'pass us'   [pæš yu]   'pass you'

         d. [luz̠ ðɛ̃m]   'lose them'   [luž yu]   'lose you'

    (1) A와 B의 차이를 말하시오.

    (2) 두 현상을 규칙으로 적으시오.

4. 변별자질을 사용하여 규칙을 만드시오.

   (1) 전설모음 뒤에 오는 모음이 전설모음이 된다.

   (2) 장애음이 유성음 앞에서는 유성장애음이 되고 무성음앞에서는 무
       성장애음이 된다.

5. 다음 단어에서 [s, sʷ, ʃ]를 보고 답하시오.

   a. 사람 [saram],   서랍 [sərap],   서리 [səri],   새장 [sɛʤaŋ]

   b. 소리 [sʷori],   수원 [sʷuwon],   술 [sʷull],   솔잎 [sʷollip̚]

   c. 시장 [ʃiʤaŋ],   시소 [ʃisʷo]

   (1) s, sʷ, ʃ는 각각 독립적인 음운인가 한 음운의 이음인가?

   (2) 각 음의 분포를 적으시오.

   (3) 기저음에서 이음을 도출하는 규칙을 적으시오.

6. 다음은 전남방언에서 나타나는 모음의 변이현상이다.

표준어		전남방언
'거기' [kəki]	-	'거그' [kəgɨ]
'여기' [yəki]	-	'여그' [yəgɨ]

   (1) 위에서 나타난 모음 /i/ 'ㅣ'와 /ɨ/ 'ㅡ'는 각각 독립적인 음운인가 이음인
       가?

   (2) 모음변이를 규칙으로 표시하시오.

6장 복선음운론

장 목표

이 장에서 여러분은 다음과 같은 내용을 알게 된다.

· 단선음운론과 복선음운론의 차이를 안다.
· 성조, 시간단위와 변별자질이 자립분절소로 음운현상에서 어떤 역할을 하는지 안다.
· 미명시이론에서 유표적·무표적 자질이 기저형과 표면형에서 어떻게 표시되는지 안다.
· 계층적 자질수형도가 나오게 된 배경과 자질간의 하위 부류구성과 조직을 안다.
· 모음과 자음의 위치자질이 자질수형도에서 어떻게 표시되는지를 알 수 있다.
· 자질수형도와 미명시이론이 결합하여 동화, 중화와 탈락을 어떻게 설명하는지를 안다.
· 자질, 뿌리마디, 골격, 모라, 음절의 운율성분이 어떻게 조직되는지 안다.
· 이들 운율성분이 어떤 음운론적 기능을 하는지 안다.

1. 개론

Goldsmith(1976)는 성조는 자립분절소로서 독자적인 층위를 가진다고 주장
했고 Kahn(1976)과 Clements and Keyser(1983)는 분절음층위, CV층위와 음절
층위를 구분하였다. 그 후 성조뿐만이 아니라 [nasal], [labial], [SG], [CG], [voice],
[coronal], [labial], [dorsal] 등 모든 자질들이 음운현상에서 다른 자질과 상관없
이 독자적으로 행동함이 밝혀졌다. 운율자질과 변별자질들이 독자적인 층위
에 오는 자립분절소로 분석됨으로써 생성음운론에서 불충분하게 설명되었던
많은 음운현상이 자연스럽게 설명되었다. 자질들은 그들의 기능과 조음적
성격에 따라 특정한 무리로 분류되고 자질들간에 위계관계에 근거하여 계층
적 구조를 이루는 자질수형도(feature geometry)로 발전하게 되었다. 자질수
형도에 나타나는 자질과 마디는 3차원적 공간의 독자적인 층위에 존재하는
자립분절소이다.

운율음운론(Prosodic Phonology)이나 자질수형도(feature geometry) 등의 음
운이론은 수형도(tree diagram)의 모델을 설정하여 종래에 설명할 수 없었던
여러 현상들을 자연스럽게 설명한다. 운율음운론은 발화, 억양구, 운율구, 운
율어, 음보, 음절, 모라 등이 독립적인 운율단위로 계층적 운율구조를 이룬다
고 가정한다(Hyman 1985; Selkirk 1986; Nespor and Vogel 1986). 이들 운율성
분은 음운현상이 일어나는 영역(domain)의 역할을 한다.

모든 변별자질과 운
율자질은 3차원의 독
자적인 층위에 존재
하는 자립분절소이다.

또한 표면형의 도출보다는 음운론적 표시의 본질에 더 관심을 가졌다. 기저음운표시(underlying representation)의 경제성을 고려하여 무표적인 값을 기저에 표시하지 않고 잉여규칙(redundancy rules)에 의해서 표면음성표시(surface representation)에 제공하는 미명시이론(underspecification theory)도 뒤이어 나왔다. 생성음운론에서는 전통적으로 2분적으로 자질(binary feature)을 표시해왔지만 조음위치자질인 [coronal], [labial], [dorsal] 등은 상호 배타적이지 않으므로 1분적으로 자질(unary feature)을 표시해야 한다는 주장이 제기되었다. 미명시이론이 자질수형도(feature geometry)에 도입되어 1분적으로 자질과 마디를 표시하므로 유표적 자질과 마디는 기저에 명시되지만 무표적이거나 잉여적인 자질과 마디는 기저에 명시되지 않는다. 자질을 자립분절소로 처리함으로써 동화를 확산(spreading)으로 중화와 탈락을 연결선삭제(delinking)로 자연스럽게 설명한다.

2. 자립분절 음운론(autosegmental phonology)

2.1. 성조(tone)

Goldsmith(1976)는 성조는 모음과 다른 성질의 자질이기 때문에 분절음의 자질묶음에 포함시키지 않고 자립분절소(autosegment)로서 독자적인 층위(tier)에 존재한다고 주장했다. 경북방언의 '말(馬)+이'의 성조 HL가 어떻게 표시되는지 살펴보자. (1a)에서 보듯이 생성음운론에서는 /mal+i/의 성조 HL가 모음의 변별자질과 함께 자질 [+H] [+L]로 단선적으로 표시된다. (1b)에서 성조는 성조층위(tonal tier)에 독자적으로 존재하고 분절음은 분절음층위(segmental tier)에 존재한다. (1c)에서 자질묶음으로 구성된 음은 분절음 층위에 나타나고 성조자질 [+H]와 [+L]는 독자적인 성조층위에 나타난다.

(1) 말(馬)+이

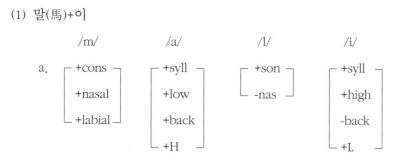

b.　m a l ＋ i　　　분절음층위

　　　　|　　　|

　　　　H　　　L　　　성조층위

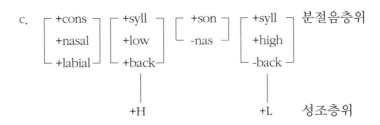

c.

$$\begin{bmatrix} +cons \\ +nasal \\ +labial \end{bmatrix} \begin{bmatrix} +syll \\ +low \\ +back \end{bmatrix} \begin{bmatrix} +son \\ -nas \end{bmatrix} \begin{bmatrix} +syll \\ +high \\ -back \end{bmatrix}$$ 분절음층위

성조는 분절음 자질과 다른 독자적인 성조층위에 있는 자립 분절소이다.

　　　　　+H　　　　　　　+L　　　성조층위

대체로 성조가 나타나는 성조수용단위(tone bearing unit)는 모음이다. (1b)와 (1c)에서 성조층위의 성조와 분절음층위의 모음이 어떻게 연결되는지를 살펴보자.

(2) 연결규약(association convention)

　　a. 좌→우 또는 우→좌로 진행하면서 성조와 성조수용단위(V)를 1대 1로 연결한다.

　　　　T　T　T　T　성조
　　　　|　|　|　|
　　　　X　X　X　X　분절음(V)

모든 음절은 적어도 하나의 성조와 연결되어야 하고, 모든 성조는 적어도 하나의 음절과 연결되어야 한다는 적형제약에 따라 성조집적과 확산이 일어난다.

　　b. 1대 1로 연결되고 남은 성조가 있으면 가까운 성조수용단위(V)에 연결한다(성조집적, dumping).

　　　　T　T　T　T　T　성조
　　　　|　|　|　\|/
　　　　X　X　X　X　분절음(V)

c. 1대 1로 연결되고 남은 성조수용단위(V)가 있으면 가장 가까운 성조에 연결한다(확산, spreading).

d. 연결선(association line)은 서로 교차해서는 안된다.

(2)의 연결규약을 가지고 성조표시를 살펴보자.

(3)

a. 평판조(level tone)

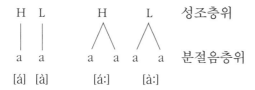

성조자질이 분절음 자질과 다른 층위에 옴으로써 비로소 복선음운론이 시작된다.

b. 굴곡성조(contour tone)

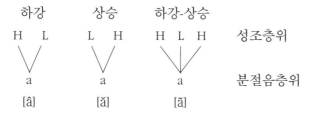

(3a)에서 성조가 모음과 1대 1로 연결되면 단모음이 만들어지고, 성조가 모음에 1대 2로 연결되면 장모음이 된다(성조확산). 따라서 평판조는 단모음이나 장모음이나 상관없이 처음부터 끝까지 동일한 성조가 나타나지만, 단모음에 2개 이상의 성조가 연결되어 나타나면 굴곡성조이다(성조집적).

성조의 자립분절적 특성은 **성조의 상존성(tonal stability)**으로 입증된다. 15

중세 한국어에서 상성(LH)은 평성(L)과 거성(H)의 복합조이다.

세기 중세한국어에는 평판조인 평성(L)과 거성(H), 굴곡성조인 상성(LH)이 있었다. (4a)에서 평성(L)의 /yə/와 거성(H)의 /i/가 축약되어 삼중모음 'ㅖ' [yəy]로 될 때 성조는 상성(LH)으로 실현된다. (4b)에서 거성(LH)인 '담' 뒤에 무성조접사(toneless suffix) '-은'이 올 때 '-은'은 선행모음의 성조 H로 연결되므로 '담은'은 두 평판조 L H의 연속으로 나타난다.

(4)

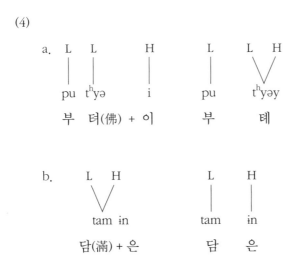

(4a)에서 'ㅕ'의 성조 L과 'ㅣ'의 성조 H는 축약된 모음 'ㅖ'에 LH로 그대로 실현된다. (4b)에서 모든 모음은 적어도 하나의 성조와 연결되어야 한다는 **적형조건(Well-formedness Condition)** 때문에 굴곡성조 LH의 H가 '으'에 연결되었다. 자립분절음운론에서 보면 중세한국어의 굴곡성조인 상성(LH)은 평성(L)과 거성(H)의 결합으로 이루어진 복합조이다. 성조를 모음과 다른 독자적인 층위에 존재하는 자립분절소로 분석하면 성조의 상존성과 복합성조를 자연스럽게 설명할 수 있다.

2.2. 음절의 시간단위(timing unit)

구조주의음운론에서 음운기술의 기본단위는 음소였고 그 위에 형태소를

두었으므로 음절은 음운단위로 인정받지 못했다. Chomsky and Halle(1968)의
생성음운론에서 음절은 분절음(C, V)의 연쇄인 CV로 표시되었다. 한국어에
서 모음의 음장은 어두에서만 변별적이므로 기저의 장모음이 어중에 오면
(5b)와 같이 단모음화가 일어난다.

구조주의음운론과
생성음운론에서 음
절은 음운단위로 인
정받지 못했다.

(5) 한국어의 단모음화

    a. /paːm/   '밤ː(栗)' →   [paːm]

    b. /al+paːm/ '알밤' →   [albam]

(5b)처럼 기저의 장모음이 2음절부터 단모음이 되는 것을 단선규칙으로 형
식화하면 다음과 같다.

(6) $[+\text{syll}]$ → $[-\text{long}]$ / CVC_1＿＿＿

(6)에는 운율자질 [-long]이 분절자질 [+syll]과 함께 표시되어 있다.
    Kahn(1976)은 음절은 분절음층위와 다른 음절층위에 표시되는 자립분절소
라고 주장했다.

(7) Kahn(1976)

    σ   음절층위

  k a p   분절음층위

Kahn(1976)에 의해
음절은 비로소 자립
분절소로서 음운단
위로 인정된다.

Clements and Keyser(1983)는 Kahn의 음절구조에서 음절과 분절음을 연결
하는 CV층위를 설정하였다.

C, V는 시간단위를
나타내는 골격이다.

(8) Clements and Keyser(1983)

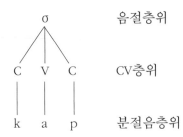

CV층위를 설정함으로써 V의 지배를 받는 분절음은 음절핵이고 C의 지배를 받는 분절음은 비핵음이다. C나 V 골격은 음을 구성하는 모든 변별자질들을 지배하므로 C는 [+cons]로 V는 [-cons]로 표시된다. 따라서 SPE의 [syll]자질은 더 이상 필요 없다(6장의 4.2절 (37)을 참조).

1) 중자음과 중모음
은 8장 2절을 참고
하길 바란다. geminate
consonants는 중자음,
중복자음, 복자음, 중
첩자음으로 번역된다.

C나 V는 시간단위(timing slot)를 나타내는 골격(skeleton)으로 장음과 단음을 구분한다. 단모음과 단자음은 선율이 1개의 시간단위 C나 V에 연결되고, 장모음(long vowels) 또는 이중모음(diphthongs)과 중자음(geminate consonants)은 1개의 선율이 2개의 시간단위 VV나 CC에 연결된다.[1]

(9)

장음과 단음은 선율
이 몇 개의 골격과
연결되는지로 결정
된다.

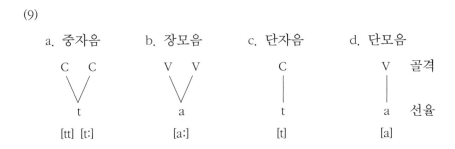

Levin(1985)은 시간단위 C와 V를 구별하지 않고 X로 표시했다. X로 골격을 표시하면 (9)는 다음과 같다.

(10)

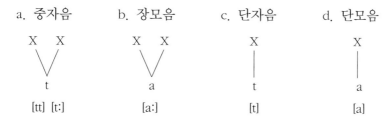

a. 중자음   b. 장모음   c. 단자음   d. 단모음

C, V 대신 X로 골격을 나타내기도 한다.

시간단위인 골격 X로 (6)의 단모음화를 분석해보자. 선율 a와 이중으로 연결된 시간단위 XX에서 연결선 1개를 삭제하면 단모음이 되고, 시간 단위 X는 탈락된다.

(11)

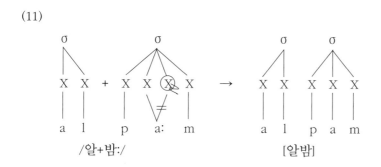

/알+밤ː/   [알밤]

현대한국어의 반모음화에서 일어나는 보상적 장모음화도 시간단위인 골격 X로 분석할 수 있다.

(12)

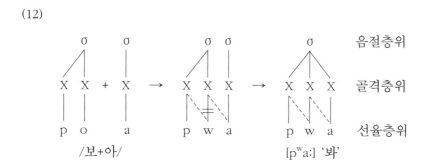

음절층위

골격층위

선율층위

/보+아/   [pʷaː] '봐'

골격 X와 선율 o와의 연결선을 삭제하여 모음 /o/는 반모음 [w]가 된다. /w/는 선행자음 /p/에 동시조음되어 [pʷ]가 되고 후행모음 /a/의 선율이 앞의 골격 X로 연결되어 2개의 시간단위 XX를 이루어 장모음 [aː]가 된다. 선율층위와 시간단위(골격)를 분리하면 음장과 관련된 음운현상이 쉽게 설명된다.

3. 미명시이론(underspecification theory)

3.1. 이론적 배경

우리는 5장 2.2절에서 이미 생성음운론의 미명시에 대해서 잠시 살펴 보았다. 초기 미명시이론은 문법의 척도로 예측 가능한 잉여자질은 기저에 표시하지 않아 잉여자질을 제거하는 기저형의 간결성이 주요 관심사였다. 언어의 기저표시에는 **자질최소화원리**(feature minimizing principle)에 따라 기저음을 구별하는데 필요한 자질들만 나타난다(Archangeli, 1984). 잉여부분을 어느 정도 인정하느냐에 따라 미명시이론은 크게 두 가지로 나누어진다.

(13) 급진적 미명시이론(Radical Underspecification Theory: Kiparsky 1982, Archangeli 1984, Pulleyblank 1986, 1988) 예측 가능하거나(잉여적) 무표적인 자질은 기저에 표시하지 않고, 유표적인 자질 (+/-)만 표시한다.

> 급진적 미명시이론은 어휘항목을 구별할 수 있을 만큼 필요한 어휘자질을 표시하자는 어휘경제성을 추구한다.

(14) 대조적 미명시이론(Contrastive Underspecification Theory: Steriade 1987) 어떤 분절음을 구분하는데 사용되는 대조적인 자질의 값만 기저에 표시하고 비대조적인 값은 명시하지 않는다.

> 대조적 미명시이론은 어떤 분절음을 구분하는데 사용되는 대조적인 자질값만을 기저에 명시한다.

급진적 미명시이론은 4장 4절에서 이미 논의했던 1분적 자질표시에 따라 예측 불가능한 유표적 자질값만 기저에 표시하고, 잉여적이거나 무표적 가치는 기저에 표시하지 않는다. 이에 반해 대조적 미명시이론은 대조적인 자질의 +, -값을 기저에 표시한다. 예측 가능한 자질의 값은 보편적이거나 언어특유의 **기정치규칙**(default rule)에 의해 공급된다. 그래도 채워지지 않은 잉여자질은 **보충규칙**(complement rules)에 의해 문맥에 관계없이 값이 채워진다 (context-free rule). 이들 잉여규칙은 자질값만 채워 넣는다는 점에서 자질값을 변경시키는 SPE의 음운규칙과 다르다.

3.2. 한국어 모음의 미명시

한국어의 8모음에 대한 미명시를 살펴보자. SPE의 혓몸자질-[high], [back], [round], [low]-로 8모음을 완전명시하면 (15)와 같다.

(15)

	i ㅣ	e ㅔ	ɛ ㅐ	a ㅏ	ə ㅓ	o ㅗ	u ㅜ	ɨ ㅡ
[high]	+	–	–	–	–	–	+	+
[back]	–	–	–	+	+	+	+	+
[round]	–	–	–	–	–	+	+	–
[low]	–	–	+	+	–	–	–	–

한 언어에서 삽입이나 탈락이 잘 되는 음은 가장 적게 명시되는 분절음이다. 한국어에서 /ɨ/를 가장 무표적인 모음으로 보는 근거는 다음 두 가지 음운현상 때문이다. ɨ와 다른 모음이 나란히 올 때 (16)에서 보듯이 ɨ가 탈락하고, 서양어의 두자음군(onset clusters)과 말자음군(coda clusters)이 차용될 때 (17)에서 보듯이 ɨ가 삽입된다.

(16) '_'-탈락

    a. /k'ɨ+ə/   '끄어'   →   [k'ə]

    b. /ka+ɨmyən/   '가으면'   →   [kamyən]

(17) '_'-삽입

    a. trophy   [tʰɨropʰi]   strike   [sɨtʰɨraik]

    b. band   [pandɨ]   desk   [tɛsikʰɨ]

8모음을 급진적으로 미명시하면 (18)과 같다. /ɨ/는 가장 무표적 모음이므로 [high], [low], [back], [round] 자질값이 완전히 미명시된다.

(18) Hyang-Sook Sohn(손형숙, 1987)

기저에서 미명시된 각 자질값(빈칸)은 결국 자동적으로 기정치규칙이나 보충규칙에 의해 채워진다.

	i ㅣ	e ㅔ	ɛ ㅐ	a ㅏ	ə ㅓ	o ㅗ	u ㅜ	ɨ ㅡ
[high]		−			−	−		
[back]	−	−	−					
[round]						+	+	
[low]			+	+				

(18)에서 기저에 표시되지 않은 잉여적이거나 예측 가능한 자질은 잉여규칙에 의해 채워진다. 잉여규칙은 기정치규칙과 보상규칙으로 나누어진다. [+low]인 저모음은 [-high]의 잉여성을 가지므로 다음의 기정치규칙으로 채워진다.

(19) [+low] → [-high]

(19)에 따라 [+low]로 명시된 ɛ와 a에 [-high]를 공급하고 나서도 여전히 미명시된 다른 자질값은 보충규칙에 의해서 채워진다. 보충규칙은 한 자질에 한 종류값만 명시하므로 기저에 표시된 해당 자질값의 반대값을 무조건 부여한

다. (18)에서 [-high], [-back], [+round], [+low]에 표시된 자질값의 반대값을 부여하는 한국어의 보충규칙은 다음과 같다.

(20) 모음의 보충규칙

    a. [   ] → [+high] ([high] 자질의 빈칸은 [+high])

    b. [   ] → [+back] ([back] 자질의 빈칸은 [+back])

    c. [   ] → [-round] ([round] 자질의 빈칸은 [-round])

    d. [   ] → [-low] ([low] 자질의 빈칸은 [-low])

(19)와 (20)의 잉여규칙으로 (18)의 빈칸에 자질값을 채우면 완전명시된 (15)가 된다.

한국어의 8모음을 대조적 미명시로 나타낼 때 기저에 명시되는 자질은 (21c)이다.

(21) a. 완전명시

	i	e	ɛ	a	ə	o	u	ɨ
[high]	+	-	-	-	-	-	+	+
[back]	-	-	-	+	+	+	+	+
[round]	-	-	-	-	-	+	+	-
[low]	-	-	+	+	-	-	-	-

b. 대조되는 음

[high]: {i, e}, {u, o}, {ɨ, ə}

[back]: {i, u}, {e, ə}, {ɛ, a}

[round]: {u, ɨ}, {ə, o}

[low]: {ɛ, e}, {a, ə}

c. 대조적 명시

	i ㅣ	e ㅔ	ɛ ㅐ	a ㅏ	ə ㅓ	o ㅗ	u ㅜ	ɨ ㅡ
[high]	+	-			-	-	+	+
[back]	-	-	-	+	+		+	
[round]					-	+	+	-
[low]		-	+	+	-			

대조적 미명시이론에서는 기저에 미명시된 자질값은 자질들간에 예측 가능한 기정치규칙과 언어 보편적 자질값을 부여하는 보충규칙에 의해 채워진다.

대조를 보이는 자질값만 기저에 표시한다. /i, e/, /u, o/와 /ɨ, ə/는 [high] 자질값이 대조적이므로 고모음 /i, u, ɨ/에는 +값을 중모음 /e, o, ə/에는 -값을 기저에 명시한다. 나머지 저모음 /ɛ, a/는 [high] 자질의 값이 미명시된다. /i, u/, /e, ə/와 /ɛ, a/는 [back] 자질값이 대조적이므로 전설모음 /i, e, ɛ/에 -값을 중·후설모음/u, ə, a/에 +값을 기저에 표시한다. /u, ɨ/와 /ə, o/는 [round] 자질값이 대조적이므로 후설모음 /u, o/에 +값을 중설모음 /ɨ, ə/는 -값을 기저에 표시한다. /e, ə/와/ɛ, a/는 [low] 자질이 대조를 이루므로 저모음 /ɛ, a/는 +값을, 중모음 /e, ə/는 -값을 명시한다.

(21c)에 미명시된 자질은 잉여규칙에 의해 채워진다. [+low]로 표시되는 저모음 /ɛ, a/는 잉여자질 [-high]가 기정치규칙 (19)에 의해 채워진다. 나머지 표시되지 않은 [back], [round], [low] 자질의 값은 (22)의 보충규칙에 의해 해당 자질의 빈칸에 무조건 다음의 자질값을 채운다.

(22) 보충규칙

    a. [   ] → [+back] ([back] 자질의 빈칸은 [+back])

    b. [   ] → [-round] ([round] 자질의 빈칸은 [-round])

    c. [   ] → [-low] ([low] 자질의 빈칸은 [-low])

    d. [   ] → [-high] ([high] 자질의 빈칸은 [-high])

3.3. 한국어 자음의 미명시

다음으로 한국어 자음을 살펴보자. 완전명시된 한국어 자음은 표 6.1과 같다. 한국어에서 가장 무표적인 자음은 /t/ 'ㄷ'이다 그 근거는 다음 3가지 현상이다. 첫째, '사이 ㅅ'으로 알려진 현상에서 실제 삽입되는 자음은 /t/이다.

(23)

    a. ₙ[ₙ[u] t ₙ[os]]   '웃옷'   →   [ud̚ot̚]

    b. ₙ[ₙ[ki] t ₙ[pall]]   '깃발'   →   [kit̚p'al]

t-삽입 대신 아무런 자질표시 없이 빈 골격 C(empty C)을 삽입하여 미명시된 자질을 채워 [t]로 분석하기도 한다.

둘째, 치경음과 구개치경음 /t, t', tʰ, s, s', č, č', čʰ/와 /h/는 음절 말에서 모두 치경불파음 [t̚]가 된다.

표 6.1 한국어 자음의 완전명시

	장애음					공명음		
	p p' pʰ	t t' tʰ s s'	č č' čʰ	k k' kʰ	h	m n ŋ	l	y w
[cons]	+ + +	+ + + + +	+ + +	+ + +	+	+ + +	+	- -
[son]	- - -	- - - - -	- - -	- - -		+ + +	+	+ +
[cont]	- - -	- - - + +	- - -	- - -	+	- - -	-	+ +
[del.rel.]			+ + +					
[nas]	- - -	- - - - -	- - -	- - -		+ + +	-	- -
[lat]	- - -	- - - - -	- - -	- - -		- - -	+	- -
[ant]	+ + +	+ + + + +	- - -	- - -		+ + -	+	+ -
[cor]	- - -	+ + + + +	+ + +	- - -		- + -	+	+ -
[lab]	+ + +	- - - - -	- - -	- - -		+ - -	-	- +
[dor]	- - -	- - - - -	- - -	+ + +		- - +	-	- +
[voiced]	- - -	- - - - -	- - -	- - -		+ + +	+	+ +
[CG]	- + -	- + - - +	- + -	- + -		- - -	-	- -
[SG]	- - +	- - + - -	- - +	- - +	+	- - -	-	- -

음절말의 위치는 음절초보다 약한 자리이므로 중화가 일어난다.

(24)

a. /k'itʰčaŋ/ '끝장' → [k'it̚č'aŋ]

b. /tit+ta/ '듣다' → [tit̚t'a]

c. /su+s+ča/ '숫자' → [sut̚č'a]

d. /is'+ta/ '있다' → [it̚t'a]

e. /k'očʰ+tapal/ '꽃다발' → [k'ot̚t'abal]

f. /nohčʰi+ta/ '놓치다' → [not̚čʰida]

셋째, 위치동화에서 음절말에 오는 치경음은 후행음절의 두음에 오는 양순음, 구개치경음이나 연구개음에 동화되고, 음절말에 오는 양순음은 후행음절

242

의 두음에 오는 연구개음에 동화된다.

(25)

      a. /on+pam/   '온밤'   →   [ombam]

      b. /tit+či/   '듣지'   →   [tičč'i]

      c. /os+kəli/   '옷걸이'   →   [ok˺k'əi]

      d. /pap+kilis/ '밥그릇'   →   [pak˺k'irit˺]

위치동화를 근거로 조음위치의 강도체계는 다음과 같다.

(26) 연구개음 〉 양순음 〉 구개치경음 〉 치경음

   치경음은 뒤에 오는 모든 조음위치에 동화되므로 치경음이 가장 약하고,
(24)에서 보듯이 치경음은 모두 음절말에서 [t˺]로 중화된다. 따라서 /t/는 한국
어에서 가장 무표적인 자음이다.

다음은 급진적 미명시로 표시된 한국어의 자음이다.

[t]가 가장 무표적인 자음이므로 모든 자질값이 미명시된다.

표 6.2 한국어 자음의 급진적 미명시

	장애음					공명음		
	p p' pʰ	t t' tʰ s s'	č č' čʰ	k k' kʰ	h	m n ŋ	l	y w
[cons]								– –
[son]								
[cont]		+ +			+			+ +
[del.rel.]			+ + +					
[nas]						+ + +		
[lat]							+	
[ant]			– – –	– – –		–		– –
[cor]			+ + +					+
[lab]	+ + +					+		+
[dor]				+ + +		+		+
[voiced]								
[CG]	+	+ +	+	+				
[SG]	+	+	+	+	+			

표 6.2에서 기저에 표시된 자질의 잉여자질은 아래의 기정치규칙으로 공급된다.

αson		αvoice	
+	+son	+	+voice
–	-son	–	-voice

(27) 기정치규칙

  a. [+lat]   →   [+son]

  b. [+nas]   →   [+son]

  c. [αson]   →   [αvoice]

  d. [-cons, +cont]   →   [+son]

공명음 중 설측음 /l/은 기저에 [+lat]이 명시되고, 비음 /m, n, ŋ/은 [+nas]이 명시된다. [+nas]과 [+lat]의 잉여자질인 [+son]은 (27a)와 (27b)에 의해 제공된다. 한국어의 장애음은 전부 [-voice]이고 공명음은 전부 [+voice]이므로 기저에 미명시된 [voice] 자질값은 (27c)에 의해서 제공된다. [-cons, +cont]로 명시된 반모음 y, w는 공명음이므로 (27d)에 의해 [+son]이 공급된다.

기정치규칙으로 잉여자질을 표 6.2에 공급하고 나서도 채워지지 않은 자질
은 아래의 보충규칙으로 채운다.

(28) 보충규칙

    a. [   ] → [+cons]   b. [   ] → [-son]

    c. [   ] → [-cont]   d. [   ] → [-del. rel.]

    e. [   ] → [-nas]   f. [   ] → [-lat]

    g. [   ] → [-dor]   h. [   ] → [-cor]

    i. [   ] → [+ant]   j. [   ] → [-lab]

    k. [   ] → [-CG]   l. [   ] → [-SG]

생성음운론에서 기저에 명시된 자질들은 음운규칙과는 아무런 상호작용이
없었다. 그러나 미명시이론이 자질수형도(feature geometry)에 도입되어 기저
음운표시에 명시된 관련 자질이나 마디가 음운규칙의 적용과 저지(blocking)
에 결정적인 역할을 한다. (29a)에서 기저에 분절음 ABC의 연쇄가 있을 때
B에 자질 F가 명시되어 있으면 인접음 C의 자질 F가 B와 F의 연결선을 가로
지르며 A로 확산할 수 없다.[3]

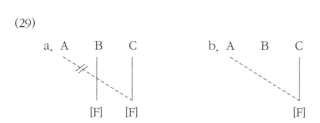

(29)

(29b)에서 B에 자질 F가 명시되어 있지 않기 때문에 자질 F가 A로 확산한
다. 이처럼 확산이 가능한지 불가능한지는 기저에 명시된 자질과 마디의 유
무에 의해 결정된다. 미명시이론은 다음 절에서 논의할 자질수형도에 작용하
여 기저에 표시될 개별 자질과 마디의 범위를 결정한다.

[3] 5장 5.1절 (75)에서 살펴본 연결선이 가로질러서는 안 된다는 연결선 가로지르기규약(Line Crossing Convention, Goldsmith 1976) 때문이다.

4. 자질수형도(feature geometry)

4.1. 이론적 배경

SPE로 대표되는 생성음운론에서 분절음은 다음의 pom '봄'에서 보듯이 자질들이 아무런 순서 없이 묶여 있는 꾸러미로 인식되었다.

(30)

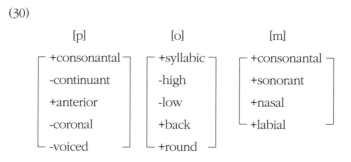

자질들이 아무런 순서없이 어떠한 계층적 구조도 없이 일직선상에 나열되어 있으므로 단선적 표시이다.

비음동화(nasal assimilation)의 관련 자질 [nasal]이 여러 자음이나 모음에 걸쳐 일어나거나, 모음조화(vowel harmony)에 활동하는 자질 [back], [round], [ATR]이 한꺼번에 여러 음절에 걸쳐서 일어나므로 이들 자질은 단선적이라기보다 복선적인 속성(non-linear properties)을 가지고 있다. 단선적 음운표시의 이러한 문제점이 복선음운론을 낳게 하는 근본적인 원인이 되었다. 복선음운론에 대한 가장 중요한 이론적 시발점은 Goldsmith(1976, 1979)에서 시작된 자립분절음운론이다. **자질들은 (30)의 SPE의 단선적 자질의 꾸러미로부터 빠져 나와서 각각 독자적인 자립분절소로 존재한다.**

(30)과 같은 자질꾸러미의 음의 표시에서는 자질들은 어떠한 내부구조도 가지지 않고, 각 자질들은 서로 동격으로 연결된다. 그러나 자질들은 기능에 따라 좀 더 큰 단위인 '조음위치'나 '조음방법' 같은 자연부류로 묶여지는 것이 밝혀졌다. 한국어에서 자연부류를 이루는 부류마디를 살펴보자. 첫째. 한국어에서 유기음 /pʰ, tʰ, čʰ, kʰ/과 경음 /p', t', č', k'/이 음절말에서 모두 유기음 자질 [+SG]과 경음자질 [+CG]을 잃고 불파음 [p̚, t̚, k̚]로 실현된다.

(31)

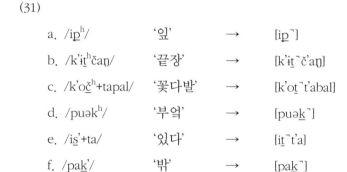

    a. /ipʰ/   '잎'   →   [ip̚]

    b. /k'itʰčaŋ/   '끝장'   →   [k'it̚č'aŋ]

    c. /k'očʰ+tapal/ '꽃다발'   →   [k'ot̚t'abal]

    d. /puəkʰ/   '부엌'   →   [puək̚]

    e. /is'+ta/   '있다'   →   [it̚t'a]

    f. /pak'/   '밖'   →   [pak̚]

[SG]와 [CG]가 후두자질(laryngeal features)로 이들의 상위마디는 후두마디 (laryngeal node)라는 자연부류를 형성한다.

(32)

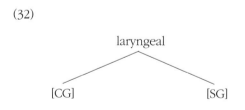

둘째, 다른 언어와 마찬가지로 한국어에서도 선행음절의 말음이 후행음절의 두음의 조음위치에 동화된다.

후두마디와 위치마디는 실체는 없고 공통된 기능을 가진 하위자질들의 부류를 묶는 기능을 가진다.

(33)

    a. /ta<u>n</u>+pi/   '단비'   →   [ta<u>mb</u>i]

    b. /mu<u>n</u>+ko/   '문고'   →   [mu<u>ŋg</u>o]

    c. /čʰa<u>m</u>+kilim/ '참기름' →   [čʰa<u>ŋg</u>iɾim]

위치동화는 5장 5.1절에서 후행자음의 자질 [coronal], [labial], [dorsal]이 각각 선행자음에 확산하는 것으로 분석되었다. 그러나 [coronal], [labial], [dorsal]은 구강내의 협착부위에 의해 결정되므로 이들을 묶는 상위마디는 위치마디(place node)로 하나의 단위(unit)로 기능한다.

(34)

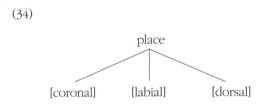

4장과 5장에서 살펴본 단선적 자질표시의 문제점에 대한 대안으로 자질들은 음운표시에서 어떻게 구성되는가에 대한 탐구가 계속되었다. Mohanan(1988), Clements(1985, 1990, 1991), Sagey(1986), McCarthy(1988), Halle(1992, 1995), Clements and Hume(1994)은 같은 기능을 가진 자질들을 하나로 묶어 **부류마디(class node)**를 이룬다고 제안했다. 분절음은 계층적인 구조를 이루고 **말단마디(terminal node)**는 자질값을 가지고, 중간마디는 부류마디를 형성한다. 자질꾸러미 표시 대신에 **자질수형도(feature geometry)**는 다음과 같은 구조를 가진다. 자질수형도 내의 마디와 말단자질은 3차원적 공간에 독자적인 층위에 존재한다.

(35)

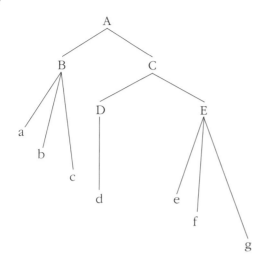

모든 마디는 **뿌리마디(root node)**인 A의 지배를 받는다. 하위마디인 B, C, D, E는 기능적인 자질의 그룹으로 후두마디(laryngeal node), 위치마디(place node) 등이 해당된다. a, b, c, d, e, f, g는 말단마디로 부류마디 내의 순서는 정해져 있지 않다.

자질수형도는 여러 언어의 동화와 중화의 분석에서 타당성을 인정받고 있다. 여러 학자들이 제안한 자질수형도는 계속 수정·보안되고 있으나 아직까지는 어느 모형도 완전하게 타당성을 인정받지 못하고 있다. 보편적인 자질들의 자질수형도 내에서 위치는 학자들 간에 대체로 의견의 일치가 이루어지고 있지만, 개별 언어 특유의 자질은 자질수형도 내에서의 위치와 자연부류가 여전히 문제가 되고 있다. 자질수형도는 크게 조음자에 기반한 모형(articulator-based model)과 협착에 기반한 모형(constriction-based model)이 있다. 초기의 자질수형도에서는 자음과 모음의 조음위치를 달리 표시했지만 Clements(1991) 이후에는 자음과 모음을 통합한 자질수형도가 제시되었다.

4.2. 뿌리마디(root node)

자질수형도 내에서 뿌리마디(root node)의 존재에 대하여서는 두 가

지 견해가 있다. 주요부류자질인 [cons]와 [son]이 전체 분절음에 영향을
끼치는 것 말고는 다른 자질들과 달리 확산하거나 제거되는 일이 없다는
점에 근거하여, McCarthy(1988)와 Halle(1992)는 뿌리마디는 부류마디
가 아니라 두 자질 [cons]와 [son]의 묶음으로 본다.

(36) McCarthy(1988)

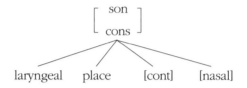

[cons]와 [son]에 2분적 값을 부여하면 음의 대집단은 다음과 같이 구분된다.

(37)
    a. 공명자음   b. 장애음   c. 모음·반모음

$$\begin{bmatrix} +cons \\ +son \end{bmatrix} \qquad \begin{bmatrix} +cons \\ -son \end{bmatrix} \qquad \begin{bmatrix} -cons \\ +son \end{bmatrix}$$

모음과 반모음은 [-cons, +son]으로 자질단계에서는 구별되지 않고 음절구
조에서 핵인지 아닌지로 구별된다.

(38)
    a. 모음 b. 반모음

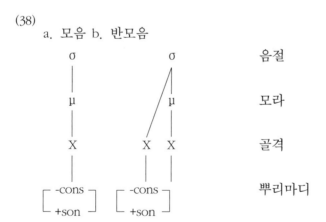

250

(38a)에서 모음은 모라를 가지므로 모라의 지배를 받고, (38b)는 반모음은 두음의 지배를 받는다.

뿌리마디가 독자적인 부류마디를 형성한다는 주장도 있다.

(39)

X는 C 또는 V가 될 수 있다.

뿌리마디는 위로는 운율요소와 연결되는 골격 X로 연결되고 아래로는 모든 하위자질들을 지배하여 선율(melody)을 나타낸다.

완전동화는 뿌리마디가 확산한 경우이고, 분절음의 삭제는 뿌리마디가 삭제된 경우이다. 한국어 동사에서 /ɨ/와 /i/가 모음축약으로 [iː]가 될 때 보상적 장모음화가 일어난다.

(40)   /t'ɨ+i/   (눈에) '뜨이' →   [t'iː]

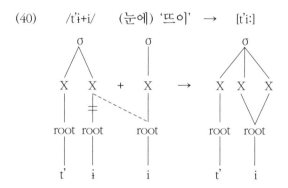

/ɨ/의 뿌리마디를 삭제하고 /i/의 뿌리마디가 /ɨ/의 골격 X로 확산하면 /i/의 뿌리마디가 2개의 골격 XX에 연결되어 [iː]로 실현된다.

4.3. 조음기관에 기반한 모형(articulator-based model)

Sagey(1986)와 Halle(1992, 1995)는 독립적인 기능을 하는 입, 전설, 설단, 설배, 연구개, 후두 등으로 이루어진 조음기관을 음의 내부구조에 반영한 자질수형도를 제시하였다. 아래에서 Halle(1992)의 모형을 살펴보자.

모든 자질들의 합은 자질기하학으로 불리는 거미줄과 같은 지배와 종속관계를 나타낸다.

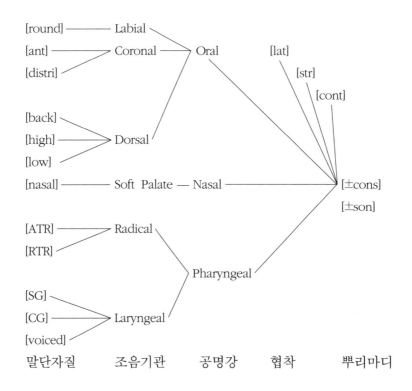

그림 6.1 Halle(1992)의 자질수형도

그림 6.1에서 조음기관마디(articulator node)는 하위자질을 지배하고 있는 순음마디(Labial node), 설정음마디(Coronal node), 설배음마디(Dorsal node), 연구개음마디(Soft Palate node), 설근마디(Radical node), 후두마디(Laryngeal node)이다. 주요부류자질(major class features)인 [cons]와 [son]이 뿌리마디를 형성한다. 협착을 나타내는 자질 [lat], [str], [cont]가 뿌리마디(root node)를 대체하는 [cons]와 [son] 아래로 직접 연결된다.

4.3.1 후두마디(laryngeal node)

후두마디는 다른 자질과 상관없이 후두자질에만 영향을 미치는 자질의 묶음이다. 한국어는 경음, 유기음과 평음의 대립이 있고 유성음화현상이 있으므로 후두자질 [CG], [SG], [voice]는 후두마디의 지배를 받는다.

한국에서 [CG]와 [SG]는 활동적인 자질이고 [voice]는 비활동적인 자질이다.

(41)

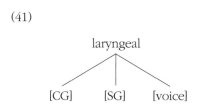

기저에 표시되는 장애음의 후두마디를 (42)에서 살펴보자. 유기음은 후두마디에 [SG]가 명시되고 경음은 [CG]가 명시되고, 평음은 후두마디가 완전히 미명시된다.

(42)

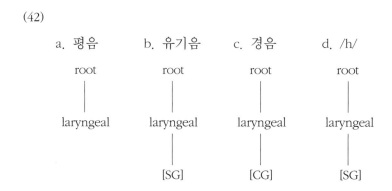

장애음의 후두마디는 기저에 명시되지만 공명음의 후두마디는 미명시된다.

4.3.2. 위치마디(place node)

Sagey(1986)와 Halle(1995)는 위치마디의 하위마디를 능동적인 조음기관인 순음마디(labial node), 설정음마디(coronal node)와 설배음마디(dorsal node)로 설정하였다.

(43)

    a. 양순음(labials) : 입술이 능동적인 조음자

    b. 설정음(coronals) : 설단이 능동적인 조음자

    c. 설배음(dorsals) : 설배(혓몸)가 능동적인 조음자

자음과 모음의 위치마디는 다음과 같이 구별된다.

[ant]와 [dis]는 [cor]의 하위자질이고 [back], [high], [low]는 [dor]의 하위자질이다.

(44) Sagey(1986)의 위치마디(place node)

      a. 자음   b. 모음·반모음

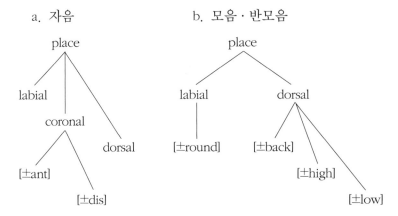

1차적 조음은 능동적인 조음기관을 나타내는 [lab], [cor], [dor]에 의해서, 2차적 조음은 수동적인 조음기관을 나타내는 [ant], [dis], [high], [low], [back]에 의해 구별된다.

기저에 표시되는 한국어 자음의 조음위치는 다음과 같다.

치경음은 위치마디 (place)가 완전히 미명시되고 구개치경음은 [cor] 아래 [-ant]가 명시된다.

(45)

    a. /p, m/   b. /k, ŋ/   c. /t, s, n/   d. /č/

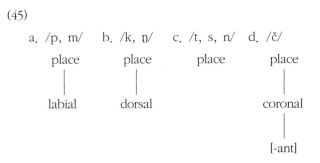

254

1차적 조음만 가진 자음은 급진적 미명시이론에서 1분적으로 자질이 표시되므로 양순음(labials) /p, m/는 (45a)처럼 위치마디 아래 양순음마디(labial node)가 명시되고, 혓몸을 사용하여 만드는 설배음(dorsals)인 연구개음 /k, ŋ/은 (45b)처럼 위치마디 아래 설배음마디(dorsal node)가 명시된다. 설정음(coronals)인 치경음 /t, s/와 구개치경음 /č/는 2차적 위치자질 [±ant]로 구분된다 무표적인 치경음은 (45c)처럼 위치마디 아래 설정음마디(coronal node)가 미명시되고 유표적인 구개치경음은 (45d)처럼 설정음마디 아래 [-ant]가 명시된다.

모음은 혓몸을 사용하므로 모든 모음은 설배음마디(dorsal node)를 가지고 하위자질 [±high], [±low], [±back]으로 구별된다.

(46)

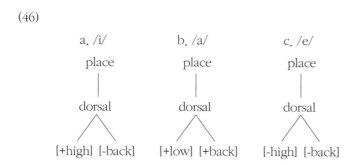

고모음은 [+high], 저모음은 [+low], 중모음은 [-high]로 명시되고 전설모음은 [-back], 후설모음은 [+back]이 명시된다. 원순모음은 설배음마디 외에 순음마디(labial node)를 가지고 2차적 조음인 [+round]가 명시된다.

(47)

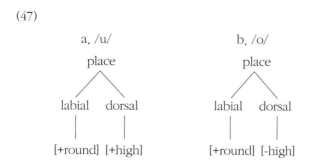

2차적 조음을 가진 자음은 주조음자(main articulator)에 화살표를 주어 부조음자(minor articulator)와 구별된다.

(48)

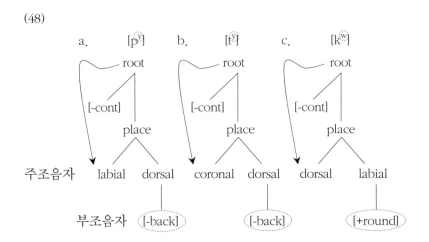

(48a)와 (48b)는 2차적 구개음화가 일어난 자음이고 (48c)는 원순음화된 연구개음이다.

Sagey(1986)의 위치마디(place node)로 한국어의 음운현상을 분석해 보자. /t, tʰ/가 i/y 앞에서 [č, čʰ]가 되는 한국어의 ㄷ-구개음화는 (49a)에서 /i/의 설배음마디(dorsal node)가 /tʰ/의 위치마디(place node)로 확산하는 것으로 분석된다(Iverson and Kee-Ho Kim(김기호 1987); Hyansook Sohn(손형숙 1987)).

(49) /katʰ+i/ '같이' → [kačʰi]

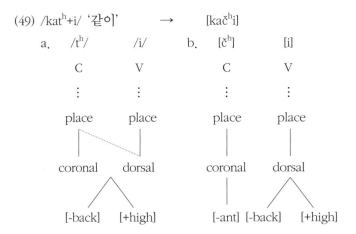

(49a)에서 /i/의 설배음마디(dorsal node)를 선행자음으로 확산한 결과 도출된 č는 (46b)의 [čʰ]의 구조가 아니라 [tʰ]에 2차적 구개음화가 일어난 (48b)의 구조 [tʰʸ]를 나타낸다. 따라서 [čʰ]를 나타내기 위해서 (49b)의 설정음마디(coronal) 아래에 [-ant]를 삽입하는 잉여규칙이 필요하다.

(50) [   ] → [-ant]

한국어에서 i/y 앞에 오는 중설·후설모음/a, ə, o, ɨ, u/가 (51a)처럼 전설모음 [ɛ, e, ö, i, ü]가 되는 움라우트가 일어난다. 그러나 (52)에서 보듯이 두 모음 사이에 구개치경음 /č, čʰ/가 오면 움라우트는 일어나지 않는다.

(51)

    a. /aki/　　'아기'　　→　　[ɛgi]

    b. /əmi/　　'어미'　　→　　[emi]

    c. /kɨli+ta/　'그리다'　→　　[kirida]

    d. /koki/　　'고기'　　→　　[kögi], [kegi]

(52)

    a. /puči/　　'부지'　　→　　[puǰi], *[püǰi]

    b. /kačʰi/　'가치'　　→　　[kačʰi], *[kɛčʰi]

Sagey(1986)의 자질수형도에서 (52b)를 분석해보자.

(53)   /kačʰi/ '가치'   →   [kačʰi],   *[kεčʰi]

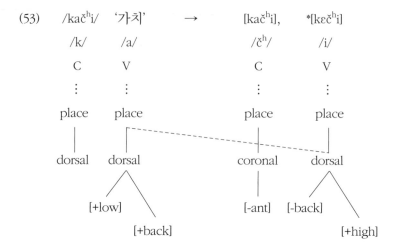

/čʰ/는 기저에 [-ant, +cor]가 표시된다. /i/의 설배음마디(dorsal node)와 /čʰ/가 가진 설정음마디(coronal node)는 3차원적 공간의 각각 다른 형판(plane)에 있으므로 /čʰ/의 설정음마디(coronal node)는 /i/의 설배음마디(dorsal node)가 /a/의 위치마디(place node)로 확산하는 것을 저지하지 못하므로 움라우트는 일어나야 한다. (49)와 (53)에서 보듯이 Sagey(1986)와 Halle(1992, 1995)의 위치마디의 내부구조로는 ㄷ-구개음화와 움라우트를 제대로 설명하지 못한다(강옥미 1994b 참조).

4.4. 협착에 기반한 모형(constriction-based model)

Clements(1993), Hume(1990), Clements and Hume(1994)은 Sagey(1986)의 조음기관에 기반한 모형을 단순화시키고 자음과 모음의 조음위치자질을 통합한 모형을 제시했다. 이 모형에서 음은 구강 내에서 일어나는 협착의 정도(constriction degree)와 협착부위(constriction location)에 의해서 구분된다. 협착은 구강공명실마디(oral cavity node)에 의해 표시된다. 협착의 정도는 조음점과 조음자의 좁힘의 정도를 나타내는 [±cont]로 구분되고 협착부위는 위치마디(C-place node)로 표시된다. 그림 6.2에서 보듯이 자음의 1차적 조음은 위치마디(C-place node) 아래 [labial], [coronal], [dorsal]로 표시되고, 2차적 조음은 모음성마디(vocalic node)의 지배를 받는 모음위치마디(V-place node)에 하위자질 [labial], [coronal], [dorsal]이 표시된다. 그림 6.3에서 보듯이 모음과 반모음은 모음성마디(vocalic node) 아래 협착의 정도를 나타내는 개구도마디 (aperture node)와 협착부위를 나타내는 모음위치마디(V-place node)가 표시된다. 모음의 높이는 입이 벌어지는 정도를 나타내는 개구도마디의 하위자질 [±open]에 의해 결정된다.

Clements and Hume(1994)의 자음과 모음의 자질수형도를 살펴보자.

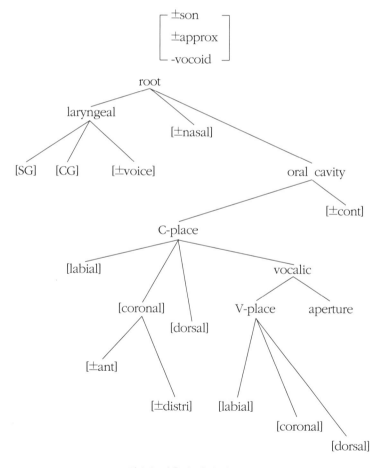

자음의 1차적 조음은 C-place 아래 [lab], [cor], [dor]이 나타내고, 2차적 조음은 Vocalic 아래 V-place 아래 [lab], [cor], [dor]이 나타낸다.

그림 6.2 자음의 자질수형도

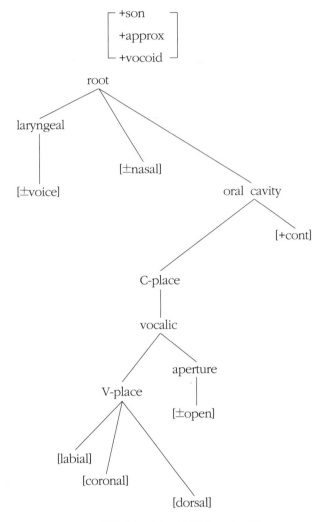

모음의 조음위치는
vocalic 아래 V-place
아래 오는 [lab], [cor],
[dor]이 나타낸다.

그림 6.3 모음·반모음의 자질수형도

4.4.1. 위치마디(place node)

자음과 모음은 협착의 성격이 달라서 그림 6.2와 그림 6.3에서 보듯이 위치마디(C-place node)와 모음위치마디(V-place node)가 자질수형도에서 다른 층위에 분리되어 있지만 동일한 위치자질 [labial], [coronal], [dorsal]로 표시된다. 자·모음의 조음위치는 아래와 같이 자연부류를 이룬다.

260

(54) 위치자질의 자연부류

조음점	자음의 협착	모음
순음자질 [labial]	입술협착 양순음, 순치음, 원순화음	원순모음, w
설정음자질 [coronal]	설단, 전설협착 치경음, 구개치경음, 경구개음	전설모음, y
설배음자질 [dorsal]	후설협착 치경음, 구개치경음, 경구개음	후설모음

자음과 모음의 위치자질을 자질수형도에서 분리한 이유는 모음의 자질이 자음의 자질보다 좀 더 자유롭게 확산되기 때문이다.

(55) Clements and Hume(1994)의 위치마디

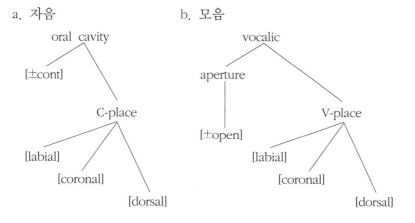

a. 자음   b. 모음

자음의 조음위치를 먼저 살펴보자. 1차적 조음만 가진 자음은 위치마디 (C-place node) 아래에 위치자질 [labial], [coronal], [dorsal]이 표시된다.

(56)

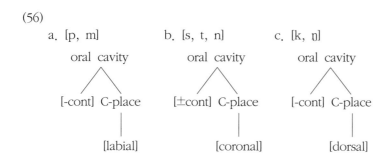

a. [p, m]   b. [s, t, n]   c. [k, ŋ]

원순화음, 구개화음, 연구개화음 등의 2차적 조음은 모음성마디(vocalic node) 아래 [coronal], [labial], [dorsal]이 명시된다. 자음의 2차적 조음은 인접 모음으로부터 부여받으므로 자음의 위치마디(C-place node)가 모음성마디(vocalic node)를 지배하는 것은 타당하다.

(57)

a. [tʷ] b. [tʸ]

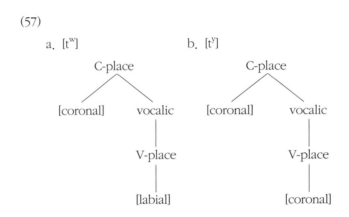

(48)에서 본 Sagey(1986) 모델에서 주조음자(main articulator)를 나타내기 위해서 화살표를 사용하였지만 (57)에서는 주조음자는 위치마디(C-place node)의 왼쪽에 오는 [coronal]이고 부조음자(minor articulator)는 모음위치마디(V-place node)의 지배를 받는 [labial]이나 [coronal]이다. 따라서 주조음자가 부조음자보다 항상 위에 위치한다.

모음의 위치자질을 살펴보자. 평순전설모음은 [coronal]이 명시되고, 원순전설모음은 [coronal]과 [labial]이 명시된다. 원순후설모음은 [dorsal]과 [labial]이 명시된다. 평순중설모음은 [-labial, -coronal, -dorsal]로 모음위치마디(V-place node)가 완전히 미명시된다.

(58)

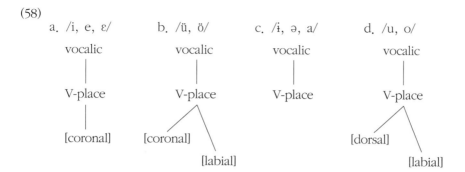

a. /i, e, ɛ/   b. /ü, ö/   c. /ɨ, ə, a/   d. /u, o/

지금까지 조음기관에 기반한 Sagey(1986)와 Halle(1992, 1995)의 자질수형도와 협착에 기반한 Clements and Hume(1994)의 자질수형도를 살펴보았다. 이제 이 두 모형이 서로 어떻게 다른 지를 비교해보자. 편의를 위하여 Sagey(1986)의 위치마디의 내부구조가 (59)에 다시 제공된다.

(59) Sagey(1986)의 위치마디

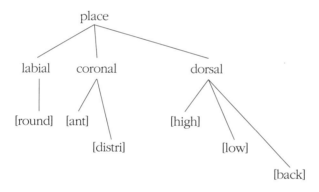

Clements and Hume(1994)과 Sagey(1986)의 자질수형도를 비교하면 크게 다음과 같은 차이가 있다. 첫째, Clements and Hume(1994)의 자질수형도에서 양순음과 원순모음은 [labial]로 표시되므로 Sagey(1983)의 모델에서 원순모음을 나타내는 [round]가 필요 없다. 둘째, Clements and Hume(1994)에서는 전설모음은 [coronal]로 후설모음은 [dorsal]로 표시되므로, Sagey(1983)의 모델에서 사용하였던 [back]자질이 필요 없다. 셋째, 혀의 높이를 나타내는 [high]와 [low]가 Sagey(1983)의 모델에서는 [dorsal] 아래 속해 있지만, Clements and

Hume(1994)의 모델에서 [high]와 [low]가 개구도마디(aperture node) 아래 [±open]으로 대체되어 표시된다.

4.4.2. 개구도마디(aperture node)

모음은 모음성마디(vocalic node) 아래 개구도마디(aperture node)가 있다. 혀의 높이를 나타내는 2분적 자질 [±open]은 개구도마디의 지배를 받는다. 입을 여는 정도를 나타내는 개구도는 대체로 혀의 높이와 비례한다. 혀의 높이의 정도에 따라 [open$_1$], [open$_2$]....[open$_n$]으로 구분하여 SPE의 [±high]와 [±low] 자질을 대체한다. [-open]은 상대적으로 높음을 [+open]은 상대적으로 낮음을 뜻한다. 고-저모음의 2가지 높이체계의 언어는 [open]은 하나의 층위만 차지하여 다음과 같이 표시된다.

(60)

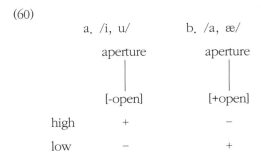

고-중-저모음의 3가지 높이체계의 언어에서 [open]은 두 개의 층위를 차지한다.

(61)

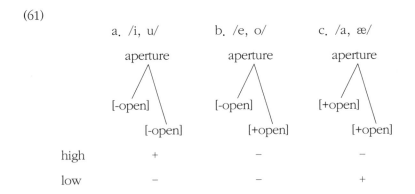

이와 같이 표시하므로써 Sagey(1996)와 Halle(1992, 1995)의 모형에서 설배음마디(dorsal node) 아래 사용되었던 [high]와 [low]가 필요 없다.

4.4.3. 설정음자질 [coronal]

전설모음 i, e, ɛ가 치경음 t, s, n, 구개치경음 č, čʰ와 경구개반모음 y와 함께 설정음으로 자연부류를 이룬다는 사실은 여러 언어에서 보고되었다. 한국어에서도 이를 뒷받침하는 세 가지 음운현상이 있다.

전설모음, 치경음, 구개치경음, y는 설정음이라는 자연부류를 이룬다.

첫째, /t, tʰ/가 i/y 앞에서 [č, čʰ]가 되는 ㄷ-구개음화를 Clements and Hume(1994)의 자질수형도로 설명하면 다음과 같다. 설정음 /t/는 자음 중 가장 무표적인 음이므로 표면구조 (56b)와 달리 기저에서는 (62a)에서 보듯이 1차적 조음을 나타내는 [coronal]이 위치마디(C-place node)에 미명시 된다. (62b)에서 /č/의 기저표시도 위치마디(C-place node)에 1차적 조음을 나타내는 [coronal]은 미명시되고 2차적 조음을 나타내는 V-place [coronal]만 명시된다.

(62)

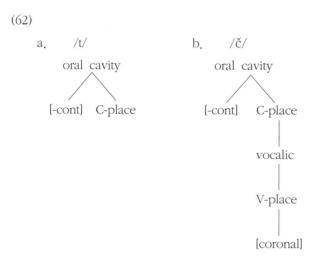

ㄷ-구개음화는 모음 /i/의 설정음자질 [coronal]이 /t/의 위치마디(Cplace node)로 확산하는 것으로 분석된다.

(63) /ma<u>t</u>+<u>i</u>/ '맏이' → [mač̆i] → [maǰi]

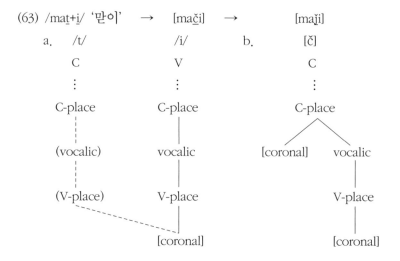

/t/의 위치마디(C-place node)가 완전히 미명시되어 있으므로 /i/의 [coronal]이 확산하기 위해서는 2차적 조음을 나타내는 모음위치마디(V-place node)와 모음성마디(vocalic node)가 선행모음의 위치마디 아래에 삽입된다(괄호표시). /i/의 [coronal]이 삽입된 모음위치마디(V-place node)로 확산하여 모음성마디(vocalic node)로 연결되어 결국 위치마디(C-place node)로 연결된다.

둘째, i/j 앞에 오는 중설·후설모음 /a, ə, o, ɨ, u/가 전설모음 [ɛ, e, i]로 바뀌는 움라우트가 일어난다. (52)에서 살펴본 것처럼 두 모음사이에 구개치경음 /č̆, č̆ʰ/가 오면 움라우트는 일어나지 않는다.

개재자음이 구개치경음 /č̆, č̆ʰ/일 때를 살펴보자.

(64) /kač̆ʰi/   '가치' → [kač̆ʰi]

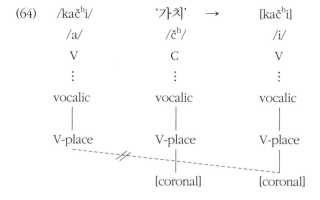

266

/i/의 [coronal]이 V-place[coronal]이 명시되어 있는 /č, čʰ/를 가로질러 /a/의 모음위치마디(V-place node)로 확산할 수 없으므로 움라우트가 일어날 수 없다.[4] /koki/ '고기'에서 일어나는 움라우트를 살펴보자.

4) (64)에서 연결선을 가로질러서는 안 된다는 연결선 가로지르기규약(Line Crossing Convention)을 위반했다(Gold-smith, 1976).

(65) /koki/ '고기'   →   [kegi]

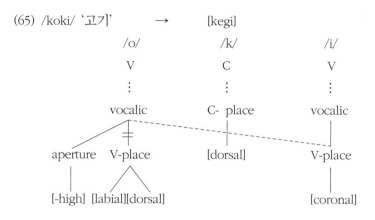

[coronal]을 지배하는 /i/의 모음위치마디(V-place node)가 선행모음 /o/의 모음성마디(vocalic node)로 확산한다. 개재자음인 연구개음 /k/의 [dorsal]과 /i/의 V-place[coronal]은 각각 3차원의 다른 형판에 있으므로 2차원에서 보는 것처럼 연결선이 교차하지 않는다. /o/의 모음위치마디(V-place node)를 삭제하고 /i/의 모음위치마디를 /o/의 모음성마디(vocalic node)로 확산하면 [-high, coronal]로 [kegi]가 된다.[5]

셋째, 설정음 t, s, y, č 뒤에 y가 올 수 없고 양순음 p, m 뒤에 w가 올 수 없는 두음공기제약(onset cooccurrence constraint)이 있다(Martin 1951; Clements 1990; Jin-Sung Lee(이진성 1992)).

5) 중모음은 [-high]로 명시된다. 자세한 미명시는 다음 4.5절 참조.

(66)
  a. *양순음 + w

   *pwi '뷔', *p'we '쀄', *pʰw '풔', *mwa '뫄'

  b. *설정음 + y

   *tye '댸', *tyə '뎨', *t'yu '뜌', *tʰya '탸',

   *syo '쇼', *s'yu '슈', *čyə '져', *čʰye '챼'

이것은 동일 층위에 같은 자질을 가진 음이 연속적으로 나타나지 못하게 하는 **필수굴곡원리**(Obligatory Contour Principle, OCP: Leben 1971, 1973, McCarthy 1986) 때문이다.

(67) 필수굴곡원리(McCarthy 1986)

　　　인접한 동일 요소는 금지된다.

필수굴곡원리는 주어진 층위에서 인접하는 동일한 두 자질(features)이나 마디(nodes)에 적용된다. 양순음+w와 설정음+y의 연속이 불가능한 것은 [labial] 층위와 [coronal] 층위에서 [coronal]과 [labial]이 연속적으로 오기 때문이다.[6]

6) [tačyə] '다져', [mwə] '뭐', [pwa] '봐'는 단일어가 아니라 /tači+ə/ '다지어', /mu+ə/ '무어', /po+a/ '보아'에서반모음화로 인하여 도출되었다. 이 공기제약은 단일어에만 적용되는 것으로 한정한다.

(68) OCP 위반(Clements and Hume 1994)

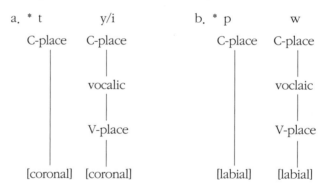

　　a. * t　　　　y/i　　　　　　b. * p　　　　　w
　　　 C-place　C-place　　　　　　 C-place　C-place
　　　　　　　　│　　　　　　　　　　　　　│
　　　　　　 vocalic　　　　　　　　　　 voclaic
　　　　　　　　│　　　　　　　　　　　　　│
　　　　　　 V-place　　　　　　　　　　 V-place
　　　│　　　　│　　　　　　　　│　　　　│
　[coronal]　[coronal]　　　　　[labial]　[labial]

ㄷ-구개음화, 움라우트와 두음공기제약에서 전설모음 /i/, 반모음 /y/, 치경음 /t, t', tʰ, s, s'/와 구개치경음 /č, č', čʰ/는 [coronal]을 공통으로 가지는 자연 부류를 이룬다.

4.5. 한국어의 자질수형도와 미명시표시

본고의 7장과 9장에서 한국어의 음운현상을 분석하기 위해서 사용하는 자질수형도는 다음과 같다.

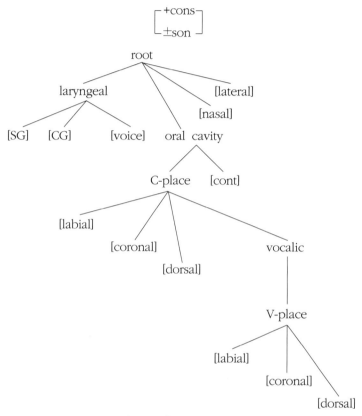

그림 6.4 자음의 자질수형도

자음 중 구개치경음(č, č', čʰ), 경구개음과 2차적 조음(Cʸ, Cʷ)을 가진 음은 모음성마디(vocalic node) 아래 모음위치마디(V-place node)도 가진다.

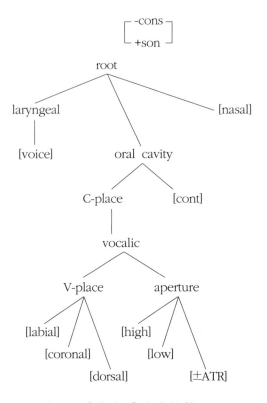

그림 6.5 모음과 반모음의 자질수형도

그림 6.4와 그림 6.5의 자질수형도를 가지고 기저에 표시할 분절음의 각 자질을 어느 정도까지 표시해야 하는지를 살펴보자.

다음은 완전명시된 한국어의 자음을 살펴보자.

270

표 6.3 한국어 자음의 완전명시

	p	p'	pʰ	t	t'	tʰ	s	s'	č	č'	čʰ	k	k'	kʰ	h	m	n	ŋ	l	y	w
[cons]	+	+	+	+	+	+	+	+	+	+	+	+	+	+	+	+	+	+	+	-	-
[son]	-	-	-	-	-	-	-	-	-	-	-	-	-	-	-	+	+	+	+	+	+
[cont]	-	-	-	-	-	-	+	+	-	-	-	-	-	-	+	-	-	-	-	+	+
[nas]	-	-	-	-	-	-	-	-	-	-	-	-	-	-	-	+	+	+	-	-	-
[lat]																-	-	-	+		
[lab]	+	+	+	-	-	-	-	-	-	-	-	-	-	-		+	-	-		-	-
[cor]	-	-	-	+	+	+	+	+	+	+	+	-	-	-		-	+	-	+	+	-
[ant]	+	+	+	+	+	+	+	+	-	-	-	-	-	-		+	+	-			
[dor]	-	-	-	-	-	-	-	-	-	-	-	+	+	+		-	-	+	-	-	+
[CG]	-	+	-	-	+	-	-	+	-	+	-	-	+	-							
[SG]	-	-	+	-	-	+	-	-	-	-	+	-	-	+	+						
[voiced]	-	-	-	-	-	-	-	-	-	-	-	-	-	-	-	+	+	+	+	+	+

그림 6.4의 자질수형도에 급진적 미명시로 자질과 마디를 1분적으로 표시하면 표 6.4와 같다.

표 6.4 한국어 자음의 급진적 미명시

	p	p'	pʰ	t	t'	tʰ	s	s'	č	č'	čʰ	k	k'	kʰ	h	m	n	ŋ	l	y	w
[cons]																				-	-
[son]																					
[cont]							+	+							+					+	+
[nas]																+	+	+			
[lat]																			+		
C-place[cor]																				+	
[lab]	+	+	+													+					+
[dor]												+	+	+				+			+
V-place[cor]									+	+	+										
laryngeal[CG]		+			+			+		+			+								
[SG]			+			+					+			+	+						
[voiced]																					

표 6.4에서 자질이나 마디가 표시되면 그 자질이나 마디는 해당음에서 활동적(active)이거나 유표적(marked)이고, 자질이나 마디가 표시되지 않으면

해당음에서 비활동적(inactive) 이거나 무표적(unmarked)이다.

먼저 자음 중에서 후두마디(laryngeal node)의 미명시를 살펴보자. 장애음은 평음, 경음과 유기음의 대립이 있으므로 후두마디의 하위자질인 [SG]와 [CG]가 기저에 표시된다. 공명음은 [-SG, -CG]이므로 비활동적인 후두마디를 표시하지 않는다.

(69) 후두마디의 기저표시

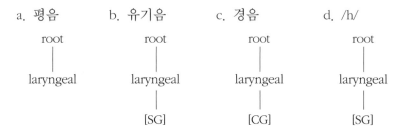

공명자음 중 비음과 유음은 뿌리마디 아래 [nasal]과 [lateral]이 명시된다. 장애음은 [-nasal]과 [-lateral]이므로 기저에 두 자질이 미명시된다.

(70)

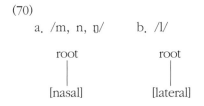

마찰음 /s, s', h/는 기저에 [cont]가 명시되고 파열음과 파찰음은 [-cont]이므로 미명시된다.

(71)

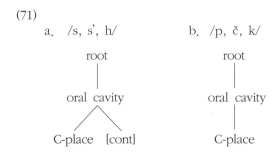

272

치경음은 위치마디(C-place node)에 [coronal]이 미명시된다. 양순음은 [labial]이, 연구개음은 [dorsal]이 명시된다. 구개치경음의 경우 1차적 조음을 나타내는 [coronal]은 위치마디 아래 미명시되지만 2차적 조음을 나타내는 V-place [coronal]은 명시된다.

(72)

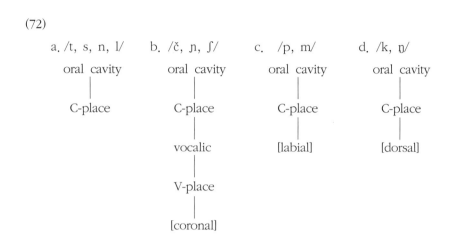

완전명시된 한국어의 모음은 다음과 같다.

표 6.5 한국어 모음의 완전명시

혀의 위치 자질	전설모음 i ü ö e ɛ	중설모음 ɨ ə a	후설모음 u o
[cons]	− − − − −	− − −	− −
[son]	+ + + + +	+ + +	+ +
[coronal]	+ + + + +	− − −	− −
[dorsal]	− − − − −	− − −	+ +
[labial]	− + + − −	− − −	+ +
[cont]	+ + + + +	+ + +	+ +
[voice]	+ + + + +	+ + +	+ +
[high]	+ + − − −	+ − −	+ −
[low]	− − − − +	− − +	− −
[ART]	+ + − + −	+ + −	+ −

표 6.5를 급진적 미명시로 표시하면 다음과 같다.

표 6.6 한국어 모음의 급진적 완전명시

혀의 위치 / 자질	전설모음 i	ü	ö	e	ɛ	중설모음 ɨ	ə	a	후설모음 u	o
[cons]										
[son]										
[cont]										
V-place [coronal]	+	+	+	+	+					
[dorsal]									+	+
[labial]		+	+						+	+
laryngeal [voice]										
aperture [high]			−	−			−			−
[low]					+			+		
[ART]										

기저에 표시되는 모음의 자질을 살펴보자. 모음위치마디(V-place node)에 관하여 전설모음은 [coronal]이, 후설모음은 [dorsal]이 명시되고, 중설모음은 [-coronal, -dorsal]로 모음위치마디가 완전미명시된다. 원순모음은 [labial]이 명시된다. 모음의 높이를 나타내는 개구도마디(aperture node)의 표시로 저모음은 [low]가 명시되고, 중모음은 [-high]가 명시되고, 고모음은 미명시된다. i는 가장 무표적인 모음이므로 모음위치마디(V-place node)와 개구도 마디가 완전미명시된다.

(73) 전설모음

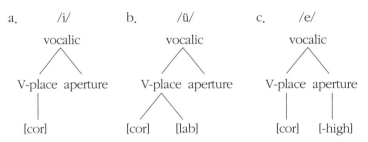

274

d.　　　/ö/

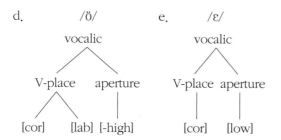

e.　　　/ɛ/

(74) 후설모음

a.　　　/u/　　　b.　　　/o/

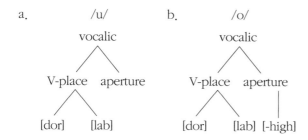

(75) 중설모음

a.　　/ɨ/　　　b.　　　/a/　　　c.　　　/ə/

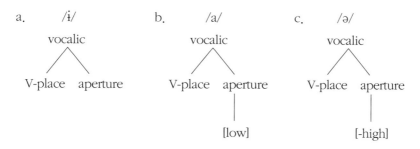

5. 운율음운론(prosodic phonology)

5.1. 운율성분과 기능

　음절, 음보, 악센트, 억양 등의 운율단위에 대한 연구가 1980년대부터 집중적으로 이루어졌다. 두음이나 말음 등 음운현상의 영역이 되는 음절, 강세의 영역이 되는 음보(foot)나 악센트구(accentual phrase), 억양의 영역이 되는 억양구(intonational phrase) 뿐만 아니라 구단계에 적용되는 음운현상의 영역으로 운율어(prosodic word)와 운율구(prosodic phrase)가 있다. 이런 운율성분(prosodic constituents)은 여러 음운현상의 영역(domain)으로서 기능한다.

　따라서 학자들은 운율성분의 크기에 따라 세분화하여 음절(σ), 음보(F), 운율어(prosodic word, phonological word), 운율구(prosodic phrase, phonological phrase), 접어군(clitic group), 억양구(intonational phrase), 발화(utterance) 등을 제안하였다. 이들 운율성분은 크기에 따라 계층적 구조를 가지고 있다는 주장이 제기되었는데, Selkirk(1986)이 주장한 운율계층구조(prosodic hierarchy)는 다음과 같다.

(76)

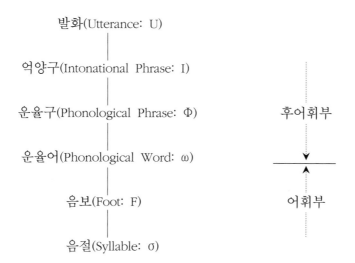

언어에 따라 운율어
는 어휘부에 속하거
나 후어휘부에 속할
수 있다.

　　운율계층의 내부성분은 학자에 따라 약간의 차이가 있다. Nespor and Vogel(1986)과 Vogel(1990)은 운율구와 운율어 사이에 접어군(clitic group)을 설정하고, Itô(1986)와 Zec(1988)은 음절 아래의 모라(μ)도 운율계층에 포함시킨다.

　　운율음운론에서는 문장들이 (76)에 있는 운율성분을 모두 포함하여 운율화 되어야 한다고 가정한다. 음절은 음보로, 음보는 운율어로, 운율어는 운율구로, 운율구는 억양구로, 억양구는 발화로 상위 운율성분으로 연결되는 것을 **운율인가(prosodic licensing)**라 한다. 운율구조적형제약(Prosodic Structure Wellformedness Constraint: Selkirk 1984, Nespor and Vogel, 1986)은 상위 운율 성분이 바로 아래의 운율성분만을 지배할 것을 요구한다.

(77) 운율구조적형제약
　　운율구조는 $C^n \rightarrow C^{(n-1)*}$의 규칙도식을 지켜야 한다.

운율구조적형제약에 따라 운율화된 문장은 다음과 같이 도식화된다.

(78)

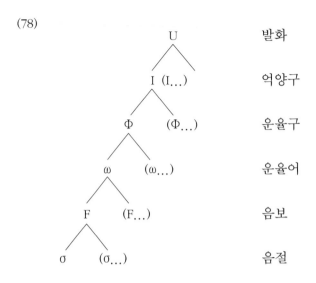

즉 발화(U)는 하나 이상의 억양구(I)를 포함해야 하고, 억양구(I)는 하나 이상의 운율구(Φ)를 포함해야 하고 운율구(Φ)는 하나 이상의 운율어(ω)를 포함해야 한다.

운율어, 운율구, 악센트구와 억양구가 문법에서 독자적으로 필요한 이유는 운율구조와 형태구조가 통사구조와 일치하지 않기 때문이다. 통사구조와 음운구조가 일치하지 않는 예를 살펴보자.

(79) a. 통사구조

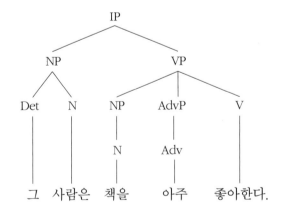

278

b. 음운구조

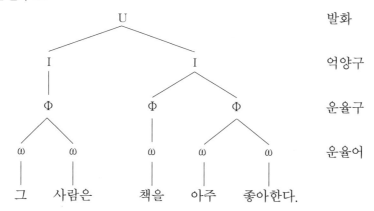

(79b)에서 부사구 AdvP '아주'와 동사V '좋아한다'는 하나의 운율구 (Φ)로 대응되고 있다. (79a)에서 보듯이 VP 내에서 AdvP+V '아주 좋아한다'는 통사론적으로는 어떠한 구성성분이 될 수 없다. 이것은 형태구조와 통사구조와 달리 음운구조가 문법에서 필요한 근거가 된다.

(76)의 운율성분은 처음에는 구절규칙(phrase rules) 또는 후어휘규칙(postlexical rules)에 적용되는 음운현상의 영역이었으나 어휘부(lexicon) 안으로까지 운율계층이 확대됨으로써 어휘규칙의 영역까지 담당하게 되었다.[7] 음운현상의 종류에 따라 적용되는 운율성분도 다르다. **후어휘규칙(postlexical rules)**은 운율어, 운율구, 억양구, 발화 중 어느 하나 안에서 반드시 일어나야 한다.

운율성분에 따라 적용되는 음운규칙은 세 가지로 분류된다.

(80) Selkirk(1980: 111-112)

　　a. 영역내부규칙(domain span rule)

　　　A → B / [.... X ___ Y...]$_D$

　　b. 영역인접규칙(domain juncture rule)

　　　A → B / [.... [X ___ Y...]$_{Dj}$ $_{Dj}$[Z...] ...]$_{Di}$

　　　A → B / [.... [...X]$_{Dj}$ [Y___Z...]$_{Dj}$ ...]$_{Di}$

7) 단어 내에서 단어 형성과정과 밀접한 관계를 이루면서 적용되는 규칙을 어휘규칙(lexical rules)이라 하고 어휘부를 나온 단어가 어휘삽입이 된 후 통사부를 거친 후 단어 사이나 구 단계에 적용되는 규칙을 구절규칙이나 후어휘규칙이라 한다. 자세한 논의는 Kiparsky(1982) 참조.

c. 영역한계규칙(domain limit rule)

A → B / [.... X ___ Y]_D

A → B / [X ___ Y...]_D

영역내부규칙은 특정한 운율성분 D 내의 분절음에 영향을 끼치는 현상이고, 영역인접규칙은 상위의 운율성분 D_i 내에서 동일한 유형의 운율성분 D_j의 연결부분에 위치한 어느 한 분절음에 일어나는 현상이고, 영역한 계규칙은 일정한 운율성분의 오른쪽끝이나 왼쪽끝에서 일어나는 현상이다. 모든 운율규칙들은 이 세 가지 유형 중 어느 한 가지에 속한다.

그렇다면 운율성분은 어떻게 만들어질까? 운율어와 운율구의 도출은 형태·통사구조에 의존적인데 반하여 억양구와 발화는 의미정보와 발화속도에 따라 크기가 가변적이므로 통사구조에 덜 의존적이다. 다음 절에서 한국어 음운현상의 영역이 되는 운율성분을 어떻게 도출하는지 살펴보자.

5.2. 한국어의 운율성분

한국어에서 운율구와 운율어가 어떻게 도출되는지 살펴보자. 운율성분은 통사구조나 형태구조로부터 간접적으로 형성된다. Selkirk(1986)과 Selkirk and Shen(1990)은 언어별로 문법에 따라 통사구조에서 운율성분을 사상(mapping)하는 매개변인(parameter)을 제안했다.

(81) Selkirk(1986)의 측단이론(End-based Theory)
각 언어의 운율구조는 다음 두 매개변인을 취한다.
C^n: {왼쪽/오른쪽, X^m}

X^m은 x-bar 계층범주
통사구조의 오른쪽과 왼쪽끝 X^m은 운율구조의 오른쪽과 왼쪽끝 C^n과 일치한다.

운율성분은 방향성(오른쪽, 왼쪽)과 x-bar 계층범주(X°, X^{max})에 의해 결정된다. 운율어는 X°의 오른쪽이나 왼쪽끝과 일치하고 운율구는 X^{max}의 오른쪽과 왼쪽끝과 일치한다. 두 매개변인의 조합으로 다음과 같은 4가지 운율성분 규칙이 만들어진다.

(82) (i) $]x^m$ = $)C^n$ (ii) $x^m[$ = $C^n($

     a. $]x^\circ \rightarrow)\omega$ a. $x^\circ[\rightarrow \omega($

     b. $]x^{max} \rightarrow)\Phi$ b. $x^{max}[\rightarrow \Phi($

측단이론에서 도출의 방향은 해당 언어의 구절구조(phrase structure)에서 핵(head)이 어느 쪽에 오는지에 따라 결정된다. 한국어는 아래에서 보듯이 핵이 구의 오른쪽에 오는 언어(head-final language)이다.

한국어는 핵이 구의 오른쪽에 오는 언어 (head-final language)이다.

(83) 한국어의 구절구조

     VP → NP + V   AP → AdvP + A

     NP → Det + N   AdvP → AdvP + Adv

     PP → NP + P

핵이 오른쪽에서 오는 언어는 형태·통사구조로부터 운율성분을 사상할 때 오른쪽에서 왼쪽으로 일어나므로 (82ii)를 따른다.

운율성분은 통사구조에서 형성된다. 따라서 복잡한 형태구조를 가진 단어라도 통사부에서 나올 때는 괄호소거(bracket erasure)에 의해 형태소의 내부 괄호가 다 지워지므로 하나의 단어로 인식되어 하나의 운율어가 도출된다.[8]

(84)

     a. [[접두사[어간]조사]   b. [[[어간] [어간]어미]

        $_N[_N[$təs $_N[$os$]]$li$]$ '덧옷이' $_{Adv}[_N[_N[$ap$^h]_N[$ap$^h]]$li$]$ '앞앞이'

괄호소거 $_N[$təs̠osi$]$ $_{Adv}[$ap^{h}ap^{h}i$]$

운율어형성   *$\omega($təs̠osi$)$ *$\omega($ap^{h}ap^{h}i$)$

8) 각 층위(level)의 끝에서 내부괄호들이 삭제되는 괄호소거규약(Bracket Erasure Convention)이 일어난다.

어휘부의 마지막에서 단어의 내부괄호가 소거되므로 위의 두 단어는 하나의 어휘범주인 명사(N)와 부사(Adv)로 표시되어 있어 하나의 운율어 (ω)가 된다. 그 안에서 음절화가 일어나면 [tədosi]와 [abapʰi]가 아니라 틀린 표면형인 *[təsosi]와 *[apʰapʰi]이다. 따라서 Ongmi Kang(강옥미 1993, 1992a, b)은 Selkirk의 x°[세팅을 단어 내로 연장하는 어휘적 lex°[매개변인을 제안했다.

(85) 한국어 운율어 형성규칙[9]

    lex°[→ ω((lex: 어휘범주

(85)를 따르면 형태소의 내부괄호가 그대로 있는 상태에서 운율어를 도출하므로 (86)과 (87)에서 보듯이 오른쪽에서 왼쪽으로 진행하면서 형태구조의 왼쪽괄호가 어휘범주(N, V, Adj, Adv)가 표시되어 있으면 운율어(ω)를 도출한다.

(86)

    a. [[접두사 [어간]] 조사]   (87) a. [[[어간] [어간]] 어미]

        ₙ[ₙ[təs ₙ[os]]i] '덧옷이'   Adv[ₙ[ₙ[apʰ] ₙ[apʰ]]i] '앞앞이'

    b. ω(접두사) ω(어간+조사)   b. ω(어간) ω(어간+어미)

        ω(......   ω(...........   ω(.....   ω(...........

    c. ω(tət˺) ω(osi)   ω(ap˺) ω(apʰi)

어미, 접미사와 조사는 독자적인 어휘범주를 형성하지 못하므로 선행어간에 포함된다. (86b)에서 오른쪽에서 왼쪽으로 진행하면서 어간+조사의 왼쪽괄호 ₙ[os]]i]가 어휘범주인 명사(N)이므로 하나의 운율어가 도출된다. 접두사는 자신이 어휘범주를 형성하지는 않지만 파생된 단어 전체를 나타내는 어휘범주 N이 접두사 ₙ[ₙ[təs 앞에 표시되어 있으므로 접두사도 운율어가 된다.

(79)에서 통사구조와 음운구조가 일치하지 않는 것과 마찬가지로 형태구조와 음운구조도 반드시 일치하지 않는다. 복합어 전체는 1개의 단어지만 2개의 운율어로 구성된다. 접두사와 어간뿐만 아니라 합성어의 각 어간도 독립

적인 운율어가 된다.

(88)

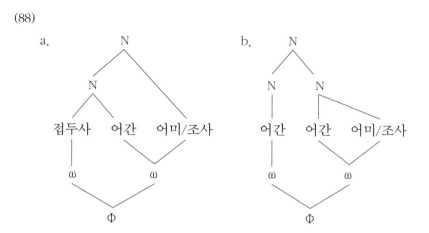

다음으로 운율구를 어떻게 도출하는지 알아보자. 운율구는 통사구조의 왼쪽끝이 어휘범주의 최대투영(Maximal projection: AP, NP, VP...)이면 하나의 운율구가 도출된다.

(89) 한국어 운율구 형성규칙

$$lex^{max}[\quad \rightarrow \quad \Phi(\qquad \qquad (lex: 어휘범주)$$

(89)를 따라 운율구는 문장의 통사구조에서 간접적으로 도출된다.

운율구의 형성을 문장 (90)에서 살펴보자. 오른쪽에서 왼쪽으로 진행하면서 처음 만나는 최대투영의 왼쪽끝 NP에 하나의 운율구(Φ)가 도출되고, 왼쪽으로 진행하면서 또 다른 최대투영의 왼쪽끝 NP를 만나서 또 다른 운율구가 도출된다.

형태구조와 음운구조가 일치하지 않으므로 음운현상의 적용 영역을 나타내는 운율성분이 필요하다.

(90)

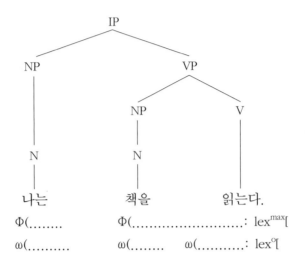

목적어인 NP ‘책을’과 동사 V ‘읽는다’는 하나의 운율구가 되고 주어인 NP ‘나는’도 독자적인 운율구(Φ)가 된다.

다음 장에서 음절과 음절화와 관련된 현상을 알아보고, 8장과 9장에서는 이 장에서 논의된 자립분절소인 성조, 시간단위, 변별자질 등이 직접 음운현상을 설명하는데 운용된다.

284

요약

성조, 시간단위와 자질들을 각각 독립적인 층위에 있는 자립분절소로 분석함으로 단선음운론에서 발생했던 문제들이 해결되었다. 기저에 어떤 자질을 표시하는가를 정하는 미명시이론에서는 잉여적이고 예측 가능한 자질은 기저에 표시하지 않아서 언어의 경제성을 꾀하였다. 분절음은 자질들의 묶음이 아니라 각 자질과 마디가 3차원 공간에 계층적 구조를 이루고 있다. 계층적 자질수형도는 미명시이론과 더불어 기저에 표시될 음의 자질과 마디의 정도를 결정하는 중요한 역할을 한다. 동화와 중화는 개별 자질이나 마디의 확산이나 삭제로 설명된다. 운율음운론은 형태론이나 통사론과 별개로 문법에 음운구조가 존재한다고 보고 발화는 모든 운율성분으로 운율화되어야 한다. 운율성분은 크기에 따라 모라, 음절, 음보, 운율어, 운율구, 억양구와 발화로 나뉘어진다. 이들 운율성분은 개별 음운현상이 적용되는 영역으로 기능한다.

🔆 연습문제

1. 원순음 [u, o, ɔ, w]와 양순자음 [p, m, b]를 포괄적으로 다루는 자질은 무엇인가?

2. 한국어의 자음과 모음 중 가장 무표적인(unmarked) 음은 무엇인가? 그 근거를 밝히면서 답하시오.
   (1) 무표적 모음
   (2) 무표적 자음

3. 한국어에서 전설모음, 치경음과 구개치경음은 자연부류를 이룬다. 이것을 입증하는 음운현상은 무엇인가?

4. 비음 m, n, ŋ은 기저에 [+nasal]이 표시되고 설측음 l은 기저에 [+lateral]이 표시된다. 이들의 잉여자질을 기정치규칙으로 나타내시오.

5. 한국어의 공명음 [+son]과 장애음 [-son]의 잉여자질을 기정치규칙으로 나타내시오.

6. 다음 단어와 문장에서 운율어와 운율구를 도출하시오.
   (1) a. ₙ[us ₙ[os]]-il   '웃옷을'
       b. ₙ[təs ₙ[os]]-i   '덧옷이'
       c. ₙ[ₙ[hilk]ₙ[akuɲi]]   '흙아궁이'

d. $_N[_N[pu\partial\underline{k}^h]\ _N[an]]$ '부엌안'

(2) a. $_{VP}[_{ADVP}[k'ok]\ _V[o\text{-}seyo]]$ '꼭오세요'

b. $_{NP}[_{Det}[ki\dot{i}]\ _N[salam]\text{-}in\ _{VP}[_{NP}[\check{c}^h\epsilon k]\text{-}i\dot{l}\ _{ADVP}[a\check{c}u]\ _V[\check{c}ohaha\text{-}n\text{-}ta]$

'그 사람은 책을 아주 좋아한다'

7장 음절과 음운현상

장 목표

이 장에서 여러분은 다음과 같은 내용을 알게 된다.

· 한국어의 음절구조를 안다.
· 한국어의 음절화의 조건이 되는 제약을 안다.
· 음절구조, 음절구조적형조건, 연결제약과 관련된 음운현상을 살펴본다.
· 음절화와 관계된 음운현상이 왜 일어나는지 어떻게 일어나는지 알 수 있다.

1. 음절구조(syllable structure)

이 절에서는 음절 내에서 분절음의 위치를 결정짓는 공명도척도와 한국어의 음절구조를 알아보자.

1.1. 공명도척도(sonority scale)

음절 내에서 분절음의 위치는 보편적으로 공명도척도(sonority scale)에 의해 결정된다. 공명음은 폐에서 올라온 기류가 구강, 인강, 비강 중 어느 하나의 공명실을 울리면서 비교적 순수하게 만들어진 소리이고, 장애음은 구강 안에서 마찰이나 갑작스런 파열에 의한 장애를 동반하면서 만들어지는 소리이다. 동일한 조건하에서 동일한 길이, 강세와 높이로 발음했을 때 보다 더 멀리 잘 전달되는 소리가 공명도가 크다. 공명도척도는 대체로 모음 〉 반모음 〉 공명자음 〉 장애음의 순서로 볼 수 있는데 수치로 구분하면 다음과 같다 (Jesperson, 1904; Hooper 1972, 1976; Giegerich 1992; Selkirk, 1984).

분절음은 발음되기 위하여 음절의 구성원이 되어야 한다.

표 7.1 공명도척도(sonority scale)

공명도지수	음		공명도 최대	예
10	저모음	공명음	↑	a, æ
9	중모음			o, e, ə
8	고모음			i, u
7	반모음			y, w
6	유음			l, r
5	비음			m, n, ŋ
4	유성마찰/파찰음	장애음		v, z, ð, ʤ
3	무성마찰/파찰음			f, s, ʧ, θ
2	유성파열음			b, d, g
1	무성파열음		공명도 최소	p, t, k

Selkirk(1984)은 음절내 분절음의 위치는 **공명도연쇄일반법칙**(Sonority Sequencing Generalization)을 따른다고 했다.

(1) 공명도연쇄일반법칙

어느 음절에서나 분절음은 공명도가 처음에는 올라가다 내려오는 식으로 배열된다.

공명도연쇄일반법칙에 따라 공명도가 가장 높은 모음이 음절의 정점인 핵이 되고, 모음 앞이나 뒤에 반모음이 온다. 음절의 가장자리에 오는 두자음군(onset clusters)과 말자음군(coda clusters)은 공명도지수에 따라 각각 핵으로부터 순서가 정해진다. 즉 공명도지수가 음절핵을 향하여 올라갔다가 음절핵을 정점으로 내려온다.

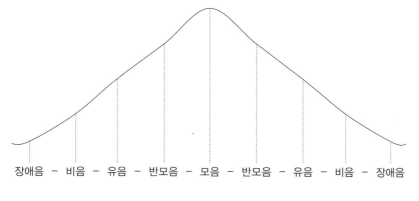

음절 내에서 분절음은 공명도지수에 따라 배열된다. 공명도는 처음에는 올라가다 내려온다.

장애음 ─ 비음 ─ 유음 ─ 반모음 ─ 모음 ─ 반모음 ─ 유음 ─ 비음 ─ 장애음

그림 7.1 공명도에 따른 음절 내 분절음의 위치

G(반모음)
V(모음)

상승이중모음
G+V

하강이중모음
V+G

삼중모음
G+V+G

영어에서 공명도지수가 높은 자음 뒤에 공명도지수가 낮은 자음이 오는 두자음군(onset cluster)과 공명도가 낮은 자음 뒤에 공명도지수가 높은 자음이 오는 말자음군(coda cluster)은 공명도연쇄일반법칙을 어기므로 실현될 수가 없다.

(2)

a. *n b i k   b. *f t r a   c. *g o f l
   | | | | | | | | | | | |
   5 2 8 1   3 1 6 10   2 9 3 6

공명도척도는 입이 벌어지는 정도를 나타내는 **개구도(aperture)**와 비례한. Saussure(1916)가 제시한 개구도는 다음과 같다.

(3) Saussure(1916)의 개구도

    0   1   2   3   4   5   6 →

파열음 마찰음 비음 유음 고모음 중모음 저모음

개구도가 큰 모음이 음절핵이 되고 개구도가 작은 자음이 음절 가장자리에 온다. 표 7.1의 공명도척도는 자음의 강도척도와 반비례한다. 김차균(1990)과

오정란(1993b)은 한국어의 자음강도를 척도(scale)로 분류했다.

(4) 자음의 강도체계(오정란 1993b)

공명도연쇄일반법칙은 슬라브어나 아랍어에서 예외가 있지만 보편적으로
음절구조를 지배하는 가장 중요한 원리이다.

1.2. 음절의 내부구조

한국어에서 발화되는 음절의 유형을 살펴보면 한국어의 **음절형판(syllable
template)**을 알 수 있다.

표 7.2 한국어의 음절유형

개음절 (open syllable) V, G로 끝나는 음절	V	아, 어, 오, 우
	CV	자, 나, 너
	CVV	배:(倍)
	CGV	벼, 뇨, 뒤
	CVG	늬
폐음절 (closed syllable) C로 끝나는 음절	VC	옷, 안, 입
	CVC	집, 죽, 낫
	GVC	약, 욕, 엿
	CGVC	별, 광, 격
	CVVC	눈:, 밤:, 발:

C(자음), V(모음), G(반모음)

표 7.2에서 보듯이 표면음절에서 가장 큰 분절음의 연쇄가 CGVC이므로
한국어의 음절형판을 임시로 (5)와 같이 설정한다.

(5)

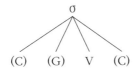

(5)에서는 두음(onset), 말음(coda), 운모(rhyme)와 같은 음절의 하위구조를 설정하지 않았지만, V는 음절의 핵(nucleus)이고 V 앞에 오는 C는 두음이고 V 뒤에 오는 C는 말음이다. 음절의 핵인 모음은 필수적이지만 두음과 말음에 오는 자음과 반모음은 수의적이다. 음절의 내부구조에 대해 지금까지 아래의 2가지가 논의되어 왔다.

(6)

    a. 반모음은 두음에 속하는가 핵에 속하는가.

    b. 음절이 두음+운모(핵+말음)로 구분될 수 있는가.

영어와 중국어는 운모가 있다.

우선 반모음의 음절 내 위치부터 살펴보자. 두 모음이 연속할 때 모음충돌 회피현상으로 (7a)처럼 두 모음 사이에 반모음이 삽입되거나 (7b)처럼 선행모음이 반모음이 된다.

(7)

    a. 반모음 삽입

        /suni̯+a/   '순이야'   →   [suniya]   cf. sun+a '선아'

        /nanu̯+ə/   '나누어'   →   [nanuwə]

    b. 반모음화

        /po̯+a/   '보아'   →   [p^{w}a:]

        /ki̯+ə/   '기어'   →   [k^{y}ə:]

[a:] [ə:]는 보상적 장모음화의 결과이다.

반모음이 두음에 속한다면 자음+반모음 Cy, Cw는 두자음군(onset cluster)이 된다. 한국어는 두자음군을 허용하지 않으므로 Jong-Mi Kim(김종미 1986)과 Hyang-Sook Sohn(손형숙 1987)은 반모음(yV, wV)은 핵에 속한다고 주장한

두자음군:
Cy, Cw

2차적 조음:
C^y, C^w

다. 그러나 김차균(1987)과 Sang-Cheol Ahn(안상철 1988)은 /pyəl/ '별'이나 /kwaŋ/ '광'에서 기저의 Cy, Cw나 (7b)처럼 반모음화에 의해 동시조음된 Cʸ, Cʷ는 발음상 차이가 없으므로 Cy, Cw는 두자음군이 아니라고 주장한다. 본 고에서도 한국어의 반모음은 두음에 속한다고 가정한다(강옥미 1994c).

다음으로 한국어에 과연 운모(rhyme)가 있는지를 살펴보자. 운모를 가진 음절구조는 다음과 같다. 음절은 두음(onset)과 운모로 나뉘어지고 운모는 핵 (nucleus)과 말음(coda)으로 나뉘어진다.

음절에서 모음은 핵 이고 핵의 앞에 오 는 자음은 두음이다. 모음 뒤에 오는 자 음은 말음이다. 핵과 말음은 운모라는 구 성성분을 이룬다.

(8)

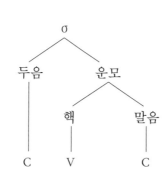

영시에는 운모(rhyme)가 시행(verse)에서 중요한 역할을 한다. 다음 시에서 운모의 존재를 찾아보자.

(9) A Psalm of Life

Tell me not in mournful n<u>umbers</u>,

Life is but an empty dr<u>eam</u>!

For the soul is dead that sl<u>umbers</u>,

And things are not what they s<u>eem</u>.

Life is real! Life is e<u>arnest</u>!

And the grave is not its g<u>oal</u>;

Dust thou art, to dust ret<u>urnest</u>,

Was not spoken of the s<u>oul</u>.

-Henry Wadsworth Longfellow(1807-1882)-

동일한 모음과 말음으로 이루어진 각운을 가진 단어들이 각 행의 끝에서 반복된다: n<u>umbers</u>/sl<u>umbers</u>, dr<u>eam</u>/s<u>eem</u>, e<u>arnest</u>/r<u>eturnest</u>, g<u>oal</u>/s<u>oul</u>. 이런 각운의 존재는 음절이 두음과 운모로 구성되어 있다는 증거가 된다(이기정·한문섭 1999).

중국시가에도 일정한 자리에 같은 음이나 비슷한 음을 규칙적으로 배치하여 운율적 효과를 내는 압운(押韻)이 있다 압운은 두운(頭韻)과 각운(脚韻)이 있는 데 오언절구의 각운(脚韻)은 2행과 4행의 마지막 음절의 VC에, 칠언절구의 각운은 1, 2, 4행의 마지막 음절의 VC에 각운이 나타난다.

중국어는 음절이 G-GVC로 나누어지지만 각운은 VC만 참여한다.

(10) 靜夜思

牀前明月<u>光</u>	침상 앞에는 달빛이 비쳐 밝으니
疑是地上<u>霜</u>	땅위에 내린 서린가 여겼네
擧頭望明月	머리 들어 산위의 밝은 달을 바라보다
低頭思故<u>鄕</u>	머릴 숙여 고향을 생각하네

-李白(701-762)-

위에서 光(광), 霜(상), 鄕(향), 세 음은 두음은 다르지만 각운(VC)은 [aŋ]으로 같다. 영시와 중국어는 음절이 C-(G)VC로 나누어지므로 운모(rhyme)의 존재를 입증한다. 그러나 한국어에는 운모가 존재한다는 확실한 음운론적 증거를 찾기 어렵다.

그렇다면 한국어의 음절은 어떤 내부구조를 가졌을까. 이에 대하여 두 가지 주장이 있다. 두음+핵+말음이 바로 음절로 연결되는 (11a)의 삼분지적 음절구조(Byung-Gun Lee(이병근 1982); Sang-Cheol Ahn(안상철 1985, 1988; 박창원 1993)와 두음+핵이 핵음절(core syllable)로 음절 내부에서 하나의 단위를 이루는 (11b)의 이분지적 음절구조(김차균 1987; 박종희 1985; 권인한 1987; 전상범 1980; Sang-Cheol Ahn(안상철 1988); 김종훈 1989))가 제시되었다.

CV로 이루어진 음절은 핵음절이다.

(11)

a. 삼분지적 음절구조 b. 이분지적 음절구조

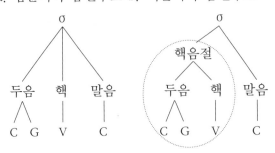

15세기 훈민정음 창제 시 음절을 초성(初聲), 중성(中聲)과 종성(終聲)으로 나누고 초성에 오는 자음이 다시 종성에 올 수 있다(終聲之復用初聲字)고 한 것은 (11a)의 삼분지적 음절구조를 가정했기 때문이다.

이분지적 음절구조 (11b)가 타당한 4가지 근거를 지금부터 살펴보자.

첫째, 경기민요에서 각 행에서 첫 단어의 첫 음절의 CV가 용언부의 첫 음절에 반복되고 있다(김진우 1985).

(12) <u>동</u>문은 <u>도</u>망가고　　　　　CVC → CV

　　　<u>서</u>문은 <u>서</u>있고　　　　　　CV → CV

　　　<u>남</u>문은 <u>남</u>아있고　　　　　CVC → CVC

　　　<u>북</u>문은 <u>보</u>서지고　　　　　CVC → CV

둘째, 아이들이 놀이하며 부르는 '숫자풀이'라는 전래동요에서 첫 단어 첫 음절의 CV가 둘째 단어의 첫 음절에 반복되고 있다.

(13) 숫자풀이

　　　<u>하</u>나하면 <u>할</u>머니가 지팡이 집고서 콩콩콩

　　　<u>둘</u>하면 <u>두</u>부장수 종을 치다 땡땡땡

　　　<u>셋</u>하면 <u>새</u>색시가 거울을 본다고 잘잘잘

　　　<u>넷</u>하면 <u>냇</u>가에서 빨래를 빤다고 잘잘잘

다섯하면 다람쥐가 알밤을 깐다고 잘잘잘
여섯하면 여학생이 공부를 한다고 잘잘잘
일곱하면 일꾼들이 나무를 벤다고 잘잘잘
여덟하면 엿장수가 깨엿을 판다고 잘잘잘
...후략...

(12)와 (13)에서 CV가 반복되어 하나의 구성성분을 이루고 있다(이기정 · 한문섭1999).

셋째, 일상적인 발화에서 일어나는 음절축약에서 음절의 CV나 음절말 C가 탈락한다. (14a)에서 2음절의 CV인 si가 탈락하면서 1음절과 2음절이 축약되어 (14b)처럼 čap '잡'이 된다(자습서 → 잡서, 태극기 → 택기, 대행진 → 댕진).

(14) 전상범(1980)

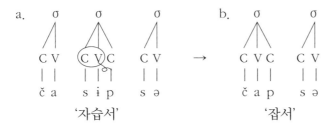

(15a)에서는 1음절의 말음 C인 l과 2음절의 CV인 mi가 탈락하여 두 음절이 축약되어 (15b)의 yap' 얍이 된다.

(15)

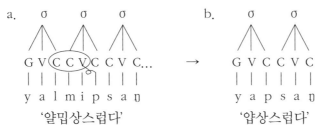

(14)와 (15)는 음절이 CV-C로 나뉘어짐을 뜻한다.

넷째, 내부중첩·어중중첩(internal reduplication)에서 반복되는 중첩사(reduplicant)는 어기(base)의 C(G)V이다. 중첩사는 연속적으로 반복될 수 있다(팡, 파방, 파바방, 파바바방, 파바...방)(강옥미 1998).

(16) 1음절 어기   부분중첩

     a. pʰaŋ   '팡'   →   pʰa-pa-ŋ   '파방'[1]

     b. k'waŋ   '꽝'   →   k'wa-kwa-ŋ   '꽈광'

     c. tuŋ   '둥'   →   tu-tu-ŋ   '두둥'

(17) 2음절어기   부분중첩

     a. asak   '아삭'   →   asa-sa-k   '아사삭'

     b. čuluk   '주룩'   →   čulu-lu-k   '주루룩'

     c. k'wataŋ   '꽈당'   →   k'wata-ta-ŋ   '꽈다당'

(18) 어기   부분중첩

     a. čʰals'ak   '찰싹'   →   čʰals'a-ta-k   '찰싸닥'

     b. čilpʰək   '질퍽'   →   čilpʰə-tə-k   '질퍼덕'

(16a)에서는 1음절 어기의 k'waŋ의 CGV가 반복되어 k'wa-**kwa**-ŋ으로 실현된다.

(19) (16b)의 중첩

$$\text{C G V C ' 꽝'} \rightarrow \text{C G V + C G V + C '꽈광'}$$
$$\text{k' w a ŋ} \qquad \text{k' w a} \quad \text{kwa} \quad \text{ŋ}$$

(17a)에서는 어기의 2음절 sak의 CV가 반복되어 asa-**sa**-k으로 실현된다.

300

(20) (17a)의 중첩

$$V\;C\;V\;C\;\text{'아삭'}\quad\rightarrow\quad V\;C\;V\;+\;C\;V\;+\;C\;\text{'아사삭'}$$
```
V C V C '아삭'    →    V C V + C V + C '아사삭'
| | | |               | | |   | |   |
a s a k               a s a   s a   k
```

(18a)에서는 어기의 마지막 음절의 CV가 반복되는데 C는 t로 V는 어기의 마지막 모음 a이다.

(21) (18a)의 중첩
```
C V C C V C '찰싹'    →    C V C C V + C V + C '찰싸닥'
| | | | | |                | | | | |   | |   |
tʰ a l s' a k             tʰ a l s' a   t a   k
```

내부중첩에서 반복되는 중첩사는 음절의 C(G)V인 핵음절이다.

위의 네 현상은 음절이 C(G)V-C로 나뉘어짐을 뜻하므로 한국어의 음절구조가 (11b)임을 지지한다.

한국어의 음절은 C(G)V-C로 나누어진다.

1.3. 모라(mora)

이 절에서는 운율음운론(Prosodic Phonology)에서 사용되는 운율단위인 모라(μ)를 이용한 음절구조를 살펴보고자 한다. 모라음운론(Moraic Phonology)에서는 두음, 핵, 말음, 골격 등의 운율층위가 없고 오직 모라라는 운율층위만 있다.

그렇다면 모라이론에서 두음, 핵과 말음은 어떻게 표시될까. Zec(1988)과 Hayes(1989)는 음절은 최대한 두 모라만 가질 수 있다는 **두모라제약(bimoraic constraint)**을 주장했다. 두모라제약에 따르면 CVC로 이루어진 음절에서 모음 V와 말음 C는 모라를 가지지만 두음은 모라를 가질 수 없다. 하지만 말음이 모라를 가지지 않는 언어도 있으므로 모라구조는 언어마다 다르다. 경음절 CV는 (22a)처럼 모라 1개를 가지고 중음절 CVV는 (22b)처럼 모라 2개를 가진다. 말음이 중량을 가지는 언어는 (22c)처럼 말음이 모라를 가지고 그렇지

음절이 2개의 모라를 가지면 중음절이고, 1개의 모라를 가지면 경음절이다.

않는 언어는 (22d)처럼 말음이 모라를 가지지 않는다.

(22)

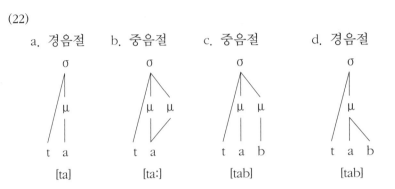

a. 경음절   b. 중음절   c. 중음절   d. 경음절

[ta]   [ta:]   [tab]   [tab]

순우리말의 경우 말
음은 모라를 가지지
않고 모음만 모라를
가진다.

한국어의 음절은 말음이 모라를 가지지 않는다고 가정하면 다음과 같이
표시된다.

(23)

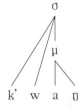

k' w a ŋ

한국어의 어휘부(lexicon)는 순우리말(native Korean), 한자어(Sino-Korean),
외래어(foreign loanwords), 음성상징어(ideophones)로 이루어져 있다(Ongmi
Kang(강옥미 1992b); 엄태수 1999; Juhee Lee(이주희 2002)). 모음은 이들 하위
부류와 관계없이 모두 모라를 가지지만 말음이 모라를 가지는지 아닌지는
하위부류에 따라 다르다.

음성상징어인 의성
어와 의태어의 말음
은 모라를 가진다.

대체로 음성상징어(의성어와 의태어)에 나타나는 말음은 모라를 가진다고
분석되었다(Jin-Sung Lee(이진성 1992); Jongho Jun(전종호 1991, 1993)). 의성
어와 의태어의 부분중첩(partial reduplication)에서 1음절 CVC로 이루어진 음
보(Foot)가 두모라제약을 만족시키기 위해서 말음이 모라를 가진다.

302

그러나 순우리말과 한자어의 말음이 모라를 가지는지에 대해서는 다른 의견이 제시되었다. Hae Bae Yu(유혜배 1992)는 말음에 오는 중자음 l과 비음 m, n은 모라를 가진다고 주장했다. (24)에서 보듯이 선행음절의 말음과 후행음절의 두음에 걸쳐 양음절(ambisyllable)로 실현되는 공명중자음(geminate sonorants) ll, mm, nn은 모라를 가진다.

(24)

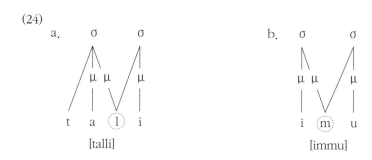

이와 달리 Suk-Keun Kang(강석근 1992)은 말음에 오는 무성파열음과 비음만 모라를 가지고 유음은 모라를 가지지 않는다고 보았다. (25)에서는 t-삽입 후 어간 모음에 단모음화가 일어나고 (26)에서는 l 탈락 후 선행모음에 보상적 장모음화가 일어나지 않는다.

(25) Suk-Keun Kang(강석근, 1992: 27)

     a. /twi̱ː+t+t'ɨl/   '뒷뜰'   →   [twi̱tt'ɨl]

     b. /ye̱ː+t+səm/   '옛섬'   →   [ye̱ˀs'əm]

(26)

     a. /pu̱l+napi/   '부나비'   →   [pu̱nabi], *[pu̱ːnabi]

     b. /ta̱l+tal+i/   '다달이'   →   [ta̱daɾi], *[ta̱ːdaɾi]

Kang(1992)은 (25)에서는 t가 모라를 가지면 1음절이 3개의 모라를 가지기 때문에 두모라제약을 어기므로 /iː/가 [i]가 되었고, (26)에서는 /l/이 모라를 가지지 않기 때문에 l이 탈락한 후에도 어간모음 u, a에 보상적 장모음화가 일어나지 않는다고 분석했다.

말음 외에도 두음에 오는 경음과 유기음이 모라(μ)를 가진다는 주장도 있다(Jongho Jun(전종호 1991, 1993, 1994)). Jun은 두음에 오는 경음과 유기음은 중자음(geminates) CC로 모라를 가진다고 본다. /pʼaŋ/ '빵'처럼 음보 1개로 이루어진 어기(base)에 일어나는 부분중첩을 살펴보자. 1음절로 이루어진 음보(F)는 두모라제약에 따라 최대한 2개의 모라를 가질 수 있다. (27a)에서 /pʼaŋ/ '빵'은 이미 2개의 모라(aŋ)를 가지고 있으므로 pʼ가 가진 모라는 여분운율성(extraprosodicity)을 보인다.

(27) Jun(1994: 82-83)

    a. 어기 /pʼaŋ/ '빵'

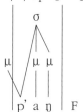

                                              음보(F) 1개

    b. 중첩 /pʼaŋ-pʼaŋ/ '빵빵'

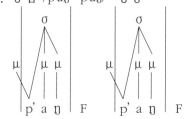

                                              음보 2개

    c. MWC에 의해 ŋ과 pʼ의 모라 삭제

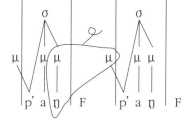

                                              음보 2개

d. 출력형 /p'a-p'aŋ/ '빠방'

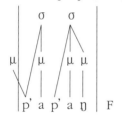

음보 1개

e. c.f. /p'a-p'aŋ/ '빠빵'

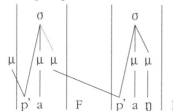

음보 2개

　　Jongho Jun(전종호, 1994: 71)은 한국어의 음보는 오른쪽끝에 중음절인 핵이 오고(right-headed), 그 앞에 여러 개의 경음절에 와도 되는(unbounded), 무게에 민감한(quantity-sensitive) 음보구조를 가정한다.

　　(27a)의 어기 /p'aŋ/이 중첩이 되어 (27b)의 /p'aŋ-p'aŋ/ '빵빵'이 되면 모라(μ)를 2개 가지는 중음절이 되어 음보가 2개가 된다. Jun은 입력형인 어기의 음보(F)수와 중첩이 일어난 후 출력형의 음보의 수가 같아야 한다는 **운율양 불변제약**(Metrical Weight Consistency)을 가정하므로, (27c)에서 첫 음절의 ŋ이 가진 모라와 두 번째 음절 p'가 가진 모라를 삭제하여 음보 1개로 이루어진 /p'a-paŋ/ '빠방'을 도출한다. MWC에 따라 모라를 삭제하면 /p'a-pa-ŋ/ '빠방'은 둘째 음절의 첫 자음이 p'가 아닌 p로 실현된다. 만약 (27d)처럼 p'의 모라를 삭제하지 않으면 p'는 첫 음보의 말음에 연결되어 음보 2개를 가진 /p'a-p'aŋ/ '빠빵'이 도출되어 MWC를 어기게 된다. MWC에 따른 분석은 경음과 유기음은 모라를 가지고 평음은 모라를 가지지 않는다는 가정에서 출발한다.[2] 말음에 오는 자음이 모라를 가지는지 또한 유기음과 경음이 모라를 가지는지는 더 많은 음운현상을 살펴보아야 한다.

2) 허웅(1985)도 경음과 유기음이 양음절성(ambisyllabicity)을 갖는다고 언급했다. 모음 사이에 오는 경음과 유기음의 양음절성은 8장 2.2.2절의 (4)를 참고하길 바란다.

2. 음절화(syllabification)

2.1. 음절화의 기본 조건

분절음이 발음되기 위해서는 음절로 음절화되어야 한다.

분절음은 상위 운율성분인 음절로 인가(prosodic licensing)된다. 이 절에서는 음절화에 작용하는 조건들을 살펴보자. 음절화를 결정짓는 것은 한국어의 음절형판 CGVC와 보편조건인 두음제약이다.

(28) 한국어의 음절형판 [CGVC]

(29) 두음제약(Onset Constraints)
　　음절은 두음을 가져야 한다.

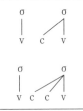

한 음절이 허용하는 최대분절음연쇄는 CGVC이다. VCV가 V.CV로 음절화되는 것은 두음우선원리(Onset First Principles)나 최대두음원칙(Maximal Onset Principle)으로 분석되어 왔으나, 최적이론(Optimality Theory; Prince and Smolensky 1993)에서는 CV가 최적음절(optimal syllable)이므로 음절이 두음을 가져야 한다는 두음제약 (29)로 형식화된다.

2.2. 음절화의 영역(domain of syllabification)

음절은 상위 운율성분인 운율어로 인가되어야 한다. 이 절에서는 처음으로 음절화가 일어나는 핵음절화(core syllabification)가 운율어 내에서 제한됨을 보이고자 한다. 6장 5.2절에서 이미 다루었듯이 lex^o[에 따라 형태소의 어휘 범주(N, V, Adj, Adv)의 왼쪽끝을 만나면 운율어(ω)가 만들어지고, lex^{max}[에 따라 통사구조의 왼쪽끝이 어휘범주의 최대투영(AP, NP, VP...)을 만나면 운율구(Φ)가 도출된다.

처음으로 음절화가 일어나는 핵음절화 는 운율어내에서 이루어진다.

어휘범주(lex)
N(명사)
V(동사)
A(형용사)
Adv(부사)

어휘범주의 최대투영:
AP(형용사구)
NP(명사구)
VP(동사구)
AdvP(부사구)

(30) Ongmi Kang(강옥미 1992a, b, 1993, 1994a)

    a. 한국어 운율어 형성규칙

       lex^o[→ ω(

    b. 한국어 운율구 형성규칙

       lex^{max}[→ Φ((lex: 어휘범주)

아래에서 체언에 격조사가 붙은 형태나 동사에 어미가 붙은 경우 어떻게 음절화가 되는지 살펴보자.

(31)

    a. 구속어간 + 파생접미사

       $_N[_A[kip^h]$i]   '깊이'   → ω(ki.p^{h}i)

       $_{Adv}[_A[kat^h]$i]   '같이'   → ω(ka.č^{h}i)

    b. 명사 + 격조사

       $_N[_N[os]$i]   '옷이'   → ω(o.ʃi)

       $_N[_N[os]$il]   '옷을'   → ω(o.sil)

    c. 동사어간 + 활용어미

       $_V[_V[_V[k'ək']$əs']ta]   '꺾었다'   → ω(k'ə.k'ət̚.t'a)

       $_V[_V[_V[k'oč]$as']ta]   '꽂았다'   → ω(k'o.ǰa.t̚.t'a)

어간+접미사, 어간+격조사와 어간+어미로 이루어진 (31)은 왼쪽 끝에 어휘범주 N, Adv, V가 있으므로 하나의 운율어가 되고 그 안에서 핵음절화가 일어난다.[3] 따라서 운율어 내에서 모음과 모음 사이에 오는 자음은 앞음절의 말음에 실현되지 않고 뒷음절의 두음으로 실현된다: ω(...VCV...) → ω(...V.CV...)

다음은 복합어의 음절화를 살펴보자.

3) $_N$[$_N$]나 $_V$[$_V$]처럼 왼쪽끝에 어휘범주가 겹쳐서 나올 때는 하나의 어휘범주로 간주한다.

(32)

    a. 합성어(어간 + 어간)

	말음중화	재음절화
$_N$[$_N$[puək^h] $_N$[an]] '부엌안' →	ω(puək̚)ω(an) →	Φ(puəgan)
$_N$[$_N$[čəč] $_N$[əmi]] '젖어미' →	ω(čət̚)ω(əmi) →	Φ(čədəmi)

    b. 합성어(어간 + 어간) + 파생접미사

	말음중화	재음절화
$_{Adv}$[$_N$[$_N$[ap^h] $_N$[ap^h]]i] '앞앞이' →	ω(ap̚)ω(ap^{h}i) →	Φ(abap^{h}i)
$_{Adv}$[$_N$[$_N$[nat^h] $_N$[nat^h]]i] '낱낱이' →	ω(nat̚) ω(nač^{h}i)	
	→ Φ(nannač^{h}i) 비음동화	

    c. 접두사 + 어간

	말음중화	재음절화
$_N$[təs $_N$[os]] '덧옷' →	ω(tət̚) ω(ot̚) →	Φ(tədot)
$_V$[$_V$[nič$_V$[oli]ta]] '늦오르다' →	ω(nit̚)ω(orida)	
	→ Φ(nidorida)	

합성어 전체가 하나의 운율어를 이룬다면 (32)에서 합성어의 첫 성분의 마지막 자음과 접두사의 마지막 자음은 두음제약에 의해 바로 다음 음절의 두음에 실현된다: (32a)의 '부엌안'은 [puək^{h}an]으로 (32c)의 '덧옷'은 [təsot]으로 실현된다 그러나 첫 운율어의 마지막 자음 k^{h}는 [k̚]로 중화된 다음 뒤에 오는 운율어의 두음으로 재음절화되어 [puəgan]으로 실현된다. 이것은 합성어가

2개의 운율어로 이루어져 있다는 것을 뜻한다. lex°[에 따라 (32a)와 (32b)는 합성어 각 성분의 왼쪽끝이 어휘범주 N, Adv로 표시되어 있으므로 2개의 운율어가 도출된다. (32c)에서 접두사는 어휘범주는 아니지만 파생된 단어전체를 나타내는 어휘범주인 N이나 V가 접두사의 왼쪽끝 $_N$[təs과 $\sqrt{}$[nič에 표시되어 있으므로 lex°[에 따라 접두사도 운율어가 된다(6장 5.2절 (86)-(88) 참조).

접두사는 독자적인 운율어가 된다.

자음군 C_iC_j의 음절화도 형태구조에 따라 달리 음절화된다.

(33) VC_iC_j + V (i≠j)

    a. $_N[_N$[kaps]i] '값이' → ω(kap⌐s'i)

    b. $_N[_N$[nəks]il] '넋을' → ω(nək⌐s'il)

(34) $VC_iC_j]_N$ $_N$[V

    a. $_N[_N$[kaps] $_N$[əč^{h}i]] '값어치' → ω(kap⌐) ω(əč^{h}i)

                                           → Φ(kabəč^{h}i), *Φ(kap⌐s'əč^{h}i)

    b. $_N[_N$[talk] $_N$[əmi]] '닭어미' → ω(tak⌐) ω(əmi)

                                           → Φ(tagəmi), *Φ(talgəmi)

(33)에서 운율어 내에서 C_iC_j 뒤에 모음으로 시작하는 격조사가 오면 두 자음은 같은 운율어 내에 있으므로 둘 다 음절화된다. 하지만 (34)에서 합성어의 첫 성분인 kaps에서는 s가 탈락되고, talk에서는 l이 탈락된다. 이것은 1음절로 이루어진 운율어 내에서 CVCC가 음절형판 CGVC에 인가될 때 말음에 오는 CC 중 C가 탈락했기 때문이다. 합성어의 각 어간은 운율어를 이루고 핵음절화는 운율어 내에서 이루어진다.

합성어의 각 어간은 운율어를 이루고 핵음절화는 운율어내에서 이루어진다.

2.3. 재음절화의 영역(domain of resyllabification)

(32)와 (34)처럼 핵음절화가 이루어지고 난 후, 운율어의 마지막 자음은 뒤에 오는 운율어의 두음이 비어 있으면 두음으로 재음절화된다. 운율어(ω)의

운율어의 마지막 자음은 뒤에 오는 운율어의 첫 음절의 두음이 비어 있으면 두음으로 재음절화 된다.

상위운율성분은 운율구(Φ)이다. 따라서 재음절화는 운율구내에서 운율어와 운율어의 경계에서 (29)의 두음제약이 적용된 결과이다.

(35) 재음절화(resyllabification)

$$\Phi((...V\overset{\frown}{C})\omega \ \omega(V...)) \quad \rightarrow \quad \Phi(\ ...V)\omega \ \omega(\overset{\frown}{CV}... \ ) \ )$$

그럼 이제부터 구에서 일어나는 재음절화를 살펴보자. (30b)의 lex^{max}[매개변인에 따라 오른쪽에서 왼쪽으로 가면서 어휘범주 XP(NP, VP, AdvP, AP)의 왼쪽끝을 만나면 운율구(Φ)를 도출한다.

(36)에서 관형사 $my\partial \check{c}^h$ '몇'의 말음 /$\check{c}^h$/는 [t˺]로 중화되어 aitil '아이들'의 첫 음절의 두음에 [d]로 재음절화된다

4) '=': 두성분사 이에 재음절화 가능, '/': 재음절화 불가능

(36) $_{NP}$[Det = N] 명사구 내의 관형사와 명사[4]

a.

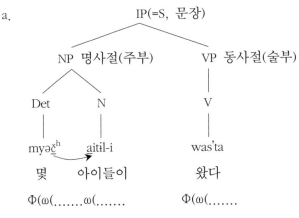

Det(관형사)

b. $_{IP}$[$_{NP}$[$_{Det}$[$my\partial\check{c}^h$] $_N$[aitil]]-i $_{VP}$[was'tal]]

c. Φ(myədaidɨɾi) Φ(wat˺t'a)

(37)에서 동사구내 부사 čal '잘'의 말음 l은 동사 is'əyo '있어요'의 첫 음절의 두음에 [ɾ]로 실현된다.

310

(37) VP[ADVP = V] 동사구내_부사구와 동사 사이

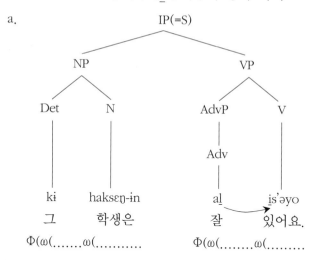

a.

b. IP[NP[Det[kɨ] N[haksɛŋ]]-in VP[ADVP[čal] V[is'əyo]]]

c. Φ(kihak˘s'ɛŋin)Φ(čaris'əyo)

(38)의 목적어 čʰɛk '책'의 말음 k는 동사 ilhəpəlyəs'ta '잃어버렸다'의 첫 음절의 두음에 재음절화되어 [g]로 실현된다.

(38) VP[NP = V] 동사구내 목적어와 동사 사이

재음절화는 운율구내에서 운율어와 운율어의 경계에서 두음제약이 적용된 결과이다.

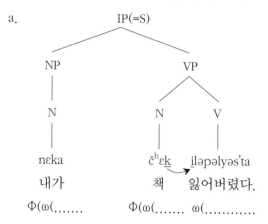

a.

b. IP[NP[nɛ]-ka VP[V[NP[čʰɛk] V[iləpəlyəs'ta]]]

c. Φ(nɛga) Φ(čʰɛgirəbəryət˘t'a)

하지만 (39)에서 목적어 čʰɛk-il '책을'과 부사어 aču '아주'는 서로 다른 운율구에 속해 있으므로 '책을'의 말음 l이 '아주'의 첫 음절의 두음으로 재음절화되지 않는다.

(39) VP[NP / ADVP = V] 동사구내 목적어와 부사구 사이

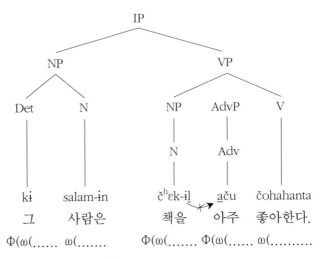

b. kisalam-in VP[NP[čʰɛk]-il ADVP[aču] V[čohahanta]]

c. Φ(kisaramin) Φ(čʰɛgil) Φ(ajuǰoahanda)

문장 단계에서의 재음절화는 보통 주어 NP와 서술어 AP/VP 사이에서 일어나지 않는다.

(40)

　　a. IP[NP / AP]

　　　IP[NP[Det[ki] N[ton]] AP[is'ni]] '그 돈 있니?'

　　　Φ(ω(ki) ω(ton)) Φ(ω(inni))　→　Φ(kidon) Φ(inni)

　　b. IP[NP = AP] 재구조화에 의해서

　　　IP[NP[ton] AP[is'ni]] '돈 있니?'

　　　Φ(ω(ton)) Φ(ω(inni))　→　Φ(toninni)

(40a)처럼 첫 운율구(Φ)가 2개의 운율어(ω)로 이루어져 있으면, 두운율구 사이에 재음절화는 잘 일어나지 않는다. 그러나 (40b)에서 1음절의 운율어 1개만으로 이루어진 운율구(Φ) 뒤에 운율어 1개만으로 이루어진 운율구(Φ)가 올 때, 빠른 발화 시 두 운율구(Φ)는 재구조화가 일어나서 1개의 운율구(Φ)가 된다. 따라서 '돈'의 말음 n은 '있니'의 두음에 실현된다. 음절 수가 지나치게 짧은 운율구는 뒤에 오는 운율구와 합해지는 재구조화가 일어난다.[5]

5) 재구조화에 대한 논의는(Ongmi Kang (강옥미 1992b 참조)).

3. 음절제약과 음운현상

음절, 운율어, 운율
구 단계에서 음의 연
속이 제한을 받는 음
성실현제약이 있다.

이 절에서 다룰 음절과 관련된 음운현상은 다음과 같다. 첫째, 기저음의
연쇄가 음절형판인 CGVC 때문에 탈락할 수도 있고, 두음조건이나 말음조건
때문에 기저음이 수정(대치, 탈락, 모음삽입)된다. 이것은 **음절구조적형조건**
(syllable structure wellformedness conditions) 때문에 야기된 현상이다. 둘째,
음절단계, 운율어단계, 운율구단계에서 두 기저음의 연쇄가 허용되지 않는
연결제약 또는 **음성실현제약**(phonotactic constraints)이 작용한다. 연결제약
을 위반한 분절음은 실현되지 못하거나 탈락되거나 다른 분절음으로 대치된
다. 셋째, 형태소가 결합한 후 두 기저음의 연쇄가 **음절접촉법칙**(syllable contact
law)을 위반하면 위반한 음이 다른 음으로 동화된다. 넷째, 두 모음이 연속적
으로 올 때 반모음화, 반모음삽입, 모음축약, 모음탈락 등이 일어나 두 모음
사이의 모음충돌이 없어진다. 이것은 음절은 두음을 가져야 한다는 두음제약
이 작용한 결과이다.

3.1. 음절구조적형조건과 음운현상

3.1.1. 자음군단순화(Consonant Cluster Simplifzcation)

한국어에서 음절이 허용하는 최대분절음의 연쇄(음절형판)는 CGVC이다.

두음과 말음에 1개의 자음밖에 허용하지 않으므로 기저에서 동일형태소내 자음군 C_iC_j 중 하나가 표면에서 실현되지 않고 탈락하는 현상을 **자음군단순화**(Consonant Cluster Simplification)로 분석해왔다. 이 현상은 독립적인 규칙이 아니라 운율음운론에서 분절음이 상위 운율성분인 음절로 인가되지 않으면 자동적으로 소거되는 **고립분절음소거**(Stray Erasure)이다(Steriade 1982; Ito 1986).

자음군이 (41)-(42)처럼 어말에 오거나 (43)-(44)처럼 자음군 뒤에 자음으로 시작하는 격조사나 어미가 오면 자음군 중 하나는 탈락한다.

상위 운율성분으로 인가되지 못한 분절음은 고립분절음소거에 의해 자동적으로 소거(탈락)된다.

(41) $C_iC_j\# \rightarrow C_i$ (i≠j)

    a. $_N$[mo<u>ks</u>]   '몫' $\rightarrow$ ω(mok˥)

    b. $_N$[ka<u>ps</u>]   '값' $\rightarrow$ ω(ka<u>p</u>˥)

(42) $C_iC_j\# \rightarrow C_j$

    a. $_N$[sa<u>lm</u>]   '삶' $\rightarrow$ ω(sa<u>m</u>)

    b. $_N$[ta<u>lk</u>]   '닭' $\rightarrow$ ω(ta<u>k</u>˥)

(43) $C_iC_j+C \rightarrow C_i$

    a. $_N$[$_N$[nə<u>ks</u>] to]   '넋도' $\rightarrow$ ω(nə<u>k</u>˥t'o)

    b. $_A$[$_A$[ə<u>ps</u>] ta]   '없다' $\rightarrow$ ω(ə<u>p</u>˥t'a)

    c. $_V$[$_V$[a<u>nč</u>]ta]   '앉다' $\rightarrow$ ω(a<u>n</u>t'a)

(44) $C_iC_j+C \rightarrow C_j$

    a. $_N$[$_N$[ta<u>lk</u>]to]   '닭도' $\rightarrow$ ω(ta<u>k</u>˥t'o)

    b. $_N$[$_N$[sa<u>lm</u>]kwa]   '삶과' $\rightarrow$ ω(sa<u>m</u>gwa)

    c. $_N$[$_N$[hi<u>lk</u>]to]   '흙도' $\rightarrow$ ω(hi<u>k</u>˥t'o)

자음군을 가진 단어의 음절화를 살펴보자.

(45)

음절로 인가되지 못
한 [s]는 소거된다.

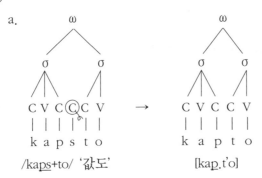

a.

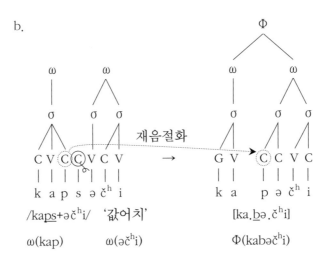

b.

(45a)에서 모음사이에 3개의 자음이 올 때 p는 선행음절의 말음으로 t는 후행음절의 두음으로 인가되고 음절로 인가되지 못한 s는 탈락된다.

(45b)의 '값어치'는 2개의 운율어가 도출되므로 첫 번째 운율어내에서 p가 말음에 실현되고 음절로 인가되지 못한 s는 탈락된다. 그 후 p는 두 번째 운율어의 첫 음절의 두음으로 재음절화되어 [ka.bə.čʰi]가 된다. 자음군단순화는 두음과 말음에 자음을 하나밖에 허용하지 않는 음절형판 CGVC 때문에 야기된 현상이다.

316

3.1.2. 모음삽입(vowel insertion)

서양외래어에는 두자음군(onset clusters)과 말자음군(coda clusters)이 있다. 영어는 3개의 자음까지 두음에 올 수 있다.

(46) 영어의 두자음군

    a. CCV: <u>tr</u>ophy, <u>br</u>ush, <u>st</u>eak, <u>sk</u>ate

    b. CCCV: <u>spr</u>ay, <u>str</u>etch, <u>str</u>ipe, <u>str</u>ike

차용된 후 두자음군 중 모음과 가까운 자음은 우선 음절화되고 남은 자음 뒤에는 무표적 모음 /i/가 삽입된다.

(47)

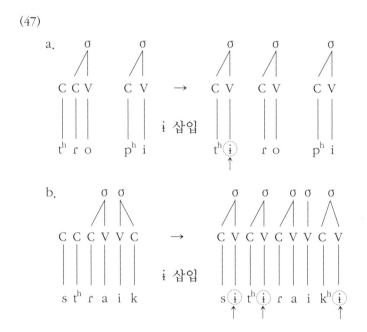

1음절 영어 'strike'이 차용되어 5음절어 '스트라이크'가 된다.

(47a)에서 음절화 되지 못한 tʰ 뒤에 ɨ를 삽입하고 (47b)에도 s와 tʰ 뒤에 ɨ를 삽입하여 s와 tʰ는 1음절과 2음절의 두음에 실현된다.

영어는 3개의 자음까지 음절말에 올 수 있다.

6) 구개치경음이나 경구개음 다음에는 i대신 i가 삽입된다. lounge [ʒ] '라운지', bench [ʧ] '벤치', brush [ʃ] '브러시'

(48) 영어의 말자음군

    a. VCC: desk, band, mink, bench[6], golf, girl

    b. VCCC: world, prompt, quartz

말자음군 중 모음과 가까운 자음은 말음에 음절화되고 나머지 자음은 i-삽입으로 두음에 실현된다.

(49)

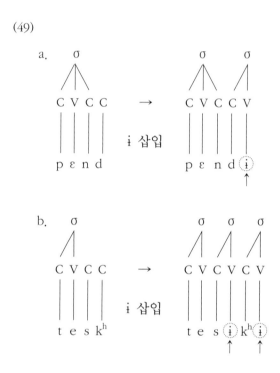

(49a)에서 n은 1음절의 말음에 실현되고 음절화되지 못한 d는 i-삽입으로 인하여 2음절의 두음에 실현된다. (49b)에서 s와 kʰ는 말음에서 발음될 수 없으므로 i-삽입으로 두음에 각각 실현된다. 두자음군과 말자음군에 대한 모음삽입은 한국어의 음절형판 CGVC 때문에 야기된 현상이다. 3.1.1절에서 순우리말의 동일형태소내 자음군 CC의 음절화 시에는 자음 C가 탈락하였지만, 서양외래어를 차용하는 경우 원음을 충실히 반영하고자 하여 어두자음군과 어말자음군에 모음 i나 i를 삽입하여 자음군은 전부 실현된다(단 음절말의 /r/ 제외).

3.1.3. 두음조건(onset conditions)

음절에서 두음에 가해진 두음조건 때문에 기저음에 수정이 일어난 음운현상을 살펴보자.

3.1.3.1. 탄설음화(l-weakening)

영어는 음절초에서 [l]과 [ɾ]이 다 발음될 수 있지만 한국어는 [ɾ]만 발음된다. 서양외래어의 어두 /l/은 차용된 후에 [ɾ]로 실현되고 비어두의 두음 /l/은 중자음 [ll]로 실현된다.

(50) 근원어   차용 후 발음

　　　　　　탄설음화

　　a. lounge   →   [ɾaunǰi]   '라운지'

　　b. line   →   [ɾain]   '라인'

　　c. level   →   [ɾebel]   '레벨'

(51) 어중의 l   중자음 l [ll]

　　a. slide   →   [sillaidɨ]   '슬라이드'

　　b. realism   →   [ɾiəlliǰɨm]   '리얼리즘'

　　c. violin   →   [paiollin]   '바이올린'

(51)처럼 비어두에서는 원음의 [l]을 그대로 유지하기 위해서 [l]이 중자음 [ll]로 발음되지만, (50)처럼 어두에서는 중자음이 발음되지 못하므로 [l]이 [ɾ]로 실현된다. 이것은 음절초에 단자음 [l]이 실현되지 못하게 하는 두음조건 (onset condition) 때문이다.

음절 초에 단자음 [l]
이 실현되지 못한다.

(52) 두음조건

　　　　* σ[C

　　　　　|

　　　　　l

서양외래어에 나타나는 탄설음화는 다음과 같이 형식화된다.

(53) 탄설음화(서양외래어에만 적용)

/l/   [ɾ]

$$\begin{bmatrix} +cons \\ +son \\ -nas \end{bmatrix} \rightarrow [-lat] \quad / \quad \# \underline{\quad} ([+syll])$$

어두에서

한자어와 순우리말의 /l/은 모음과 모음 사이에서 [ɾ]로 실현된다.

(54)

　　a. 한자어　　　　　　　탄설음화

　　　/kʰwɛ-lak/　'쾌락'　→　[kʰwɛɾak̚]

　　　/kə-lɛ/　'거래'　→　[kəɾɛ]

　　　/čʰo-lok/　'초록'　→　[čʰoɾok̚]

　　b. 순우리말　　　　　탄설음화

　　　/soli/　'소리'　→　[soɾi]

　　　/tali/　'다리'　→　[taɾi]

　　　/pola/　'보라'　→　[poɾa]

탄설음화는 다음과 같이 형식화된다.

두음에 단자음 /l/을
허용하지 않는 두음
제약 때문에 탄설음
화가 일어난다.

(55) 탄설음화(순우리말과 한자어에 적용)

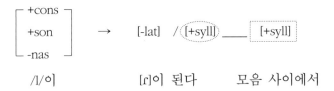

$$\begin{bmatrix} +cons \\ +son \\ -nas \end{bmatrix} \rightarrow [-lat] \quad / \quad [+syll] \underline{\quad} [+syll]$$

　/l/이　　　　　[ɾ]이 된다　　　모음 사이에서

서양외래어와 한자어에서 일어나는 탄설음화는 통합될 수 있다.

320

(56) 탄설음화: (53)와 (55) 통합

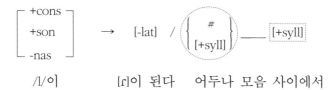

/l/이　　　　　[ɾ]이 된다　어두나 모음 사이에서

/l/은 어두나 모음과 모음사이에서 [ɾ]로 변동한다.[7]

　탄설음화를 자질수형도로 표시하면 기저에 표시된 /l/의 [lat] 자질을 삭제하고 [-lat]과 [-nas]을 잉여규칙으로 뿌리마디(root node) 아래 부여하면 [ɾ]로 실현된다.[8]

(57)

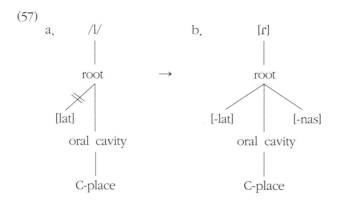

3.1.3.2. ㄹ-비음화(l-nasalization)

　한자어의 /l/이 어두에 오면 (58)처럼 [n]으로 실현되고, 어중에서 /l/이 /n/ 외의 자음 뒤에 오면 (59)처럼 [n]으로 실현되는 ㄹ-비음화(lnasalization)가 일어난다. 그러나 단자음 /l+l/의 연속은 (60)처럼 중자음(geminate) [ll]로 실현된다.

(58)

 a. /l̲ak-wən/ '낙원' → [n̲agwən]

 b. /l̲ɛ-waŋ/ '내왕' → [n̲ɛwaŋ]

 c. /l̲o-sən/ '노선' → [n̲osən]

 d. /hweŋ-tan-l̲o/ '횡단로' → [hweŋdann̲o]

7) 탄설음화의 환경을 음절초라 하지 않은 이유는 /sillak-wən/ '실락원', /sil-lok/ '실록'과 /tam-lon/ '담론', /hɛŋ-lo/ '행로' 때문이다. '실록'과 '실락원'에서 /l/ 앞에 /l/이 오면 융합이 일어나 중자음 [ll]이 된다. '담론'과 '행로'에서 /l/ 외의 자음 뒤에 오는 /l/은 [n]으로 실현되는 ㄹ-비음화를 겪는다. 탄설음화, 중자음화, ㄹ-비음화에서 /l/은 모두 음절초이지만 [ɾ], [ll], [n]으로 각각 달리 실현된다. 따라서 이 세 현상의 환경은 각각 다르다.

8) 이 장에서는 6장 4.5절에서 논의한 한국어의 자질수형도와 미명시표시를 따른다.

    e. /lok-čʰa/   '녹차'   →   [nok˺čʰa]

    f. /lon-ɨy/   '논의'   →   [nonɨy]

(59)

    a. /tam-lon/   '담론'   →   [tamnon]

    b. /hɛŋ-lo/   '행로'   →   [hɛŋno]

    c. /kɨk-lak/   '극락'   →   [kɨŋnak˺]

    d. /čaŋ-lɛ/   '장래'   →   [čaŋnɛ]

    e. /yəp-lok-so/ '엽록소' →   [yəmnok˺s'o]

(60)

    a. /sil-lak-wən/ '실락원' →   [ʃillagwən]

    b. /sil-lok/   '실록'   →   [ʃillok˺]

음절초에 오는 /l/이 [n]이 되는 ㄹ-비음화는 다음과 같이 형식화된다.

(61) ㄹ-비음화(한자어에만 적용)

$$\begin{bmatrix} +\text{cons} \\ +\text{lat} \end{bmatrix} \rightarrow \quad [+\text{nas}] \ / \quad σ\ [\ \_\_\_$$

   /l/이   [n]이 된다   음절초에서

ㄹ-비음화를 자질수형도로 표시하면 설측음 /l/의 기저에 표시된 [lat] 자질을 삭제하고 잉여규칙으로 [nas]을 공급한다.

(62)

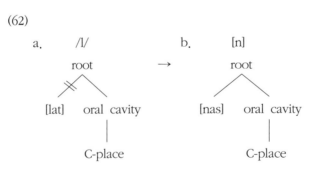

   a.   /l/   b.   [n]

ㄹ-비음화는 두음에 단자음 /l/을 허락하지 않는 두음조건 (52) 때문에 야기되었다. (59c)와 (59e)에 나타난 어중의 ㄹ-비음화는 비음동화를 급여한다.

ㄹ-비음화는 두음에 단자음 /l/을 허락하지 않는 두음조건 때문에 야기되었다.

(63)

    /kik̲-l̲ak/   '극락'

          n   ㄹ-비음화

     ŋ   비음동화

    ———————

    [kiŋn̲ak̚]

탄설음화는 /l/이 모음과 모음사이에 오는 음절초에 적용되고 ㄹ-비음화는 음절초에 오는 /l/에 적용되므로 /l/을 가진 단어에는 특수규칙인 탄설음화를 먼저 적용해보고 적용되지 않으면 ㄹ-비음화를 적용한다.

(64)

    a. /kə-lɛ/   '거래'   b. /čaŋ-lɛ/   '장래'

        kəɾɛ   탄설음화   ———————   탄설음화

        ———————   ㄹ-비음화   čaŋnɛ   ㄹ-비음화

        ———————   ———————

        [kəɾɛ]   [čaŋnɛ]

(59)의 /sil-lak-wən/ '실락원'과 /sil-lok/ '실록'에서 단자음 /l/+/l/의 연속은 표면에서 융합(fusion)이 일어나서 중자음 [ll]로 실현된다.

(65)

    a. 단자음의 연속   b. 중자음

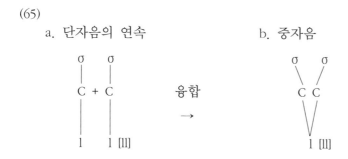

한자어에 적용되는 탄설음화는 모음과 모음사이에 오는 단자음 /l/에만 적용되므로, (60)에서 모음 사이에 오는 중자음 [ll]의 후반부 /l/에 탄설음화가 적용되어 [lr]이 될 수 없다. ㄹ-비음화와 중자음화의 적용순서를 살펴보자.

(66)

    a.   /sil-lok/   '실록'   b.   /sil-lok/

           ll   중자음화   n   ㄹ-비음화

          ____   ㄹ-비음화   ____   중자음화

        ————————   ————————

        [sillok]   *[silnok]

(66a)에서 보듯이 중자음화(gemination)가 먼저 적용되어 ㄹ-비음화를 출혈(bleeding)한다. (66b)처럼 ㄹ-비음화가 먼저 적용되면 한국어에서 허용되지 않는 [ln]의 음의 연쇄가 도출된다. (66a)에서 중자음 [ll]의 후반부 [l]에 ㄹ-비음화가 적용되지 못하는 이유는 중자음이 하나의 단위로 다루어져야지 중자음의 일부가 규칙의 적용을 받지 못한다는 **중자음의 불변화성(geminate inalterability)** 때문이다(Hayes 1986).

geminates는 복자음 또는 중자음으로 해석된다.

3.1.3.3. * σ[ŋ__

한국어에는 음절초에 ŋ이 나타날 수 없다. 음절초에 [ŋ]이 나타나지 못하는 것은 두음조건(onset condition) 때문이다.

베트남어는 음절 초에 ŋ발음이 가능하나 영어와 한국어는 불가능하다.

(67) 두음조건

    * σ[C

          |

          ŋ

영어도 [ŋ]은 음절말에서만 나타난다(interesting, working, happening).

3.1.4. 말음조건(coda conditions)

말음에 가해진 말음조건 때문에 기저음이 원래대로 발음되지 못하는 음운
현상을 살펴보자.

3.1.4.1. 말음중화(coda neutralization)

유기음과 경음은 두음에서는 원래의 음가대로 발음되지만 음절말에서는
(68)-(70)에서 보듯이 모두 불파음으로 중화된다.

(68)

    a. /čəpʰ+ta/   '접다'   →   [čəp̚t'a]

    b. /təpʰ+kɛ/   '덮개'   →   [təp̚k'ɛ]

    c. /ipʰ/   '잎'   →   [ip̚]

(69)

    a. /k'itʰčaŋ/   '끝장'   →   [k'it̚čaŋ]

    b. /tit+ta/   '듣다'   →   [tit̚t'a]

    c. /sus+ča/   '숫자'   →   [sut̚č'a]

    d. /is'+ta/   '있다'   →   [it̚t'a]

    e. /k'očʰ+tapal/   '꽃다발'   →   [k'ot̚t'abal]

    f. /nohčʰi+ta/   '놓치다'   →   [not̚čʰida]

(70)

    a. /puəkʰ/   '부엌'   →   [puək̚]

    b. /patak/   '바닥'   →   [padak̚]

    c. /pak'/   '밖'   →   [pak̚]

양순파열음 /p, p', pʰ/는 음절말에서 [p̚]로 설정음 /t, t', tʰ, s, s', č, č', čʰ, h/는 [t̚]로 연구개파열음 /k, k', kʰ/는 [k̚]로 중화된다. 말음중화를 음소규칙으로 표시하면 다음과 같다.

설정음은 입의 중앙에서 발음되는 음이다.

(71) 말음중화

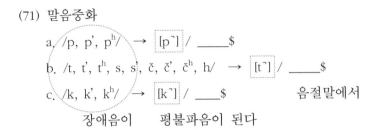

a. /p, p', pʰ/ → [p˺] / ____$

b. /t, t', tʰ, s, s', č, č', čʰ, h/ → [t˺] / ____$

c. /k, k', kʰ/ → [k˺] / ____$　　　　음절말에서

　　　　장애음이　　　평불파음이 된다

범어적으로 말음이 두음보다 약한 자리이므로 언어에 따라 두음의 일부만이 말음에 나타난다. 두음보다 말음에 제한적인 음이 나타나는 것을 김선희(1993), Mira Oh(오미라 1993)와 Ongmi Kang(강옥미 1992b)은 말음조건 때문이라고 분석했다.

(72) 말음조건(coda condition)

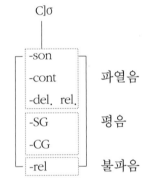

말음중화를 (71)과 달리 자질을 이용한 단선규칙으로 형식화 하면 다음과 같이 표시된다.

(73)

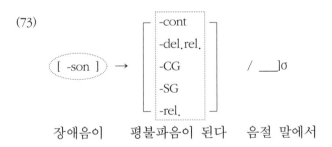

　　장애음이　　　평불파음이 된다　　음절 말에서

326

즉, 장애음은 음절말에서 무성평불파음으로 실현된다.
말음중화를 자질수형도로 분석하면 다음과 같다.[9]

9) 5장 5.2절의 (84)에서 Clements and Hume (1993)은 음운규칙은 하나의 작용으로 이루어져야 한다는 원리에 따라 설정장애음에 일어나는 말음중화를 (72)와 달리 분석하고 있다.

(74)

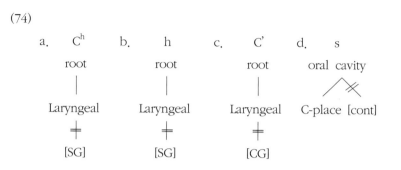

(72)의 말음조건 때문에 경음 C', 유기음 Cʰ와 h는 후두마디(laryngeal node)에 연결된 후두자질 [CG]나 [SG]이 삭제되어 평음으로 실현되고, /s/는 구강공명실마디(oral cavity) 아래 [cont]가 삭제되어 [tˀ]로 실현된다. 결국 [pˀ, tˀ, kˀ, m, n, l, ŋ]만 말음에 실현된다.

현대 한국어에서 말음에 실현되는 음은 [pˀ, tˀ, kˀ, m, n, l, ŋ]이다.

말음중화와 다른 음운현상과의 적용순서를 살펴보자.

(75)

   a. 말음중화 → 경음화

     /nopʰ+ta/ '높다' → [nopˀta]   → [nopˀtˀa]

     /patʰ+kwa/ '밭과' → [patˀkwa]   → [patˀkˀwa]

   b. 말음중화 → 유성음화

     /hotʰ+os/ '홑옷' → [hotˀotˀ]   → [hodotˀ]

     /os+an/ '옷안' → [otˀan]   → [odan]

(75a)에서 유기음이 말음중화로 인하여 평음이 된 후 경음화가 일어났다. (75b)에서는 말음중화가 일어난 후 유성음화가 일어난다. 따라서 말음중화와 이들은 급여관계(feeding)에 있다.

3.1.4.2. *＿＿＿ ɾ]σ

한국어의 유음은 음절말에서 [l]만 발음된다. 따라서 서양외래어의 음절말 /r/은 차용된 후 실현되지 않는다.

(76)

    a. gear   → [kiə]   '기어'   b. car → [kʰa] '카'

    c. world → [wəldɨ] '월드'   d. girl → [kəl] '걸'

    e. Ford → [pʰodɨ] '포드'   f. star → [sitʰa] '스타'

[ɾ]이 음절말에 실현되지 못한 것은 말음조건 (77) 때문이다.

(77)   * C]σ 음절말에 /ɾ/은 올 수 없다.

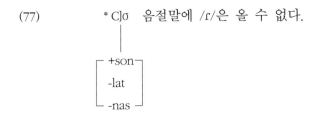

지금까지 논의한 한국어의 음절구조적형조건은 다음과 같다.

(78) 한국어 음절구조적형조건

    a. 한국어의 음절형판 [CGVC]

    b. 두음조건(onset conditions)

    음절 초에 [ŋ]이 올 수 없다.   음절 초에 단자음 [l]이 올 수 없다.

c. 말음조건(coda conditions)

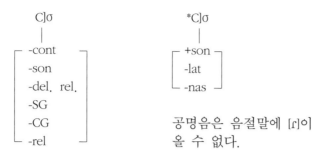

음절말에 오는 장애음은
평불파음 [p˥, t˥, k˥]만 가능하다.

3.2. 연결제약과 음운현상

이 절에서는 운율성분 내에서의 분절음간의 연결제약 때문에 야기되는 음운현상을 살펴보고자 한다.

3.2.1. 음절내 연결제약

3.2.1.1. 두음공기제약(onset cooccurrence constraint)

반모음이 두음에 속한다고 가정할 때, 두음 내에서 양순음 p, p', p^h +w나 설정음 t, s, č + y는 함께 나타날 수 없다.[10]

(79) Jin-Sung Lee(이진성 1992)

   a. *양순음+w

     *<u>pw</u>i '뷔' *<u>p'w</u>e '빼' *<u>p^hw</u> '풔' *<u>mw</u>a '뫄'

   b. *설정음(치경음·구개치경음)+y

     *<u>ty</u>e '댸' *<u>ty</u> '뎨' *<u>ty</u>u '듀' *<u>t^hy</u>a '탸'

     *<u>sy</u>o '쇼' *<u>sy</u>u '슈' *<u>čy</u>ə '져' *<u>č^hy</u>e '챼'

(79)는 동일한 층위에서 같은 자질을 가진 두 음이 연속적으로 나타나지

10) Onset (두음)

    C G
자음 반모음
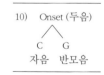

동일한 층위에서 같은 자질을 가진 두음이 연속적으로 나타나지 못하는 것은 필수굴곡원리 때문이다.

못하게 하는 **필수굴곡원리**(Obligatory Contour Principle, McCarthy 1986)에 따라 일어난 **두음공기제약**(cooccurrence constraint)이다. pw는 두음에서 자질 [labial]이 연속적으로 나타나고, ty, sy, čy는 [coronal]이 연속적으로 나타난다. 공기제약으로 표시하면 다음과 같다.

(80) 두음의 공기제약

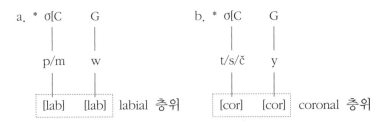

/tači+ə/ '다지어', /muə/ '무어', /po+a/ 보아'에 반모음화가 일어난 [taǐyə] '다져', [mwə] '뭐', [pwa] '봐'에는 이 공기제약이 적용되지 않는다. 따라서 (79) 의 공기제약은 단일어에만 적용된다.

3.2.1.2. * σ[yi, * σ[wu, * σ[wo

11) 이중모음체계에서 이들이 실현되지 않는 것에 대해서 3장 3.2.2절을 참고하길 바란다.

상승이중모음 yi, yɨ, wu, wɨ, wo는 한국어에서 실현되지 않는다.[11] y와 ɨ 사이의 과도(glide)가 너무 짧아서 yɨ는 실현되지 않고 w와 ɨ 사이의 과도가 너무 짧아서 wɨ도 실현되지 않는다. yi는 반모음과 모음이 둘 다 [coronal]을 가지고 wu, wo는 반모음과 모음이 둘 다 [labial]을 가지므로, 두 자질이 연속적으로 나타나지 못하게 하는 필수굴곡원리(OCP) 때문에 실현되지 못한다.

(81) 반모음과 모음의 연결제약

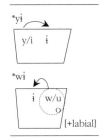

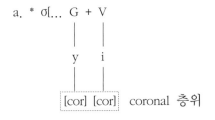

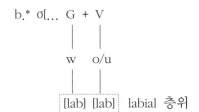

엄밀하게 말하자면 (79)의 두음공기제약과 (80)의 반모음과 모음의 연결제
약은 별도의 제약이 아니라 필수굴곡원리(OCP) 때문에 야기된 현상이다.

두음공기제약과 반모음과 모음의 연결제약은 필수굴곡원리(OCP) 때문이다.

3.2.2. 운율어단계의 연결제약

3.2.2.1. ㄹ-탈락(l-deletion)

(82)에서 보듯이 어두에 오는 /l/은 /i, y/ 앞에서 탈락하고, (83a)에서 보듯
이 접두사+어간에서 어간의 첫 음 /l/은 /i, y/ 앞에서 탈락하고, (83b)-(83c)에
서 합성어의 두 번째 성분의 첫 음인 /l/도 /i, y/ 앞에서 탈락한다. 순우리말은
어두에서 /l/이 /i, y/ 앞에 나타나는 경우가 없으므로 이 현상은 전통적으로
두음법칙으로 분석되었다.

두음법칙은 한자어에만 적용된다.

(82)

a. $_N$[lyək-sa]　　　'역사'　→　ω(yək˙s'a)

b. $_N$[li-ik]　　　'이익'　→　ω(iik˙)

c. $_N$[lyək-čak]　　　'역작'　→　ω(yəkǰak˙)

d. $_N$[lyu-su]　　　'유수'　→　ω(yusu)

e. $_N$[lye-yi]]　　　'예의'　→　ω(yeyɨ)

(83)

a. $_N$[yək $_N$[li-yoŋ]]　　　'역이용'　→　ω(yək˙) ω(iyoŋ)

b. $_N$[$_N$[čʰəŋ-san] $_N$[lyu-su]]　　　'청산유수'　→　ω(čʰəŋsan) ω(yusu)

c. $_N$[$_N$[koŋ-čuŋ] $_N$[lye-yi]]　　　'공중예의'　→　ω(koŋǰuŋ) ω(yeyɨ)

a. 접두사+어근
b, c. 어근+어근
(합성명사)

(82)와 (83)을 보면 'ㄹ탈락'은 운율어(ω)의 왼쪽끝에서 일어난다.

/l/이 /i, y/ 앞에 오더라도 운율어의 왼쪽끝이 아닌 경우 다른 음운현상이
일어난다.

(84) ㄹ-비음화

    a. ₙ[kyə-lyək]   '경력'   →   ω(kyəŋŋyək˺)

    b. ₙ[siŋ-li]   '승리'   →   ω(siŋni)

    c. ₙ[toŋ-lyək]   '동력'   →   ω(toŋŋyək˺)

    d. ₙ[paŋ-lyu]   '방류'   →   ω(paŋŋyu)

(85) 중자음화: 중자음 1 [ll]

    a. ₙ[tal-lyək]   '달력'   →   ω(tallyək˺)

    b. ₙ[sil-lyək]   '실력'   →   ω(sillyək)

    c. ₙ[hyəl-lyu]   '혈류'   →   ω(hyəllyu)

    d. ₙ[sil-lye]   '실례'   →   ω(ʃillye)

    e. ₙ[ₙ[lyəl] ₙ[lyək-hak]] '열역학'   →   Φ(yəlləkʰak˺)

(84)에서는 어중의 음절초의 단자음 /l/이 /i, y/ 앞에 오면 [n]으로 발음되고 (ㄹ-비음화), (85)에서는 같은 환경이지만 /l/ 앞에 단자음 /l/이 올때 두 자음은 중자음 [ll]로 발음된다. ㄹ-비음화와 ㄹ-탈락은 단자음 /l/이 음절초에 오는 것을 꺼리는 두음조건 (52) 때문에 야기되었다.

ㄹ-비음화와 ㄹ-탈락은 모두 음절초에서 일어나므로 운율성분으로 구별해야 한다. ㄹ-탈락은 운율어의 왼쪽끝에 *li나 *ly의 연쇄가 허용되지 않아 일어나므로 다음의 연결제약으로 표시될 수 있다.

(86) * ω(li/y.....

ㄹ-탈락은 운율어초에 오는 /l/ 뒤에 /i, y/가 오면 /l/이 탈락하는 영역한계 규칙(domain limit rule)으로 표시된다.[12]

332

(87) ㄹ-탈락규칙(한자어에만 적용)

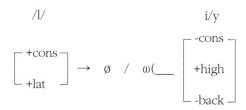

운율어초가 아닌 어중의 음절초에 오는 /l/은 [n]이 되는 ㄹ-비음화를 겪는다.

(88) ㄹ-비음화(한자어에만 적용)

$$\begin{array}{ccc} /l/ & & [n] \\ \begin{bmatrix} +cons \\ +lat \end{bmatrix} & \rightarrow & [+nas] \quad / \quad \sigma(\underline{\quad} \end{array}$$

ㄹ-탈락과 ㄹ-비음화의 적용관계를 알아보자. 음절초에서 i/y 앞에 오는 /l/ 은 [n]으로 실현되고 운율어초에서 i/y 앞에 오는 /l/은 탈락한다. 따라서 i/y 앞에 오는 /l/을 가진 단어에는 ㄹ-탈락규칙이 특수규칙이므로 먼저 적용해보 고 적용되지 않으면 ㄹ-비음화를 적용한다.

(89)

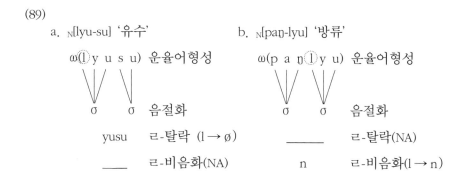

a. ₙ[lyu-su] '유수'   b. ₙ[paŋ-lyu] '방류'

(89a)에서 /l/은 운율어초에 오고 뒤에 y가 오므로 ㄹ-탈락이 일어나 ㄹ-비 음화를 출혈(bleed)한다. (89b)에서 /l/이 y 앞에 오지만 운율어초가 아니고 단지 음절초이므로 ㄹ-비음화가 적용된다. ㄹ-탈락은 한자어에만 적용되므로

최근에 서양에서 들어온 어두의 /l/은 /i, y/ 앞에서 그대로 발음된다(링, 리본).

3.2.2.2. ㄴ-탈락(n-deletion)

순우리말은 어두에서 /n/이 /i, y/ 앞에 나타나지 않는다. 이것은 전통적으로 두음법칙으로 간주되어 왔다. 따라서 차용된 한자어도 이 제약을 따른다. (90)에서 보듯이 한자어에서 어중의 /n/은 /i, y/ 앞에서 [ɲ]로 발음된다. 그러나, (91)에서 어두의 /n/은 /i, y/ 앞에서 탈락하고, (92)에서 합성어의 두 번째 어간이나 구의 첫 음 /n/도 /i, y/ 앞에서 탈락한다.

(90)

    a. ₙ[nam-nyə]   '남녀'   →   ω(namnyə)

    b. ₙ[in-nik]   '은닉'   →   ω(innik⌐)

    c. ₙ[pɛ-nyo]   '배뇨'   →   ω(pɛnyo)

(91)

    a. ₙ[nik-myəŋ]   '익명'   →   ω(iŋmyəŋ)

    b. ₙ[nyo-to]   '요도'   →   ω(yodo)

    c. ₙ[nyə-ča]   '여자'   →   ω(yəǰa)

    d. ₙₙ[nyə] ₙ[hak-sɛŋ]   '여학생'   →   ω(yə) ω(haksʼɛŋ)

(92) 명사구 내/합성 명사의 ㄴ-탈락

    a. ₙₚ[ₙₚ[nam]-kwa ₙₚ[nyə]] '남과 여'   →   ω(namgwa) ω(yə)

    b. ₙ[ₙ[nam-pu] ₙ[nyə-tɛ]] '남부여대'   →   ω(nambu) ω(yədɛ)

ㄴ-탈락은 운율어의 왼쪽끝에 *ni나 *ny의 연쇄를 허용하지 않는 연결제약 때문이다.

운율어의 왼쪽 끝에 *ni나 *ny의 연쇄를 허용하지 않아 ㄴ이 탈락한다.

(93) * ω(ni/y....

ㄴ-탈락은 영역한계규칙으로 다음과 같이 표시될 수 있다.

(94) ㄴ-탈락(한자어에만 적용)

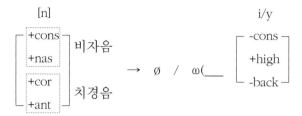

ㄴ-탈락은 한자차용어에만 적용되므로 최근에 차용한 서양외래어에는 (93)
의 연결제약은 적용되지 않는다('뉴턴', '뉴스', '니켈', '니코틴').

3.2.3. 운율구 단계의 연결제약

3.2.3.1. ㄴ-설측음화(n-lateralization)

음절말 /l/과 음절초의 /n/이 연속할 때 /n/이 공명도가 높은 설측음 [l]로
동화되어 중자음 [ll]로 실현되고, 음절말 /n/과 음절초의 /l/이 연속할 때도
중자음 [ll]로 실현된다. 이것을 ㄴ-설측음화라 한다.

(95) l + n

  a. ₙ[[tal] ₙim]   '달님'   →   ω(tal‌lim)
  b. ₙ[ₙ[tal] ₙ[nala]]   '달나라'   →   Φ(tal‌lara)
  c. ₙ[ₙ[til] ₙ[noli]]   '들노리'   →   Φ(til‌lori)
  d. ₙ[ₙ[pyəl] ₙ[nala]] '별나라'   →   Φ(pyəl‌lara)
  e. ₙ[ₙ[til] ₙ[namul]] '들나물'   →   Φ(til‌lamul)
  f. ₙ[ₙ[səl] ₙ[nal]]   '설날'   →   Φ(səl‌lal)

(96) n + l

  a. ₙ[sin-la]   '신라'   →   ω(ʃil‌la)
  b. ₙ[nan-lo]   '난로'   →   ω(nal‌lo)
  c. ₙ[san-lim]   '산림'   →   ω(sal‌lim)

뉴스 'news'에 ㄴ-탈
락이 적용되면 유스
'youth'와 동일하게
되어서 변별이 되지
않는다. 서양외래어
는 원음에 충실하게
차용한다.

ω   (95a)
N   Suf.

Φ   (95b)-(95f)
ω   ω
N   N

ω   (96)
N

운율구내에서 *ln이나 *nl의 연속을 꺼리므로 ㄴ-설측음화가 일어난다.

한국어에서는 표면음절에서 *ln이나 *nl의 연속을 허용하지 않는다. (95)에서 ㄴ-설측음화가 합성어경계에서 일어나므로 적용영역은 운율구(Φ)이다. 따라서 이것은 운율구내에서 *nl이나 *ln의 연결을 꺼리는 연결제약으로 나타낼 수 있다.

(97) *Φ (...ln...)%   ←   *Φ(....ln....), *Φ(...nl ...)

연결제약 (97) 때문에 일어나는 ㄴ-설측음화는 영역내부규칙(domain span rule)으로 아래와 같다.[13]

13) 6장 5.1절 (80a) 참조: 영역내부규칙은 특정한 운율성분 내의 분절음에 영향을 끼친다.

(98) ㄴ-설측음화(경상규칙)

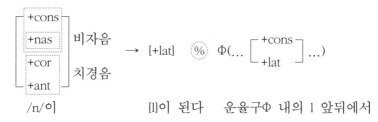

/n/이   [l]이 된다   운율구Φ 내의 l 앞뒤에서

운율구 내에서 /n/이 /l/의 앞이나 뒤에 올 때 [l]로 실현되는 경상규칙(mirror image rules)이다.

ㄴ-설측음화를 자질수형도로 설명하면 다음과 같다.

(99) /sin-la/ '신라'   →   [ʃilla]

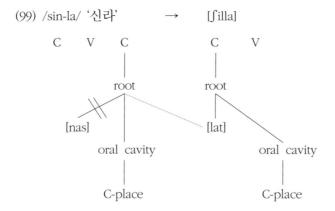

336

/n/의 뿌리마디 아래에 명시된 [nas]을 삭제한 다음 /l/의 [lat]이 /n/의 뿌리마디로 확산하여 [ll]로 실현된다.

ㄹ-비음화와 다른 음운현상과의 적용순서를 살펴보면 (100a)에서는 ㄴ-첨가가 ㄴ-설측음화를 급여하고 (100b)에서는 자음군단순화가 ㄴ-설측음화를 급여한다.

(100)

    a. /pol+il/ '볼일'   b. /hal^{h}+nin/ '핥는'

        polnil   ㄴ-첨가   halnin   자음군단순화 (lt^{h} → l)

        pollil   ㄴ-설측음화   hallin   ㄴ-설측음화

합성어의 두 번째 성분의 첫소리 /l/은 ㄴ-설측음화 대신 ㄹ-비음화를 겪는다.

(101)

    a. $_{\text{N}}[_{\text{N}}$[sin-mun] $_{\text{N}}$[lo]] '신문로' → ω(sinmun) ω(no)

    b. $_{\text{N}}[_{\text{N}}$[po-mun] $_{\text{N}}$[lo]] '보문로' → ω(pomun) ω(no)

아래에서 보듯이 ㄹ-비음화가 ㄴ-설측음화를 출혈한다.

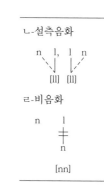

ㄴ-설측음화

ㄹ-비음화

(102)

    $_{\text{N}}[_{\text{N}}$[sin-mun] $_{\text{N}}$[lo]] '신문로'

    ω(sinmun) ω(lo)   운율어형성

            ω(no)   ㄹ-비음화

                      ㄴ-설측음화
    _____

    [sinmunno]

3.3. 음절접촉법칙과 음운현상

보편적으로 선행음절의 말음은 후행음절의 두음보다 공명도가 높아서 음

선행음절의 말음이 후행음절의 두음보다 공명도가 높아서 음절을 경계로 공명도 하강이 일어난다.

절을 경계로 **공명도하강(falling sonority)**이 일어난다. Vennemann(1988)은 이것을 **음절접촉법칙(syllable contact law)**으로 정의했다.

(103) 공명도로 본 음절접촉법칙

　　　A.B가 나란히 올 때 말음 A의 공명도가 더 크고

　　　두음 B의 공명도가 작은 것이 낫다.

　　표 7.1에서 논의한 공명도척도(sonority scale)와 (102)의 음절접촉법칙을 바탕으로 선행음절의 말음 C_1과 후행음절의 두음 C_2 사이의 공명도와 강도를 비교하면 다음과 같다.

C_1은 C_2보다 공명도가 크거나 같다.

C_2는 C_1보다 강도가 크거나 같다.

$C_1 > C_2$
공명도 하강

(104)

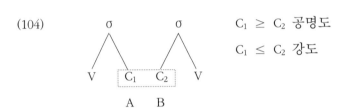

$C_1 \geq C_2$ 공명도
$C_1 \leq C_2$ 강도

　　선행음절의 말음 C_1은 후행음절의 두음 C_2보다 공명도가 높아서 음절을 경계로 공명도하강(falling sonority)이 일어난다. 자음의 강도로 본다면 후행음절의 두음 C_2가 선행음절의 말음 C_1보다 강도가 높아 음절을 경계로 강도경사(slope)가 생긴다.

　　표 7.1에서 살펴본 공명도척도를 따르면 음들의 공명도와 강도의 상대적 크기는 대략 다음과 같다(이 장의 (4) 참고).

(105)　← 강도 ─────────────── 공명도 →

　　　장애음　-　비음　-　유음　-　반모음　-　모음

　　　p, t, k, s, č　　m, n, ŋ　　l, r　　y, w　　a, i, o, u...

　　공명도척도에 근거하여 다음 자료를 살펴보자.

338

(106) Seung-Hoon Shin(신승훈 1997: 202)

음절경계에서
공명도 비교

    a. l+m

        /kal-maŋ/   '갈망'   →   [kalmaŋ]

        /pal-myəŋ/   '발명'   →   [palmyəŋ]

        /čal+mos/   '잘못'   →   [čalmot˺]

    b. 비음+장애음

        /kun-tɛ/   '군대'   →   [kundɛ]

        /kam-ki/   '감기'   →   [kamgi], [kaŋgi]

        /toŋ-tiŋ/   '동등'   →   [toŋdiŋ]

    c. l+장애음

        /kaltɛ/   '갈대'   →   [kalt'ɛ]

        /kalpi/   '갈비'   →   [kalbi]

        /kal-ku/   '갈구'   →   [kalgu]

    선행음절 말음의 공명도가 후행음절 두음의 공명도보다 높아서 음절접촉법칙을 준수하므로 아무런 음운변동이 일어나지 않는다. 반대로 선행음절 말음의 공명도가 후행음절 두음의 공명도보다 낮은 경우를 살펴보자.

3.3.1. 장애음비음동화(obstruent nasal assimilation)

    선행음절의 말음에 장애음이 오고 후행음절의 두음에 비음이 오면 음절을 경계로 공명도상승이 일어나 음절접촉법칙을 어긴다. 이때 장애음은 비음의 영향으로 동일 조음점의 비음(homorganic nasal)으로 바뀌는 장애음비음동화(obstruent nasal assimilation)가 일어난다. 양순파열음 /p, pʰ/는 비음 /n, m/ 앞에서 [p˺]로 중화된 후 양순비음 [m]로 발음된다.

선행음절의 말음에 장애음이 오고 후행 음절의 두음에 비음 이 와서 음절을 경계 로 공명도 상승이 일 어나 음절접촉법칙 을 어기므로 장애음 이 비음으로 동화된다.

(107) 양순파열음 p, p', pʰ + 비음 m, n → ㅁ-비음동화

    a. √[ip-nin]   '입는' → ω(ip˺nin)   → ω(imnin)

    b. ₙ[ₙ[tʰop] ₙ[nal]] '톱날' → ω(tʰop˺) ω(nal) → Φ(tʰomnal)

c. $_N[_N[ap^h]\ _N[mun]]$ '앞문' → ω(ap¬) ω(m̲u̲n) → Φ(am̲m̲un)

d. $_{VP}[_{NP}[pap]\ _V[məkəla]]$ → ω(pap¬) ω(m̲ə̲g̲ə̲ɾ̲a̲)

'밥 먹어라' → Φ(pam̲m̲əgəɾa)

(107b), (107c), (107d)는 운율어경계에서 비음동화가 일어나므로 비음동화의 영역은 운율구(Φ)이다 치경음과구개치경음/t, s, č/와 성문파열음 /h/가 /n, m/ 앞에서 [t¬]로 중화된 후에 치경비음 [n]으로 실현된다.

(108) 설정장애음 t, t', t^h, s, č, č^h + 비음 m, n → ㄴ-비음동화

a. $_√[tat-nin]$ '닫는' → ω(tat¬n̲i̲n̲) → ω(tan̲n̲in)

b. $_√[čis-nin]$ '짓는' → ω(čit¬n̲i̲n̲) → ω(čin̲n̲in)

c. $_√[tah-nin]$ '닿는' → ω(tat¬n̲i̲n̲) → ω(tan̲n̲in)

d. $_N[_N[čəč]\ _N[nɛ]]$ '젖내' → ω(čət¬) ω(n̲ɛ̲) → Φ(čən̲n̲ɛ)

e. $_{NP}[_D[myəč^h]_N[nal]]$ '몇날' → ω(myət¬) ω(n̲a̲l̲) → Φ(myən̲n̲al)

연구개음 /k, k', k^h/가 /n, m/ 앞에서 [k¬]로 중화된 후 연구개비음 [ŋ]으로 실현된다.

(109) 연구개파열음 k, k', k^h + 비음 m, n → ㄱ-비음동화

a. $_N[kuk-nɛ]$ '국내' → ω(kuk¬n̲ɛ̲) → ω(kuŋn̲ɛ)

b. $_N[maknɛ]$ '막내' → ω(mak¬n̲ɛ̲) → ω(maŋn̲ɛ)

c. $_N[_N[puək^h]\ _N[mun]]$ '부엌문' → ω(puək¬) ω(m̲u̲n̲)

→ Φ(puəŋm̲un)

d. $_N[_N[hɨlk]_N[mul]]$ '흙물' → ω(hɨk¬) ω(m̲u̲l̲)

→ Φ(hɨŋm̲ul)

e. $_{NP}[_D[kak]\ _N[nala]]$ '각나라' → ω(kak¬) ω(n̲a̲ɾ̲a̲)

→ Φ(kaŋn̲aɾa)

(107)-(109)는 비음동화가 운율구내에서 일어남을 보여준다. 비음동화는 **영역내부규칙(domain span rule)**으로 표시된다.

(110) 비음동화

$$[\text{-son}] \quad \rightarrow \quad [\text{+nas}] \quad / \quad \Phi \; (\ldots \; \_\!\_ \; \left[\begin{array}{c} \text{+cons} \\ \text{+nas} \end{array} \right] \ldots)$$

장애음이   비자음이 된다   운율구내에서 비음 앞에 올 때

자질수형도에서는 비음의 [nasal]이 선행장애음의 뿌리마디(root node)로 확산하여 비음동화가 일어난다(위치마디 생략).

(111) /kuk-nɛ/ '국내' → [kuŋnɛ]

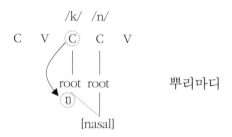

비음동화와 다른 현상과의 적용 순서를 살펴보자.

(112)

    a. 말음중화 - 비음동화   b. l-비음화(l → n) - 비음동화

/čis+nin/	'짓는'	/pɛk-li/	'백리'
čit˺nin	말음중화	pɛkni	ㄹ-비음화(l → n)
činnin	비음동화	pɛŋni	비음동화

    c. ㄷ-삽입-비음동화

/i+mom/	'이몸'
itmom	ㄷ-삽입
inmom	비음동화
immom	위치동화 (수의적)

(112a)에서 보듯이 말음중화가 일어나고 난 후 비음동화가 일어난다. (112b)에서는 ㄹ-비음화가 비음동화를 급여하고 (111c)에서 ㄷ-삽입이 비음동화를 급여한다.

3.3.2. ㄴ-설측음화(n-lateralization)

3.2.3.1절에서 살펴본 /n+l/에서 나타난 ㄴ-설측음화도 음절접촉법칙에 의해서 야기되었다. 후행음절의 두음에 오는 /l/이 선행음절의 말음에 오는 비음 /n/ 보다 공명도가 높다. ㄴ-설측음화로 인하여 두 자음이 동일한 공명도를 가지는 중자음 [ll]로 실현된다.

(113) 한자어 n + l

    a. $_N$[sin-la]   '신라' →   ω(ʃilla)

    b. $_N$[nan-lo] '난로' →   ω(nallo)

    c. $_N$[san-lim] '산림' →   ω(sallim)

3.4. 두음제약과 음운현상

두 모음이 연속적으로 올 때 일상적인 말씨에서 모음축약, 모음탈락, 반모음화나 반모음삽입이 일어난다.

(114) 모음충돌회피현상

    a. $CV_1V(i)_2$ → CV_{12} 모음축약

    b. CV_1V_2 → CV_1, CV_2 모음탈락

    c. CiV_2 → CyV_2 반모음화

       Cu/oV_2 → CwV_2

    d. CV_1V_2 → CV_1yV_2, CV_1wV_2 반모음삽입

위 현상의 결과 모음충돌이 해소된다. 이것은 화자들이 두음이 있는 음절을

선호하는 현상을 반영하는 것으로 두음제약 (29)가 작용한 결과이다(Ongmi Kang(강옥미 1999 a&b)).

3.4.1. 모음축약(vowel coalescence)

V_1인 후설·중설모음 u, o, a, ə, ɨ 뒤에 V_2인 전설고모음 i가 올 때, 일상적인 말씨에서 두 모음이 축약하여 V_1과 같은 혀의 높이의 전설모음으로 발음된다.

(115) 신중한 말씨 /a/ + /i/ → 일상적인말씨 [ɛ:]

    a. /a̠i/   '아이'   → [ɛ:]   '애'

    b. /sana̠i/   '사나이'   → [sanɛ], *[sanɛ:] '사내'

    c. /a̠iko/   '아이고'   → [ɛ:go]   '애고'

(116) /ə/ + /i/ → [e:]

    a. /iɾiltʰə̠imyən/   '이를터이면'   → [iɾiltʰemyən] '이를테면'

    b. /ə̠iku/   '어이구'   → [e:gu]   '에구'

(117) /o/ + /i/ → [ö:]

    a. /o̠i/   '오이'   → [ö:]   '외'

    b. /po̠+i̠+ta/   '보이다'   → [pö:da]   '뵈다'

    c. /čo̠+i̠+ta/   '조이다'   → [čö:da]   '죄다'

(118) /u/ + /i/ → [ü:]

    a. /onu̠i/   '오누이'   → [onü]   '오뉘'

    b. /nu̠+i̠+ta/   '(오줌을) 누이다' → [nü:da]   '뉘다'

(119) /ɨ/ + /i/ → [i:]

    a. /t'ɨ̠+i̠/   '뜨이'   → [t'ii], [t'i:]   '띠'

    b. /tʰɨ̠+i̠/   '트이'   → [tʰii], [tʰi:]   '티'

10모음체계의 화자는 /u/+/i/와 /o/+/i/는 원순전설모음 [ü]와 [ö]로 발음되고, /ɨ/+/i/, /ə/+/i/, /a/+/i/는 평순전설모음 [i], [e], [ɛ]로 발음된다. 8모음체계의 화자는 /ü, ö/가 없으므로 /u/+/i/와 /o/+/i/도 [i]와 [e]로 실현된다.

보상적 장모음화는 1음절에서만 일어난다.

표 7.3 한국어의 10모음체계

혀의 위치 입술 모양 혀의 높이	전설모음		중설	후설
	평순	원순	평순	원순
고모음	i(ㅣ)	ü(ㅟ)	ɨ(ㅡ)	u(ㅜ)
중모음	e(ㅔ)	ö(ㅚ)	ə(ㅓ)	o(ㅗ)
저모음	ɛ(ㅐ)			a(ㅏ)

한국어에서 장모음은 어두에서만 실현되므로 모음축약이 된 후 (115b)와 (116a)에서 보상적 장모음화는 일어나지 않는다.

모음축약은 V_1이 가진 [high]와 [low]의 값과 V_2가 가진 [-back] 자질이 융합되어 나타난다.

같은 혀의 높이(고모음, 중모음, 저모음)의 전설모음으로 축약된다.

자질 자질 자질값	α high	
	+	-
β low +|		-high +low (저모음)
β low -	+high -low (고모음)	-high -low (중모음)

(120) 중설/후설 모음   전설모음

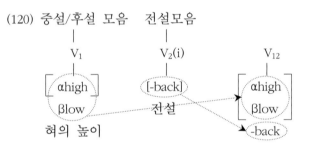

344

융합은 자질수형도로 다음과 같이 설명된다.

(121) /oi/ '오이' → [oː] '외'

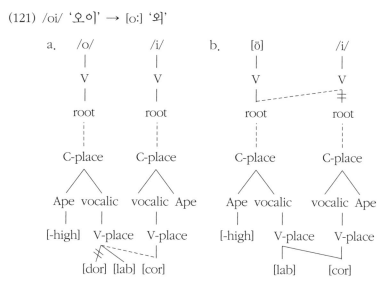

(Ape: aperture node)

융합으로 전설모음이 만들어지므로 (121a)에서 보듯이 중설과 후설모음인 선행모음의 모음위치마디(V-place node) 아래 [dorsal]을 삭제하고, /i/의 [coronal]이 /o/의 모음위치마디(V-place node)로 확산하면 선행모음은 [ö]가 된다. 그후 (121b)에서 보듯이 후행모음 /i/의 뿌리마디(root node)를 삭제하고 선행모음 [ö]의 뿌리마디가 /i/의 골격 V로 확산하는 완전동화가 일어나 [öː]로 실현된다.

3.4.2. 모음탈락(vowel deletion, elision)

CV+V의 연쇄에서 두 번째 음절은 두음을 가지지 않는다. 두 모음 중 한 모음이 탈락하면 음절은 두음을 가지므로 두음제약 (29)를 만족시킨다. (122)처럼 ɨ 뒤에 연결어미 a/ə가 오거나 (123)처럼 모음으로 끝난 어간 뒤에 ɨ로 시작하는 굴절어미가 오면 반드시 ɨ가 탈락하고 보상적 장모음화는 일어나지 않는다.

(122) 어간말음 ɨ + V

    a. /k'ɨ+ə/   '끄+어'   → [k'ə]   '꺼'

    b. /s'ɨ+ə/   '쓰+어'   → [s'ə]   '써'

    c. /pap'ɨ+ə/   '바쁘+어'   → [pap'ə]   '바빠'

(123) V + 어미 첫음 ɨ

    a. /ka+ɨmyən/   '가+으면'   → [kamyən]   '가면'

    b. /kʰyə+ɨmyən/   '켜+으면'   → [kʰyəmyən]   '켜면'

    c. /no+ɨlo/   '노+으로'   → [nolo]   '노로'

    d. /pata+ɨlo/   '바다+으로' → [patalo]   '바다로'

(124)처럼 어간의 말음 a/ə 뒤에 a/ə로 시작하는 연결어미가 올 때 모음 하나는 반드시 탈락하는 동일모음탈락이 일어난다.

(124) 동일모음탈락

    a. /ka+a/   '가+아'   → [ka]   '가'

    b. /s'a+a/   '싸+아'   → [s'a]   '싸'

    c. /sə+ə/   '서+어'   → [sə]   '서'

    d. /kʰyə+ə/   '켜+어'   → [kʰyə]   '켜'

모음탈락은 모음의 뿌리마디와 골격 X까지 삭제되므로 보상적 장모음화는 일어나지 않는다.

(125) /끄+어/   [꺼]

    X Ⓧ + X   X X   골격

    | ǂ | | |

    R R   R   R R   뿌리마디

    | | | → | |

    k' ɨ   ə   k' ə   선율

모음축약은 보상적 장모음화가 일어나지만 모음탈락은 보상적 장모음화가 일어나지 않는다.

3.4.3. 반모음화(glide formation)

일상적인 말씨에서 두 모음이 연속할 때 첫 모음이 반모음이 되는 **수의적 반모음화**(optional glide formation)가 일어난다. (126)에서 어간말음 o/u 뒤에 연결어미 ə/a가 올 때 o/u는 w로 실현되고 (127)에서 어간말음 i 뒤에 ə/a가 올 때 i가 y로 실현된다. 반모음화가 1음절에서 일어나면 보상적 장모음화가 일어나지만 2음절 이상에서 일어나면 보상적 장모음화는 일어나지 않는다.

모음충돌 시
반모음화

$V_1 + V_2$
|
o/u
↓
w

(126) 수의적 반모음화   신중한 말씨 일상적인 말씨

   a. /k'u̱+ə/   '꾸어' → [k'uə]   [k'w̱ə:]

   b. /tu̱+ə/   '두어' → [tuə]   [tw̱ə:]

   c. /po̱+a/   '보아' → [poa]   [pw̱a:]

(127)

   a. /ki̱+ə/   '기어' → [kiə]   [ky̱ə:]

   b. /t'i̱+ə/   '띠어' → [t'iə]   [t'y̱ə:]

   c. /si̱+ə/   '시어' → [siə]   [ʃy̱ə:]

$V_1 + V_2$
|
i
↓
y

(128)

   a. /kak'u̱+ə/   '가꾸어' → [kak'uə]   [kak'w̱ə]

   b. /nanu̱+ə/   '나누어' → [nanuə]   [nanw̱ə]

   c. /čilki̱+ə/   '즐기어' → [čilgiə]   [čilgy̱ə]

   d. /pumpi̱+ə/ '붐비어' → [pumbiə] [pumby̱ə]

두음이 없는 음절이 연속적으로 올 때 필수적 **반모음화**(obligatory glide formation)가 일어난다.

14) /o+a/, /u+ə/처럼 두 모음이 연속할 때 어두에 오는 선행모음이 반모음이 되면 보상적 장모음화는 일어나지 않는다.

(129) 필수적 반모음화

    a. /meu̯+ə/   '메우+어'   →   [mew̯ə]

    b. /s'au̯+ə/   '싸우+어'   →   [s'aw̯ə]

    c. /o̯+a̲/   '오+아'   →   [wa̲]¹⁴⁾

    d. /u̲+ə/   '우+어'   →   [w̲ə]

반모음화를 살펴보자. /o/의 골격 X와 모라 μ 사이의 연결선을 삭제하면 반모음 w가 된다. 모음 a의 뿌리마디가 w의 골격 X에 연결되어 보상적 장모음화가 일어나 [pʷaː]로 실현된다.

(130)

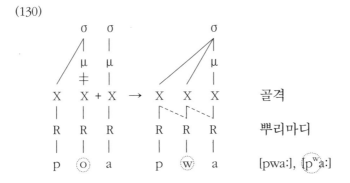

    골격

    뿌리마디

    [pwaː], [pʷaː]

3.4.4. 반모음 삽입(glide insertion)

조심스런 말씨에서 모음충돌이 일어나면 반모음을 삽입하여 두음을 채운다. 어간 말음이 전설모음 [e, i]로 끝났을 경우는 [y]를 삽입하고 원순모음 [u]으로 끝났을 경우는 [w]를 삽입한다. (132)에서 보듯이 명사 뒤에는 반드시 [y]를 삽입한다.

(131)   신중한 말씨   일상적인 말씨

    a. /twe̱+ə/   '되어' → [tweə]   [tweye̯ə]

    b. /ki̱+ə/   '기어' → [kiə]   [kiye̯ə]

    c. /pi̱+ə/   '비어' → [piə]   [piye̯ə]

    d. /nanu̱+ə/   '나누어' → [nanuə]   [nanuwə]

    e. /tatʰu̱+ə/   '다투어' → [tatʰuə]   [tatʰuwə]

(132)

    a. /čəki̱+e/   '저기에' → [čəgie]   [čəgiye̯e]

    b. /namu̱+e/   '나무에' → [namue]   [namuwe̯e]

지금까지 살펴본 모음축약, 모음탈락, 반모음화, 반모음삽입은 두음이 있는 음절이 조화롭다는 두음제약 (29)를 만족시키기 위해서 일어난 음운현상이다.

요약

이 장에서는 음운단위로서 음절이 어떻게 발전해 왔는지를 살펴보았다. 공명도척도에 따라 음절의 내부구조를 분석했고, 한국어의 음절구조를 C(G)V-C로 나누는 것을 지지하는 음운현상을 검토하였다. 음절화를 위한 기본조건은 두음제약과 한국어의 음절구조적형조건이다. 핵음절화는 운율어 내에서 일어나고 재음절화는 운율구내에서 운율어경계에 걸쳐 일어난다. 두 자음군과 말자음군을 가진 차용어에 나타나는 모음삽입은 한국어의 음절형판 CGVC 때문에 일어난다. ㄹ-비음화와 탄설음화는 음절초에 단자음 /l/이 오는 것을 꺼리는 두음조건 때문에 일어나고, 말음중화와 차용어의 음절말 r-탈락은 말음조건 때문에 일어난다. 연결제약은 필수굴곡원리(OCP)에 의해 야기된 두음공기제약과 두음과 핵간의 연결제약이 있고, 운율어단계의 연결제약이 ㄹ-탈락, ㄴ-탈락과 운율구단계의 연결제약인 ㄴ-설측음화가 있다. 장애음비음동화는 음절접촉법칙에 의해서 야기되었다. 모음축약, 모음탈락, 반모음화, 반모음삽입은 두음이 있는 음절이 더 조화롭기 때문에 야기되었다.

350

1. 외래어 차용어의 음절화에 대해서 알아보자.

   (1) 한국어로 차용된 음성형태를 국제음성문자(IPA)로 [ ]안에 적으시오.

   A.　a.　post　　→ [　　　　]

   　　b.　truck　　→ [　　　　]

   　　c.　kick　　→ [　　　　]

   B.　a.　belt　　→ [　　　　]

   　　b.　gear　　→ [　　　　]

   　　c.　desk　　→ [　　　　]

   C.　a.　fine　　→ [　　　　]

   　　b.　file　　→ [　　　　]

   　　c.　veil　　→ [　　　　]

   D.　a.　Ford　　→ [　　　　]

   　　b.　cord　　→ [　　　　]

   　　c.　sugar　　→ [　　　　]

   (2) 영어의 무성파열음과 유성파열음은 한국어에서 각각 어떤 자음으로
   　　실현되는가?

   (3) 영어의 치간음 f, v는 한국어에 없는 음소이다. 이들은 한국어로 차
   　　용된 후 어떤 자음으로 실현되는가?

   (4) (Da) (Db)에는 한국어로 음절화되면서 두 가지 음운현상이 일어났
   　　다. 두 현상의 이름을 적고 각 현상이 일어난 이유를 적으시오.

2. 아래에 제시된 자료를 참고하여 우리말 받침의 발음에 대하여 설명하시오(1999년 5월 23일 시행 중등교사임용시험).

    A. 닦다 [닥따]   키읔 [키윽]   옷 [옫]   웃다 [욷:따]

       있다 [읻따]   젖 [젇]   빚다 [빋따]   꽃 [꼳]

       쫓다 [쫀따]   솥 [솓]   뱉다 [밷따]   앞 [압]

       덮다 [덥따]

    B. 넋 [넉]   넋과 [넉꽈]   앉다 [안따]   여덟 [여덜]

       넓다 [널따]   외곬 [외골]   핥다 [할따]   값 [갑]

    C. 밟다 [밥:따]   밟소 [밥:쏘]   밟지 [밥:찌]

       넓-죽하다 [넙쭈카다]   넓-둥글다 [넙뚱글다]

    D. 젖으로 [저즈로]   젖어미 [저더미]

       겉에 [거테]   겉옷 [거돋]

       헛웃음 [허두슴]

    (1) 위의 자료를 바탕으로 음절끝소리규칙(말음중화)을 설명하시오.

    (2) 각각의 경우에 대한 설명을 하시오.

3. 다음의 음운현상을 알아보자.
    a. ₙ[kyək-li]   '격리'   →   [kyəŋɲi]
    b. ₙ[pəp-li]   '법리'   →   [pəmɲi]
    c. ₙ[pəp-lyul]   '법률'   →   [pəmɲyul]

위에서 두 가지 음운현상이 나타나고 있다. /kyək-li/를 예를 들어 두음운현상의 적용 순서를 적고 두 현상간의 관계는(출혈, 역출혈, 급여, 역급여)?

4. 다음의 음운현상에 대하여 알아보자.

    A. a. /ai/   '아이'   → [   ]

        b. /po+i+ta/   '보이다' → [   ]

        c. /onui/   '오누이' → [   ]

    B. a. /k'u+ə/   '꾸어'   → [   ]

        b. /kak'u+ə/ '가꾸어' → [   ]

        c. /si+ə/   '시어'   → [   ]

(1) 위의 A와 B의 [ ]에 일상적인 말씨를 적으시오.

(2) A와 B에 일어난 음운현상은 각각 무엇인가?

(3) 두 가지 음운현상이 일어난 이유를 음절화와 관련하여 논하시오.

5. 다음 음운현상에 대하여 알아보자.

    a. /činli/   '진리' → [čilli]

    b. /čʰənli/   '천리' → [čʰəlli]

    c. /pulniŋ/   '불능' → [pulliŋ]

    d. /čʰalna/   '찰나' → [čʰalla]

    e. /hultʰ+nin/ '훑는' → [hullin]

    f. /sol+namu/ '소나무' → [sonamu]

(1) 위의 a-d에서 일어난 음운현상은 무엇인가?

(2) 동화를 일으킨 음은 무엇이고 왜 이런 현상이 일어나는가?

(3) e에서 두 가지 음운현상의 관계는 (출혈, 역출혈, 급여, 역급여)?

(4) f에서 일어난 음운현상은? 이 음운현상과 a-d에서 일어난 음운현상과의 관계는?

6. 다음 단어의 음절화에 대하여 알아보자.

    A. a. /salm+i/   '삶이'   →   [salmi]

          b. /kaps+i/   '값이'   →   [kap˺s'i]

    B. a. /moks/   '몫'   →   [mok˺]

          b. /kaps/   '값'   →   [kap˺]

    C. a. /kaps+to/   '값도'   →   [kap˺t'o]

          b. /əps+ta/   '없다'   →   [əp˺t'a]

    D. a. /kaps+əčʰi/   '값어치'   →   [kabəčʰi]

          b. /talk+əmi/   '닭어미'   →   [tagəmi]

(1) A에서 자음군 CC는 탈락하지 않고 B, C, D에서 자음군 중 자음 C 1개가 탈락한다. 자음탈락의 근본적인 이유는?

(2) A와 D의 음절화의 형태론적 차이를 설명하시오.

7. 다음 차용어의 음절화에 대하여 알아보자.

    A. a. <u>l</u>ounge   →   [   ]

          b. <u>l</u>ine   →   [   ]

    B. a. <u>r</u>ice box   →   [   ]

          b. <u>r</u>estau<u>r</u>ant   →   [   ]

    C. a. gea<u>r</u>   →   [   ]

          b. suga<u>r</u>   →   [   ]

    D. a. oi<u>l</u>   →   [   ]

          b. coup<u>l</u>e   →   [   ]

(1) 위의 빈 칸 [ ]에 차용 후의 음성형태를 국제음성문자(IPA)로 적으시오.

(2) 영어와 비교하여 A와 C에서 일어난 음운현상은 무엇인가?

    A: C:

(3) A와 C에 음운현상이 일어나는 이유는 무엇 때문인가?

8장 운율적 요소

장 목표

이 장에서 여러분은 다음과 같은 내용을 알게 된다.

· 한국어의 운율자질의 종류를 안다.
· 한국어의 강세와 운율유형을 안다.
· 한국어의 억양의 종류와 기능을 안다.
· 한국어에서 자음과 모음의 장단구별과 분포의 제한을 안다.

1. 운율자질(prosodic features)

운율자질은 모음의 장단(length), 강세(stress), 악센트(accent), 리듬(rhythm), 억양(intonation) 등이다. 운율은 높이(pitch), 크기(loudness), 길이(length)의 3가지 운율자질에 의해서 결정된다. 소리의 높이는 성대의 진동속도가 빠르면 높은 소리(H tone)가 형성되고 느리면 낮은 소리(L tone)가 생성된다. 길이는 조음의 지속시간에 의해 장음과 단음이 결정된다. 크기는 강세, 음장, 강도, 높이 등이 섞여서 나타난다. 같은 음이라도 강세를 받으면 강한 힘으로 발음되어서 더 크게 들리고, 같은 힘으로 발음되더라도 공명도가 큰 소리는 공명도가 작은 소리보다 더 크게 들린다. 같은 힘으로 발음되더라도 높게 발음되면 낮게 발음되는 소리보다 더 크게 들리며, 길게 발음되면 짧게 발음되는 소리보다 더 크게 들린다. 이들은 분절음보다 높은 단위인 음절, 단어, 구와 문장에 놓이므로 **초분절 자질**(suprasegmental features)이나 **운율자질**(prosodic features)이라 한다.

음절, 단어, 구와 문장에 놓이는 장단, 강세, 악센트, 억양 등이 운율자질이다.

2. 음장(length)

한국어에서 자음과 모음은 단음과 자음의 구별이 있다. 우선 자음의 음장부터 살펴보자.

2.1. 자음의 음장

2.1.1. 공명자음의 음장

공명자음은 기저에서 단자음(singleton)과 중자음(geminate consonants)의 대립을 보여준다.

(1)
    a. /kammyən/   '감면'; /kamyən/   '가면'
    b. /innɛ/   '인내'; /inɛ/   '이내'
    c. /məlli/   '멀리'; /məli/   '머리'

음운현상에 의해서도 공명중자음(sonorant geminate)이 도출된다. (2a)와 (2b)는 비음동화에 의해서 중자음 [mm]과 [nn]이 도출되고, (2c)는 설측음화에 의해 중자음 [ll]이 도출된다.

(2)

    a. /apʰ+mun/   '앞문'   [ammun]

    b. /tat̚+nin/   '닫는'   [tannin]

    c. /sin-la/   '신라'   [ʃilla]

실제로 중자음은 단자음보다 길게 발음되는 것으로 실험에서 나타났다. 모음 사이에 나타나는 /m/과 /mm/의 길이에 대한 최성원·전종호(1998: 532) 의 실험결과는 다음과 같다.

중자음은 단자음보다 자음폐쇄기간이 길다.

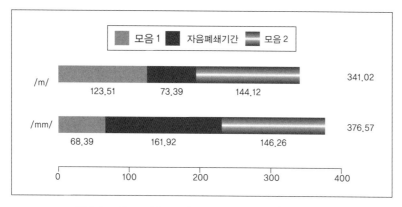

그림 8.1 모음1 + 비음 + 모음2의 분절음의 길이(단위: msec)

그림 8.1에서 보듯이 모음사이에 오는 /mm/의 길이는 /m/보다 약 2.2배 길고, /m/ 앞에 오는 모음1의 길이가 /mm/의 앞에 나오는 모음1의 길이보다 약 2배가 길고, /m/이나 /mm/ 뒤에 오는 모음2의 길이는 별 차이가 없다.

따라서 단자음 m과 중자음 mm은 골격층위에서 시간단위의 차이로 구분된 다. 중자음 [mm]은 선율층위에 있는 m이 2개의 시간단위(timing slot) CC와 연결되고, 단자음 [m]은 1개의 시간단위 C와 연결된다.

중자음은 선율이 2개의 시간단위 CC와 연결되고 단자음은 선율이 1개의 시간단위 C와 연결된다.

(3)

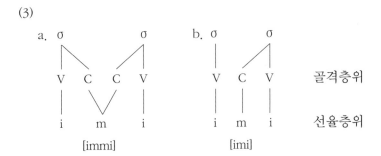

[immi]   [imi]

(3a)에서 [mm]이 모음사이에서 양음절로 실현되므로 선행음절은 폐음절 (closed syllable)로 끝나게 된다. 폐음절의 모음에 단축화가 일어나므로 [mm] 앞에 오는 모음1의 길이가 [m] 앞에 오는 모음1의 길이보다 짧다.

2.2.2. 경음과 유기음의 음장

전통적으로 한국어의 평음, 경음과 유기음은 단자음으로 분석되어 왔지만 경음과 유기음이 중자음이라는 주장도 제기되어 왔다. Martin(1951), Jong-Mi Kim(김종미 1986)과 최성원·전종호(1998)는 평음보다 현저히 긴 경음과 유기음의 자음폐쇄기간(closure duration)을 근거로 경음과 유기음을 중자음 CC 로 분석했다. Jongho Jun(전종호 1993, 1994)은 한국어의 부분중첩(partial reduplication)에서 경음과 유기음을 모라(μ)를 가진 중자음으로 분석하였고, 유재원(1989)은 한국어의 강세현상을 바탕으로 평음과 유기음이 중자음(6장 1.3절 (27) 참조)이라고 주장했다(이 장 4.1절 (22) 참고).

그림 8.2에서 보듯이 모음1이 끝나고 자음을 발음하는 동안 두 조음점의 폐쇄가 지속되는 폐쇄기간(closure duration)이 있다. 그 후 모음2를 발음하기 위해 구강은 파열·개방(release)되면서 성대진동이 바로 일어나야 하지만 모음의 성대진동이 바로 시작되지 않고 조금 지연된다. 파열의 끝과 성대진동 시작 사이의 무성의 기간을 **성대진동개시시간(Voice Onset Time)**이라 한다.

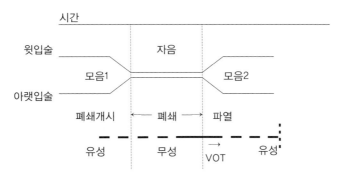

시간

윗입술

자음

모음1

모음2

아랫입술

폐쇄개시 ←── 폐쇄 ──→ 파열

유성 무성 →
VOT 유성

그림 8.2 VOT에 의한 모음간 파열음 구별

최성원·전종호(1998: 537)는 양순파열음 /p, pʰ, p'/가 모음과 모음2의 사이에 올 때 모음1의 길이, 폐쇄기간, VOT(Voice Onset Time)와 모음2의 길이를 측정하였다. /p/(i)는 VOT를 보이지 않는 표본이고 p(ii)는 VOT를 보이는 표본이다.

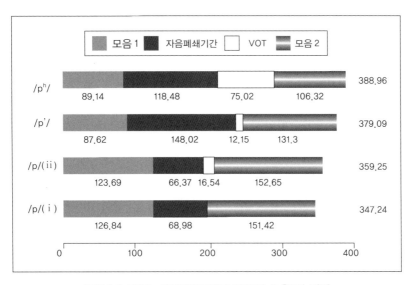

그림 8.3 모음1, 자음폐쇄기간과 VOT와 모음2의 길이

실험결과는 다음과 같다. 첫째, 그림 8.3에서 보듯이 p 앞에 오는 모음1의 길이가 가장 길고 p'나 pʰ 앞에 오는 모음1은 p 앞에 오는 모음의 약 70% 정도이다.[1] 둘째, p의 자음폐쇄기간은 p'의 50%이고 pʰ의 60% 정도로 경음

1) Ji-Hye Shin(신지혜, 1996), Mira Oh & Johnson(1997), Mira Oh & Seunghwan Lee(오미라·이성환, 1997)와 김효숙(1997)도 어중에서 경음과 유기음의 선행모음이 평음의 선행모음보다 현저하게 짧다고 보고했다.

〉유기음 〉평음의 순서로 자음폐쇄기간이 길다. 셋째, 유기음을 발음할 때 성문이 가장 많이 열리고 그 다음이 평음이고 경음을 발음할 때 성문이 가장 적게 열린다. 따라서 성문의 열린 정도에 비례하여 성대진동이 지연되는 VOT기간도 길어지므로 VOT도 p^h 〉 p 〉 p'의 순서로 나타났다.

그들은 모음사이에서 경음과 유기음의 자음폐쇄기간이 평음의 자음폐쇄기간보다 긴 것을 근거로 경음과 유기음은 중자음으로 평음은 단자음으로 본다. 따라서 평음, 경음과 유기음은 골격층위(skeletal tier)에서 시간 단위의 차이로 구분된다.

(4)

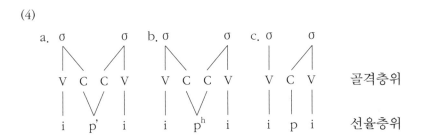

모음1과 모음2 사이에 오는 경음과 유기음은 선율이 시간단위 CC와 연결되어 선행음절의 말음과 후행음절의 두음에 걸쳐 양음절(ambisyllable)로 실현된다(허웅 1985: 225). 따라서 경음과 유기음을 말음으로 가진 (4a)와 (4b)의 첫 음절은 폐음절(closed syllable)로 모음1에 단축화가 일어나므로 (4c)의 평음의 선행모음1 보다 짧다.[2]

이들과 달리 Silva(1992)와 Jeong-Im Han(한정임 1996)은 어두와 모음사이에 오는 파열음의 폐쇄기간을 근거로 기저에서 평음과 유기음은 단자음이고 경음만 중자음이라고 분석했다.

2.2. 모음의 음장

모음의 음장은 평안방언, 중부방언과 전라방언에 나타난다. 모음음장은 소리 뒤에 장음부호(:)를 붙여 표기한다.

2) 경음과 유기음은 앞에 오는 모음을 단축시켜 평음 앞에 오는 모음은 경음과 유기음 앞에 오는 모음보다 약 1.6배 길게 발음된다(M. Zhi et al 1990). Oh& Lee (1997)도 모음 사이에 유기음이 오면 유기음 앞의 음절이 폐음절이 되어 유기음 앞의 모음이 짧아진다고 분석했다.

2.2.1. 어휘적 장음

장모음과 단모음의 길이가 변별적으로 작용하여 형태소의 의미가 구별된다.

(5)　　V　　　　　　　　　　　　　V:

　　a.　/mal/　　'말(馬, 斗)'　　; /maːl/　　'말:(言)'

　　b.　/pam/　　'밤(夜)'　　　; /paːm/　　'밤:(栗)'

　　c.　/pyəŋ/　　'병(甁)'　　　; /pyəːŋ/　　'병:(病)'

　　d.　/čaŋsa/　　'장사(商)'　　; /čaːŋsa/　　'장:사(壯士)'

　　e.　/pal/　　'발(足)'　　　; /paːl/　　'발:(簾)'

　　f.　/pɛ/　　'배(腹, 船, 梨)'　; /pɛː/　　'배:(倍)'

　　g.　/nun/　　'눈(眼)'　　　; /nuːn/　　'눈:(雪)'

모음의 음장은 젊은 세대로 올수록 변별성이 약해지고 있다. 음장은 중세한국어의 성조의 흔적이라고 알려져 왔다. 중세한국어의 상성은 상승조(LH)이어서 평성(L)이나 거성(H)보다 조금 길게 발음되었다. 중세한국어에서 상성을 가졌던 어휘들이 현대한국어에서 장음으로 발음되고, 중세한국어에서 평성이나 거성을 가진 어휘는 현대한국어에서 단음으로 발음된다.

현대한국어에서 음장은 어두에서만 변별적이다. 따라서 기저의 장모음이 어중에 오면 단모음으로 실현된다.

현대 한국어의 음장은 어두에서만 변별적이다. 일음절에만 장모음이 허용된다.

(6)

　　a.　/al+paːm/　　'알밤'　　→　[al b<u>a</u>m]

　　b.　/čʰam+maːl/　　'참말'　　→　[čʰam m<u>a</u>l]

　　c.　/soli+əːps+i/　　'소리없이'　→　[soriəp˺s'i]

　　d.　/hampak+nuːn/　　'함박눈'　→　[hambaŋn<u>u</u>n]

2.2.2. 보상적 장음

기저에서 장음은 아니지만 음운현상의 결과 장음으로 실현되는 현상을 **보**

상적 장모음화(compensatory lengthening)라 한다. 보상적 장모음화는 첫째, (7)에서 보듯이 일상적인 말씨에서 어간말음 o/u 뒤에 연결어미 ə/a가 오면 o/u는 w로, 어간말음 i 뒤에 연결어미 ə가 오면 i는 y로 실현되는 반모음화(glide formation)가 일어난다(자세한 내용은 7장 3.4.3절 참조). o/u나 i가 가진 시간단위(timing unit) V가 연결어미 ə/a의 선율(melody)로 연결되어 장음 [ə:]나 [a:]로 실현된다. 그러나 장모음은 어두에서만 실현되므로 보상적 장모음화는 (8)에서 보듯이 2음절 이상에서는 일어나지 않는다.

(7)   신중한 말씨   일상적인 말씨

      a. /k'u̠+ə/   '꾸어'   →   [k'uə]   ~   [k'wə̠:]

      b. /po̠+a/   '보아'   →   [poa]   ~   [pwa̠:]

      c. /ki̠+ə/   '기어'   →   [kiə]   ~   [kyə̠:]

      d. /t'i̠+ə/   '띠어'   →   [t'iə]   ~   [t'yə̠:]

(8)

      a. /kak'u̠+ə/   '가꾸어'   →   [kak'uə]   ~   [kak'wə]

      b. /nanu̠+ə/   '나누어'   →   [nanuə]   ~   [nanwə]

      c. /či̠lki+ə/   '즐기어'   →   [či̠lgiə]   ~   [či̠lgyə]

      d. /pumpi+ə/   '붐비어'   →   [pumbiə]   ~   [pumbyə]

장모음으로 끝나는 단음절어간 뒤에 단모음으로 시작하는 어미가 연결될 때 어간말음이 1음절인데도 불구하고 신중한 말씨(careful speech style)에서 단모음화가 일어난다. 그러나 자음으로 시작하는 어미가 오면 장모음은 그대로 실현된다.

(9)   신중한 말씨   일상적인 말씨

      a. /k'o̠:+a/   '꼬아'   →   [k'oa]   ~   [k'wa:]

         /k'o̠:+ko/   '꼬고'   →   [k'o̠:go]

      b. /s'u̠:+ə/   '쑤어'   →   [s'u̠ə]   ~   [s'wə̠:]

	/s'uː+ko/	'쑤:고'	→ [s'uːgo]
c.	/kiː+ə/	'기어'	→ [kiə] ~ [kyəː]
	/kiː+ko/	'기:고'	→ [kiːko]

둘째, 보상적 장모음화는 모음축약에서도 일어난다(자세한 내용은 7장 3.4.1절 참조). (10a)와 (10b)에서 축약된 모음이 어두에 나타나면 보상적 장모음화가 일어나지만 (10c)와 (10d)에서 축약된 모음이 비어두에 오면 보상적 장모음화는 일어나지 않는다.

한국어는 1음절에만 장모음이 나타날 수 있다.

(10)

a.	/ai/	'아이'	→ [ɛː]
b.	/əiku/	'어이구'	→ [eːgu]
c.	/iɾiltʰəimyən/	'이를터이면'	→ [iɾiltʰemyən], *[iɾiltʰeːmyən]
d.	/sanai/	'사나이'	→ [sanɛ], *[sanɛː]

2.2.3. 표현적 장음

우리는 2.2.1절에서 어두에만 장모음이 나타난다고 했는데 발화 중에 화자가 감정을 강하게 표현하면 비어두에도 장모음이 올 수 있다.

(11) 배주채(1996: 89)

    a. 저:기, 훨:씬, 높:다, 둥그스름:하다

    b. 조용:하다, 조용:히, 조용:조용

발화 중에 화자가 강조하거나 감정을 강하게 표현하면 비어두에도 장모음이 올 수 있다.

이것을 표현적 장음이라고 하고 그 결과 의미나 뉘앙스에 차이가 생기게 된다(김창섭 1991; 이병근 1986; 신성철 2001). 표현적 장음은 음의 길이와 표현하고자 하는 의미의 정도가 비례할 수 있다. '강(强)하다'를 '강:하다'와 '강::하다'로 발음할 때 '강::하다'가 '강하기'의 정도에서 '강:하다' 보다 강하다. 발화에서 어느 한 성분이 초점(focus)을 받으면 그 성분의 한 음절이 프로미넌스(prominence)를 갖게 된다. 프로미넌스를 받게 되는 음절은 장음으로 발음될 수도 있고 그렇지 않을 수도 있다. 운율구조에서 문장은 발화(utterance)에 해당하고 발화의 하위 운율성분은 **억양구**(intonational phrase: IP)이다(6장 (76) 운율계층 참고). 억양구는 이병근(1986)의 **기식군**(breath group, BG)에 해당한다. 기식군 전체가 초점을 받으면 기식군의 끝음절에 상대적으로 보다 강한 프로미넌스가 놓여 장음화가 일어난다.[3] 그렇지 않으면 흔히 기식군 (BG)의 첫 음절이 프로미넌스를 가진다. 프로미넌스를 받는 음절 앞에 °이 표시되고 초점을 받는 음절은 아래에서 진하게 표시되었다.

3) 이 장 5.1절 (32b)에 나타난 것처럼 말마디억양(tune)이나 억양구 (IP)의 마지막 음절은 장음화가 일어난다.

(12) 이병근(1986: 31-32)

    a. $_{BG}$[**바람°이**:] $_{BG}$[분다]

    b. $_{BG}$[**강한 바람°이**:] $_{BG}$[분다]

    c. $_{BG}$[°**강한** 바람이] $_{BG}$[분다]

    d. $_{BG}$[°**강:한** 바람이] $_{BG}$[분다]

    e. $_{BG}$[바람이] $_{BG}$[°**분:다**]

    f. $_{U}$[**바람이 분°다**:]

(12a)에서 어절 '바람이' 전체가 초점을 받으면 끝음절 '이'가 장음으로 실현되고 (12b)에서는 '강한 바람이' 전체를 강조하면 끝음절 '이'가 장음으로 실현된다. (12c)와 (12d)에서 둘 다 '강한'이 강조되었지만 (12c) 보다 (12d)가 강하여 '강'은 장모음으로 실현된다. (12e)는 어절 '분다'를 강조하여 1음절 '분'에 프로미넌스가 놓여지고 장음으로 발음된다. (12f)에서 발화(Utterance, U) 전체인 '바람이 분다'를 강조하면 '-다'를 약간 상승적 음조(LH)로 장음으로 발음한다.

366

3. 성조(tone)와 고저악센트(pitch accent)

성조란 음의 높낮이인 음조(pitch)가 단어의 의미와 관계될 때를 말한다. 주로 모음에 나타나는 음의 높낮이는 고(High), 중(Mid), 저(Low) 등으로 이들이 변별적으로 사용되는 언어를 성조언어(tone language)라 한다.

> 성조는 모음에 실현된다.

3.1. 중세한국어의 성조

15세기 중세한국어에는 평성, 거성, 상성과 입성의 네 성조가 있었다. 평성, 상성과 거성 중 말음이 /p, t, k/로 끝나는 경우를 입성이라 하므로 중세한국어는 결국 평성, 상성, 거성의 3가지 성조체계를 가진다.

중세한국어에서 (13a)에서 보듯이 'ㅕ(L)'+'ㅣ(H)'가 축약되어 삼중모음 'ㅖ'가 될 때 성조는 상성(LH)으로 실현되었다. 또한 (13b)에서 상성(LH)을 가진 어간 '담' 뒤에 성조가 없는 접사(toneless suffix) '-은'이 올 때 '담은'은 두 수평조의 연속인 LH로 실현된다.

표 8.4 중세한국어의 성조체계

성조명	성조	방점	예
평성	L	점 없음	
거성	H	왼쪽에 점 한 개	
상성	LH	왼쪽에 점 두 개	

(13)

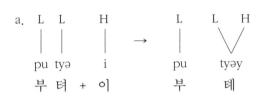

　　(13)은 중세한국어의 상성(LH)이 평성(L)과 거성(H)으로 이루어진 복합조 임을 나타낸다. 따라서 중세한국어의 기본성조는 평성(L)과 거성(H) 둘이다. (13a)는 분절음이 축약될 때 성조는 유지되는 성조의 상존성(tonal stability)을 보여준다.

3.2. 현대한국어의 성조

　　현대한국어에서 경상방언, 함경방언과 영동방언은 성조가 있다고 알려져 왔다. 하지만 기본 성조소(toneme)가 몇 개인지에 대해서는 학자마다 방언마 다 다르다. 경상방언부터 우선 살펴보자. 경남방언은 전통적으로 3가지 성조소- H, M, L가 있다고 알려져 왔다(허웅 1954; 문효근 1974; 김차균 1978, 1979, 1980, 1994). 이 주장은 다음 자료에 근거했다.

(14)-(16)에서는 기저에서 일정한 성조를 가진 형태소가 성조를 가진 다른 형태소와 결합하여 표면성조가 실현된다.

(14) 허웅(1954)

a. mal i   b. mal i   c. mal i
 | | | | | |
 H M   M M   L M
 '말(馬)이'   '말(斗)이'   '말(言語)이'

'말(馬, L)', '말(斗, M)', '말(言語, H)' 뒤에 격조사 '-이(M)'가 올 때 구단계에서 성조가 다르다.

그러나 (14)의 구단계의 성조는 (15)처럼 완전한 문장 내에서 달리 실현된다. '말(馬, 斗, 言語)이 많다'라는 문장에 대한 경남방언 화자의 발화를 살펴보자.

(15) 최명옥(1998: 131)

a. 말(馬)이 많다   b. 말(斗)이 많다   c. 말(語)이 많다
 | | | | | | | | | | | |
 H L L L   H H L L   L H L L

(15b)에서 보듯이 문장 내에서 '말(斗)이'의 성조는 (14b)의 MM이 아니라 HH이다. '말(馬)'과 '말(斗)'이 둘 다 H이기 때문에 경남방언화자는 '말(馬)'과 '말(斗)'의 고저차이를 식별하지 못한다. 이에 근거하여 최명옥(1998)과 정연찬(1977)은 경남방언의 성조에는 M이 없고 H와 L만 있다고 본다.

문효근(1974)은 경북방언이 3가지 성조소-H, L, L:(저장조)-를 가지고 있다고 주장했다. 하지만 정연찬(1977)과 최명옥(1998: 130)은 경북방언의 L:(저장조)를 L+H로 분석한다. 경북방언화자들의 성조표시를 살펴보자.

(16) 최명옥(1998: 133)

a. 말(馬)이 많다   b. 말(斗)이 많다   c. 말(語)이 많다
 | | | | | | | | ∧ | | |
 H L L L   H H L L   L H H L L

(14)-(16)은 기저에 일정한 성조를 가진 형태소가 성조를 가진 다른 형태소와 결합하여 표면성조가 실현된다고 보는 분석방법이다.

기저의 어간이 성조(lexical tone)를 가지는 위의 분석과는 달리 기저에 표시된 어간의 **성조형**(tone pattern)에 따라 어절 전체의 성조가 결정된다고 보는 성조형 중심의 분석이 있다. 어간 뒤에 어미나 조사가 와서 음절이 늘어나게 될 때 전체 성조는 성조배열제약에 의해 결정된다. 경북 금릉방언은 다음과 같은 **성조배열제약**을 가지고 있다.

(17) 금릉방언의 성조배열제약(배주채 1996: 93)

    a. 마지막 음절은 항상 L이다.

    b. 둘째 음절이 L이면 첫 음절은 항상 H이다.

    c. 둘째 음절이 H이면 첫 음절에 L, H, R이 자유롭게 올 수 있다.

    d. R은 첫 음절에만 올 수 있다.

2음절까지의 성조만 알면 성조배열제약 (17)에 따라 3음절 이하의 성조는 예측할 수 있다. L형, HH형, HL형, R(L·H)형의 성조형을 가진 금릉방언의 각 어간은 조사나 어미가 와서 음절수가 늘어나면 성조배열제약에 따라 (18)의 표면성조표시를 가진다.

(18) 경북금릉방언의 표면성조표시

    a. L형: L, LH, LHL, LLHL, LLLHL

    b. HH형: H, HH, HHL, HHLL, HHLLL

    c. HL형: H, HL, HLL, HLLL, HLLLL

    d. R(L·H)형 R, RH, RHL, RHLL, RHLLL

성조형이 어절의 음절수에 따라 표면성조가 결정되므로 성조는 어느 음절에서나 자유롭게 나타나지 못하고 상당한 제약을 받는다.

성조형에 따라 표면성조가 실현되는 금릉방언의 어휘를 살펴보자.

(19) 어간의 성조형(배주채 1996: 94)

기저에 표시된 어간의 성조형에 따라 어절 전체의 성조가 결정된다.

    a. 눈(眼) HH형: 눈(H), 눈이(HH), 눈으로(HHL)

    b. 눈(雪) R형: 눈(R), 눈이(RH), 눈으로(RHL)

    c. (먹는)가지 L형: 가지(LH), 가지가(LHL), 가지까지(LLHL)

    d. 나뭇가지 HH형: 가지(HH), 가지가(HHL), 가지까지(HHLL)

형태소 '눈(眼)'은 HH형('눈'이 기저에 HH 성조를 가지는 것이 아님)의 성조형을 기저에 가지고 (17)의 성조배열제약에 따라 (18b)의 표면성조를 가진다. 1음절 '눈'은 H로 2음절 '눈이'는 HH로 실현된다. **기저에 표시된 어간의 성조형으로 성조를 분석하는 (17)-(18)의 성조형(tone pattern) 중심의 분석은 (14)-(15)처럼 기저의 각 형태소에 성조(lexical tone)가 표시된 성조소 중심의 분석과 다르다.**

경상방언의 성조형이 제한되어 있고 1음절이나 2음절에서만 대체로 성조가 변별적이므로 한국어의 방언은 순수한 성조언어(tone language)라기보다 **고저악센트**(pitch accent)라고 분석되었다(정연찬 1969, 1976, 1997; 정국 1994; 김기호 2000). 어느 특정한 음정인 H, L이 그 단어의 어느 음절에 나타나느냐가 의미결정의 주 요인이 되고 그 음절을 제외한 다른 음절의 음정이 잉여적인(redundant) 경우를 고저악센트(pitch accent)라 한다. 다음은 경상방언이 고저악센트임을 나타내는 예이다.

(20) 정국(1994: 49-50)

a. 가지가(종류)	b. (먹는) 가지가	c. (나무) 가지가
ka ji+ga	ka ji+ga	ka ji+ga
| | |	| | |	| | |
H L L	L H L	H H L

(20a)의 '가지가(종류)'에서는 H가 1음절에 나타나고 (20b)의 '(먹는) 가지가'에서는 H가 2음절에 (20c)의 '(나무)가지가'에서는 H가 1음절과 2음절에 나타난다. H가 나타나는 음절에 따라 단어의 뜻이 달라진다.

4. 강세(stress)와 악센트(accent)

단어 내의 한 음절을 다른 음절보다 화자가 더 힘을 주어 발음하면 다음 음절보다 상대적으로 돋들리게(prominent) 들린다. 즉, 한 음절이 강세를 받으면 주위의 음절보다 소리가 더 크게 발음되고, 나머지 음절보다 길게 발음되고, 주위의 음절보다 강하게 발음된다. 단어는 이렇게 강세를 받은 음절과 강세를 갖지 않은 음절들의 연속체이다.

4.1. 어휘강세(word stress)

강세는 단어에 실현되는 어휘강세와 문장에 실현되는 문장강세가 있다.

한국어에 강세가 있는지 없는지에 대하여 논란이 있어 왔다. 강세음절은 낱말을 강조해서 발화하는 인용형에서 잘 드러난다. 표준어에서 단어에 강세가 부여되는 위치는 음절의 무게에 의해 주로 결정된다(유재원 1988; 이호영 1990; 성철재 1995; Sun-Ah Jun(전선아 1995)). 유재원(1988)은 표준어의 강세규칙을 다음과 같이 제안했다.

4) 강세가 오는 음절 앞에 ˈ가 표시된다.

(21) 현대한국어의 강세규칙[4]
    a. 말토막의 첫 중음절(CVC, CV:)에 강세가 놓인다.
      ˈ사ː람, 사ˈ랑, ˈ취직난, 비ˈ행기, 가로ˈ등, ˈ정신분석

b. 경음절(CV)만으로 이루어진 말토막은 오른쪽끝 경음절에 강세가
   놓인다.
   어ˈ미, 아ˈ기, 외마ˈ디, 아주머ˈ니

   단어의 첫 중음절(heavy syllable)에 강세가 오고, 경음절(light syllable)만으로 이루어진 단어는 마지막 음절에 강세가 온다. (21b)에서 마지막 경음절에 강세가 온 것은 말토막의 끝음절이 장음이 되기 때문이므로 결국 한국어 강세규칙은 (21a)이다.
   유재원은 경음이나 유기음이 모음 사이에 오면 선행음절에 강세가 나타난다고 주장한다.

(22) 유재원(1989: 31)
   a. ˈ이끼, ˈ어깨, ˈ조끼, 아ˈ저씨
   b. ˈ사탕, ˈ바퀴, ˈ아픔, ˈ시치미

   강세를 근거로 유재원은 경음과 유기음을 2개의 시간단위 CC를 가진 중자음으로 분석한다.

(23)

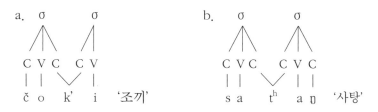

   경음과 유기음은 선행음절에는 말음으로 후행음절에는 두음으로 기능하는 양음절성을 보여준다. 따라서 경음과 유기음이 말음으로 기능하는 선행음절은 중음절(heavy syllable)이 되므로 (21a)의 한국어강세규칙에 따라 강세를 받는다.
   이호영(1996)은 표준어의 강세규칙을 (24)와 같이 제안했다.

(24) 한국어의 강세규칙(이호영 1996: 199)

　　a. 첫 음절이 중음절일 경우 첫 음절에 강세를 부여한다.

　　　ˈ산, ˈ방ː송, ˈ학생증, ˈ뒤ː따르다

　　b. 첫 번째 음절이 경음절(CV)일 경우 강세는 두 번째 음절에 부과된다.

　　　자ˈ동차, 사ˈ랑방, 부ˈ자격자, 아ˈ람드리

　　c. 어휘화가 덜 된 합성어는 구성형태소에 따라 둘 이상의 강세가 부과된다.

　　　ˈ세ː계ˈ대전, ˈ교ː원ˈ자ː격증, ˈ자연ˈ보ː호ˈ헌ː장

표준어의 어휘강세는 첫 번째 중음절에 고정적으로 나타난다.

　어휘화가 덜 되어 결합력이 약한 복합어 (24c)에는 첫 형태소에 주강세(primary stress)가 부과되고 두 번째 형태소에 부강세(secondary stress)가 부과된다. 이처럼 표준어의 어휘강세는 대체로 중음절에 나타나므로 음운론적으로 예측 가능하나, 방언의 어휘강세는 음절의 무게와 상관없이 어휘적(lexical)이므로 규칙으로 형식화할 수 없다.

4.2. 문장강세(sentence stress)

　표준어에서 어휘강세(word stress)는 주로 첫 번째 중음절에 고정되어 있다. 문장차원에서 부과되는 강세를 문장강세(sentence stress) 또는 악센트(accent)라 한다. 문장강세는 한 성분에 대한 '주제화(focus)'나 강조하려는 화자의 의지나 감정이 포함되어 청자의 주의를 끌려는 기능을 가지고 있다. 문장에서 강세가 부여되는 단위를 살펴보자.

(25)　　　　　　태산이 / 높다하되 // 하늘아래 / 뫼이로다//

　이호영:　　(말토막)　　(말토막)　　(말토막)　　(말토막)

　Sun-Ah Jun:　(AP)　　　　(AP)　　　　(AP)　　　　(AP)

어절 '태산이', '높다하되', '하늘아래', '뫼이로다' 뒤에는 짧은 끊기, 휴지

374

(pause)가 있다. 이 어절을 Sun-Ah Jun(전선아, 1993)은 **강세구**(accentual phrase)로, 이현복(1985)과 이호영(1996)은 **말토막**(rhythm unit)으로 부르는데 강세는 강세구나 말토막의 어느 한 음절에 나타난다.

어절은 강세구나 말토막에 해당된다. 강세는 어느 한 음절에 나타난다.

문장이 발화될 때 문장을 이루고 있는 각 어휘강세는 모두 실현되지는 않는다. 발화의 속도에 따라 여러 개의 말토막이 1개의 말토막이 될 수 있다. 문장 (26)은 신중한 말씨(careful speech style)에서 (26a)처럼 3개의 말토막 또는 강세구가 되고 일상적인 말씨(casual speech style)에서는 (26b)처럼 2개의 말토막이 된다.

(26) 학교에서 열심히 공부했다(이호영, 1996: 200)

    a. $_{AP}$('학교에서) $_{AP}$('열심히) $_{AP}$('공부했다)

    b. $_{AP}$('학교에서) $_{AP}$('열심히 공부했다)

(26a)에서 각 강세구(AP)의 1음절에 부과된 강세는 전부 실현된다. 하지만 (26b)처럼 '열심히'와 '공부했다'가 하나의 강세구가 되면 '열심히'에 부과된 강세는 실현되고 '공부했다'에 부여된 강세는 약화된다(deaccenting). 문장강세는 기본적으로 어휘강세가 부여된 음절에만 부여된다.

비강세음절이 다른 낱말의 음절과 대조될 때는 강세가 비강세음절로 이동하는 강세이동을 보여준다. "많은 사람들이 그의 이름을 이한얼이 아니라 이한열로 인식한다."라는 문장에서 '얼'과 '열'이 대조되므로 이한얼과 이한열에서 첫 번째 중음절인 '한'에 부과되어야 할 강세가 '얼'과 '열'로 이동한다.

보통 조사, 어미, 의존명사, 보조동사와 같은 허사(function words, grammatical words)에는 강세가 부과되지 않지만 이들이 강조되면 강세를 받을 수 있다. 특수조사 '-도, -만, -조차' 등이 붙으면 조사의 의미가 강조되어 조사에 강세가 온다.

조사, 어미, 의존명사는 강세가 부여되지 않지만 강조되면 강세를 받을 수 있다.

(27)

    a. 그는 인간도 아니야.

    b. 철수'만 학교에 갔다.

    c. 철수'조차도 학교에 갔다.

한국어의 강세는 준별별적 기능, 강조기능과 억양기능을 가지고 있다. 첫째, 강세는 복합어와 구에서 강세의 유무나 위치에 의해 의미가 구별되는 준별별적 기능을 가진다.

(28) 이호영(1996: 200-201)

    a. AP('큰) AP('엄마): 키가 큰 엄마

      AP('큰엄마): 큰아버지의 부인

    b. AP('잘) AP('못하다): 잘 하지 못하다,

      AP('잘못하다): 실수하다

    c. AP('돈) AP('천원 주세요): 정확히 1000원

      AP('돈천원 주세요): 천원쯤

(29) 이호영(1996: 202)

    a. AP('늙은) AP('남자와 여자): 늙은 남자와 늙은 여자

    b. AP('늙은 남자와) AP('여자): 늙은 남자와 여자

둘째, 강세는 문장에서 초점을 받는 부분을 강조하기 위해 사용되며 강세구(AP)의 강세음절에 강세를 부과한다. 아래에서 초점(밑줄)은 답을 하는 화자가 질문한 사람에게 제공해야 할 새로운 정보이므로 강조하는 부분이다.

(30)

    a. 질문: 너 어제 뭐 했니?

      답: AP('<u>학교에서</u>) AP('<u>축구했어</u>)

b. 질문: 어디에서 축구했니?

　　답: AP(ˈ학교에서)

c. 질문: 학교에서 뭐 했니

　　답: AP(ˈ축구했어)

　(30a)에서 '학교에서'와 '축구했어'는 새로운 정보이므로 초점을 받아 신중한 말씨에서 2개의 강세구가 되므로 2개의 강세가 부여된다. (30b)에서 '학교에서'는 새로운 정보로 초점을 받으므로 강세가 부여되고 '축구했어'는 주어진 정보이므로 생략될 수 있다. (30c)에서 '축구했어'는 새로운 정보로 초점을 받고 강세가 부여되고, '학교에서'는 주어진 정보이므로 생략될 수 있다.

　셋째, 강세음절은 말토막 억양을 이끄는 역할을 한다(이 장 5.4절 참조).

5. 억양(intonation)

5.1. 억양의 계층적 구조

억양은 문장에 얹히는 높이곡선(pitch curve)이다. 한국어 억양에 대한 논의는 음성학적으로 분석한 이호영(1996, 1997, 2000)과 음운론적으로 분석한 Sun-Ah Jun(전선아, 2000) 등이 있다. 이 절에서는 이호영(2001)의 한국어 억양에 대한 연구를 주로 소개하고자 한다.

억양은 계층적인 구조를 이루고 있다. 가장 큰 억양단위는 문장에 얹히는 **문장억양**(sentence intonation)이고, 문장억양은 다시 하나 이상의 **말마디**(intonation group)에 부과되는 **말마디억양**(tune)을 포함해야 하고, 말마디억양은 말토막에 부과되는 하나 이상의 **말토막억양**(phrasal tone)을 포함해야 한다. 이호영의 말마디억양은 Sun-Ah Jun(전선아, 1993)의 **억양구**(intonational phrase, IP)와 이현복의 **기식군**(breath group)과 대응하고, 말토막억양은 Sun-Ah Jun(전선아, 1993)의 **강세구**(accentual phrase, AP)에 대응한다.

378

(31)

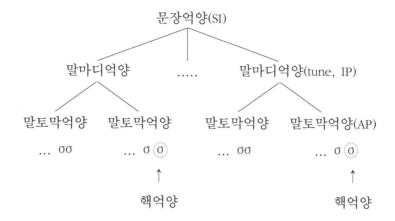

위의 억양성분이 문장에서 어떻게 실현되는지 살펴보자.

(32) 태산이/높다하되//하늘 아래/뫼이로다//

    a. AP(태산이) AP(높다하되) AP(하늘아래) AP(뫼이로다)

    b. IP(태산이 높다하되ː) IP(하늘아래 뫼이로다ː)

    c. SI(태산이 높다하되 하늘아래 뫼이로다)

위 문장은 하나의 문장으로 이루어져 있으므로 1개의 문장억양(SI)을 가진
다. 2개의 말마디를 가지므로 2개의 억양구(IP)로 구성된다. 말마디경계(//)에
는 긴 휴지(pause)가 부과되고 말마디억양(tune)의 마지막 음절 '되ː'와 '다ː'는
장음화가 일어나면서 **핵억양(nuclear tone)**이 얹힌다. 위의 문장은 4개의 악센
트구로 이루어져 있다.

> 말마디억양의 마지막 음절은 장음화가 일어나고 핵억양이 얹힌다.

5.2. 핵억양

말마디억양 또는 억양구(IP)는 문장타입에 대한 정보와 다양한 화용론적
의미를 나타낸다. 억양의 의미는 대체로 말마디억양의 마지막 음절에 얹히는
핵억양(nuclear tone, boundary tone)의 억양패턴에 의해서 결정된다.

> 억양의 의미는 말마디억양의 마지막 음절에 실현되는 핵억양 패턴에 따라 결정된다.

2) (33)-(40)의 이미지는 이호영 선생님의 호의로 사용함.

이호영(2001)은 핵억양을 9가지로 제시한다. 단음절 문장 '예'에 나타내는 9개의 핵억양패턴을 살펴보자.[2]

(33) 예

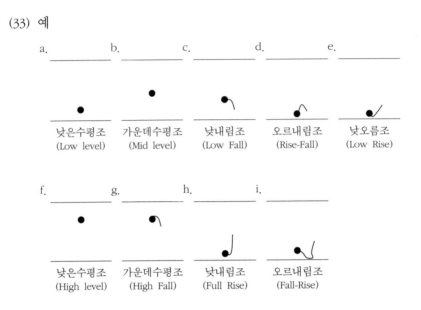

'낮은수평조'는 화가 나 있을 때, 삐져 있을 때처럼 사무적인, 적대적인 대답에 쓰이고, '가운데수평조'는 교사가 출석을 부를 때 학생이 하는 다소 의례적인 대답에 쓰이고, '낮내림조'는 성의있게 친절하게 대답할 때 쓰이며, '오르내림조'는 비꼴 때, 되풀이되는 대답에 짜증낼 때 사용하며, '낮오름조'는 상대방의 말에 맞장구 치며 "동의합니다. 계속 말씀하세요"의 내용이고, '높은수평조'는 되물을 때 사용하고, '높내림조'는 "오, 예"라고 말할 때 "예"에 얹히고, '온오름조'는 놀랐을 때, 너무 놀라워서 의심스러울 때, 어이가 없을 때 사용하고, '내리오름조'는 "말도 안 돼요"의 뜻으로 '예'를 할 때 온오름조보다 더 강한 의미를 전달한다. 이 중에서 가장 기본적인 핵억양은 낮은수평조, 가운데수평조, 높은수평조, 낮내림조이다. 위의 핵억양을 문장의 유형에 따라 살펴보자.

5.3. 문장유형과 핵억양

5.3.1. 평서문의 억양

두 어절로 이루어진 '학교에 갔어요'를 빠른 어조로 말할 때 말토막(AP) 1개로 이루어진 말마디가 되므로 마지막 음절 '요'에 핵억양이 얹힌다.

(34)

학교에 갔어요.
a. 낮은수평조   b. 낮내림조   c. 오르내림조

(34a)의 '낮은수평조'는 음역의 가장 낮은 높이로 발음하여 '단정적인, 냉정한' 태도를 전달하고, (34b)의 '낮내림조'는 음역의 가운데 높이에서 시작하여 가장 낮은 높이로 끝나며, 단정적이지만 '부드럽고 친절한' 태도를 전달한다. (34c)의 '오르내림조'는 음역의 낮은 높이에서 시작하여 조금 높아졌다가 가장 낮은 높이로 끝나며, '화가 났거나 상대방을 경멸하는' 태도를 전달한다.

5.3.2.의문문의 억양

5.3.2.1. 예-아니오 의문문

청자로 하여금 '예'나 '아니오'로 대답하도록 질문하는 문장으로 마지막 음절에 얹히는 핵억양을 살펴보자.

(35)

    a. 단순질문

       학교에 가 보셨어요?

              높은수평조

    b. 확인질문

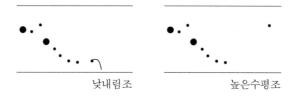

    c. 일방질문

       지난 설연휴에 고향에 잘 다녀오셨습니까? (TV 사회자)

              낮은수평조

    d. 자문

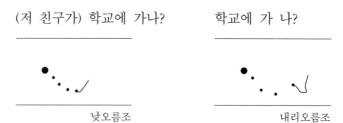

화자가 모르는 답을 청자로부터 알기 위해하는 **단순질문**에는 높은수평조

382

가 사용되고, 화자가 알거나 추측하는 답을 청자에게서 확인하는 **확인질문**에
는 화자가 질문의 답을 확신할 때는 '낮내림조'가 사용되고, 화자가 질문의
답을 확신하지 못할 때는 '높은수평조'가 사용된다. 화자가 청자로부터 답을
기대하지 않는 **일방질문**에는 '낮은수평조'가 쓰인다. 화자가 자신에게 걱정스
럽게 질문하는 **자문**에는 '낮오름조'와 '내리오름조'가 주로 사용된다.

5.3.2.2. 의문사 의문문

'무엇, 언제, 어떻게, 왜, 누가, 어디서' 등의 의문사를 포함하는 의문문이다.
단순질문에는 '낮은수평조'나 '낮내림조'가 얹히고, 화자가 '관심과 걱정을 표
시할 때'는 '낮오름조'나 '내리오름조'가 얹힌다.

(36)
    a. 단순질문

        어디에 가세요?

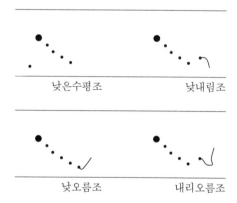

    b. 일방질문

        어떻게 이런 일이 일어날 수 있을까요? (TV 사회자)

낮은수평조

c. 자문

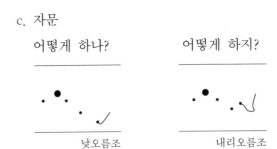

어떻게 하나?   어떻게 하지?

낮오름조   내리오름조

5.3.2.3. 선택의문문

청자가 질문에서 하나를 선택해 대답하도록 유도하며 보통 2개의 억양구 (IP)로 이루어져 있다. 이때 첫 억양구에는 '가운데수평조'나 '낮오름조'의 핵억양이 놓이고 둘째 억양구에는 주로 '낮내림조'의 핵억양이 놓인다.

(37)

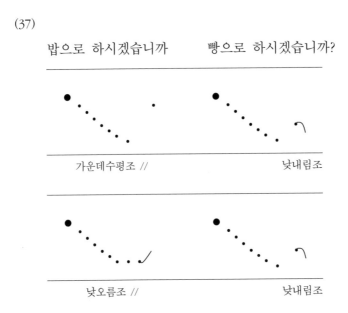

밥으로 하시겠습니까   빵으로 하시겠습니까?

가운데수평조 //   낮내림조

낮오름조 //   낮내림조

5.3.3. 명령문의 억양

'화자가 권위를 가지고 청자에게 명령할 때'는 낮은수평조, 낮내림조, 오르내림조를 주로 사용하고, '화자가 청자에게 달래듯이 부탁하거나 권유할 때'는 낮오름조와 내리오름조를 사용한다.

(38)
a. 명령:

떠들지　　마.

낮은수평조　　　　　낮내림조　　　　　　오르내림조

b. 권유

학교에　가세요.

낮오름조　　　　　　　내리오름조

5.3.4. 청유문의 억양

청유문에는 보통 '낮은수평조', '낮내림조', '오르내림조'의 핵억양이 얹히는데,
'화자가 청자에게 달래듯이 제의할 때'는 '낮오름조'와 '내리오름조'가 얹힌다.

(39)
학교에　갑시다.

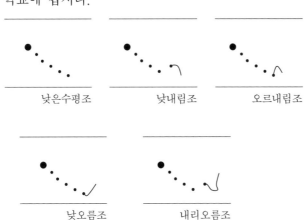

낮은수평조　　　　　낮내림조　　　　　　오르내림조

낮오름조　　　　　　　내리오름조

5.4. 말토막억양

말토막에는 화자의 제한된 감정과 태도, 말의 스타일에 대한 정보를 나타내는 말토막억양(phrasal tone)이 얹힌다.

다음 문장은 4개의 말토막으로 이루어져 있다.

(40)

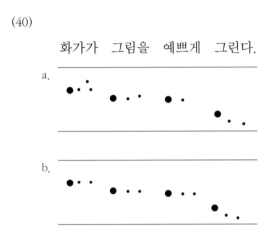

문장이 3개 이상의 말토막으로 발음될 때 말마디의 마지막 음절에 얹히는 핵억양을 제외한 나머지 말토막에 동일한 말토막억양이 부과된다. 각 말토막억양은 단계적으로 낮은 높이로 발음되는 경향이 있는데, 이 현상을 **계단내림**(declination)이라 한다. (40a)는 오름조 말토막억양 3개와 내림조 말토막억양 1개로 이루어져 있고, (40b)는 3개의 수평조(level) 말토막억양과 1개의 내림조(falling) 말토막억양으로 이루어져 있다. 지금까지 한국어의 억양의미에 대한 음성적 분석을 이호영(1996, 2001)을 중심으로 살펴 보았다.

요약

이 장에서는 운율자질인 자음과 모음의 장단, 강세, 억양, 성조와 고저 악센트를 살펴보았다. 한국어의 자음은 기저나 표면에서 중자음과 단자음의 구별이 있다. 모음은 어두에만 장모음이 나타나므로, 반모음화와 모음축약에 의해서 일어나는 보상적 장모음화도 어두에만 가능하다. 화자의 감정표현에 의해서 일어나는 표현적 장음은 비어두에도 올 수 있다.

경상방언에서 일어나는 음의 높낮이는 중국어와 같은 순수한 성조가 아니라 성조형(tone pattern)에 의해 제한을 받아 1음절이나 2음절에만 성조가 변별적이므로 고저악센트(pitch accent)이다. 한국어가 강세를 가지는지 아닌지에 관해서는 많은 논란이 있어왔다. 유재원(1988)과 이호영(1990)에 따르면 표준어는 주로 중음절이 강세를 가진다.

억양은 말토막억양 또는 강세구(accentual phrase), 말마디억양(tune) 또는 억양구(intonational phrase), 문장억양(sentence intonation)과 같은 계층적 구조를 가지고 있다. 문장은 말마디경계에 따라 2개의 억양구를 가지고 말마디경계의 마지막 음절은 장음화가 일어난다. 말마디의 끝음절에 핵억양(nuclear tone)이 얹힌다. 핵억양은 문장유형에 대한 정보와 다양한 화용론적 의미를 나타낸다.

1. 다음 단어의 뜻은 어떻게 구별되는가.

   (1) 배[船] / 배[腹] / 배[梨] / 배[倍]

   (2) 세월이 지나 아버지도 자식의 순수한 사랑에 감동해 그들의 결혼을 인정하게 되었다. 첫눈이 오는 날 그들은 처음으로 만나 거닐던 오솔길을 찾아갔다. 이제 이 세상 모든 것이 아름답게 보였다. 아! 하늘을 보니 춤추는 꽃송이, 꽃다발, 눈에 눈이 들어가니 눈물인가 눈물인가. 하늘에서는 눈이 내리고 눈에서는 사랑의 눈물이 그들의 뺨을 타고 대지를 흥건히 적시고 있었다.

2. 눈과 눈:을 CV골격을 이용한 음절구조로 비교하시오.

3. '이쁜이'를 CV골격으로 표시하시오. 경음을 2개의 시간단위를 가지는 중자음으로 볼 수 있고 1개의 시간단위를 가지는 단자음으로 볼 수도 있다. 2가지로 다 표시하시오.

4. 경상방언은 성조언어인가 아닌가?

5. 표준어의 단어강세는 예측가능한가 불가능한가?

9장 한국어의 음운현상

장 목표

이 장에서 여러분은 다음과 같은 내용을 알게 된다.

· 한국어 음운변동의 유형을 안다.
· 동화작용과 비동화작용의 유형을 안다.
· 음운변동과 이음변동이 어떻게 다른지 안다.
· 각 음운현상의 환경, 적용 순서와 영역을 안다.

1. 음운현상의 유형

우리는 5장에서 이미 변동(alternation)과 변화(change)의 차이에 대해서 알아보았다. 7장에서는 음절과 관련된 음운변동을 살펴보았고, 8장에서는 운율적 요소와 관련된 음운현상을 살펴보았다. 이 장에서는 7장에서 다루지 않은 공시적 음운현상을 중점적으로 살펴보고자 한다.

변동은 공시적으로 기저음(underlying segment)이 표면차원에서 다른 음으로 실현되는 것을 말한다. 변동은 크게 이음변동과 형태음운변동으로 나뉘어진다. 기저음이 이음(allophone)으로 실현되는 것이 **이음변동**(allophonic alternation) 또는 **음성변화**(allophonic change)이다. 기저음이 다른 기저음으로 **대치**(replacement)되거나, 기저음이 **탈락**(deletion, elision)되거나, 기저에 없던 다른 음이 **첨가**(insertion)되거나, 두 기저음이 하나의 음으로 **축약**(coalescence)되는 것은 **음운변동**(phonemic alternation)이다. 음운변동은 주로 한 형태소를 구성하는 기저음이 주위의 환경에 따라 다른 음으로 나타나므로 **형태음운변동**(morphophonological alteration)이라고도 한다.

음운현상은 변동의 목적에 따라 약화(weakening)와 강화(strengthening)로 나눌 수 있다. 약화와 강화는 변동된 음이 변동되기 전의 음과 공명도나 강도의 차이에 따라 결정된다. 음의 공명도척도를 자연부류로 표시하면 대체로 다음과 같다(7장 표 7.1 참고).

공시적 변동
값이[갑씨]
값만[감만]
값도[갑또]

통시적 변화
믈 → 물
블 → 불
부텨 → 부처

변동은 크게 이음 변동과 형태음운변동으로 나눌 수 있다.

구조주의음운론의 음소는 생성음운론에서 음운이나 기저음으로 대응된다.

(1) ← 강도 ──────────────────── 공명도 →

　　유기/경장애음 - 평장애음 - 비음 - 유음 - 반모음 -모음

　　강화현상으로는 (2a)-(2b)에서 장애음 뒤에서 평음 /k/가 경음 [k']로 바뀌는 경음화와 (2c)-(2d)에서 화자의 감정을 실어서 어두 평음이 경음으로 발음되는 표현적 경음 등이 있다.

(2) 강화현상

　　a. /os+kam/　'옷감'　→　[ot˥k'am]

　　b. /ip+pəlis/　'입버릇'　→　[ip˥p'ərit˥]

　　c. /kwa/　　'과'　　→　[k'wa]

　　d. /se+ta/　　'세다'　→　[s'eda]

　　(3a)에서 공명음 사이에 오는 무성평파열음 /p/가 유성평파열음 [b]로 발음되는 유성음화, (3b)에서 모음 /u/가 반모음 [w]로 발음되는 반모음화, (3c)에서 파열음 /p/가 비음 [m]로 바뀌는 비음동화와 (3d)에서 /l/이 [ɾ]로 발음되는 탄설음화 등은 약화현상이다.

(3) 약화현상

　　a. /tupu/　　'두부'　→　[tubu]

　　b. /k'u+ə/　　'꾸어'　→　[k'wə:]

　　c. /ip+nin/　'입는'　→　[imnin]

　　d. lounge　　'라운지'　→　[ɾaunji]

　　한 음이 변동할 때 주변음과의 유사성에 따라 동화(assimilation)와 이화(dissimilation)로 나눌 수 있다. (2a)에서 평음과 평음이 연속할 때 뒤의 평음이 경음이 되는 경음화는 이화작용이다. 동화작용의 예는 다음 절에서 자세히 다룰 예정이다.

한국어의 음운현상은 표 9.1에 요약되어 있다. 7장에서 이미 다룬 음운현상은 이 장에서 논의하지 않는다. 이 장에서 다루는 음운현상은 6장 4.5절에서 제시한 자질수형도와 미명시표시를 이용하여 분석한다. 또한 음운현상의 영역이 되는 운율성분은 6장 5.2절 한국어의 운율성분을 참조하길 바란다.

표 9.1 음운변동의 유형

유형	음운작용	음운현상	관련단원
형태 음운 변동	동화	위치동화	9장 2.3.1절
		장애음비음동화	7장 3.3.1절
		ㄴ-설측음화	7장 3.2.3.1절
		ㄷ-구개음화	9장 2.3.2절
		ㄱ-구개음화	
		움라우트	9장 2.3.3절
		모음조화	9장 2.3.4절
	이화	경음화	9장 3.1.1절
	융합	모음축약	7장 3.4.1절
		유기음화	9장 3.3.2절
	첨가	모음삽입	7장 3.1.2절
		반모음삽입	7장 3.4.4절
		ㄴ-첨가	9장 3.2.3절
		ㄷ-첨가	9장 3.2.4절
	탈락	ㄹ-탈락	9장 3.4.1절
		ㅎ-탈락	9장 3.4.2절
		ㅡ-탈락	9장 3.4.3절
		자음군단순화	7장 3.1.1절
	대치	ㄹ-비음화	7장 3.1.3.2절
	약화	반모음화	7장 3.4.3절
이음 변동	동화	유성음화	9장 2.2.1절
		ㄴ-구개음화	9장 2.2.2절
		ㄹ-구개음화	
		ㅅ-구개음화	
	약화	말음중화	7장 3.1.4.1절
		탄설음화	7장 3.1.3.1절

2. 동화작용(assimilation)

두 음이 연속적으로 나타날 때 한 음이 다른 음의 영향을 받아 인접음과 완전히 같은 음으로 변동하거나 조음방법, 조음위치나 유무성 중 일부만 같아지는 현상이 同化(assimilation)이다. 동화는 가장 자연적인 음운현상으로 발음을 편하게 하려는(ease of articulation) 기능적인 목적에서 비롯되었다. 주변음에 자극을 주어 동화를 일으키게 하는 음을 **동화주** 또는 **조건음**(trigger)이라 하고 주변음에 동화되는 음을 **피동화주** 또는 **변화음**(target)이라 한다. 동화작용을 표시하면 다음과 같다.

동화는 가장 자연스런 음운현상으로 발음을 편하게 하려는 목적에서 비롯되었다.

(4)

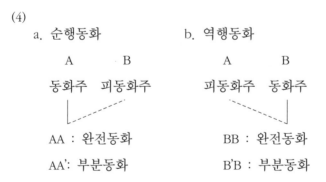

동화를 논할 때는 다음 2가지를 필수적으로 언급해야 한다. 첫째, 동화주(trigger)와 피동화주(target)가 어느 음인가, 둘째, 동화에 참여한 자질은

무엇인가, 변화되는 자질에 따라 조음위치동화, 조음방법동화, 유무성동화 등으로 나눌 수 있다.

동화
·동화주와 피동화주
·동화를 일으키는
  자질

2.1. 동화의 유형

동화주와 피동화주의 유형에 따라 분류하면 다음과 같다.

2.1.1. 동화의 조건

동화주와 피동화주의 유형은 크게 음의 대집단부류를 따른다.

1) 자음과 자음간의 동화

(5) 장애음비음동화

    a. /ik+nin/   '익는' →   [iŋnin]

    b. /ip+nin/   '입는' →   [imnin]

+ : 형태소 경계
− : 한자형태소 경계

(6) ㄴ-설측음화

    a. /kʰal+nal/   '칼날' →   [kʰallal]

    b. /sin-la/   '신라' →   [ʃilla]

(7) 위치동화

    a. /t'it+ki+ta/   '뜯기다' →   [t'ik⌐k'ida]

    b. kot palo   '곧바로' →   [kopp'aro]

중설/후설 전설모음
  모음
   | |
   V₁ C V₂

전설모음

2) 모음과 모음간의 동화

(8) 움라우트

    a. /ačilaŋi/   '아지랑이' →   [aǰirɛŋi]

    b. /mək+i+ta/   '먹이다' →   [mɛgida]

(9) 모음조화

    a. /nol+ə/   '놀아' →   [nora][1]

    b. /ǰuk+ə/   '죽어' →   [ǰugə]

1) 연결어미의 기저
형을 /-ə/로 설정하
므로 모음조화에 의
해 /-ə/가 [a]로 바뀌
어 [nora]로 실현된다.

3) 자음과 모음간의 동화

(10) 구개음화

    a. /kut̪+i/   '굳이'   →   [kuǰi]

    b. /kat̪ʰ+i/   '같이'   →   [kač̬ʰi]

(11) 유성음화

    a. /kip̬un/   '기분'   →   [kib̬un]

    b. /mut̬aŋ/   '무당'   →   [mud̬aŋ]

2.1.2. 동화의 정도

피동화주가 동화주에 동화되는 정도에 따라 두 음이 완전히 같은 음으로 실현되면 **완전동화**(total assimilation)이고, 조음방법자질, 조음위치자질, 유무성자질 중 일부만 동화에 참여하면 **부분동화**(partial assimilation)이다.

1) 완전동화

(12) ㄴ-설측음화

    a. /tal̪+n̪ala/   '달나라'   →   [tall̬aɾa]

    b. /čin̪-l̪i/   '진리'   →   [čill̬i]

(13) 비음동화

    a. /tat̪+n̪in/   '닫는'   →   [tan̬n̬in]

    b. /apʰ+m̪un/   '앞문'   →   [am̬m̬un]

2) 부분동화

(14) 비음동화

    a. /tʰop̬+n̪al/   '톱날'   →   [tʰom̬n̬al]

    b. /kuk̬-n̪ɛ/   '국내'   →   [kuŋ̬n̬ɛ]

(15) 움라우트

    a. /čipʰa̬ŋi/   '지팡이'   →   [čipʰɛ̬ŋi]

    b. /əmi̬/   '어미'   →   [emi̬]

(16) 위치동화

    a. /oṇ+pam/ '온밤' → [ombam]

    b. /nankan/ '난간' → [naŋgan]

(17) 구개음화

    a. /mat̪+i/ '맏이' → [mat͡ɕi]

    b. /kat̪ʰ+i/ '같이' → [kat͡ɕʰi]

2.1.3. 동화의 방향

후행음이 선행음에 동화되면 **순행동화**(progressive assimilation)이고 선행음이 후행음에 동화되면 **역행동화**(regressive assimilation)이다. (18a)처럼 /l/이 뒤에 오는 /n/을 동화시키면 순행동화이고, (18b)처럼 /l/이 앞에 오는 /n/을 동화시키면 역행동화이다.

(18)

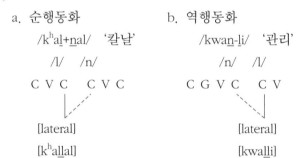

    a. 순행동화   b. 역행동화

      /kʰal+nal/ '칼날'   /kwan-li/ '관리'

      /l/ /n/   /n/ /l/

      C V C C V C   C G V C C V

      [lateral]   [lateral]

      [kʰallal]   [kwalli]

동화는 자립분절소인 자질이 주변음으로 확산하는 것으로 설명된다.

2.1.4. 동화의 위치

동화주와 피동화주 사이에 제3의 음이 개재하지 않고 동화가 일어나면 **인접동화**(local assimilation)이다. 동화주와 피동화주 사이에 제3의 음(들)이 개재하면 **원격동화**(long distance assimilation)이다.

(19)

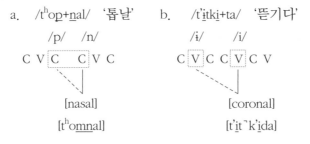

(19a)의 비음동화는 인접한 두 음 사이에서 일어나므로 인접동화이다. (19b)에서 중설·후설모음이 뒤에 오는 i/y에 동화되어 전설모음이 되는 움라우트가 일어난다. 이때 두 모음 사이에 자음 CC가 개재해 있으므로 원격동화이다.

2.2. 이음변동(allophonic alternation)

이 절에서는 기저음이 동화로 인하여 이음으로 실현되는 **이음변동**(allophonic alternation)을 살펴보자.

2.2.1. 유성음화(intersonorant voicing)

무성평장애음이 공명음 사이에서 이음인 유성평장애음으로 변동한다.

공명음(모음, 비음, 유음, 반모음) 사이에서 무성평장애음 /p, t, č, k/가 유성평장애음 [b, d, ǰ, g]로 변한다. 다음 예는 운율어 내에서 일어나는 유성음화이다.

V: 모음
N: 비자음
l: ㄹ

(20) V___V

    a. ₙ[tu-pu]   '두부'   →   ω(tubu)

    b. ₙ[kituŋ]   '기둥'   →   ω(kiduŋ)

    c. ₐdv[čaču]   '자주'   →   ω(čaǰu)

    d. ₙ[pakuni]   '바구니'   →   ω(paguni)

398

(21) N___V

    a. _N[kompo]   '곰보'   →   ω(kombo)

    b. _N[əntək]   '언덕'   →   ω(əndək˺)

    c. _N[kamča]   '감자'   →   ω(kamǰa)

    d. _N[pun-kɛ]   '분개'   →   ω(pungɛ)

(22) l___V

    a. _V[mal+ta]   '말다'   →   ω(malda)

    b. _N[pul-pal]   '불발'   →   ω(pulbal)

    c. _V[sal+ča]   '살자'   →   ω(salǰa)

    d. _N[čəlku]   '절구'   →   ω(čəlgu)

유성음화는 합성어경계나 접두사+어간경계에서도 일어난다.

(23) 복합어의 경계에서

    a. 합성어 경계

        _N[_N[pom] _N[kaɨl]]   '봄가을'   →   Φ(pomgaɨl)

        _N[_N[sok] _N[os]]   '속옷'   →   Φ(sogot˺)

    b. 접두사 + 어간 경계에서

        _N[kun _N[pam]]   '군밤'   →   Φ(kunbam)

        _N[si _N[pu-mo]]   '시부모'   →   Φ(ʃibumo)

6장 5.2절에서 다루었듯이 운율어(ω)는 오른쪽에서 왼쪽으로 진행하면서 형태소의 어휘범주(N, V, Adj, Adv)의 왼쪽끝인 lex˹ 을 만나면 하나씩 만들어진다. 따라서 접두사와 어간, 어간과 어간은 각각 독자적으로 운율어가 된다.[2]

2) 자세한 내용은 6장 5.2절 (86)-(88)을 참조하길 바란다.

(24) 복합어의 운율어 형성

    a. $_N$[$_N$[pom] $_N$[kail]] '봄가을'   b. $_N$[si $_N$[pu-mo]] '시부모'

    ←   ←   ←   ←   : lex^o[

    ω(pom) ω(kail)   ω(si) ω(pumo)

    Φ(pomgail)   Φ(sibumo)   : 유성음화

(24a)와 (24b)에서 운율어경계에 오는 k와 p에 유성음화가 일어나므로 유성음화의 영역은 운율구(Φ)이다.

구와 절에서도 유성음화가 적용되는지를 살펴보자.

(25) 구와 절에서

    a. $_{NP}$[VP N]

      čak-in čip   '작은 집' → Φ(čaginǰip˺)

    b. $_{VP}$[AdvP V]

      p'alli ka   '빨리 가' → Φ(p'alliga)

    c. $_{VP}$[NP V]

      kam čap-as'-ta '감 잡았다' → Φ(kamǰab˺at˺t'a)

    d. $_{VP}$[AdvP/NP=V]

      p'alli čip-ilčii-si-o   → Φ(p'alli) Φ(čibilǰiisio)

          '빨리 집을 지으시오'

유성음화는 운율구 내에서 일어난다.

운율구(Φ)는 통사구조에서 오른쪽에서 왼쪽으로 진행하면서 어휘범주의 최대투영(AP, NP, VP, AdvP)인 lex^{max}[를 만나면 하나씩 만들어진다. 따라서 (25a)-(25c)는 하나의 운율구가 만들어지고 (25d)는 2개의 운율구가 만들어진다.

(26a)에서 보듯이 운율구내에서 k에 유성음화가 일어난다. (26b)에서 두 번째 운율구 čii-si-o '지으시오'의 첫 자음 č에는 유성음화가 일어나 [ǰ]로 실현되지만, čipil '집을'의 č는 운율구의 첫 자음이므로 무성음 [č]로 실현된다.

(26)

    a. $_{VP}[_{AdvP}[p'alli]$ $_V[ka]]$ '빨리가'

        ω(p'alli) ω(ka)   : 운율어형성 $lex^o[$

        Φ(p'alliga)   : 운율구형성 $lex^{max}[$

    b. $_{VP}[_{AdvP}[p'alli]$ $_{NP}[\check{c}ip{-}i\dot{i}]$ $_V[\check{c}i\dot{i}{-}si{-}o]]$

        ω(p'alli) ω(čibi̇l) ω(či̇i̇sio)   : 운율어형성 $lex^o[$

        Φ(p'alli) Φ(čibil̯ji̇iʃio)   : 운율구형성 $lex^{max}[$

유성음화는 형태적 제약을 받는다. 명사합성어에서 유성음화가 일어날 수 있는 환경에서 ㄷ-삽입(사이 ㅅ)으로 경음화가 일어난다.

유성음화는 형태적 제약을 받는다. 합성어에서 t-삽입으로 인하여 경음화가 유성음화를 출혈한다.

(27) ㄷ-삽입(t-삽입)

    a. $_N[_N[an]$ t $_N[paŋ]]$ '안방'   →   [anp'aŋ]

    b. $_N[_N[i\dot{i}]$ t $_N[kun]]$ '일군'   →   [ilk'un]

    c. $_N[_N[pom]$ t $_N[pi\dot{i}]]$ '봄비'   →   [pomp'i̇]

    d. $_N[_N[\check{c}am]$ t $_N[\check{c}ali]]$ '(어젯밤)잠자리'   →   [čamč'ari]

    e. $_N[\check{c}am\check{c}ali]$ '(고추) 잠자리' →   [čamɟari]

(27e)에서 단일어 '잠자리'의 2음절의 두음 č는 유성음 [ɟ]가 되지만 (27d)에서 명사합성어의 두 번째 성분 '자리'의 첫 자음은 t-삽입으로 인하여 경음 [č']로 실현된다. 따라서 경음화가 유성음화(č → ɟ)를 출혈한다.

(28)

    /čam+čali/   '(어젯밤) 잠자리'

    čam+t+čali   t-삽입

    čam+t+č'ali   경음화

    ———   유성음화

    čamč'ali   자음군단순화(t-ø)

    čamč'aɾi   탄설음화(l → ɾ)

유성음화는 통사적 제약이 있다. (29)에서 용언의 관형사형 어미 /-n/ 뒤에 오는 명사 '길, 지, 밤, 돌'의 두음은 유성음으로 실현되지만 (30)에서 용언의 관형사형어미 /-l/ 뒤에 오는 명사 '줄', '것', '바' 등의 두음은 경음으로 실현된다.

용언의 관형사형 어미		
	동사	형용사
현재	-ㄴ/-는	-(으)ㄴ
과거	-(으)ㄴ/-던/-았던(었던)	-던/-았던(었던)
미래	-(으)ㄹ	-(으)ㄹ

(29) ₙₚ[VP=N]

    a. ka-n̲ k̲il   '간 길'   →   [kaŋgil]

    b. o-n̲ č̲i   '온 지'   →   [onǰi]

    c. ki-n̲ p̲am   '긴 밤'   →   [kinbam]

    d. kəm-in̲ t̲ol   '검은 돌'   →   [kəmindol]

(30) NP[VP=N]

    a. ka-l̲ k̲il   '갈 길'   →   [kalk'il]

    b. o-l̲ s̲alam   '올 사람'   →   [ols'aram]

    c. o-l̲ č̲ul   '올 줄'   →   [olč'ul]

    d. ču-l̲ k̲əs   '줄 것'   →   [čulk'ət˺]

    e. ha-l̲ p̲a   '할 바'   →   [halp'a]

    f. na-l̲ s̲um   '날숨'   →   [nals'um]

    g. mək-il̲ p̲ap   '먹을 밥'   →   [məgilp'ap˺]

비음 /n, m/로 끝나는 어간 뒤에 자음으로 시작하는 굴절어미 '-다, -자, -기'가 오면 (31)-(32)에서 보듯이 어미의 첫 자음이 경음이 되지만, 자음으로 시작하는 파생접사(피동접미사, 사동접미사)가 오면 (33)에서 보듯이 접미사의 첫 자음은 유성음화가 일어난다.

(31)

    a. /nam̲+t̲a/   '남다'   →   [namt'a]

    b. /nam̲+č̲a/   '남자'   →   [namč'a]

    c. /nam̲+k̲i/   '남기(가)'   →   [namk'i]

(32)

    a. /an+ta/   '안다'   →   [ant'a]

    b. /an+ča/   '안자'   →   [anč'a]

    c. /an+ki/   '안기(가)'   →   [ank'i]

(33)

    a. /an+ki+ta/   '(품에)안기다' →   [angida]   -기- 피동접미사

    b. /nam+ki+ta/   '(음식을)남기다' →   [namgida]   -기- 사동접미사

    c. /kam+ki+ta/   '(눈이)감기다' →   [kamgida]   -기- 피동접미사

피동/사동접미사는 파생접미사로 이들 접미사가 붙은 단어는 파생어로 사전에 새로운 단어로 등록된다.

유성음화를 단선규칙으로 표시하면 다음과 같다.

(34) 유성음화

$$\begin{bmatrix} -son \\ -cont \\ -SG \\ -CG \end{bmatrix} \rightarrow [+voice] \ / \ \Phi(\ldots\ [+son]\ \underline{\quad}\ [+son]\ \ldots)$$

공명음이 가진 [+voice] 자질이 동화를 일으켜서 유성음화가 일어난다.

무성평장애음 /p, t, č, k/가 공명음 사이에서 유성평장애음 [b, d, ǰ, g]가 된다.

자질수형도로 표시하면 선행모음과 후행모음의 후두마디의 [voice]가 평음의 후두마디로 확산한다.

(35) /tupu/ '두부' → [tubu]

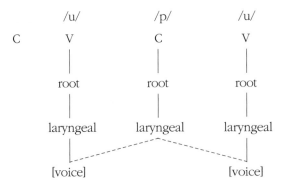

유성음화를 요약하면 다음과 같다.

(36) 유성음화

    a. 영역: 운율구(Φ)

    b. 부분동화, 인접동화, 자-모음간 동화

    c. 자립분절적 음운과정: 앞뒷공명음의 [voice]가 평음의 후두마디
       (laryngeal node)로 확산-(35)

2.2.2. ㄴ-구개음화, ㄹ-구개음화, ㅅ-구개음화

/n/이 /i, y/ 앞에서 구개치경비음 [ɲ]로 실현되는 것을 ㄴ-구개음화 (n-palatalization)라 한다.[3] 구개음화된 [ɲ] 뒤에 오는 반모음 [y]는 발음되지 않을 수 있다.

(37)

    a. ₙ[nyən]   '(二) 년年)'   → ω(ɲyən)

    b. ₙ[nyəsək]   '녀석'   → ω(ɲyəsək˺), (ɲəsək˺)

    c. ₙ[nim]   '님'   → ω(ɲim)

    d. ₙ[nyaŋ]   '(한) 냥' → ω(ɲyaŋ), (ɲaŋ)

ㄴ-구개음화를 단선규칙으로 표시하면 다음과 같다.

(38)　　　　/n/　　　　　　[ɲ]　　　　　　/i, y/

$$\begin{bmatrix} +cons \\ +nas \\ +cor \end{bmatrix} \rightarrow [\text{-ant}] / \underline{\hspace{1cm}} \begin{bmatrix} -cons \\ +high \\ -back \end{bmatrix}$$

/l/이 /i, y/ 앞에서 구개치경유음 [ʎ]로 실현되는 현상을 ㄹ-구개음화 (l-palatalization)라 한다. [ʎ] 뒤에 오는 반모음 [y]는 발음되지 않을 수 있다.

구개음화는 모음과 반모음의 조음위치 가 선행자음의 조음 위치에 영향을 주어 서 일어나는 동화현 상이다.

(39)

　　a.　/p'alli/　　　'빨리'　　→　[p'aʎʎi]

　　b.　/tallyək/　　'달력'　　→　[taʎʎyək˺], [taʎʎək˺]

ㄹ-구개음화를 단선규칙으로 표시하면 다음과 같다.

(40)　　　　/l/　　　　　　[ʎ]　　　　　/i, y/

$$\begin{bmatrix} +cons \\ +lat \end{bmatrix} \rightarrow [\text{-ant}] / \underline{\hspace{1cm}} \begin{bmatrix} -cons \\ +high \\ -back \end{bmatrix}$$

마찰음 /s, s'/가 전설고모음 /i, ü/나 경구개반모음 /y, ɥ/ 앞에서 구개치경 마찰음 [ʃ, ʃ']로 나타나는 현상을 ㅅ-구개음화(s-palatalization)라 한다. (41d) 에서 보듯이 구개치경마찰음 [ʃ, ʃ'] 뒤에 오는 반모음은 발음되지 않을 수 있다.[4]

4) 'ㅟ'를 단모음 [ü] 로 인식하면 [ʃum] 으로 발음된다. 'ㅟ' 를 이중모음 /wi/로 인식하면 [w]가 [i] 앞에서 구개음화 되 어 [ɥ]로 실현되고 /s/ 가 [ɥ] 앞에서 구개 음화되어 [ʃɥim]으로 실현된다.

(41)

    a. /sikol/   '시골'   →   [ʃigol]

    b. /mals'i/   '말씨'   →   [malʃ'i]

    c. /süm/   '쉼'   →   [ʃüm]

    d. /swimtʰə/   '쉼터'   →   [ʃɥimtʰə], [ʃimtʰə]

ㅅ-구개음화를 단선규칙으로 표시하면 다음과 같다.

(42)   /s, s'/   [ʃ, ʃ']   /i, y/

$$\begin{bmatrix} -son \\ +cont \\ +cor \end{bmatrix} \rightarrow [-ant] / \underline{\quad\quad} \begin{bmatrix} -cons \\ +high \\ -back \end{bmatrix}$$

5) 이 장에서 언급되는 위치마디의 하부구조는 6장 4.5절 (72)와 (73)을 참조하길 바란다.

자질수형도를 이용하여 구개음화를 분석하면 다음과 같다.[5]

치경음 n, s, l을 구개치경에서 발음나는 i/y로 당겨서 발음하는 동화작용의 결과, 선행자음은 이음인 구개치경음 ɲ, ʎ, ʃ로 실현되는 2차적 구개음화가 일어난다.

(43)

    a.   /nim/ '님' → [ɲim]   b. /p'alli/ '빨리' → [p'aʎʎi]

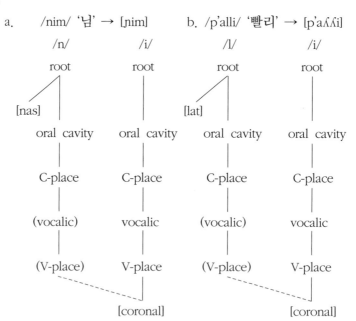

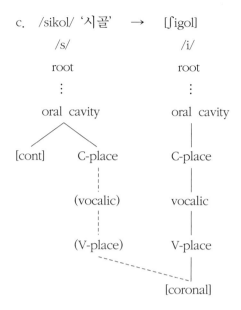

c. /sikol/ '시골' → [ʃigol]

치경음 /n, l, s/는 가장 무표적인 자음으로 위치마디(C-place node) 아래 [coronal]이 미명시 된다.[6] /i, y/의 [coronal]이 선행자음의 위치마디(C-place node)로 확산하려고 하나 위치마디가 완전히 미명시되어 있으므로 선행자음에 2차적 조음을 나타내는 모음위치마디(V-place node)와 모음성마디(vocalic node)를 삽입한다(괄호 표시). [coronal]은 삽입된 모음위치마디(V-place node)로 확산하여 위에 있는 위치마디(C-place node)로 연결된다. (43a)에서 치경비음 /n/은 2차적 조음을 나타내는 Vplace [coronal]에 의해 구개치경비음 [ɲ]로 실현되고 (43b)에서 [l]은 V-place [coronal]로 인하여 구개치경유음 [ʎ]로 실현된다. [ll]은 중자음이므로 [p'aʎʎi]가 된다. (43c)에서 평치경마찰음 [s]는 V-place [coronal]에 의해 평구개치경마찰음 [ʃ]로 실현된다.

6) /n, l, s/의 기저 표시는 6장 4,5절 (72a) 참조.

(44) ㄴ-구개음화, ㅅ-구개음화, ㄹ-구개음화

a. 영역: 운율어(ω)

b. 부분동화, 역행동화, 인접동화, 자-모음간 동화

c. 자립분절적 과정: /i, y/의 [coronal]이 선행자음 n, s, l의 위치마디 (C-place)로 확산-(43)

2.3. 형태음운변동(morphophonemic alternation)

이 절에서는 형태소가 연결될 때 기저음이 동화되어 다른 기저음으로 실현
되는 형태음운변동을 살펴보자.

2.3.1. 위치동화(place assimilation)

선행음절의 말음이 후행음절의 두음의 조음위치에 동화되어 두 자음이 같
은 조음위치를 가진 음(homorganic consonants)으로 실현되는 것이 **위치동화**
(place assimilation)이다. 위치동화는 일상적인 말씨(casual speech style)에서
만 일어나는 수의적인 현상으로 발화의 속도(speech rate)에 영향을 받는다.
먼저 치경음+치경음, 치경음+구개치경음과 구개치경음+치경음의 연쇄를
살펴보자.

(45)

    a. 치경음+치경음 → 치경음-치경음

      N[tan̲ N[sul]]   '단술'   →   Φ(tan̲sul)

      V[tat̲+ta]   '닫다'   →   ω(tat̲̚t'a)

    b. 치경음+구개치경음 → 구개치경음-구개치경음

      V[tit̲+či]   '듣지'   →   ω(tič̚č'i)

      N[təs̲ N[čəkoli]]   '덧저고리'   →   ω(təč̚č'əgori)

    c. 구개치경음+치경음 → 치경음-치경음

      V[mač̲+ta]   '맞다'   →   ω(mat̲̚t'a)

      N[Adj[nič̲] N[təwi]] '늦더위'   →   ω(nit̲̚t'əwi)

(45a)에서 보듯이 치경음 뒤에 치경음이 올 경우는 아무런 변동이 없다.
(45b)에서 보듯이 치경음은 뒤에 오는 구개치경음에 동화되어 중자음 [č̚č']로
실현된다 (45c)에서 말음에 오는 구개치경음은 중화되어 [t̚]가 되므로 표면형
은 [t̚t']이다

치경음+순음과 구개치경음+순음의 연쇄를 살펴보자.

(46)

    a. 치경음+양순음 → 양순음-양순음

        $_{NP[Det}$[tasəs] $_{N}$[mali]]   '다섯 마리' →   Φ(tasəmmaɾi)

        $_{N[Det}$[on] $_{N}$[pam]]   '온밤'   →   Φ(ombam)

        $_{V}$[yəs $_{V}$[po-ta]]   '엿보다'   →   Φ(yəp⌐p'oda)

        $_{VP[AdvP}$[kot] $_{Adv}$[palo]]   '곧바로'   →   Φ(kop⌐p'aɾo)

        $_{N[N}$[čonan] $_{N}$[paŋči]]   '조난방지'   →   Φ(čonambaŋǰi)

    b. 구개치경음+양순음 → 양순음-양순음

        $_{NP[Det}$[myəč^{h}] $_{N}$[mali]]   '몇 마리'   →   Φ(myəmmaɾi)

        $_{N[N}$[k'oč^{h}] $_{N}$[pat^{h}]]   '꽃밭'   →   Φ(k'op⌐p'at⌐)

        $_{N[Adv}$[mač] $_{N}$[palam]]   '맞바람'   →   Φ(map⌐p'aɾam)

    c. 양순음+치경음/구개치경음 → 양순음-치경/구개치경음

        $_{V}$[čup+ta]   '줍다'   →   ω(čup⌐t'a)

        $_{N}$[sim+sa]   '심사'   →   ω(ʃimsa)

        $_{N}$[tap-čaŋ]   '답장'   →   ω(tap⌐č'aŋ)

(46a)와 (46b)에서 치경음 /t^{h}, s/와 구개치경음 /č, č^{h}/는 뒤에 오는 순음 /m, p/에 동화되어 [m, p]로 실현된다. 합성어경계나 접두사+어간 경계에서 위치 동화가 일어나므로 위치동화의 영역은 운율구(Φ)이다. 그러나 (46c)에서 보 듯이 양순음은 뒤에 오는 치경음이나 구개치경음에 동화되지 않는다.

다음은 치경음+연구개음과 구개치경음+연구개음의 경우이다.

(47)

치경음 연구개음

a. 치경음+연구개음 → 연구개음-연구개음

$_N[_N[mit^h]\ _N[kəlim]]$ '밑거름'   →   Φ(mik̚k'ərim)

$_N[_N[os]\ _N[kəli]]$ '옷걸이'   →   Φ(ok̚k'əi)

$_N[nankan]$ '난간'   →   ω(naŋgan)

구개치경음 연구개음

b. 구개치경음+연구개음 → 연구개음-연구개음

$_{NP}[_{Det}[myəč^h]\ _N[kɛ]]$ '몇개'   →   Φ(myək̚k'ɛ)

$_N[_{Adj}[nič]\ _N[kail]]$ '늦가을'   →   Φ(nɨk̚k'ail)

$_N[pič^hk'al]$ '빛깔'   →   ω(pik̚k'al)

c. 연구개음+치경음/구개치경음 → 연구개음-설정음

$_N[čaŋnan]$ '장난'   →   ω(čaŋnan)

$_N[tok-to]$ '독도'   →   ω(tok̚t'o)

(47a)와 (47b)에서 보듯이 치경음과 구개치경음은 뒤에 오는 연구개음 /k/에 동화된다. 그러나 (47c)에서 보듯이 연구개음은 뒤에 오는 치경음과 구개치경음에 동화되지 않는다.

다음은 순음+연구개음의 연쇄를 살펴보자.

(48)

양순음 연구개음

a. 양순음+연구개음 → 연구개음-연구개음

$_N[_N[pap]\ _N[kilis]]$ '밥그릇'   →   Φ(pak̚k'irit̚)

$_N[_N[č^ham]\ _N[kilim]]$ '참기름'   →   Φ(č^haŋgirim)

b. 연구개음+양순음 → 연구개음-양순음

$_N[_N[kuk]\ _N[pap]]$ '국밥'   →   Φ(kuk̚p'ap̚)

$_N[_N[kaŋ]\ _N[mul]]$ '강물'   →   Φ(kaŋmul)

$_N[_N[pɛk]\ _N[miləl]]$ '백미러'   →   Φ(pɛŋmirə)

(48a)에서 양순음은 뒤에 오는 연구개음에 동화되지만, (48b)에서 연구개음은 양순음에 동화되지 않는다.

요약하면 치경음은 치경음 앞에서는 치경음으로, 구개치경음 앞에서는 구개치경음으로, 연구개음 앞에서는 연구개음으로, 양순음 앞에서는 양순음으로 실현된다. 구개치경음은 양순음 앞에서는 양순음으로 연구개음 앞에서는 연구개음이 된다. 양순음은 연구개음 앞에서 연구개음으로 실현된다.

이런 위치동화의 패턴을 근거로 조음위치의 강도는 다음과 같다.

(49) 치경음 〈 구개치경음 〈 순음 〈 연구개음

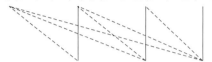

4장 4.4절에서 논의된 1분적 위치자질인 [lab], [cor], [dor]을 이용하면 선행자음이 후행자음의 조음위치로 대치되는 동화현상이 쉽게 표현된다. 치경음과 구개치경음은 [cor]로, 양순음은 [lab]로, 설배음(연구개음)은 [dor]로 표시된다.[7]

7) 위치동화를 SPE의 [cor], [ant] 자질을 이용하여 그리스 문자 α, β 표시한 문제점은 5장 3.4.4절을 참조하길 바란다. 구개치경음은 [cor]의 하위자질 [ant]를 가져 [cor, -ant]이다.

(50)

    a. 치경/구개치경음+양순음 → 양순음 양순음(46a & b)

    b. 치경음+치경음 → 치경음 치경음(45a)

$$\begin{bmatrix} +cons \\ cor \end{bmatrix} \rightarrow [cor] / \underline{\quad} \begin{bmatrix} +cons \\ cor \end{bmatrix}$$

c. 치경음+구개치경음 → 구개치경음 구개치경음(45b)

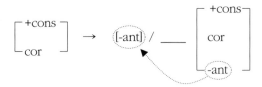

d. 치경/구개치경음+연구개음 → 연구개음 연구개음(47a & b)

e. 양순음+연구개음 → 연구개음 연구개음(48a)

자질수형도로 위치동화를 분석해 보자. (51)에서 보듯이 선행자음의 위치마디(C-place node)를 삭제하고 후행자음의 위치마디가 선행자음의 구강공명실마디(oral cavity node)로 확산하면 두 자음이 후행자음의 위치마디를 공유하여 동일한 조음위치를 가지게 되어 [mb], [kk'], [čč']와 [kk']가 도출된다.

412

(51)

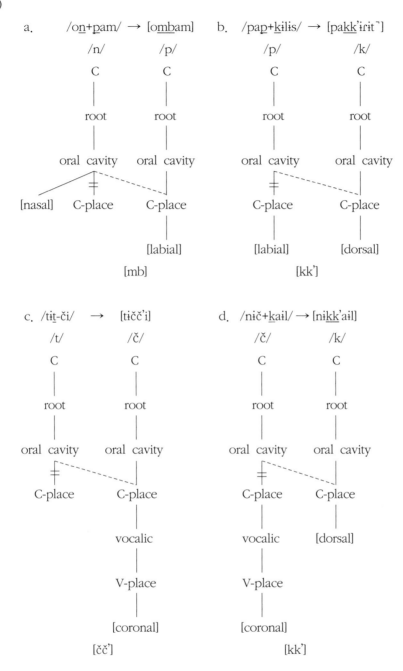

a.   /on+pam/ → [ombam]   b.   /pap+kilis/ → [pakk'irit⁻]

c.   /tit-či/ → [tičč'i]   d.   /nič+kail/ → [nikk'ail]

지금까지 논의한 위치동화현상을 요약하면 다음과 같다.

(52) 위치동화

　　　a. 영역: 운율구(Φ)

　　　b. 완전/부분동화, 역행동화, 자-자음간의 동화, 인접동화

　　　c. 자립분절적 과정: 선행자음의 위치마디(C-place node) 를 삭제하고 후행자음의 위치마디를 선행자음의 구강공명실마디(oral cavity node) 로 확산-(51)

2.3.2. ㄷ-구개음화와 ㄱ-구개음화

1) ㄷ-구개음화(t-palatalization)

ㄷ-구개음화와 ㄱ-구개음화는 조음의 편의 때문에 일어나는 음운현상이다. /t, tʰ/+/i/의 연쇄는 치경에서 구개치경으로 혀를 이동하고, /k, k', kʰ/+/i/의 연쇄도 연구개에서 구개치경으로 혀를 이동해야 한다. /t, tʰ/와 /k, k', kʰ/를 /i/와 같은 구개치경음 [č, čʰ]로 발음하면 조음 시 훨씬 에너지가 적게 든다.

ㄷ-구개음화와 ㄱ-구개음화도 모음 i/y의 조음위치가 선행자음의 조음위치를 바꾸게 하는 동화현상으로 1차적 구개음화이다.

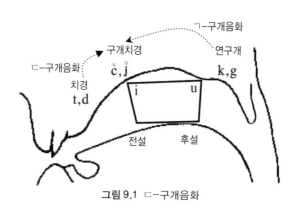

그림 9.1 ㄷ-구개음화

어간말음 /t, tʰ/ 뒤에 /i/로 시작하는 어미나 접미사가 오면 [č, čʰ]로 실현된다. ㄷ-구개음화는 (53)처럼 단일어 내에서는 일어나지 않지만, (54)처럼 복합어 내에서나 (55)처럼 합성어의 각 성분이 파생어일 때는 일어난다.

(53) 단일어

a.	ₙ[mati]	'마디'	→	ω(ma<u>d</u>i)
b.	ₙ[panti]	'반디'	→	ω(pan<u>d</u>i)
c.	ₙ[əti]	'어디'	→	ω(ə<u>d</u>i)

(54) 어근+접미사, 어간+격조사

a.	ₙ[ma<u>t</u>+i]	'맏이'	→	ω(ma<u>ǰ</u>i)
b.	ᵥ[pu<u>t</u>ʰ+i̯+ta]	'붙이다'	→	ω(pu<u>ćʰ</u>ida)
c.	ᵥ[ku<u>t</u>+hi̯+ta]	'굳히다'	→	ω(ku<u>ćʰ</u>ida)
d.	ₐ𝒹ᵥ[ka<u>t</u>ʰ+i]	'같이'	→	ω(ka<u>ćʰ</u>i)
e.	ₙ[pa<u>t</u>ʰ+i]	'밭이'	→	ω(pa<u>ćʰ</u>i)
f.	ₙ[pa<u>t</u>ʰ+i̯aŋ]	'밭이랑'	→	ω(pa<u>ćʰ</u>i̯aŋ)

(55) 합성어 내에서 어근 + 접미사

a.	ₙ[ₙ[mul] ₙ[pa<u>t</u>+i̯]]	'물받이'	→	ω(mul) ω(pa<u>ǰ</u>i)
b.	ₙ[ₙ[kail] ₙ[kə<u>t</u>+i̯]]	'가을걷이'	→	ω(kail) ω(kə<u>ǰ</u>i)
c.	ₙ[ₙ[pʰi] ₙ[pu<u>t</u>ʰ+i̯]]	'피붙이'	→	ω(pʰi) ω(pu<u>ćʰ</u>i)
d.	ₙ[ₙ[hɛ] ₙ[to<u>t</u>+i̯]]	'해돋이'	→	ω(hɛ) ω(to<u>ǰ</u>i)
e.	ₙ[ₙ[pu<u>t</u>ʰ+i̯+m] ₙ[səŋ]]	'붙임성'	→	ω(pu<u>ćʰ</u>im) ω(səŋ)

(53)의 '반디', '부디', '티끌', '느티나무'는 17세기 말에서 18세기 초 구개음화
가 일어날 당시 이중모음 /iy/를 가진 '반듸', '부듸', '틔끌', '느틔'이어서 ㄷ-구
개음화가 적용될 수 없었고, 그 후 /iy/에 단모음화가 일어나 /i/가 되었다.
ㄷ-구개음화는 한 번 지나가고 난 후 단모음화가 일어난 '마디', '반디', '어디'
에 다시 적용되지 않는다. 또한 ㄷ-구개음화는 평안방언에서는 일어나지 않
는다.

ㄷ-구개음화는 단
일어에는 일어나지
않는다.

(56) /nitʰiy/   '느틔'

_____   ㄷ-구개음화

[nitʰi]   단모음화 (iy → i)

(57a)와 (57b)의 합성어경계와 (57c)의 접두사+어근 경계에서 ㄴ-삽입 때문에 ㄷ-구개음화는 일어나지 않는다.

(57) 어간 + 어간, 접두사 + 어근

    a. $_N[_N[pat^h]$ n $_N[ila\eta]]$ '밭이랑'   → $\omega(pat)$ $\omega(nira\eta)$
                                             → $\Phi(panni ra\eta)$

    b. $_N[_N[pat]$ n $_N[[il]]$ '밭일'   → $\omega(pat)$ $\omega(nil)$
                                           → $\Phi(pannil)$

    c. $_N[hot^h$ n $_N[ipul]]$ '홑이불'   → $\omega(hot)$ $\omega(nipul)$
                                         → $\Phi(honnibul)$

합성어의 각 성분은 독자적인 운율어(ω)를 이루므로 개재자음 n 때문에 t와 i는 더 이상 인접하지 않으므로 ㄷ-구개음화가 일어나지 않는다.

단어경계에서도 ㄷ-구개음화는 일어나지 않는다.

(58) 구에서

    a. $_{AdvP}[kot]$ $_{PP}[_{NP}[ili]-_P[lo]]$ '곧 이리로'
          → $\omega(kot)$ $\omega(iriro)$ → $\Phi(kodiriro)$

    b. $_{IP}[_{NP}[mos]$ $_{VP}[_V[is']-ni]]$ '못 있니'
          → $\omega(mot)$ $\omega(inni)$ → $\Phi(modin\eta i)$

(58)은 각각 2개의 운율어로 이루어져 있고 선행운율어의 말음 t와 후행하는 운율어의 두음 i 사이에 구개음화는 일어나지 않는다. 따라서 ㄷ-구개음화가 일어나는 영역은 운율어(ω)이다. ㄷ-구개음화를 변별자질로 표시하면 다음과 같다.

(59) ㄷ-구개음화 규칙

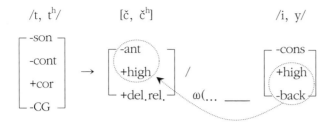

ㄷ-구개음화를 자질수형도로 분석해보자.

(60) /mat+i/ '맏이' → [maǰi]

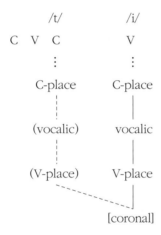

/t/는 무표적인 자음으로 위치마디(C-place node) 아래 [coronal] 미명시된다. /i/의 [coronal]이 /t/의 위치마디(C-place node)로 확산한다. 이때 [coronal]은 /t/의 삽입된 모음위치마디(V-place node)와 모음성마디(vocalic node)로 연결되어 상위의 위치마디(C-place node)로 연결된다. 선행자음은 1차적 조음 [coronal]에 /i/로부터 2차적 조음을 나타내는 V-place [coronal]을 부여받아 구개치경음 [č]로 실현된 후 유성음화에 의해 [ǰ]로 실현된다.

ㄷ-구개음화에 참여하는 /i, t, tʰ, č, čʰ/는 설정음(coronals)이라는 자연부류를 이룬다. ㄷ-구개음화를 요약하면 다음과 같다.

(61) ㄷ-구개음화

    a. 영역: 운율어(ω)

    b. 형태적 제약: 파생어에만 적용

    c. 자-모음간의 동화, 역행동화, 인접동화, 부분동화

    d. 자립분절적 과정: i/y의 [coronal]이 /t, tʰ/의 위치마디(C-place node)
       로 확산-(60)

2) ㄱ-구개음화(k-palatalization)

남부방언에서는 /k, kʰ, k'/가 /i, y/ 앞에서 구개치경음 [č, čʰ, č']로 변하는 ㄱ-구개음화(k-palatalization)가 수의적으로 일어난다. ㄱ-구개음화는 (62)에서 보듯이 순우리말의 동일형태소내에서만 일어난다. 그러나 (63)처럼 파생어 내에서나 (64)처럼 한자어 내에서 또한 (65)에서 보듯이 합성어경계에서는 일어나지 않으므로 적용영역은 운율어(ω)이다

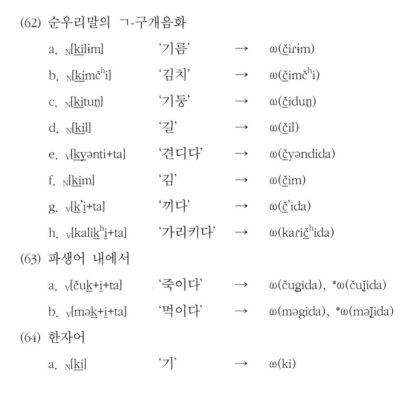

(62) 순우리말의 ㄱ-구개음화

    a. ₙ[kilɨm]   '기름'   →   ω(čirim)

    b. ₙ[kimčʰi]   '김치'   →   ω(čimčʰi)

    c. ₙ[kituŋ]   '기둥'   →   ω(čiduŋ)

    d. ₙ[kil]   '길'   →   ω(čil)

    e. ᵥ[kyənti+ta]   '견디다'   →   ω(čyəndida)

    f. ₙ[kim]   '김'   →   ω(čim)

    g. ᵥ[k'i+ta]   '끼다'   →   ω(č'ida)

    h. ᵥ[kalikʰi+ta]   '가리키다'   →   ω(karičʰida)

(63) 파생어 내에서

    a. ᵥ[čuk+i+ta]   '죽이다'   →   ω(čugida), *ω(čuǰida)

    b. ᵥ[mək+i+ta]   '먹이다'   →   ω(məgida), *ω(məǰida)

(64) 한자어

    a. ₙ[ki]   '기'   →   ω(ki)

b. ₙ[ki-čʰa]   '기차'   →   ω(k<u>i</u>čʰa)

c. ₙ[ki-sən]   '기선'   →   ω(k<u>i</u>sən)

(65) 합성어 경계에서

    a. ₙ[ₙ[ku<u>k</u>] ₙ[<u>i</u>lim]]   '국이름'   →   ω(ku<u>k</u>) ω(<u>i</u>rim)

                                    →   Φ(kugirim), *Φ(kujirim)

ㄱ-구개음화를 변별자질로 형식화하면 다음과 같다.

(66) ㄱ-구개음화(순우리말의 동일형태소내에서만)

    /k, k', kʰ/   [č, č', čʰ]   /i, y/

$$\begin{bmatrix} -son \\ -cont \\ -ant \end{bmatrix} \rightarrow \begin{bmatrix} +cor \\ +del.rel. \end{bmatrix} / \quad \omega(\ldots\underline{\quad}) \begin{bmatrix} -cons \\ +high \\ -back \end{bmatrix}$$

ㄱ-구개음화를 자질수형도로 표시하면 다음과 같다.

(67) /kilim/ '기름' → [čirim]

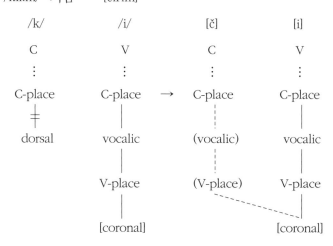

    (67a)에서 보듯이 기저에 /k/가 가진 [dorsal]을 삭제하면 위치마디(C-place node)가 완전미명시된 [t]인 [coronal]이 된다. /i/의 [coronal]이 선행모음의 위

치마디(C-place node)로 확산할 때 [coronal]은 선행자음에 삽입된 모음위치마
디(V-place node)와 모음성마디(vocalic node)로 연결되어 상위 위치마디(C-place
node)로 연결된다. 선행자음은 1차적 조음 [coronal]에 /i/로부터 2차적 조음을
나타내는 V-place[coronal]을 부여받아서 구개치경음 [č]로 실현된다.

ㄱ-구개음화를 요약하면 다음과 같다.

(68) ㄱ-구개음화

    a. 영역: 운율어(ω)

    b. 자-모음간의 동화, 역행동화, 인접동화, 부분동화

    c. 자립분절적 과정: 연구개음의 [dorsal]을 삭제하고 i/y의 [coronal]이
       선행자음의 위치마디(C-place node)로 확산-(67)

2.3.3. 움라우트(umlaut)

/i, y/ 앞에 오는 중설·후설모음 /a, ə, o, ɨ, u/이 전설모음으로 바뀌는 현상
을 **움라우트(umlaut)**라 한다. 10모음체계의 화자는 원순후설모음 /u, o/를 원
순전설모음 [ü, ö]로 발음하고, 평순중설모음 /ɨ, ə, a/를 평순전설모음 [i, e,
ɛ]로 발음한다. 8모음체계의 화자는 /u, ɨ/를 [i]로, /o, ə/를 [e]로, /a/는 [ɛ]로
발음한다. 움라우트의 결과 모음의 혀의 높이(vowel height)는 변하지 않고,
중설모음과 후설모음이 전설모음이 된다.

움라우트는 모음간
의 동화현상으로 i/y
앞에 오는 중·후설모
음이 전설모음으로
바뀌는 현상이다.

표 9.2 한국어의 10모음

혀의 높이 \ 혀의 위치 / 입술모양	전설모음		중설	후설
	평순	원순	평순	원순
고모음	i(ㅣ)	ü(=y, ㅟ)	ɨ(ㅡ)	u(ㅜ)
중모음	e(ㅔ)	ö(=ø, ㅚ)	ə(ㅓ)	o(ㅗ)
저모음	ɛ(ㅐ)			a(ㅏ)

움라우트는 단어 내에서만 일어나고 단어경계에서는 일어나지 않는다.

(69) 개재자음이 치경음, 연구개음, 순음일 때

    a. /a/ 'ㅏ' → [ε] 'ㅐ'

/aki/	'아기'	→	ω(εgi)
/api/	'아비'	→	ω(εbi)
/čipʰaɲi/	'지팡이'	→	ω(čipʰεɲi)
/hak-kyo/	'학교'	→	ω(hεkk'yo)

    b. /ə/ 'ㅓ' → [e] 'ㅔ'

/əmi/	'어미'	→	ω(emi)
/mək+i+ta/	'먹이다'	→	ω(megida)

    c. /o/ 'ㅗ' → [ö]/[e] 'ㅚ, ㅔ' 10모음, 8모음

/sok+i+ta/	'속이다'	→	ω(sögida), ω(segida)
/soŋpʰyən/	'송편'	→	ω(seŋpʰyən)

    d. /u/ 'ㅜ' → [ü]/[i] 'ㅟ, ㅣ'

/čuk+i+ta/	'죽이다'	→	ω(čügida), ω(čigida)

    e. /i/ 'ㅡ' → [i] 'ㅣ'

/ki+li+ta/	'그리다'	→	ω(kiɾida)
/t'it+ki+ta/	'뜯기다'	→	ω(t'itk'ida)

두 모음 사이에 오는 개재자음이 (70)처럼 구개치경음이면 움라우트는 일어나지 않고, 개재자음이 (71)처럼 치경음일 때도 일어나지 않는 예가 있어 움라우트는 비생산적(unproductive)이다.

(70) 개재자음이 구개치경음 /č, čʰ/일 때

    a. /mačʰi+ta/   '마치다'   →   [mačʰida], *[mεčʰida]

    b. /toči+ta/   '도지다'   →   [tojida], *[töjida]

    c. /puči/   '부지'   →   [puji], *[püji]

d. /kačʰi/ '가치' → [kačʰi], *[kɛčʰi]

(71) 개재자음이 치경음 /l, n/일 때

　　a. /mali/ '마리' → [mari], *[mɛri]

　　b. /ani/ '아니' → [ani], *[ɛni]

　　c. /pəlli+ta/ '벌리다' → [pəllida], *[pellida]

움라우트를 변별자질로 표시하면 다음과 같다.

(72)

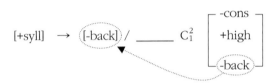

움라우트를 자질수형도로 표시하면 다음과 같다. 첫째, /i/ 앞에 /a/가 올 때 /i/의 [coronal]이 /a/의 모음위치마디(V-place node)로 확산하여 평순전설 저모음 [ɛ]로 실현된다.

(73) /api/ '아비' → [ɛbi]

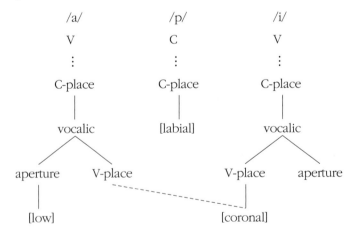

422

둘째, /i/ 앞에 /u/가 오면 10모음에서는 [ü]로 실현된다. /u/의 [dorsal]을 삭제하고 /i/의 [coronal]이 /u/의 모음위치마디(V-place node)로 확산하면 원순전설고모음 [ü]가 된다.

(74) /čuk+i+ta/ '죽이다' → [čügida]

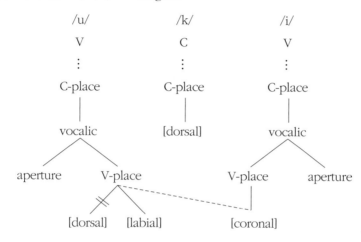

8모음체계에서는 /u/의 모음위치마디(V-place node)를 삭제하고 /i/의 모음위치마디(V-place node)가 선행모음의 모음성마디(vocalic node)로 연결되어 평순전설고모음 [i]로 실현된다.

(75) /čuk+i+ta/ '죽이다' → [čigida]

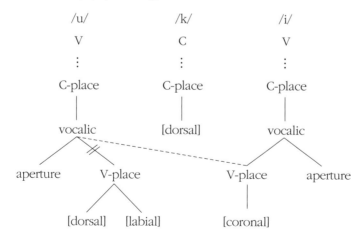

개재자음이 구개치경음 /č, č', čʰ/일 때 움라우트는 일어나지 않는다. 구개치경음과 전설모음 /i/는 둘 다 동일한 3차원적 공간에 모음위치마디(V-place node) 아래 [coronal]이 명시된다. /i/의 [coronal]이 V-place[coronal]이 명시된 /čʰ/를 지나 연결선을 교차(line crossing)하면서 /a/의 모음위치마디로 확산할 수 없다.[8]

(76) /kačʰi/ '가치' → (kačʰi)

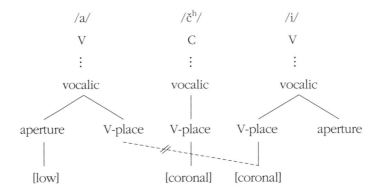

기저에 명시된 čʰ의 V-place[coronal]이 /i/의 [coronal]이 /u/의 V-place로 확산하는 것을 저지한다.

움라우트는 다음과 같이 요약된다.

(77) 움라우트
    a. 영역: 운율어(ω)
    b. 모-모음간의 동화, 역행동화, 원격동화, 부분동화
    c. /i/의 [coronal]이 선행모음의 모음위치마디(V-placenode)로 확산
       -(73), (74), (75)

2.3.4. 모음조화(vowel harmony)

2음절 이상으로 이루어진 단어에서 양성모음은 양성모음끼리 음성모음은 음성모음끼리 나타나는 현상을 **모음조화**(vowel harmony)라 한다.

1) 음성상징어에 나타나는 모음조화

현대한국어에서 음성상징어인 의성어와 의태어에서 비교적 모음조화가 규칙적이다. **음성모음**(dark vowels)을 가진 음성상징어는 어감이 크고, **양성모음**(light vowels)을 가진 음성상징어는 어감이 작다. 어감이 큰 말에는 모음 /i, e, ü, ɨ, ə, u/가 나타나고 어감이 작은말에는 모음 /ɛ, ö, a, o/가 나타난다.

(78) i~ɛ 교체   어감이 큰 말   어감이 작은 말

    a. čiǰəl   '지절'   čɛǰal   '재잘'

    b. pisil   '비실'   pɛsil   '배실'

    c. čilkəŋ   '질겅'   čɛlkaŋ   '잴강'

(79) e~ɛ 교체

    a. t'eŋkəŋ   '뗑겅'   t'ɛŋkaŋ   '땡강'

    b. k'ečillək   '께질럭'   k'ɛčillak   '깨질락'

    c. t'ekul   '떼굴'   t'ɛkul   '때굴'

(80) ü~ö 교체

    a. tülük   '뒤룩'   tölok   '되록'

    b. kʰükʰü   '퀴퀴'   kʰökʰö   '쾨쾨'

    c. hühü   '휘휘'   höhö   '회회'

(81) ɨ~a 교체

    a. hɨnɨl   '흐늘'   hanɨl   '하늘'

    b. k'ɨtək   '끄덕'   k'atak   '까닥'

    c. s'ɨps'ɨl   '씁쓸'   s'aps'al   '쌉쌀'

(82) ə~a 교체

    a. pʰəsək   '퍼석'   pʰasak   '파삭'

    b. səlle   '설레'   sallɛ   '살래'

    c. k'əŋčʰuŋ   '껑충'   k'aŋčʰoŋ   '깡총'

(83) u~o 교체

    a. čʰulləŋ   '출렁'   čʰollaŋ   '촐랑'

b. pusilək   '부시럭'   pͻsilak   '보스락'

c. hulləŋ   '훌렁'   hͻllaŋ   '홀랑'

음성상징어에서 음성모음과 양성모음의 교체는 표 9.3에서 보듯이 화살표를 따라서 /i, e/는 [ɛ]로, /ü/는 [ö]로, /ɨ, ə/는 [a]로 /u/는 [o]로 교체된다.

표 9.3 음성상지어의 모음조화

혀의 높이 \ 혀의 위치, 입술 모양	전설모음 [+cor, -dor]		중설 [-cor, -dor]	후설 [-cor, +dor]
	평순[-lab]	원순[+lab]	평순[-lab]	원순[+lab]
음성모음 [+ATR]	i(ㅣ) ↓	ü(ㅟ) ↓	ɨ(ㅡ) ↓	u(ㅜ) ↓
	e(ㅔ)	ö(ㅚ)	ə(ㅓ)	o(ㅗ)
양성모음 [-ATR]	↓ ɛ(ㅐ)		↓ a(ㅏ)	

Young-Seok Kim(김영석 1984)과 Youngsung Lee(이용성 1993)는 양성모음은 [+RTR]으로 음성모음은 [-RTR]으로 보았고, Mi-Hui Cho(초미희 1994: 104)와 Chin Wan Chung(정진완 2000)은 음성모음은 [+ATR]로 양성모음은 [-ATR]로 보았다.[9] 본고에서는 [±ATR]로 양성모음과 음성모음을 구별한다.

완전명시된 한국어의 모음은 다음과 같다.

표 9.4 한국어 모음의 완전명시

자질 \ 혀의 위치	전설모음 i ü ö e ɛ	중설모음 ɨ ə a	후설모음 u o
[cons]	− − − − −	− − −	− −
[son]	+ + + + +	+ + +	+ +
[coronal]	+ + + + +	− − −	− −
[dorsal]			+ +
[labial]	− + + − −	− − −	+ +
[cont]	+ + + + +	+ + +	+ +
[voice]	+ + + + +	+ + +	+ +
[high]	+ + − − −	+ − −	+ −
[low]	− − − − +	− − +	− −
[ART]	+ + − + −	+ + −	+ −

급진적 미명시이론에서 기저에 표시되는 모음의 자질과 마디를 살펴보자.[10]

10) 급진적 미명시이론과 한국어의 자질 수형도에 관한 논의는 6장 4.5절을 참조하길 바란다.

표 9.5 한국어 모음의 급진적 완전명시

혀의 위치 자질	전설모음					중설모음			후설모음	
	i	ü	ö	e	ɛ	ɨ	ə	a	u	o
[cons]										
[son]										
[cont]										
V-place [coronal]	+	+	+	+	+					
[dorsal]									+	+
[labial]	+	+							+	+
laryngeal [voice]										
aperture [high]	−	−				−			−	
[low]				+				+		
[ART]										

모음조화는 어감이 큰말에 모음조화를 야기하는 부유형태소(floating morpheme) [-ATR]이 연결되어 어감이 작은말이 도출된다(Mi-Hui Cho(초미희 1994)). /kʼitək/ '끄덕'에서 [kʼatak] '까닥'을 도출하는 과정을 살펴보자.

(84)

a. 기저형: /kʼitək/ + 부유형태소 [-ATR]

모음조화를 일으키는 [-ATR]은 부유형태소이다.

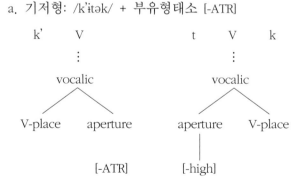

b. [-ATR]이 개구도마디(aperture node)에 연결

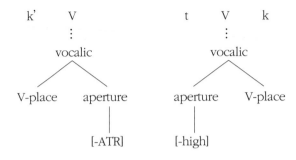

c. [-ATR] 확산: /kʼatak/

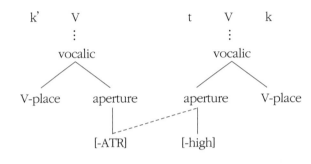

d. 출력형: [kʼadak]

기저형에는 (84a)에서 보듯이 /kʼitək/ '끄덕'에 모음조화를 나타내는 부유형 태소 [-ATR]이 표시된다. /i/는 가장 무표적인 모음이므로 모음위치마디 (V-place node)가 완전히 미명시되고 중모음 /ə/는 개구도마디(aperture node) 에 [-high]만 명시된다. (84b)에서 모음조화형태소 [-ATR]은 첫 모음에 연결되 어 (84c)에서 보듯이 후행하는 모음으로 확산된다. 표 9.4에서 보듯이 모든 자질이 미명시된 첫 모음에 [-ATR]이 연결되면 중설모음이므로 잉여자질 [-cor, -dor]이 공급되어 [-cor, -dor, -ATR]로 [a]가 되고 [-high]로 명시된 두 번째 모음에 [-ATR]이 연결되면 중설모음이므로 역시 잉여자질 [-cor, -dor]이 공급 되어 [-cor, -dor, -high, -ATR]로 [a]가 된다. 이렇게 하여 [kʼadak] '까닥'이 도출 된다.

고모음 /i, ɨ, u/는 1음절에서만 모음조화가 일어나고 2음절 이하에는 모음조화가 일어나지 않아 중립모음(neutral vowels, transparent vowels)으로 분류된다.

고모음 /i, ɨ, u/는 일음절에서만 모음조화에 참여하고 이음절 이하에는 참여하지 않아 중립모음으로 분류된다.

(85)　　어감이 큰 말　　　　　어감이 작은 말

　　a. pisil　　　　'비실'　　　pɛsil　　　'배실'

　　b. pusilək　　　'부시럭'　　posilak　　'보시락'

　　c. tʼəlkɨləl　　'떨그럭'　　tʼalkɨlak　'딸그락'

　　d. hɨnɨl　　　　'흐늘'　　　hanɨl　　　'하늘'

　　e. čumulək　　　'주무럭'　　čomulak　　'조무락'

　　f. pupʰul　　　　'부풀'　　　popʰul　　　'보풀'

(85)와 달리 2음절 이하의 /u/에 모음조화가 일어나는 예도 있다.

(86)　　어감이 큰 말　　　　　어감이 작은 말

　　a. əlluk　　　　'얼룩'　　　allok　　　'알록'

　　b. sukun　　　　'수군'　　　sokon　　　'소곤'

　　c. tuŋtuŋ　　　'둥둥'　　　toŋtoŋ　　'동동'

고모음은 [+ATR, +high]이므로 [-ATR]이고 모음/i, ɨ, u/에 확산하여 모음조화가 일어날 수 없는 것은 [-ATR]과 [+high]가 공존할 수 없는 공기제약(cooccurrence constraint) 때문이다.

(87) Chin Wan Chung(정진완 2000: 441)

　　*[-ATR]/[+high]: [-ATR]이면 [+high]이면 안 된다.

pusilək '부시럭'에서 posilak '보시락'을 도출할 때 *[-ATR]/[+high]가 어떻게 작용을 하는지 살펴보자.

(88)

a. 기저형: /pusilək/ '부시럭'+부유형태소[-ATR]

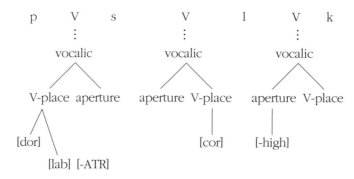

b. 첫 모음 /u/에 [-ATR] 연결

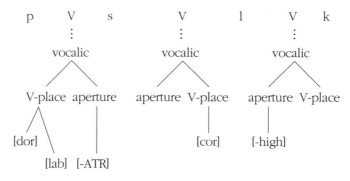

c. 뒤에 오는 모음에 [-ATR] 확산

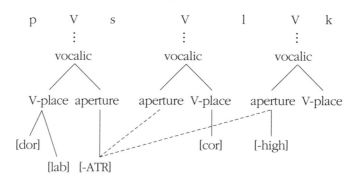

d. 출력형: [posilak]

430

기저형은 (88a)에서 보듯이 pusilək '부시럭'에 모음조화를 나타내는 부유형 태소 [-ATR]이 표시된다. (88b)에서 [-ATR]이 첫 번째 모음의 개구도마디(aperture node)에 연결되면 [dor, lab, -high, -ATR]로 [o]로 실현된다. (88c)에서 두 번째 모음 /i/에 [-ATR]이 확산되지만 고모음이므로 잉여자질 [+high]가 공급되어 [+high, -ATR, cor]이 된다. (87)의 공기제약때문에 [-ATR]의 확산은 실현되지 못하여 [+ATR]이 잉여자질로 공급되어 [+ATR, +high, cor]로 [i]로 실현된다. [-high]만 명시된 세 번째 모음에 [-ATR]이 연결되면 중설모음으로 잉여자질 [-dor, -cor]이 공급되어 [-high, -ATR, -dor, -cor]이 되어 [a]로 실현되어 posilak '보시락'이 도출된다.

2) 동사어간과 어미에 나타나는 모음조화

현대한국어의 동사어간과 어미사이에 나타나는 모음조화는 음성상징어의 모음조화보다 제한적이다. (89)에서 어간의 끝모음이 /o, a/면 부사형어미는 [a]로 실현되고, 어간의 끝모음이 /u, ə, ö, ɛ, ɨ, ü, i, e/이면 부사형어미는 [ə]로 실현된다. 명령형어미 '-아라/-어라', 연결형어미 '-아도/-어도', 과거시제선어 말어미 '-었-/-았-'의 첫 모음도 어간말음에 따라 동일한 ə/a의 교체를 보여준다.

(89) 부사형 어미 '-어/-아'

a.	čuk-ə	'죽어'	nok-a	'녹아'
b.	čə-ə	'저어'	malk-a	'맑아'
c.	kɨ-ə	'그어'	čap-a	'잡아'
d.	tö-ə	'되어'	nol-a	'놀아'
e.	mɛ-ə	'매어'	kam-a	'감아'
f.	k'umi-ə	'꾸미어'	po-a	'보아'

(90) 명령형어미 '-어라/-아라'

a.	yəl-əla	'열어라'	kam-ala	'감아라'
b.	k'ɨl-əla	'끌어라'	po-ala	'보아라'

동사의 어간의 끝모음이 양성모음 o, a면 어미의 첫 모음도 a로 실현되고, 어간의 끝모음이 음성모음 u, ə, ö, ɛ, i면 어미의 첫 모음도 ə로 실현된다.

(91) 연결형어미 '-어도/-아도'

    a. čuk-əto   '죽어도'   nok-ato   '녹아도'

    b. k'umi-ədo   '꾸미어도'   malk-ato   '맑아도'

    c. čip-əto   '집어도'   čap-ato   '잡아도'

    d. čup-əto   '주워도'   nol-ato   '놀아도'

(92) 과거시제선어말어미 '-었-/-았-'

    a. čuk-əs'-ta   '죽었다'   nok-as'-ta   '녹았다'

    b. k'umi-əs'-ta   '꾸미었다'   malk-as'-ta   '맑았다'

동사어미는 첫 모음이 음성모음 /ə/를 가진 '-어', '-어라', '-어도'를 기본형으로 본다. 어간말음이 /a, o/이면 /ə/에 모음조화가 일어나 [a]가 도출된다.

표 9.6 동사에 나타나는 모음조화

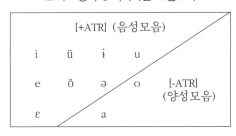

동사의 모음조화는 음성상징어의 모음조화(표 9.3 참조)와 달리 /o, a/만 [-ATR]이고 나머지 모음은 모두 [+ATR]이다.

poa '보아'의 도출을 살펴보자. (93a)에서 기저에는 /po+ə/와 부유형태소 [-ATR]이 표시된다. (93b)에서 모음조화 형태소인 [-ATR]이 어간모음에 연결되어 [dor, lab, -ATR]로 [o]로 실현된다. (93c)에서 보듯이 [-high]로 명시된 어미 모음에 [-ATR]이 연결되면 중설모음이므로 [-cor, -dor]이 잉여자질로 공급되어 [-cor, -dor, -high, -ATR]로 [a]로 실현된다.

(93)

a. 기저형 /po+ə/ + 부유형태소 [-ATR]

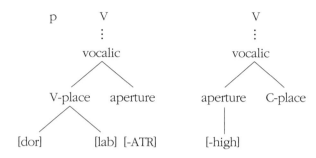

b. 첫 번째 모음에 [-ATR] 연결

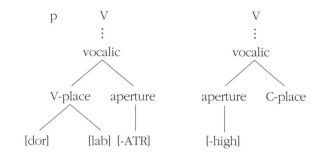

c. 두 번째 모음에 [-ATR] 확산

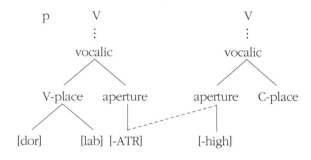

d. 출력형: [poa]

현대한국어에서 모음조화는 점점 파괴되어 가고 있다. (94a) '오뚜기'와 (94b) '깡충'에서 어간의 첫 모음은 양성모음 o, a인데 두 번째 모음은 음성모음 u이다. (94c) '괴로워'와 (94d) '안타까워'에서 어간의 마지막 모음이 양성모음인 o, a인데 어미는 음성모음 ə이다.

(94)   실제 발음   모음조화형

    a. /ot'uki/   [ot'uki]   [ot'oki]

    b. /k'aŋč^{h}uŋ/   [k'aŋč^{h}uŋ]   [k'aŋč^{h}oŋ]

    c. /kwelop-ə/   [kwerowə]   [körowa]

    d. /ant^{h}ak'ap-ə/ [ant^{h}ak'awə] [ant^{h}ak'awa]

의성어와 의태어 그리고 동사의 어간과 어미에서 나타난 모음조화는 양성모음은 양성모음끼리 어울리고 음성모음은 음성모음끼리 어울린다.
모음조화를 요약하면 다음과 같다.

(95) 모음조화

    a. 영역: 운율어(ω)

    b. 모-모음간의 동화, 원격동화, 순행동화

    c. 모음조화형태소 [-ATR]이 2음절 이하의 모음의 개구도마디(aperture node)에 확산-(84), (88), (93)

3. 비동화작용

이 절에서 살펴볼 비동화작용은 이화, 첨가, 삽입, 융합, 탈락 등이다.

3.1. 이화(dissimilation)

이화작용은 동화작용과 반대되는 것으로 같은 성격을 가진 두 음이 나란히 올 때 한 음이 다른 음으로 실현되는 현상이다. 이화작용의 예는 다음과 같다.

(96) 중세한국어　현대한국어

    a. kəpup　‘거붑’　>　kəpuk　‘거북’

    b. səli　‘서르’　>　sələ　‘서로’

    c. sokom　‘소곰’　>　sokim　‘소금’

    d. namo　‘나모’　>　namu　‘나무’

    e. kamt^{h}o　‘감토’　>　kamt^{h}u　‘감투’

    f. kaontəy　‘가온딕’　>　kaunte　‘가운데’

(97) 현대한국어의 경음화

    a. /os+kam/　‘옷감’　→　[ot⁻k'am]

    b. /maktɛ/　‘막대’　→　[mak⁻t'ɛ]

c. /čəpsi/ '접시' → [čəp˺s'i]

(96)은 중세한국어에서 현대한국어로 오면서 생긴 통시적인 이화작용이다. (96a)에서는 2음절 '붑'의 두음과 말음에 동일한 [p]가 오므로 말음이 [k]가 되었다. (96b)-(96f)에서 단어 내에 동일한 양성모음이나 음성모음이 나타날 때 두 번째 모음이 다른 모음으로 나타나 모음조화가 파괴되었다. (97)에서 음절 말과 음절초에 평음이 연속적으로 올 때 뒤에 오는 평음이 경음이 되는 것은 공시적인 이화작용이다.

3.1.1. 장애음 뒤 경음화(post obstruent tensing)

장애음 뒤에 오는 평음 /p, t, s, č, k/가 경음 [p', t', s', č', k']로 실현된다. 경음화는 필수적인 현상으로 (98)에서 보듯이 단일어나 복합어내에서 일어난다.

(98)

    a. $_N$[kaksi] '각시' → ω(kak˺s'i)

    b. $_N$[maktɛ] '막대' → ω(mak˺t'ɛ)

    c. $_N$[čəpsi] '접시' → ω(čəp˺s'i)

    d. $_A$[čoh+so] '좋소' → ω(čot˺s'o)

    e. $_V$[čap+ta] '잡다' → ω(čap˺t'a)

    f. $_N$[pək+po] '먹보' → ω(pək˺p'o)

    g. $_N$[čip+kɛ] '집개' → ω(čip˺k'ɛ)

경음화는 (99)에서 보듯이 복합어 경계에서 일어나고 (100)에서 보듯이 구 내에서도 일어난다.

(99)

    a. $_N$[$_N$[ip] $_N$[pəlis]]   '입버릇'   →   ω(ip⌐) ω(pərit⌐)

                               →   Φ(ip⌐p'ərit⌐)

    b. $_N$[$_N$[nač] $_N$[sul]]   '낮술'   →   ω(nat⌐) ω(sul⌐)

                               →   Φ(nat⌐s'ul)

    c. $_N$[$_N$[pis] $_N$[čaŋ]]   '빗장'   →   ω(pit⌐) ω(čaŋ)

                               →   Φ(pit⌐č'aŋ)

    d. $_V$[čis $_V$[pusu]]   '짓부수'   →   ω(čit⌐) ω(pusu)

                               →   Φ(čit⌐p'usu)

(100)

    a. $_{NP}$[Det=N]

       myəč^h salam '몇사람' → Φ(myət⌐s'aram)

    b. $_{VP}$[NP=V]

       $_{NP}$[ki-ka] $_{VP}$[$_{NP}$[č^{h}ɛk] $_V$[tənčyəs'-ta]]

       '그가 책 던졌다' → Φ(kiga) Φ(č^{h}ɛk⌐t'ənǰyət⌐t'a)

    c. $_{VP}$[AdvP/ NP=V]

       $_{VP}$[$_{ADVP}$[čikčəp] $_{NP}$[koki-lil] $_V$[ku-əs'-ta]]

       '직접 고기를 구웠다' → Φ(čik⌐č'əp⌐) Φ(kogiɾilguət⌐t'a)

    d. AdvP $_{VP}$[AdvP=V]

       $_{ADVP}$[ilč'ik] $_{VP}$[$_{ADVP}$[čal] $_V$[was'ta]]

       '일찍 잘 왔다' → Φ(ilč'ik⌐) Φ(čalwat⌐t'a)

(99)에서 경음화는 운율어경계에서 일어난다. (100a)와 (100b)에서 관형사 Det와 명사 N, 목적어 NP와 동사 V는 운율구를 이루므로 운율구 안에서 경음화가 일어난다. 그러나 (100c)에서 부사구 AdvP čikčəp '직접' 뒤에 오는 목적어 NP koki-lil '고기를'의 첫 자음 k와 (100d)에서 부사구 '일찍' ilč'ik 뒤에 오는 '잘' čal의 첫 자음에 경음화는 일어나지 않는다. 두 자음은 운율구경계에 나타나기 때문이다. 따라서 경음화의 적용영역은 운율구(Φ)이다

경음화는 영역내부규칙으로 아래와 같이 형식화된다(6장 5.1절의 (80a) 참조).

(101) 장애음 뒤 경음화

    a. 영역: 운율구(Φ)

    b. 규칙

$$\begin{bmatrix} -son \\ -SG \end{bmatrix} \rightarrow [+CG] \quad / \quad \Phi(\dots \ [-son] \ \_\_ \ \dots)$$

3.2. 첨가 · 삽입(insertion)

기저에 없던 음이 첨가되는 현상으로 위치에 따라 어두음첨가(prothesis), 어중음첨가(anaptyxis)와 말음첨가(epithesis)가 있다. 두음 이외의 위치에 자음이나 모음을 첨가하는 것을 '삽입'(epenthesis)이라 한다. 삽입은 음운론적 삽입과 형태론적 삽입으로 구분된다. 음절구조 때문에 일어나는 모음삽입과 모음충돌을 회피하기 위한 반모음삽입은 음운론적 삽입이고, ㄴ-삽입과 ㄷ-삽입은 형태론적 삽입이다.

3.2.1. 모음삽입(vowel insertion)

모음삽입은 한국어의 음절에서 두음과 말음에 1개의 자음밖에 허용하지 않기 때문에 일어난다.

한국어의 음절형판이 CGVC이프로 두음과 말음에 1개의 자음밖에 허용되지 않는다. 서양외래어의 두자음군(onset clusters)과 말자음군(coda clusters)이 차용되면 무표적인 모음 ɨ를 삽입하여 자음군은 각각 다른 음절에 음절화된다. 우선 두자음군의 음절화부터 살펴보자.

(102) 영어 한국어

    a. t<u>r</u>ophy [tr] → [t^{h}ɨrop^{h}i]   '트로피'

    b. <u>br</u>and [br] → [pɨrɛndi]   '브랜드'

    c. <u>spr</u>ay [spr] → [sɨp^{h}ɨrei]   '스프레이'

서양외래어의 자음은 차용되어 한국어에서 가장 가까운 음으로 대치된다. 영어의 무성파열음 [p, t, k]는 한국어에서 유기파열음 [pʰ, tʰ, kʰ]로, 영어의 유성파열음 [b, d, g]는 한국어의 무성파열음 [p, t, k]로 실현된다. (102a)에서 영어의 두자음군 tr은 한국어에서 tʰr로 인식되어 tʰ 다음에 ɨ를 삽입하여 tʰ는 1음절의 두음에 은 2음절의 두음에 실현된다. (102b)에서 영어의 br은 한국어에서 pr로 인식되어 p 다음에 ɨ를 삽입시켜 p는 1음절의 두음에 r는 2음절의 두음에 실현된다. 어말자음군 nd에서 n은 2음절의 말음에 d는 ɨ-삽입으로 3음절의 두음에 실현된다. (102c)에서도 s와 pʰ 다음에 모음 ɨ를 삽입하여 s, pʰ, f는 각각 1·2·3음절의 두음에 실현된다.

서양외래어의 말자음군도 차용될 때 모음 ɨ나 i가 삽입된다.

(103)

    a. ba<u>nd</u>   [nd] → [pɛndɨ]   '밴드'

    b. go<u>lf</u>   [lf] → [kolpʰɨ]   '골프'

    c. be<u>nch</u> [nč] → [benčʰi]   '벤치'

말자음군 중 한국어의 말음조건 때문에 실현될 수 없는 자음은 모음삽입으로 인하여 두음에 실현된다.[11] (103a)에서 보듯이 어말자음군 nd에서 n은 1음절의 말음에 실현되고 d는 ɨ-삽입으로 2음절의 두음에 실현된다. (103b)에서도 l은 1음절의 말음에 실현되고 영어의 f는 한국어에서 pʰ로 받아들여져서 ɨ-삽입으로 2음절의 두음에 실현된다. (103c)와 (103d)에서 구개치경음 [čʰ]는 음절말에서 발음될 수 없으므로 [čʰ] 뒤에 i를 삽입하여 각각 2음절과 3음절의 두음에서 발음된다. ɨ 대신 i를 삽입한 이유는 구개치경음 [čʰ]와 전설고모음 /i/가 같은 지점에서 발음되는 설정음(coronals)이기 때문이다.[12]

3.2.2. 반모음삽입(glide insertion)

모음충돌을 회피하기 위하여 반모음을 삽입한 것은 음운론적 삽입의 예이다. (104)에서 자음으로 끝난 어간 뒤에는 호격조사 /-a/가 나타나고, 모음으

11) 한국어의 음절구조의 두음조건은 7장 3.1.3절에 말음조건은 3.1.4절에 자세히 언급되어 있다. 장애음은 음절말에서 무성파열음 [-cont, -son, -del. rel., -SG, -CG]이어야 한다는 것이 말음 조건이다.

12) 2장 2.5.2절 (20)과 그림 2.46 참조.

로 끝난 어간과 호격조사 /-a/ 사이에 반모음 [y]가 삽입된다.

(104)

    a. čʰəlsu-y-a   '철수야'   ;   čoŋkuk-a   '종국아'

    b. suni-y-a   '순이야'   ;   sawəl-a   '사월아'

    c. mi-y-a   '미야'   ;   sun-a   '순아'

(105)에서 명사어간 뒤에 처소격 조사 /-e/가 온다. 신중한 말씨(careful speech style)에는 모음으로 끝나는 어간 뒤에 모음으로 시작하는 처소격 조사 /-e/가 와서 모음충돌이 일어나므로 일상적인 말씨(casual speech style)에는 어간과 조사사이에 반모음 [y]가 삽입된다. (106)에서도 모음으로 끝난 동사어간 뒤에 연결어미 /-ə/가 올 때 두 모음사이에 반모음 [w]를 삽입한다(7장 3.4.4절 참조).

			신중한 말씨	일상적인 말씨
(105)				
a. /čəki̱+e̱/	'저기에'	→	[čəgie]	[čəgiye]
b. /namu̱+e̱/	'나무에'	→	[namue]	[namuye]
(106)				
a. /tatʰu̱+ə/	'다투어'	→	[tatʰuə]	[tatʰuwə]
b. /nanu̱+ə/	'나누어'	→	[nanuə]	[nanuwə]

다음 절에서 살펴볼 명사합성어에서 일어나는 'ㄷ-삽입'과 'ㄴ-삽입'은 형태론적 삽입의 대표적인 예이다.

3.2.3. ㄴ-삽입(n-insertion)

명사합성어에서 후행 어간이 i/y로 시작할 때 /n/ 'ㄴ'이 삽입된다. 중세한국어에서 (107)의 합성어의 둘째 어간은 어두에 /n/이 있었지만 현대한국어에서 둘째 어간이 단독으로 쓰일 때 n은 나타나지 않는다.

(107)

    a. ₙ[ₙ[sok] <u>n</u> ₙ[ipʰ]]   '속잎'   →   [soŋɲip˺]

    b. ₙ[ₙ[čip] <u>n</u> ₙ[il]]   '집일'   →   [čimɲil]

    c. ₙ[ₙ[koŋ] <u>n</u> ₙ[yəs]]   '콩엿'   →   [koŋɲyət˺]

ㄴ-삽입(n-insertion)으로 인하여 선행어간의 마지막 자음에 비음동화가 일어나므로 ㄴ-삽입이 비음동화를 급여한다.

(108) ₙ[ₙ[sok] ₙ[ipʰ]]

    sok+<u>n</u>+ipʰ   ㄴ-삽입

    soŋɲipʰ   비음동화

    soŋɲip˺   ㄴ-구개음화 & 말음중화

    ————————

    [soŋɲip˺]   표면형

ㄴ-삽입과 ㄷ-삽입이 함께 일어난 예도 있다.

(109)

    a. /k'ɛ+<u>t</u>+<u>n</u>+ipʰ/ '깻잎' → [k'ɛt˺nip˺] → [k'ɛɲɲip˺]

    b. /twi+<u>t</u>+<u>n</u>+il/ '뒷일' → [twit˺nil] → [twinɲil]

합성어의 첫 성분이 /l/로 끝났을 때 ㄴ-삽입은 ㄴ-설측음화와 ㄹ-구개음화를 급여한다.

(110)

    a. ₙ[ₙ[ti<u>l</u>] <u>n</u> ₙ[il]]   '들일' → [ti<u>ll</u>il], [tiʎʎil]

    b. ₙ[ₙ[so<u>l</u>] <u>n</u> ₙ[ipʰ]]   '솔잎' → [so<u>ll</u>ip˺], [soʎʎip˺]

    c. ₙ[ₙ[mu<u>l</u>] <u>n</u> ₙ[yak]] '물약' → [mu<u>ll</u>yak˺], [muʎʎyak˺]

    d. ₙ[ₙ[hwipa<u>l</u>] <u>n</u> ₙ[yu]] '휘발유' → [hwipa<u>ll</u>yu], [hwipaʎʎyu]

(110a)의 도출과정을 살펴보자. ㄴ-삽입의 결과 ㄴ-설측음화와 ㄹ-구개음화가 일어난다.

(111)

$_N[_N[til]\ _N[il]]$

a. til+<u>n</u>+il   : ㄴ-삽입
b. til<u>l</u>il   : ㄴ-설측음화
c. ti<u>ʎʎ</u>il   : ㄹ-구개음화

합성어인 (112a) '밭이랑'은 ㄴ-삽입이 일어나지만 (112b)에서 '밭' 뒤에 공동격조사 '-이랑'이 올 경우 운율어 내에서 ㄷ-구개음화가 일어난다. 즉, ㄴ-삽입은 복합어에만 일어난다.

(112)

a. $_N[_N[pat^h]\ \underline{n}\ _N[ilaŋ]]$ '밭이랑'   →   ω(pan) ω(ɲiraŋ)
b. $_N[_N[pat^h]\ ilaŋ]$ '밭이랑'   →   ω(paʨʰiraŋ)

ㄴ-삽입은 다음과 같이 형식화할 수 있다. n이 명사합성어에서 두 번째 성분이 i/y로 시작할 때 삽입된다.

(113) ㄴ-삽입

$$\emptyset \rightarrow \begin{bmatrix} +son \\ +nas \\ +ant \\ +cor \end{bmatrix} \ /\ ]_N \underline{\quad} _N[\begin{bmatrix} -cons \\ +high \\ -back \end{bmatrix}$$

3.2.4. ㄷ-삽입(t-insertion)

합성명사에서 두 명사 사이에 **ㄷ-삽입**(t-insertion)이 일어난다. ㄷ-삽입은 철자의 영향으로 전통적으로 '사이ㅅ'으로 불리어졌으며, 삽입된 t는 일정한 의미를 가지는 형태소이다(최현배 1937; 안병희 1968; 심재기 1981; Hyang-Sook Sohn(손향숙 1987); Ongmi Kang(강옥미 1989)).

명사합성에서 두 명사사이에 t나 C가 삽입되어 여러 가지 음으로 실현되는 것이 ㄷ-삽입이다.

삽입된 't'는 선행어간의 끝소리와 후행어간의 첫소리에 따라 다음과 같이 달리 실현된다.

(114) a. $_N[_N[u] \underline{t} \, _N[os]]$ '웃옷'   →   [udo͡t̚]

   b. $_N[_N[son] \underline{t} \, _N[an]]$ '손안'   →   [sonan]

   c. $_N[_N[tol] \underline{t} \, _N[an]]$ '돌안'   →   [toɾan]

   d. $_N[_N[čip] \underline{t} \, _N[an]]$ '집안'   →   [čiban]

   e. $_N[_N[kʰo] \underline{t} \, _N[nal]]$ '콧날'   →   [kʰo͟nnal]

   f. $_N[_N[pom] \underline{t} \, _N[nal]]$ '봄날'   →   [pomnal]

   g. $_N[_N[tal] \underline{t} \, _N[muli]]$ '달무리'   →   [talmuɾi]

   h. $_N[_N[apʰ] \underline{t} \, _N[mun]]$ '앞문'   →   [ammun]

   i. $_N[_N[ki] \underline{t} \, _N[pal]]$ '깃발'   →   [kit̚p'al]

   j. $_N[_N[an] \underline{t} \, _N[paŋ]]$ '안방'   →   [an͟p'aŋ]

   k. $_N[_N[kil] \underline{t} \, _N[ka]]$ '길가'   →   [kil͟k'a]

   l. $_N[_N[yəpʰ] \underline{t} \, _N[čip]]$ '옆집'   →   [yəp̚č͟'ip̚]

(114)를 도표로 그리면 표 9.7과 같다.

표 9.7 삽입된 t가 실현된 음성형

N₁] t [N₂	[V	[N	[O
V]	a. V.dV	e. Vn.N	i. Vt̚.O'
N]	b. .NV	f. N.N	j. N.O'
L]	c. .LV	g. L.N	k. L.O'
O]	d. .OV	h. N.N	l. O.O'

V(owel, 모음), N(asal, 비음), L(ateral, 유음), O(bstruent, 평장애음), O'(경장애음)

(114a)에서 삽입된 t는 유성음화가 일어나 [d]로 실현된다.

(115)

/u+os/   '우옷'

u+t̠+os   ㄷ-삽입

[ud̠ot̚]   유성음화, 말음중화

(114e)에서는 합성어의 후행어간이 비음으로 시작하므로 삽입된 t는 비음에 동화되어 [n]으로 실현된다.

(116)

/kʰo+nal/   '코날'

kʰo+t̠+nal   ㄷ-삽입

[kʰonnal]   비음동화

(114i), (114j), (114k), (114l)에서 후행어간의 첫 자음은 삽입된 t에 의해 경음으로 발음된다.

(117)

    a. /ki+pal/   '기발'   b. /kil+ka/

      ki+t̠+pal   ㄷ-삽입   kil+t̠+ka   ㄷ-삽입

      kit̚pʼal   경음화   kiltk̠ʼa   경음화

      [kip̚pʼal]   위치동화   kilkʼa   자음군단순화

(117a)에서는 삽입된 t는 첫째 어간이 개음절(open syllable)로 끝나므로 말음으로 실현된다. (117b)에서는 합성어의 첫 어간이 폐음절(closed syllable)로 끝나므로 삽입된 t는 둘째 어간의 첫 자음을 경음으로 만든 다음 음절화되지 못하고 탈락한다.

다음 예는 'ㄴ-삽입'과 'ㄷ-삽입'이 다 일어난 경우이다.

(118)

    a. /tɛ+ipʰ/   '대잎'   b. /twi+il/   '뒤일'

       tɛ+<u>n</u>+ipʰ   ㄴ-삽입   twi+<u>n</u>+il   ㄴ-삽입

       tɛ+<u>t</u>+nipʰ   ㄷ-삽입   twi+<u>t</u>+nil   ㄷ-삽입

       [tɛ<u>nn</u>ip]   비음동화   [twi<u>nn</u>il]   비음동화

ㄷ-삽입은 합성어에서만 일어나는 형태론적인 제약 외에도 모든 합성어에 일어나지 않는 의미론적 제약이 따른다.[13]

우선 ㄷ-삽입이 개재되는 경우는 첫째, 첫째 어간이 주가 되고 둘째 어간은 종속적 지위에 있어서 그 중간에 t가 소유격 의미를 가지는 경우(비ㅅ방울, 바다ㅅ물, 손ㅅ등, 물ㅅ결), 둘째, 둘째 어간이 주가 되고 첫째 어간은 둘째 어간을 수식하는 관형사적 의미를 포함할 때(움ㅅ집, 봄ㅅ바람), 셋째, 첫째 어간이 시간을 표시할 때(<u>봄</u>비, <u>가을</u>바람, <u>아침</u>밥), 넷째, 첫째 어간이 장소를 표시할 때(<u>산</u>달, <u>안</u>방), 다섯째, 첫째 어간이 둘째 어간의 기원을 표시할 때 (<u>솔</u>방울, <u>눈</u>동자, <u>촛</u>불), 여섯 째, 첫째 어간이 둘째 어간의 용도를 표시할 때(<u>고깃</u>배 '고기를 잡는 배', <u>잠</u>자리 '잠을 자는 자리') 등이다. 사이시옷이 개 재되지 않는 경우는 첫째, 첫째 어간이 두 번째 어간의 형태나 재료를 표시할 때(<u>반</u>달, <u>실</u>비, <u>쌀</u>술, <u>콩</u>밥, <u>쌀</u>밥, 돌집, <u>질</u>그릇, <u>금</u>방울, <u>은</u>방울 등), 둘째, 둘째 어간이 완전한 독립명사가 되지 못하고, 동사나 형용사의 어간으로부터 전성한 명사인 경우(해<u>돋</u>이, 손<u>잡</u>이, 강<u>건</u>너), 셋째, 첫째 어간이 소유격의 주체나 수식의 관형어가 충분히 되지 못하는 경우(<u>봄</u>보리, <u>신</u>발, <u>밀</u>밭, <u>콩</u>밭) 등이다. ㄷ-삽입은 두 명사 사이에 삽입되는 인접규칙으로 표시된다.[14]

13) t- 삽입에 대한 의미론적 조건에 대한 연구는 이희승 (1955), Kook Chung (정국, 1980), Hong-Pin Im(임홍빈, 1981), 오정란(1987), Ongmi Kang(강옥미, 1989) 등이 있다.

14) t-삽입규칙에 대한 연구는 안병희 (1968), Kook Chung (정국, 1980), Hong-Pin Im(임홍빈, 1981), Sang-Cheol Ahn(안상철, 1985), Hyang-Sook Sohn(손향숙, 1987) 등이 있다.

(119) ㄷ-삽입

$$\emptyset \rightarrow \begin{bmatrix} -son \\ -cont \\ +ant \\ +cor \\ -CG \\ -SG \end{bmatrix} \quad / \quad]_N \underline{\hspace{2cm}}_N[$$

3.3. 융합(fusion)

축약(contraction, coalescence)은 한 형태에서 어떤 단어의 일부나 음절이 줄어드는 것을 말한다. 두 단어가 연결될 때 모음의 탈락으로 음절수가 줄어드는 예는 다음과 같다.

(120) 이지양(1996: 30-31)

a.	mačusəta	'마주서다' →	mačsəta	'맞서다'
b.	əče čənyək	'어제 저녁' →	əččənyək	'엊저녁'
c.	amu mal	'아무 말' →	ammal	'암말'
d.	tasəs yəsəs	'다섯 여섯' →	tɛyəsəs	'대여섯'
e.	pak'atʰ saton	'바깥사돈' →	patʰsaton	'밭사돈'

(120a)-(120c)에서는 2음절의 모음이 탈락하였다. (120d)는 2음절 전체가 탈락하였는데, 1음절의 a가 2음절의 y에 동화되어 움라우트가 일어나 ɛ로 실현되었다. (120e)는 2음절의 CV가 탈락하였다.

본고에서는 (120)처럼 모음의 탈락으로 야기된 음절축약이 아닌 두 모음이나 자음이 하나의 음으로 융합(fusion)되어 두 음이 가진 자질 F, G가 융합된 음에 함께 나타나는 것만 논의의 대상으로 삼는다.

(121) 융합

$$
\begin{array}{ccccc}
S_1 & S_2 & & S_{12} \\
| & | & \rightarrow & | \\
[F] & [G] & & [F,\ G]
\end{array}
$$

3.3.1. 모음축약(vowel coalescence)

V₁인 후설·중설모음 u, o, a, ə, ɨ 뒤에 V₂인 전설고모음 i가 올 때, 일상적인 말씨에서 두 모음이 융합되어 V₁과 같은 혀의 높이의 전설모음으로 발음된다.

(122) 신중한 말씨   일상적인 말씨

    a. /ai/   ‘아이’   →   [ɛ:]   ‘애’

    b. /əiku/   ‘어이구’   →   [e:gu]   ‘에:구’

    c. /čo+i+ta/ ‘조이다’   →   [čö:da] ‘죄:다’

    d. /onui/   ‘오누이’   →   [onü]   ‘오뉘’

    e. /tʼɨ+i+ta/ ‘(눈에)뜨이다’ → [tʼi:da] ‘띄:다’

모음축약은 7장 3.4.1절을 참고하길 바란다.

3.3.2. 유기음화(aspiration)

/p, t, č, k/ 앞이나 뒤에 /h/가 오면 /pʰ, tʰ, čʰ, kʰ/가 되는 것을 유기음화(aspiration)라 한다. 유기음화는 평음에 /h/가 가진 [SG]자질이 p, t, č, k에 첨가되어 유기음 pʰ, tʰ, čʰ, kʰ가 되는 융합으로 (123)과 같이 표시된다. C1과 C2의 순서는 바뀌어도 된다.

(123)

$$
\begin{matrix} C_1 & & C_2 & & C_{12} \\ | & & | & \rightarrow & | \\ \begin{bmatrix} \text{-son} \\ \text{-cont} \end{bmatrix} & & [\text{+SG}] & & \begin{bmatrix} \text{-son} \\ \text{-cont} \\ \text{+SG} \end{bmatrix} \end{matrix}
$$

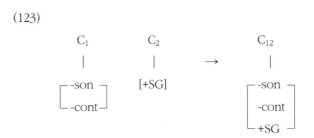

평음 /p, t, č, k/ 뒤에 /h/가 결합된 유기음화를 살펴보자.

(124) /p+h/ → [p^{h}]

a. $_{V}$[čə$\underline{\text{p}}$+$\underline{\text{h}}$i+ta] '접히다' → ω(čə$\underline{\text{p}}^{h}$ida)

b. $_{V}$[ča$\underline{\text{p}}$+$\underline{\text{h}}$i+ta] '잡히다' → ω(ča$\underline{\text{p}}^{h}$ida)

c. $_{V}$[pal$\underline{\text{p}}$+$\underline{\text{h}}$i+ta] '밟히다' → ω(pal$\underline{\text{p}}^{h}$ida)

d. $_{N}$[pə$\underline{\text{p}}$-$\underline{\text{h}}$ak] '법학' → ω(pə$\underline{\text{p}}^{h}$ak˺)

(125) /t+h/ → [t^{h}]

a. $_{V}$[ku$\underline{\text{t}}$+$\underline{\text{h}}$i+ta] '굳히다' → ω(ku$\underline{\text{č}}^{h}$ida)

b. $_{NP}$[$_{Det}$[myə$\underline{\text{č}}^{h}$] $_{N}$[$\underline{\text{h}}$ɛ]] '몇해' → Φ(myə$\underline{\text{t}}^{h}$ɛ)

(126) /č+h/ → [č^{h}]

a. $_{V}$[an$\underline{\text{č}}$+$\underline{\text{h}}$i+ta] '앉히다' → ω(an$\underline{\text{č}}^{h}$ida)

b. $_{V}$[čə$\underline{\text{č}}$+$\underline{\text{h}}$i+ta] '젖히다' → ω(čə$\underline{\text{č}}^{h}$ida)

c. $_{NP}$[$_{Det}$[myə$\underline{\text{č}}^{h}$] $_{N}$[$\underline{\text{h}}$aknyən]] '몇학년' → Φ(myə$\underline{\text{t}}^{h}$aŋɲyən)

(127) /k+h/ → [k^{h}]

a. $_{V}$[mə$\underline{\text{k}}$+$\underline{\text{h}}$i+ta] '먹히다' → ω(mə$\underline{\text{k}}^{h}$ida)

b. $_{N}$[na$\underline{\text{k}}$-$\underline{\text{h}}$a] '낙하' → ω(na$\underline{\text{k}}^{h}$a)

c. $_{N}$[$_{N}$[ip-ha$\underline{\text{k}}$] $_{N}$[$\underline{\text{h}}$a+ta]] '입학하다' → Φ(ip^{h}a$\underline{\text{k}}^{h}$ada)

유기음화는 운율구 내에서 일어나고 규칙은 다음과 같다.

(128) /p, t, č, k/   [pʰ, tʰ, čʰ, kʰ]   /h/

$$\begin{bmatrix} -son \\ -cont \end{bmatrix} \rightarrow [+SG] \ / \ \Phi(\ldots\underline{\quad\quad} \begin{bmatrix} -cons \\ +high \\ -back \end{bmatrix}$$

/h/ 뒤에 파열음 /p, t, č, k/가 올 경우의 유기음화를 살펴보자.

(129) /h+t/ → [tʰ]

     a. ₐ[manh+ta]   '많다'   →   ω(mantʰa)

     b. ₐ[čoh+ta]   '좋다'   →   ω(čotʰa)

(130) /h+č/ → [čʰ]

     a. ᵥ[s'ah+či]   '쌓지'   →   ω(s'ačʰi)

     b. ₐ[silh+či]   '싫지'   →   ω(ʃilčʰi)

(131) /h+k/ → [kʰ]

     a. ᵥ[kɨnh+ko]   '끊고'   →   ω(kɨnkʰo)

     b. ᵥ[nəh+ko]   '넣고'   →   ω(nəkʰo)

(129)-(131)의 유기음화는 다음과 같다.

(132) /p, t, č, k/   [pʰ, tʰ, čʰ, kʰ]   /h/

$$\begin{bmatrix} -son \\ -cont \end{bmatrix} \rightarrow [+SG] \ / \ \begin{bmatrix} -son \\ +cont \\ +SG \end{bmatrix} \underline{\quad\quad}\ldots \ )\Phi$$

(128)과 (132)를 통합하여 자질변경규칙으로 표시하면 다음과 같다.

(133) 유기음화(경상규칙)

$$
\begin{bmatrix} -son \\ -cont \end{bmatrix} \rightarrow \quad [+SG] \quad \% \quad \begin{bmatrix} -son \\ +cont \\ +SG \end{bmatrix}
$$

즉 /p, t, č, k/가 /h/의 앞뒤에서 [pʰ, tʰ, čʰ, kʰ]가 된다. 유기음화를 자질수형도로 나타내면 다음과 같다. (133a)에서 보듯이 성문파열음 /h/가 가진 [SG]가 인접자음 /p, t, č, k/의 후두마디(laryngeal node)로 확산한 후 (133b)에서 /h/의 뿌리마디를 삭제하면 융합된 유기음 [pʰ, tʰ, čʰ, kʰ]가 도출된다.

(134)

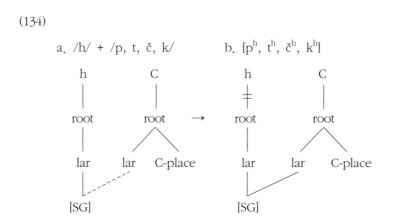

a. /h/ + /p, t, č, k/   b. [pʰ, tʰ, čʰ, kʰ]

유기음화와 다른 음운현상과의 적용순서를 살펴보자.

(135)

    a.   자음군단순화   유기음화

    /kaps+ha+ta/   '값하다' → [kaphata]   →   [kapʰada]

    b.   말음중화   유기음화

    /mos+ha+ko/   '못하고' → [mot̚hako]   →   [motʰago]

c.   유기음화   위치동화

/ma<u>nh</u>+ki/   '많기'   → [man<u>k</u>ʰi]   →   [maŋ<u>k</u>ʰi]

(135a)에서 보듯이 음절화되지 못한 /s/가 먼저 탈락되고 /p/와 /h/가 융합
되어 [pʰ]가 된다. (135b)에서는 /s/가 [tˈ]로 중화된 뒤 인접한 /h/와 융합하여
[tʰ]가 된다. (135c)에서는 유기음화가 일어난 후 수의적으로 위치동화가 일어
날 수 있다.

유기음화는 다음과 같이 요약된다.

(136) 유기음화

    a. 영역: 운율구(Φ)

    b. 음운작용: 융합

    c. 자립분절적 작용: h의 [SG]가 인접자음의 후두마디(laryngeal
       node)로 확산하고 h의 뿌리마디를 삭제

3.4. 탈락(deletion, elision)

기저음이 없어지는 것은 **생략**(elision)이나 **탈락**(deletion)이다. 탈락은 두음
탈락(aphaersis), 중간음탈락(syncope), 말음탈락(apocope) 등이 있다. 중세한
국어에서 현대한국어로 오는 과정에 다음과 같은 탈락이 일어났다.

(137)   중세한국어   >   현대한국어

    a. 어두음 탈락

psɔl	'뿔'	>	sˈal	'쌀'
psi	'ᄡᅵ'	>	sˈi	'씨'
pti-	'ᄠᅳ-(開)'	>	tˈi	'뜨-'
ptsak	'짝'	>	čˈak	'짝'

    b. 어말음탈락

| koma/ | '고마' | > | kom | '곰(熊)' |

15) 15세기 중세한
국어에서 어두자음
군 ᄡ[ps], ᄠ[pt], ᄢ
[pts]의 어두 p는 음가
대로 발음되었다. ㅂ
계 합용병서는 이후
후행하는 자음의 경
음 [sˈ], [tˈ], [tsˈ]으로
발음된다. 현대한국
어에서 경음 [sˈ], [tˈ],
[čˈ]이 된다. 중세한
국어의 어두의 p는
현대한국어의 복합
어에 화석형으로 남
아 15세기 ㅂ계 합용
병서가 [p] 음가를 가
진 자음군의 흔적을
보여준다: 입쌀, 좁쌀;
볍씨; 입짝, 접짝; 부
릅뜨다.

15C
중세한국어 현대한국어
ᄡ[ps] 〉 [sˈ] 〉 씨[sˈ]
ᄠ[pt] 〉 [tˈ] 〉 ㄸ[tˈ]
ᄢ[pts] 〉 [tsˈ] 〉 ㅉ[čˈ]

kəul<u>u</u>/	'거우루'	>	kəul	'거울'
hanɔl<u>h</u>/	'하늘ㅎ'	>	hanil	'하늘'
nara<u>h</u>	'나라ㅎ'	>	nara	'나라'

(137a)에서는 두음 /p/는 후행자음 s, ts, t에 경음화를 일으킨 다음 현대한국어의 음절구조에서 두음이 하나의 자음만 허용하므로 탈락한다.[15] (137b)에서는 중세한국어의 어말음 /a, u, h/가 탈락하여 현대한국어에는 실현되지 않는다.

현대한국어에서 일어나는 탈락현상에 대해서 살펴보자.

3.4.1. ㄹ-탈락(l-deletion)

합성어에서 선행어간의 말음 'ㄹ'이 탈락하는 예가 (138)이고, 용언의 어간 말음 /l/ 'ㄹ'이 /n, l, p/ 'ㄴ, ㄹ, ㅂ'으로 시작하는 어미나 선어말어미 '-시', 어말어미 '-오니', '-오' 앞에서 탈락하는 예가 (139)이다.

(138) 합성어의 첫어간 말음 ㄹ-탈락

    a. ₙ[ₙ[so<u>l</u>] ₙ[namu]]   '솔+나무' → Φ(sonamu)   '소나무'

    b. ₙ[ₙ[ma<u>l</u>] ₙ[sol]]   '말+소' → Φ(maso)   '마소'

    c. ₙ[ₙ[pu<u>l</u>] ₙ[sap]]   '불+삽' → Φ(pusap⌐)   '부삽'

    d. ₙ[ₙ[hwa<u>l</u>] ₙ[sal]]   '활+살' → Φ(hwasal)   '화살'

    e. ₙ[ₙ[s'a<u>l</u>] ₙ[čən]]   '쌀+전' → Φ(s'ajən)   '싸전'

    f. ᵥ[ᵥ[u<u>l</u>] ᵥ[čič+ta]]   '울+짖다' → Φ(uǰit⌐t'a)   '우짖다'

(139) 동사의 ㄹ-탈락(배주채 1996: 132)

    a. /manti<u>l</u>+nin/   '만들+는'   → ω(mandinin)

    b. /manti<u>l</u>+n/   '만들+ㄴ'   → ω(mandin)

    c. /manti<u>l</u>+l/   '만들+ㄹ'   → ω(mandil)

    d. /manti<u>l</u>+psita/   '만들+ㅂ시다'   → ω(mandip⌐s'ida)

e. /mantɨl+si+ko/	'만들+시+고'	→	ω(mandɨsigo)
f. /mantɨl+o/	'만들+오'	→	ω(mandɨo)

(138)의 합성어에서는 첫 명사어간의 말음 /l/이 탈락하고, (139)에서는 동사어간의 말음 /l/이 탈락한다. 따라서 ㄹ-탈락의 적용영역은 운율구(Φ)이다.

3.4.2. ㅎ-탈락(h-deletion)

(140)에서 보듯이 용언에서 공명음 사이에 오는 /h/ 'ㅎ'는 필수적으로 탈락하지만, (140)에서 보듯이 명사에서 어중의 /h/는 수의적으로 탈락한다.

(140) 용언의 필수적 ㅎ-탈락

a. /alh+a/	'앓아'	→	[ala]
b. /alh+ɨn/	'앓은'	→	[arɨin]
c. /noh+a/	'놓아'	→	[noa]
d. /noh+ɨn/	'놓은'	→	[noin]
e. /manh+i/	'많이'	→	[mani]
f. /silh+ə/	'싫어'	→	[sirə]

(141) 명사의 수의적 ㅎ-탈락   신중한 말씨   일상적인 말씨

a. /mahɨn/	'마흔'	→	[mahɨn]	~	[maɨn]
b. /ahop/	'아홉'	→	[ahop˺]	~	[aop˺]
c. /kyəŋ-həm/	'경험'	→	[kyəŋhəm]	~	[kyəŋəm]

3.4.3. ㅡ-탈락(ɨ-deletion)

/ɨ/로 끝나는 어간말음 뒤에 모음으로 시작하는 어미가 오거나 어간말음이 모음으로 끝나고 /ɨ/로 시작하는 어미가 오면 /ɨ/가 탈락한다.

(142) ɨ + V

    a. /k'ɨ+ə/   '끄+어'   → [k'ə]

    b. /s'ɨ+ə/   '쓰+어'   → [s'ə]

    c. /pap'ɨ+ə/   '바쁘+어'   → [pap'ə]

(143) V + ɨ

    a. /ka+ɨmyən/   '가+으면'   → [kamyən]

    b. /kʰyə+ɨmyən/   '켜+으면'   → [kʰyəmyən]

    c. /no+ɨlo/   '노+으로'   → [noɾo]

    d. /pata+ɨlo/   '바다+으로'   → [padaɾo]

다른 모음과의 연결에서 반드시 ɨ가 탈락하는 사실은 한국어의 모음 중에서 ɨ를 가장 무표적인(unmarked) 모음으로 보는 근거가 된다.

요약

　이 장에서는 한국어의 음운현상을 동화와 비동화로 구분하여 살펴보았다. 동화는 이음변동과 형태음운변동으로 나눌 수 있다. 이음변동에는 유성음화, ㄴ-구개음화, ㅅ-구개음화, ㄹ-구개음화, 말음중화, 탄설음화가 있고 형태음운변동에는 위치동화, 장애음비음동화, ㄴ-설측음화, ㄷ-구개음화, ㄱ-구개음화, 움라우트, 모음조화 등이 있다. 동화주(trigger)가 피동화주(target)에게 관련 자질을 확산(spreading)시키는 작용이 동화작용이다. 비동화작용은 축약, 첨가, 탈락, 약화 등이 있다. 두 음이 하나의 음으로 융합(fusion)되는 것은 모음축약과 유기음화가 있다. 형태적 삽입으로는 ㄴ-첨가와 ㄷ-첨가 등이 있다. 기저의 음운이 탈락하는 것으로는 ㄹ-탈락, ㅎ-탈락, ㅡ-탈락 등이 있다.

1. 다음은 위치동화현상이다.

    a. /sin+mun/   '신문'   → [ʃimmun]

       /tot+poki/   '돋보기'   → [top˺pʼogi]

    b. /pat+ko/   '받고'   → [pak˺kʼo]

       /tan+kam/   '단감'   → [taŋgam]

    c. /kamki/   '감기'   → [kaŋgi]

(1) a, b, c에 나타난 위치동화현상의 패턴을 설명하시오(순음, 치경음, 연구개음을 사용하여).

(2) 위의 위치동화를 근거로 순음, 치경음, 연구개음 등의 조음위치의 강도를 비교하시오.

(3) 자립분절적으로 위치동화를 분석하면 위치동화를 일으키는 음의 관련 자질은 무엇인가?

2. 다음은 구개음화현상이다.

    a. /mati/   '마디'   → [madi]

       /titi+ta/   '디디다'   → [tidida]

       /əti/   '어디'   → [ədi]

       /puti/   '부디'   → [pudi]

    b. /patʰ+ilaŋ/   '밭이랑'   → [panniraŋ]

       /patʰ+il/   '밭일'   → [pannil]

    c. /patʰ+i/   '밭이'   → [pačʰi]

       /kut+hi+ta/   '굳히다'   → [kučʰida]

    d. /kilim/   '기름'   → [čirim]

       /kimčʰi/   '김치'   → [čimčʰi]

       /kil/   '길'   → [čil]

(1) c와 d의 구개음화현상을 구분하시오.

(2) a에서 구개음화가 일어나지 않는 이유를 역사적 사실과 관련하여 설명하시오.

(3) b에서 구개음화가 일어나지 않는 이유를 음운현상과 관련하여 설명하시오. 두 음운현상사이의 적용순서는 어떻게 되는가(출혈, 역출혈, 급여, 역급여).

(4) 구개음화를 일으키는 음은 무엇인가?

(5) 왜 구개음화가 일어나는지를 음운현상에 관계된 구강구조를 그리면서 설명하시오.

(6) 구개음화를 동화의 유형별로 기술하시오.

3. 다음은 비음동화이다.

　　a. /kuk+nɛ/　　　'국내'　　　→ [kuŋnɛ]

　　b. /tat̚+nin/　　　'닫는'　　　→ [tannin]

　　c. /apʰ+mun/　　　'앞문'　　　→ [ammun]

(1) 비음동화가 일어나는 이유를 음절과 관련하여 설명하시오.

(2) 자립분절적으로 볼 때 비음동화를 일으키는 자질은 무엇인가?

4. 아래의 현상을 보고 답하시오.

　　a. /an+ki+ta/　　　'안기다'　　　→ [ɛngida]

　　b. /mək+hi+ta/　　　'먹히다'　　　→ [mekʰida]

　　c. /nok+i+ta/　　　'녹이다'　　　→ [nögida]

　　d. /čuk+i+ta/　　　'죽이다'　　　→ [čügida]

　　e. /t'itki+ta/　　　'뜯기다'　　　→ [t'it̚k'ida]

(1) 위의 음운현상의 이름을 적으시오.

(2) 동화를 일으키는 음과 동화가 되는 음은 어떤 음인가?

(3) 위 음운현상의 규칙을 적으시오.

5. 다음의 음운현상을 보고 답하시오.

	a	b
① 값하다 /kaps+ha+ta/	→ [kaphata]	→ [kapʰata]
② 못하고 /mos+ha+ko/	→ [mot˺hako]	→ [motʰago]

(1) 위에서 b단계에 일어난 음운현상은 무엇인가?

(2) ①과 ②에서 a와 b단계에 일어난 음운현상의 이름을 적으시오.

①   ②

(3) a단계에 일어난 음운현상과 b단계에 일어난 음운현상은 어떤 관계가 있는가(출혈, 역출혈, 급여, 역급여)?

(4) ①에서 a단계에 일어난 음운현상을 음절구조와 관련지어 논하시오.

(5) ②에서 a단계에 일어난 음운현상을 음절구조와 관련지어 논하시오.

연습문제 정답

1장

1. 좌반구(좌뇌)

2. 국제음성문자(International Phonetic Alphabet)

3. 자음, 모음, 반모음이 어떤 체계를 이루고 있는지를 연구하는 것이 분절음체계이다. 분절음이 모여 음절을 이루고 음절 위에 음보(foot), 운율어(prosodic word), 운율구(prosodic phrase), 강세구(accentual phrase), 억양구(intonational phrase) 등이 있다. 이 단계에서 작용하는 강세, 성조, 억양, 장단 등의 체계를 연구하는 것이 운율체계이다.

4. 왼쪽에서부터 (조음음성학) (음향음성학) (청음음성학)

2장

1. (1) ① 아랫입술 ② 설첨 ③ 설단 ④ 전설 ⑤ 중설 ⑥ 후설 ⑦ 설근 ⑧ 후두개 ⑨ 윗입술 ⑩ 윗니 ⑪ 치경 ⑫ 구개치경 ⑬ 경구개 ⑭ 연구개 ⑮ 목젖(구개수) ⑯ 인강(인두) ⑰ 성문

   (2) ⑰ 성문

   (3) ⑭ 연구개 ⑮ 구개수

   　　비강음을 발음하기 위해서는 연구개는 내려오고 구개수는 앞으로 나온다. 구강음을 발음하기 위해서 연구개는 올라가고 구개수는 인강벽에 붙는다(그림 2.4 참고).

   (4) ④ 전설모음 ⑬ 경구개음

   (5) ⑥ 후설모음 ⑭ 연구개음

2. a. [s] 치경음 b. [t] 치경음 c. [pʰ] 양순음 d. [θ] 치간음
   e. [ɾ] 치경음 f. [v] 순치음 g. [ʃ] 구개치경음
   h. [y] 경구개음 i. [k] 연구개음 j. [n] 치경음
   k. [h] 성문음 l. [m] 양순음 m. [č] 구개치경음

3. [p]-[b]-[m]/ [f]-[ʒ]-[ŋ]/ [t]-[n]-[θ]/

   [i]-[I], [u]-[U], [ʊ]/ [æ], [o]-[ɔ], [ə]

4. [v], [w], [r], [z], [b], [I], [d], [g], [i], [m], [ð], [o]

5. a. [i] b. [ɔ] c. [ʊ] d. [ɛ] e. [v] f. [č] g. [ŋ] h. [h] i. [ð] j. [ʒ] k. [l]

6. b. 유성치경비음   c. 무성유기구개치경파찰음

   d. 유성연구개비음   e. 유성연구개파열음

   f. 무성순치마찰음   g. 무성구개치경마찰음

   h. 유성치경탄설음

7. b. [o] 원순후설(긴장)중모음

   c. [ɛ] 평순전설(이완)저모음(한국어), 평순전설이완중모음(기타 언어)

   d. [u] 원순후설(긴장)고모음

   e. [æ] 평순전설이완저모음

   f. [U] 원순후설이완고모음

8. b. 무성파열음 c. 치경음 d. 공명음 e. 비음 f. 마찰음 g. 유음 h. 연구개반
   모음 i. 고모음 j. 이완모음 k. 중모음

9. a. 저모음 b. 후설모음 c. 원순모음 d. 고모음 e. 이완모음 f. 고모음
   g. 중설모음 h. 원순전설모음 i. 원순후설·모음 j. 고모음

10. a. [e]와 [æ]를 제외하고 모두 고모음

    b. [e]와 [ɛ]를 제외하고 모두 원순모음, u를 제외하면 중모음

    c. [æ]를 제외하고 모두 중설·후설모음

    d. [i]를 제외하고 모두 원순모음

3장

1. a. 유음 b. 마찰음 c. 반모음 d. 평순전설모음 e. 양순음 f. 원순후설모음
   g. 비자음 h. 유성자음

2. b. [ʃillaʃidɛ] c. [toŋɲip˺] d. [honɲibul] e. [hɛdoʃi] f. [puč hida] g. [kʼok˺či]

h. [ʃincʰon] i. [toldaɾi]

3.

	s'	k	n	čʰ	l
유성/무성	무성음	무성음	유성음	무성음	유성음
조음점	치경	연구개	치경	구개치경	치경
후두긴장과 기식의 유무	경음	평음		유기음	
구강중앙개방/ 구강측면개방	중앙	중앙	중앙	중앙	측면
구강음/비강음	구강음	구강음	비강음	구강음	구강음
조음방법	마찰음	파열음	비음	파찰음	설측음

4. a. [kuŋnɛ] b. [kamno] c. [kʰallal] d. [čəllado] e. [pɛŋɲi] f. [səmɲi] g. [kʼičʰi]
   h. [paŋpʼadak̚] i. [pandal] j. [nɛkʼa], [nɛt̚kʼa] k. [sʷoŋɲip̚] l. [allyak̚],
   [aʎʎyak̚] m. [nakʰa] n. [myətʰɛ] o. [tak̚tʼo] p. [kuə], [kwə:] q. [nup̚tʼa]
   r. [čəntʰoŋmunpʼəp̚]

5. a. Courtenay, Sapir b. Jakobson c. Bloomfield d. Trubetzkoy, Jakobson
   e. Daniel Jones

6. (1) 아니다. (2) 움라우트의 결과 생긴 이음이다.

7. a. /kʼita/ '끼다'   /kʼuta/ '꾸다'
   b. /soli/ '소리'   /sali/ '사리'
   c. /pam/ '밤'   /pap/ '밥'

8. (1) 한국어의 /k, t, p/가 A에서 보듯이 공명음 사이에서만 [g, d, b]로 나타
   나므로 이음이다.

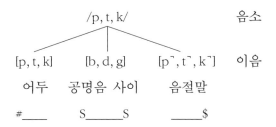

(2) 영어의 [g, d, b]는 어두(B)에서 최소대립쌍을 찾을 수 있으므로 음소이다.

(3) 한국어에서 [g, d, b]는 이음이고 영어에서 [g, d, b]는 음소이다.

9. (1) [k, kʰ]는 한국어에서 최소대립쌍 /kita/ '기다', /k'ita/ '끼다'와 /kʰita/ '키다'에서 나타나므로 음소이다.

(2) [g, k˺]는 음소 /k/의 이음이다.

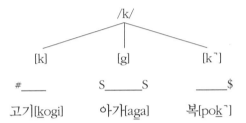

[kogi] '고기'처럼 공명음 사이에서는 /k/가 유성음 [g]로 실현되고 [pok˺] '복'처럼 음절말에서는 /k/가 불파음 [k˺]로 실현된다.

4장

1. 다음 자음들과 관련된 자질을 +/-로 표시하시오.

	m	l	θ	s	č	g	w
sonorant	+	+	−	−	−	−	+
consonantal	+	+	+	+	+	+	−
continuant	−	−	+	+	−	−	+
voiced	+	+	−	−	−	+	+
labial	+	−	−	−	−	−	+
anterior	+	+	+	+	−	−	−
coronal	−	+	−	+	+	−	−
dorsal	−	−	−	−	−	+	+
back	−	−	−	−	−	+	+
nasal	+	−	−	−	−	−	−
lateral	−	+	−	−	−	−	−
strident	−	−	−	+	+	−	−

2. 다음 모음들과 관련된 자질을 +/-로 표시하시오.

	a	o	I	u	i	ɛ(한국어)	ɨ
high	–	–	+	+	+	–	+
low	+	–	–	–	–	+	–
back	+	+	–	+	–	–	+
tense	–	+	–	+	+	–	–
round	–	+	–	+	–	–	–

3. 장애음의 자질표시는 다음과 같다.

	[cons]	[son]	[cont]	[del. rel.]
파열음	+	–	–	–
파찰음	+	–	–	+
마찰음	+	–	+	–

a.　　파열음　　　　파찰음　　　　마찰음

$$\begin{bmatrix} -cont \\ -del.\ rel. \end{bmatrix} \quad \begin{bmatrix} -cont \\ +del.\ rel. \end{bmatrix} \quad \begin{bmatrix} +cont \\ -son \end{bmatrix}$$

　　　파열음과 파찰음은 [-cont]로 마찰음은 [+cont]로 구별된다. 모음과 반모음도 [+cont]이므로 이들을 제외하기 위하여 마찰음에는 [-son] 이 필요하다. 파열음과 파찰음은 [del. rel.]로 구별된다. 파열음은 [-del. rel.]이고 파찰음은 [+del. rel]이다.

b. 비음과 유음은 공명음으로 [+son]이므로 [nasal]에 의해 구분된다. 비음은 [+nasal]이고 유음은 [-nasal]이다.

c. [+voice]

d. [-cons, +high, -back]

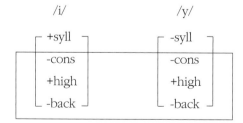

　　　　/i/　　　　　　　　　/y/

e. [∓lat] ([l]은 [+lat]이고 [ɾ]은 [-lat]) f. [+labial]

g. 비자음(m, n, ŋ)과 비모음(ã, õ, ũ..)

h. [-cons, -syll]

4. a. 원순모음 [+syll, +round] 또는 [+syll, +labial]

   b. 마찰음 [-son, +cont]   c. 중·저모음[+syll, -high]

   d. 공명음 [+son]   e. 유기음 [+SG]

5. a. 무성파열음 [p, p', pʰ, t, t', tʰ, k, k', kʰ]

   b. 고전설평순반모음: U.S. symbol로는 [y] (IPA로는 [j])

   c. 비자음 [m, n, ŋ] d. 전설저모음 [æ] 또는 [ɛ](한국어)

6. a. [e], 나머지는 모두 [+round]([+labial])인 원순모음

   b. [p], 나머지는 모두 [+nasal]인 비자음

   c. [p], 나머지는 모두 [+cor, +ant]인 치경음

   d. [t], 나머지는 모두 [+cont]인 마찰음

   e. [e], 나머지는 모두 [+high]인 고모음

   f. [g], 나머지는 모두 [+ant]인 자음

   g. [ɛ], 나머지는 모두 [+tense]인 긴장모음

   h. [v], 나머지는 모두 [-cont]인 파열음

   i. [w], 나머지는 모두 [+syll]인 모음

   j. [g], 나머지는 모두 [+cont]인 마찰음

   k. [n], 나머지는 모두 [-son]인 장애음

7.

	양순음	치경음	구개치경음	연구개음
coronal	−	+	+	−
anterior	+	+	−	−
labial	+	−	−	−
dorsal	−	−	−	+

8. a. [-cons, -syll] b. [-son, +cont] c. [-cont, +del. rel.]

   d. [+son] e. [+cons, +labial] f. [+syll, -high]

   g. [+syll, +high] h. [+syll, +round, +back, -low]

9. a. [b] [∓voice]   b. [z] [∓strident]

   c. [l] [∓lateral]   d. [h] [∓cont]

   e. [s] [∓strident]   f. [u] [∓syll]

   g. [ɨ] [∓high]   h. [u] [∓back]   i. [i] [∓tense]

10. a. [SG]/ [aspirated]   b. [CG]/[glottalized]

    c. [cont]   d. [nasal]   e. [cor]   f. [round]/[labial]

    g. 한국어인 경우 [low], 그렇지 않으면 [tense]

    h. [back] i. [high]

5장

1. a. 무성음화   b. 비모음화   c. 2차적 구개음화

   d. 1차적 구개음화   e. 원순음화   f. 연구개음화

2. [l]은 음절말에 [ɾ]은 모음과 모음 사이에 나타난다.

3. A: 2차적 구개음화(pʸ, tʸ, kʸ)

$$
\begin{bmatrix} -cont \\ -del.\ rel. \\ -voice \end{bmatrix} \rightarrow [+high] \ / \ \underline{\quad} \begin{bmatrix} -cons \\ +high \\ -back \end{bmatrix}
$$

   B: 1차적 구개음화

$$
\begin{bmatrix} -son \\ +cor \end{bmatrix} \rightarrow [-ant] \ / \ \underline{\quad} \begin{bmatrix} -cons \\ -back \\ +high \end{bmatrix}
$$

4. (1) [+syll] → [-back] / [+syll, -back]____

(2) [-son] → [αvoice] / ____[-son, αvoice]

5. (1) [s, sʷ, ʃ]는/s/의 이음이다.

(2)

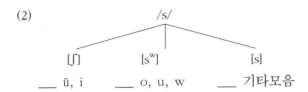

[ʃ]   [sʷ]   [s]

___ ü, i   ___ o, u, w   ___ 기타모음

    [ʃ]는 전설고모음 ü, i 앞에 나타나고, [sʷ]는 원순음 o, u, w 앞에 나타나고 [s]는 기타모음에 나타난다. /s/가 여러 환경에 나타나고 [sʷ]나 [ʃ] 보다 [s]가 일반적인 음이므로 음소가 된다.

(3) 음소에서 이음을 만들어 내는 규칙이다.

a. /s/ → [ʃ] /____i/y, ü (전설고모음/경구개반모음)

$$\begin{bmatrix} +cont \\ +cor \\ -voice \end{bmatrix} \rightarrow [-ant] \ / \ \_\_\_ \begin{bmatrix} -cons \\ +high \\ -back \end{bmatrix}$$

b. /s/ → [sʷ] / _____u, o, w (원순음)

$$\begin{bmatrix} -cont \\ +cor \\ +ant \\ -voice \end{bmatrix} \rightarrow [+lab] \ / \ \_\_\_ \ [+lab]$$

6. (1) /i/ 'ㅣ'와 /ɨ/ 'ㅡ'는 이음이다.

    (2)   /i/   [ɨ]   /k/

$$\begin{bmatrix} +syll \\ +high \end{bmatrix} \rightarrow [+back] \ / \ \begin{bmatrix} -syll \\ +cons \\ +back \end{bmatrix}$$

6장

1. [labial]

2. (1) ㄷ-삽입(사이 ㅅ)에서 두 명사 사이에 삽입되는 자음은 t이다. 또한 말음에서 /t, t', tʰ, s, s', č, č', čʰ, h/가 중화되어 모두 [t˺]가 된다. 따라서 가장 무표적인 자음은 /t/이다. (2) 모음 i와 다른 모음이 연속적으로 올 때 i가 탈락한다. 또한 어두자음군이나 어말자음군과 같은 서양외래어가 차용되면 i를 삽입하여 자음이 각각 다른 음절에 음절화 된다. 따라서 가장 무표적인 모음은 /i/이다.

   예: tr<u>o</u>phy → [tʰiropʰi]   de<u>sk</u> → [tesikʰi]

3. ㄷ-구개음화, 움라우트과 두음공기제약에서 /i, y/, 치경음 /t, t', tʰ, s, s'/와 구개치경음 /č, č', čʰ/는 [coronal] 자질을 가지는 자연부류를 이룬다(6장 4.4.3절 참조).

4. [+nasal] → [+son]

   [+lateral] → [+son]

5. [+son] → [+voice]

   [-son] → [-voice]

6. (1) a. ₙ[u<u>s</u> ₙ[os]]-il

       ω(ut˺) ω(osil)   → Φ(u<u>t</u>dosil)

   b. ₙ[tə<u>s</u> ₙ[os]]-i

       ω(tət˺) ω(osi)   → Φ(tə<u>do</u>ʃi)

   c. ₙ[ₙ[hilk] ₙ[akuŋi]]

       ω(hilk) ω(akuŋi)   → Φ(higaguŋi)

   d. ₙ[ₙ[puəkʰ] ₙ[an]]

       ω(puək˺) ω(an)   → Φ(puəgan)

   (2) a. ᵥₚ[ADVP[k'ok] ᵥ[oseyo]] '꼭오세요' → Φ(k'ogoseyo)

   b. NP[Det[ki ₙ[salam-in]] ᵥₚ[NP[čʰɛk-il] ADVP[ačV] ᵥ[čohahanta]

       '그 사람은 책을 아주 좋아한다.'

$\rightarrow$ Φ(kisaramɨn) Φ(čʰɛgil) Φ(ajujoahanda)

7장

1. (1) A. a. [pʰositʰɨ]   b. [tʰɨrək˺]   c. [kʰik˺]

B. a. [peltʰɨ]   b. [kiə]   c. [tesikʰɨ]

C. a. [pʰain]   b. [pʰail]   c. [peil]

D. a. [pʰodɨ]   b. [kʰodɨ]   c. [ʃyugə]

(2) 영어의 무성파열음 /p, t, k/는 한국어에서 무성유기파열음 [pʰ, tʰ, kʰ]로 영어의 유성파열음 /b, d, g/는 한국어에서 무성평파열음 [p, t, k]로 인식된다.

(3) 영어의 치간음 f, v는 한국어에 없으므로 차용된 후 가장 가까운 소리로 음절화된다. [f]는 [pʰ]로 [v]는 [p]로 음절화된다.

(4) a. Ford [pʰodɨ]   b. cord [kʰodɨ]

영어의 음절말 [r]이 한국어에서는 음절말에서 발음될 수 없으므로 탈락되었고 유성자음 [d]도 음절말에서 발음될 수 없으므로 모음 /ɨ/를 삽입하여 두음에 실현된다.

2. (1) 음절말에 p˺, t˺, k˺, n, m, ŋ, l(ㄱ, ㄴ, ㄷ, ㄹ, ㅁ, ㅂ, ㅇ)만이 발음된다.

(2) A: 말음중화

ㄲ, ㅋ → ㄱ

ㅅ, ㅆ, ㅈ, ㅊ, ㅌ → ㄷ

ㅂ, ㅍ → ㅂ

경음과 유기음은 모두 불파음으로 발음되고 ㅅ, ㅆ, ㅈ, ㅊ, ㅌ은 대표음 ㄷ로 소리난다.

B: 동일형태소내 자음군 C_1C_2가 어말에 오거나, 자음군 뒤에 자음으로 시작하는 어미나 조사가 올 때 자음 하나는 탈락한다. 자음군 ㄳ, ㄵ, ㄼ, ㄽ, ㄾ, ㅄ는 C_2가 탈락하고 C_1이 실현된다. 한국어의

음절은 두음과 말음에 자음을 하나밖에 허용하지 않기 때문에 생기는 현상이다.

C: 자음군 C_1C_2 뒤에 자음으로 시작하는 어미가 올 때 자음 하나는 탈락한다. 자음군이 ㄼ이면 ㄹ이 탈락하고 ㅂ이 실현된다.

D: 어간의 말음이 자음으로 끝났을 경우 모음으로 시작하는 어미가 오면 어간말음이 뒤에 오는 어미의 두음으로 음절화된다(젖으로 [저즈로], 곁에[거테]). 그러나 합성어의 경우 선행어간의 말음은 우선 말음중화를 겪은 다음 후행어간의 첫 음절의 두음으로 재음절화된다(젖어미 [저더미], 겉옷 [거돋], 헛웃음 [허두슴]).

3. ㄹ-비음화가 먼저 일어나고 비음동화가 일어나므로 ㄹ-비음화가 비음동화를 급여한다.

/kyək-li/   '격리'

kyək<u>n</u>i   ㄹ-비음화

kyə<u>ŋ</u>ni   비음동화

kyəŋ<u>ɲ</u>i   ㄴ-구개음화

4. (1) A a. [ɛ:]   b. [pö:da]   c. [onü]

       B a. [k'wə:]   b. [kak'wə]   c. [ʃyə], [ʃə]

(2) A: 모음축약 B: 반모음화

(3) 모음이 연속적으로 와서 모음충돌이 일어난다. 음절은 두음을 가져야 한다는 두음제약 때문에 모음축약, 모음탈락, 반모음화와 반모음 삽입현상이 일어나서 모음충돌현상이 해소된다.

5. (1) ㄴ-설측음화

(2) 동화주는 /l/이다. 한국어는 ln이나 nl의 연속을 꺼리는 연결제약이 있으므로 두 음의 연속은 중자음 [ll]으로 실현된다. n+l에서 단자음 [l]이 음절 초에서 발음되지 못하므로 n이 l에 동화되어 [ll]로 실현된다. 음절초에 오는 l은 음절말에 오는 n보다 공명도가 높으므로 음절접촉법칙을 위반한다. /n/이 /l/로 동화되면 공명도가 같은 [ll]로 발음되어 음절접촉법칙을 준수한다.

(3) /hultʰ+nin/ '훑는'에서 보듯이 tʰ가 탈락하고 그 결과 l+n도 ㄴ-설측음화가 일어난다. 즉, 자음군단순화가 ㄴ-설측음화를 급여한다.

/hultʰ+nin/   '훑는'

hulnin   자음군단순화

hullnin   ㄴ-설측음화

(4) /sol+namu/ '솔나무'가 [sonamu] '소나무'로 바뀐 것은 합성어에 일어나는 l-탈락 때문이다.

/sol+namu/   '소나무'

  sonamu   ㄹ-탈락

  _____   ㄴ-설측음화

ㄹ-탈락이 먼저 일어나서 설측음화가 일어날 환경을 막아 버리므로 ㄹ-탈락은 설측음화를 출혈한다.

6. (1) 한국어의 음절형판은 CGVC이므로 B에서 자음군 CC가 어말에 올 때 자음 1개는 탈락한다. C에서는 자음군 CC뒤에 자음 C로 시작하는 접미사나 어미가 와서 모음사이에 3개의 자음군 CCC가 온다. 두음과 말음에 자음을 1개만 허용하는 음절형판 때문에 자음 1개가 탈락한다.

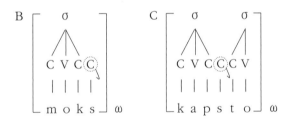

(2) A에서 자음군 CC 뒤에 모음으로 시작하는 접미사가 올 때 그들은 하나의 운율어를 이루고 자음 1개는 앞음절의 말음에 두 번째 자음은 뒷음절의 두음에 실현된다. 음절형판에 음절화 되는데 아무런 문제가 없다. D에서 합성어의 각 성분은 각각 운율어를 이루므로 /kaps/ '값'은 1개의 운율어를 이룬다. 음절형판이 CGVC이므로 운율

472

어 내에서 s는 음절화되지 못하고 탈락한다.

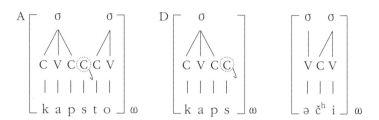

7. (1) A. a. lounge   →   [ɾaunʤi]

           b. line   →   [ɾain]

       B. a. rice box   →   [ɾaisibak˺s'i]

           b. restaurant   →   [ɾesitʰoɾaŋ]

       C. a. gear   →   [kiə]

           b. suger   →   [ʃyugə]

       D. a. oil   →   [oil]

           b. couple   →   [kʰəpʰil]

(2) 영어와 비교하여 A와 C에서 일어난 음운현상은 무엇인가?

     A: 탄설음화   C: r-탈락

(3) A에서는 한국어의 음절초에 단자음 [l]이 오지 못하게 하는 두음조건 때문에 영어의 /l/은 한국어에서 [ɾ]로 실현된다. C에서 한국어에는 음절말에 [ɾ]이 실현되지 못하는 말음조건 때문에 영어의 음절말 /r/은 한국어로 차용되어 실현되지 않는다.

8장

1. 모음의 길이로 의미구별

     (가) 배[船], 배[腹], 배[梨]의 모음은 단모음이나 배[倍]의 모음은 장모음이다.

(나) '첫눈', '눈에', '눈물인가', '눈에서는 사랑의 눈물'에서 '눈'의 모음 [u]
는 단모음이고, '눈에 눈이 들어가니', '눈물인가 눈물인가', '하늘에
서는 눈이 내리고'에서 '눈'의 모음 [uː]는 장모음이다.

2.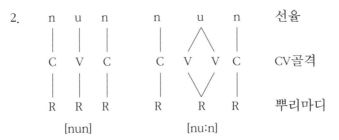

3. a. 두 개의 시간단위로 볼 때   b. 하나의 시간단위

4. 경상방언은 성조형이 제한되어 있고 1음절이나 2음절에서만 대체로 성
조가 변별적이므로 순수한 성조언어(tone language)라기보다 고저액센
트(pitch accent)로 분석된다.

5. 표준어에서 단어의 강세는 대체로 중음절이 강세를 가지므로 음절의
무게에 따라 음운론적으로 예측 가능하나 방언의 강세는 어휘적이므로
예측 불가능하다.

9장

1. (1) 선행음절의 말음에 오는 자음이 후행음절의 두음에 오는 자음의 위
치자질에 동화된다. a에서는 치경음이 양순음에 동화되고 b에서는
치경음이 연구개음에 동화되고 c에서는 양순음이 연구개음에 동화
된다.

   (2) 조음위치의 강도: 연구개음 〉 양순음 〉 치경음

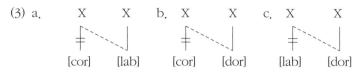

(3) a.
```
    X    X    b.  X    X    c.  X    X
    ‖    ⌐        ‖    ⌐        ‖    ⌐
    ⊥....⌐        ⊥....⌐        ⊥....⌐
   [cor] [lab]   [cor] [dor]   [lab] [dor]
```

     a: [labial]   b: [dorsal]   c: [dorsal]

2. (1) c: ㄷ-구개음화 d: ㄱ-구개음화

  (2) 단어 b는 17-18세기 구개음화가 일어날 때 이중모음 /i, y/로 이루어져 있어서 ㄷ-구개음화가 적용될 환경이 아니었다.

  (3) '밭이랑'과 '밭일'은 ㄴ-첨가가 일어나서 t/tʰ와 i/y가 인접하지 않으므로 ㄷ-구개음화가 일어날 수 없다.

    /patʰ+ilaŋ/

    patʰ+n+ilaŋ   ㄴ-첨가

    pat˥nilaŋ   말음중화

    [panniraŋ]   비음동화

      ㄴ-첨가가 구개음화를 출혈했다.

  (4) t와 tʰ뒤에 오는 i/y

  (5) t와 tʰ는 치경에서 발음되고 i/y는 구개치경에서 발음된다. 따라서 혀의 이동거리를 줄이기 위하여 /i/와 같은 위치에서 선행자음을 발음하려고 하여 t와 tʰ가 구개치경음 č와 čʰ로 발음된다.

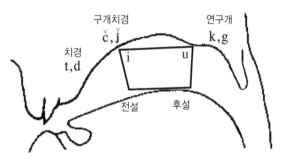

그림 9.1 ㄷ-구개음화

  (6) 인접동화, 역행동화, 자-모음간 동화, 부분동화

3. (1) 선행음절의 말음에 오는 장애음이 후행음절의 두음에 오는 비음보다 공명도가 낮아서 공명도상승이 일어나서 음절접촉법칙을 위배하고 있다. 비음동화가 일어나면 두 자음은 동일한 공명도 척도를 가지게 된다.

   (2) [+nasal]

4. (1) 움라우트

   (2) 동화주는 i/y이고 피동화주는 앞에 오는 중설과 후설모음이다.

   (3)

$$[\text{+syll}] \quad \rightarrow \quad [\text{-back}] \;/\; \underline{\hspace{2em}} \; C_1^2 \begin{bmatrix} \text{-cons} \\ \text{+high} \\ \text{-back} \end{bmatrix}$$

5. (1) 유기음화

   (2) ① /kaps+ha+ta/ ② /mos+ha+ko/

   kaphata 자음군단순화 motˉhako 말음중화

   kapʰata 유기음화 motʰago 유기음화

   (3) ①에서 자음군단순화가 유기음화를 급여하고 ②에서 말음중화가 유기음화를 급여한다.

   (4) ①에서 자음군단순화는 한국어의 음절이 두음과 말음에 한 개의 자음밖에 허용하지 않기 때문에 일어났다.

   (5) ②에서 음절말에서 마찰음은 발음될 수 없다는 말음조건 때문에 s가 파열음으로 중화되었다.

참고도서

강옥미(2002) "한국어 음운론에 있어서 복선음운론의 수용 양상과 전망", 한국어학 16, 한국어학회.

_____(1998) "한국어의 부분중첩에 대한 대응이론분석", 음성·음운·형태론 연구 4.1, 한국음운론학회.

_____(1996) "한국어 차용어 음운론에 대한 최적성 이론분석", 국어학 28, 국어학회.

_____(1994a) "한국어의 음절화", 어학연구 30.3, 서울대학교 어학연구소.

_____(1994b) "위치마디의 내부구조: ㄷ-구개음화, 움라우트와 위치동화를 중심으로", 국어학 24, 국어학회.

_____(1994c) "한국어의 음절구조", 어문논집 4, 숙명여자대학교 한국어문학연구소.

강창석(1984) "국어의 음절구조와 음운현상", 국어학 13, 국어학회.

고도흥·구희산 외 역(1995), 음성언어의 이해, 한신문화사.

구희산(1986) *An Experimental Acoustic Study of the Phonetics of Intonation in Standard Korean*, Ph.D. dissertation, University of Texas(한신출판사에서 출판).

권인한(1987) "국어의 음운현상과 음운자질(I)," 국어연구 76.

김기호(2001) "한국어 운율 연구의 전망", 한국언어학회 2001 겨울연구회 주제발표 논문자료집, 130-136.

____(2000) "억양음운론의 관점에서 본 영어와 한국어의 억양비교", ToBI와 K-ToBI를 중심으로, 대한 언어학회 특강자료.

_____(1999) "억양 음운론의 소개: 영어 억양을 중심으로", 음성과학 6, 119-143.

김무림(1992) 국어음운론, 한신문화사.

김선희(1993) "비운율단위로서의 음절", 음성 음운형태론 연구, 음운론연구회 창립 10주년 기념, 한국문화사.

김종훈(1989) "영어의 음절구조와 국어의 음운규칙", 영어영문학 5.3, 589-608, 한국영어영문학회.

김진우(1985) 언어 그 이론과 응용, 탑출판사.

김차균(1994) "겨레말 방언 성조론", 부산한글 13, 한글학회 부산지회.

_____(1990) "국어음운론에서의 강도의 기능", 언어 12.1, 한국언어학회.

_____(1987) "국어의 음절구조와 음절핵안에 일어나는 음운론적 과정", 말 12, 연세대학교.

_____(1980) 경상도방언의 성조체계, 과학사, 1977, 서울대학교 석사학위 논문.

_____(1979) "평측법과 징표", 인문과학연구소 논문집 6.1, 충남대학교.

_____(1978) "월속에서의 성조의 기능", 언어학 3, 한국언어학회.

김창섭(1991) "'하다' 형용사에서의 표현적 장음", 국어학의 새로운 인식과 전개, 민음사.

김효숙(1997) 모음간 예사소리, 된소리의 구분에 대한 실험음성학적 연구-자음의 폐쇄지속시간에 대한 청취실험을 중심으로-, 서울대학교 언어학과 석사학위 논문.

문효근(1974) 한국어성조소의 분석적 연구, 세종출판공사.

박경자·이재근 역(1996) 심리언어학입문 *An Introduction to Psycholinguistics*, Danny D. Steinberg. Longman Group, UK.

박종희(1985) 국어의 비모음화 현상에 대하여, 국어학 14, 국어학회.

박창원(1993) "현대국어의성의태어의 형태와 음운", 새국어생활 3.2, 국립 국어연구원.

배주채(1996) 국어음운론개설, 신구문화사.

성철재(1995) 한국어 리듬의 실험음성학적 연구, 서울대학교 박사학위논문.

송준만(1981) 정신문화와 두뇌-두뇌생리학적 문화분석-, 교문사.

신성철(2001) "표현적 장음의 기능", 국어연구의 이론과 실제, 이광호 교수 회갑기념논총, 1245-1261, 태학사.

신지영(2000) 말소리의 이해: 음성학·음운론 연구의 기초를 위하여, 한국 문화사.

심재기(1981) 국어어휘론, 집문당.

안병희(1968) "중세국어의 속격어미 ㅅ에 대하여", 이숭녕 박사 회갑논문집, 337-345, 을유문화사.

엄태수(1999) "국어형태소에 대한 제약중심 설명", 한국어음운규칙연구, 343-358, 국학자료원.

오정란(1993a) 현대국어음운론, 형설출판사

_____(1993b) "국어음운현상에서의 지배관계", 음성 음운 형태론연구, 음운론연구회 창립 10주년 기념, 한국문화사.

_____(1987) 경음의 국어사적 연구, 고려대학교 박사학위논문, 한신문화사.

유재원(1989) "현대국어의 된소리와 거센소리에 대한 연구", 한글 203, 25-43, 한글학회.

_____(1988) "현대국어의 악센트 규칙에 관한 연구", 성곡논총 19, 293-322.

이기문·김진우·이상억(2000 증보판) 국어음운론, 학연사.

이기정·한문섭(1999) "광고언어의 음운론적 분석", 한국광고학보 1.1, 한국광고교육학회.

이병근(1986) "발화에 있어서의 장음", 국어학 15, 11-40, 국어학회.

이상억(1990) "현대국어 음변화 규칙의 기능분담량", 어학연구 26, 441-468, 서울대학교.

이숭녕(1960) "현대 서울말의 악센트의 고찰", 국어학논고, 동양출판사.

이승재(1985) "현대국어의 장모음의 음절구조적 해석", 제9회 어학연구회 요지 발표문.

이익섭(2001) 국어학개설, 개정판, 학연사.

_____(1994) 국어학개설, 학연사.

_____(1967) "복합명사의 액센트고찰-구와 구형 복합어를 구분시켜 주는 marker를 찾기 위한 시고로서", 학술원 논문집 6.

이지양(1998) 국어의 융합현상, 국어학총서 22, 국어학회.

이혁화(1994) 금릉방언의 성조연구, 국어연구 119.

이현복(1985) 한국어의 표준발음, 대한음성학회(1971).

_____(1974) "서울말의 리듬과 억양", 어학연구 10.2, 서울대 어학연구소.

_____(1973) "현대 한국어의 악센트", 문리대학보 113-128, 서울대학교 문리과대학교.

_____(1971) "현대 서울말의 모음음가", 어학연구 7.2, 서울대 어학연구소

이호영(2001) "한국어의 억양교육", 제2차 한국어세계화 국제학술대회 발표원고, 한국어세계화재단 & 한국어세계화추진위원회.

_____(2000) "Acoustic Cues of Korean Nuclear Tones", 어학연구 36.2, 서울대학교 어학연구소.

_____(1997) 국어운율론, 한국연구원.

_____(1996) 국어음성학, 태학사.

_____(1990) *The Structure of Korean Prosody*, 런던대학교 박사학위논문(한신출판사에서 출판).

전상범(1997) 생성음운론, 탑출판사.

_____(1995) 영어음성학개론, 을유문화사.

_____(1980) "Lapsus Liguae의 음운론적 해석", 언어 5.2, 15-32, 한국언어학회.

정국(1994) 생성음운론의 이해, 한신문화사.

정연찬(1997) 개정 한국어 음운론, 한국문화사.

_____(1977) 경상도방언성조연구, 탑출판사.

_____(1969) 국어성조의 기능분담량에 대하여, 여당 김재윤 박사 회갑기념 논총집.

정인섭(1965) "우리말 액센트는 고저 액센트다", 중앙대학교 논문집 10, 중앙대학교.

최명옥(1998) "동남방언의 성조형과 그 분포", 한국어 방언연구의 실제 125-154, 태학사.

최성원·전종호(1998) "한국어 경음·기음은 중복자음인가?-폐음절 모음의 단축화를 중심으로-", 어학연구 34.3, 521-546, 서울대학교 어학연구소.

최현배(1939) 우리말본, 정음사.

허웅(1985) 국어음운학-우리말 소리의 오늘·어제, 샘문화사.

_____(1954) "경상방언의 성조", 외솔 최현배 선생 환갑기념논문집 사상계사.

Ahn, Sang-Cheol(1988) A Revised Theory of Syllable Phonology, *Linguistic Journal of Korean* 13.2, 333-362.

_____(1985) *The Interplay of Phonology and Morphology in Korean*, Ph. D. dissertation, University of Illinois at Urbana Champagne.

Archangeli, Diana(1984) *Underspecification in Yawelmany: Phonology and Morphology*, Ph. D. dissertation, MIT.

Bloomfield, L.(1933) *Language*, New York: Holt, Reinhart and Winston.

Campbell, L.(1974) Phonological Features: Problem and Proposals, *Language* 50, 52-65.

Cho, Mi-Hui(1994) *Vowel Harmony in Korean: A Grounded Phonology Approach*, Ph. D. dissertation, Indiana University.

Chomsky, Noam(1986) *Barriers*, Cambridge, Massachusetts: MIT Press.

_____(1981) *Lectures on Government and Binding*, Dordrecht: Foris.

_____(1973) Conditions on Transformation, *A Festchrift for Morris Halle*, (ed.) by S. Anderson and P. Kiparsky, 232-86, New York: Holt Rinehart and Winston.

_____(1971) Deep Structure, Surface Structure and Semantic Interpretation, in Steinberg and Jakobovites, 193-216, Reprinted in Chomsky(1972) 62-119, [*Studies on Semantics in Generative Grammar*, The Hague: Morton].

_____(1965) *Aspects of the Theory of Syntax*, Cambridge, Massachusetts: MIT Press.

Chomsky, Noam and Morris Halle(1968) *The Sound Pattern of English*, New York: Harper and Row.

Chung, Chin-Wan(2000) An Optimality-theoretic Account of Vowel Harmony in Korean Ideophones, Studies in Phonetics, *Phonology and*

Morphology 6.2, 431-450.

Chung, Kook(1980) *Neutralization in Korean: A Functional View*, Ph.D. dissertation, University of Texas, Austin.

Clements, G. N.(1993) Lieu d'articulation des Consonnes et des Voyelles: une Théorie Unifée, in Laks and Rialland(eds.), 101-45, [Revised Translation of Clements 1991].

_____(1991) Place of Articulation in Consonants and Vowels in a Unified Theory, ms. Cornell University.

_____(1990) The Role of Sonority Cycle in Core Syllabification, in J. Kingston and M. Beckman(eds.), *Papers in Laboratory Phonology I: Between the Grammar and Physics of Speech*, 283-333, Cambridge: Cambridge University Press.

_____(1985) The Geometry of Phonological Features, *Phonology* 2, 225-251.

Clements, G. N. and Elizabeth V. Hume(1994) The Internal Organization of Speech Sounds(eds.), *Handbook of Phonology*, Blackwell Publishers Ltd.

Clements, G. N. and S. J. Keyser(1983) *CV Phonology*, Cambridge, Massachusetts: MIT Press.

Davis, Stuart(1985) *Topics in Syllable Geometry*, Ph. D. dissertation, University of Arizona.

Denes, P. B. & E. N. Pinson(1963) *The Speech Chain*, Bell Telephone Laboratories.

Fedge, E.(1969) The Nature of Phonological Primes, *Journal of Linguistics* 3, 1-36.

Fromkin, Victoria & Robert Rodman(1993) *An Introduction to Language*, 5th Edition, Harcourt Brace Jovanovich, Inc.

Giegerich, H. J.(1992) *English Phonology: An Introduction*, Cambridge:

Cambridge University Press.

Goldsmith, John(1976) An Overview of Autosegmental Phonology, in Daniel Dinnsen(ed.), *Current Approaches to Phonological Theory*, Bloomington, Indiana University Press.

Halle, Morris(1995) Feature Geometry and Feature Spreading, *Linguistic Inquiry* 26, 1-46.

_____(1992) Phonological Features, in W. Bright (ed.), *International Encyclopedia of Linguistics*, vol. 3, 207-12, Oxford: Oxford University Press.

_____(1959) *The Sound Pattern of Russian*, The Hague: Mouton.

Halle, Morris and Jean-Roger Vergnaud(1980) Three Dimensional Phonology, *Journal of Linguistic Research* 1, 83-105.

Halle, Morris and K. Stevens(1971) A Note on Laryngeal Features, *Quarterly Progress Report* 101, 198-222, Cambridge, M. A. Research Laboratory of Electronics MIT.

Han, Jeong-Im(1996) *The Phonetics and Phonology of "Tense and Plain"Consonants in Korean*, Ph. D. dissertation, Cornell University.

Hayes, Bruce(1989) The Prosodic Hierarchy in Meter, in P. Kiparsky and G. Youmans(eds.), *Perspectives on Meter*, 203-260, New York: Academic Press.

_____(1986) Inalterability in CV Phonology, *Language* 62, 321-351.

Hooper, Joan B.(1976) *An Introduction to Natural Generative Phonology*, New York: Academic Press.

_____(1972) The Syllable in Phonological Theory, *Language* 48, 525-540.

Hume, Elisabeth(1990) Front Vowels, Palatal Consonants and the Rule of Umlaut in Korean, *the Proceedings of NELS* 20, 230-243, GLSA, University of Massachusetts, Amherst.

Hyman, Larry M.(1985) *A Theory of Phonological Weight*, Dordrecht: Foris.

Ito, Junko(1986) *Syllable Theory in Prosodic Phonology*, Ph. D. dissertation, University of Massachusetts, Amherst.

Iverson, G. and Kee-Ho Kim(1987) On Word-Initial Avoidance in Korean, in S. Kuno et al., (eds.), *Harvard Studies in Korean Linguistics II*, 377-393, Seoul: Hanshin Publishing Co.

Jakobson, Roman(1962) *Selected Writings I, Phonological Studies*, The Hague: Mouton.

_____(1960/71) "Why Mama and Papa?" in *Perspectives in Psychological Theory Dedicated to Heinz Werner, New York*, Reprinted in Roman Jakobson, Selected Writings I, 538-545. The Hague: Mouton.

Jakobson, Roman and Morris Halle(1956) *Fundamentals of Language*(Janua Linguarum, 1), The Hague: Mouton.

Jesperson, Otto(1904) *Lehrbuch der Phonetik*, Leipzig Berlin: Teubner.

Jones, Daniel(1918) *An Outline of English Phonetics*, Leipzig & Berlin, 3rd. ed., Cambridge: W. Heffner & Sons. Ltd., 1932.

Jun, Sun-Ah(2000) K-TobI(Korean ToBI) Labelling Conventions(Version 3.0), *Korean Journal of Speech Sciences* 7: 143-169.

Jun, Sun-Ah(1993/96) *The Phonetics and Phonology of Korean Prosody*, Ph.D. Dissertation, the Ohio State University, [Published in 1996 by Garland, New York].

Jun, Jongho(1994) Metrical Weight Consistency in Korean Partial Reduplication, *Phonology* 11, 69-88.

_____(1993) Prosodic Approach on Korean Partial Reduplication, in *Japanses/Korean Linguistics* 2, 130-146, Stanford: CSLI.

_____(1991) Weight Consistency in Korean Partial Reduplication of Korean Mimetics, *Harvard Studies in Korean Linguistics 4*, 83-95, Seoul: Hanshin Pub. Co.

Kahn, Daniel(1976) *Syllable-based Generalization in English Phonology*, Ph.

D. dissertation, MIT.

Kang, Ongmi(1999a) A Correspondence Approach to Glide Formation in Korean, *Journal of Korean Linguistic* 24.4., 477-496.

_____(1999b) A Correspondence Analysis on Hiatus Resolution in Korean, *Studies in Phonetics, Phonology and Morphology*, Vol 5. No. 1, 1-24.

_____(1993) Prosodic Word-level Rules in Korean, in *Japanese/Korean Linguistics* 2, CSLI, Stanford University.

_____(1992a) Word-Internal Prosodic Words in *Korean, in the Proceedings of NELS* 22, 243-258, GLSA, University of Massachusetts, Amherst.

_____(1992b) *Korean Prosodic Phonology*, Ph. D. dissertation, University of Washington.

_____(1989) *Conditions on T-epenthesis in Korean Noun Compounds*, MA thesis, University of Washington.

Kang, Seok-Keun(1992) *A Moraic Study of Some Phonological Phenomena in English and Korean*, Ph. D. dissertation. University of Illinois at Urbana-Champaigne.

Kean, M.(1975) *The Theory of Markedness in Generative Grammar*, Ph. D. dissertation, MIT.

Kenstowicz, Michael and Charles Kisserberth(1979) *Generative Phonology*, Academic Press.

Kenstowicz, Michael(1994) *Phonology in Generative Grammar*, Blackwell Publishers Ltd.

Kim, Chin-Wu(1970) A Theory of Aspiration, *Phonetica* 21, 107-116.

_____(1965) On the Autonomy of the Tensity Features in Stop Classification, *Word* 21, 339-359.

Kim, Jong-Mi(1986) *Phonology and Syntax of Korean Morphology*, Ph. D. dissertation, University of Southern California.

Kim, Kee-Ho(1987) *The Phonological Representation of Distinctive Features: Korean Consonantal Phonology*, Ph. D. dissertation, University of Iowa.

Kim, Sun-Hee(1989) The Behavior of /h/ in Korean, in Kuno et al. (eds) *Harvard Studies in Korean Linguistics* III, 117-126, Seoul: Hanshin Pub. Co.

Kim, Young-Seok(1984) *Aspects of Korean Morphology*, Ph. D. dissertation, University of Texas at Austin.

Kim-Renaud, Yeong-Kye(1974) *Korean Consonantal Phonology*, Ph. D. dissertation, University of Hawaii.

Kiparsky, Paul(1982) Lexical Phonology and Morphology, in I.S. Yang(ed.), *Linguistics in the Morning Calm I*, Linguistic Society of Korea, Seoul: Hanshin Pub. Co.

Kiparsky, Paul(1979) Metrical Structure Assignment is Cyclic, *Linguistic Inquiry* 10, 421-442.

Ladfoged, Peter(1982) *A Course in Phonetics*, 2nd ed., New York: Harcourt, Brace and Jovanovich Inc.

Language Files(1991) 5th Ed., Dept. of Linguistics, Ohio State University.

Leben, W.(1982) Metrical or Autosegmental, in Harry van der Hulst and Norval Smith(eds.), *The Structure of Phonological Representations*, Part II, Dordrecht: Foris.

Leben, W.(1973) *Suprasegmental Phonology*, Ph. D. dissertation, MIT.

Leben, W.(1971) Suprasegmental and Segmental Representations of Tone, *Studies in African Linguistics*, Supplement 2.

Lee, Byung-Gun(1982) A Well-formedness Condition on Syllable Structure, in the *Linguistic Society of Korea*, (ed.), *Linguistics in the Morning Calm* I: 489-506, Seoul: Hanshin Pub. Co.

Lee, Jin-Sung(1992) *Phonology and Sound Symbolism of Korean Ideophones*,

Ph. D. dissertation, Indiana University.

Lee, Juhee(2002) The Stratified Phonological Lexicon, a Handout from 10th Manchester Phonology Meeting, at the University of Manchester.

Lee, Shin-Sook(1994) *Theoretical Issues in Korean and English Phonology*, Ph. D. dissertation, University of Wisconsin-Madison.

Lee, Youngsung(1993) *Topcis in Vowel Phonology of Korean*, Ph. D. dissertation, Indiana University.

Levin, Juliette(1985) *A Metrical Theory of Syllabicity*, Ph. D. dissertation, MIT, Cambridge, Massachusetts.

Martin, Samuel(1951) Korean Phonemics, *Word* 20, 519-533.

McCarthy, John(1988) Feture Geometry and Dependency: A Review, *Phonetica* 43, 84-108.

McCarthy, John(1986) OCP Effects: Gemination and Antigemination, *Linguistic Inquiry* 17, 207-263.

Murray, R. W. and T. Vennemann(1983) Sound Change and Syllable Structure in Germanic Phonology, *Language* 59, 514-528.

Nespor, Marina and Irene Vogel(1986) *Prosodic Phonology*, Dordrecht: Foris.

Newman, Paul(1972) Syllable Weight as a Phonological Variable, *Studies in African Linguistics* 3, 301-323.

O'Grady, William, Michael Dobrovolsky and Mark Aronoff(1989), *Contemporary Linguistics: An Introduction*, St. Martin Press.

Oh, Mira(1993) Neutralization and Consonant Cluster Simplification as Coda Licensing in Korean, *Studies in Phonetics, Phonology and Morphology*, Phonology Workshop Linguistic Society of Korea, Hankuk Pub. Co.

_____(1992) A Reanalysis of Consonant Cluster Simplification and s-neutralization in Korean, a paper presented at the 8th International Conference on Korean Linguistics, Washington D. C.

Oh, Mira and Seunghwan Lee(1997) The Phonetics and Phonology of

Aspirated Consonants in Korean, *SICOL'* 97, 247-255.

Oh, Mira and Keith Johnson(1997) A Phonetic Study of Korean Intervocalic Laryngeal Consonants, *Korean Journal of Speech Sciences* 1, 83-100.

Prince, Alan and Paul Smolensky(1993) *Optimality Theory: Constraint Interaction in Generative Grammar*, New Brunswick, NJ: Rutgers University and University of Colorado, ms.

Pulgram, Ernst(1970) *Syllable, Word, Nexus, Census*, The Hague: Mouton.

Pulleyblank, Douglas(1988) Vocalic Underspecification in Yoruba, *Linguistic Inquiry* 19, 233-270.

_____(1986) *Tone in Lexical Phonology*, Dordrecht, Reidel.

Roca, Iggy and Wyn Johnson(1999) *A Workbook in Phonology*, Blackwell Publishers Ltd.

Sagey, Elisabeth(1986) *The Representation of Features and Relations in Nonlinear Phonology*, Ph. D. dissertation, MIT.

Sapir, Edward(1925) Sound Patterns in Language, *Language* 1, 37-51.

Saussure(1916), Ferdinand de(1916) *Cours de linguistique Général*, Paris: Payot. 영역(1959) Course in General Linguistics, trans. by Wade Baskin, New York: Philosophical Library.

Selkirk, Elisabeth and Tong Shen(1990) Prosodic Domains in Shanghai Chinese, in Sharon Inkelas and Draga Zec (eds.), *The Phonology-Syntax Connection*, 313-338, Chicago: University of Chicago Press.

Selkirk, Elisabeth(1986) On Derived Domains in Sentence, *Phonology* 3, 371-405.

_____(1984) *Phonology and Syntax: The Relation between Sound and Structure*, Cambridge: MIT Press.

_____(1982) The Syllable, in Harry van der Hulst and Norval Smith(eds.), *The Structure of Phonological Representations*, Part II, Dordrecht: Foris.

_____(1980) Prosodic Domains in Phonology: Sanskrit Revisited, in M. Aronoff and M. L. Kean(eds.), *Juncture, Saratoga*, Cal.: Anma Libri.

Shin, Ji-Hye(1996) Acoustic Features Differentiating Korean Medial Tense Stops, *SICOPS* '96, 53-69.

Shin, Seung-Hoon(1997) *Constraints Within and Between Syllables: Syllable Licensing and Contact in Optimality Theory*, Ph. D. dissertation, University of Indiana.

Silva, David James(1992) *The Phonetics and Phonology of Stop Lenition in Korean*, Ph. D. dissertation, Cornell University.

_____(1989) Determining the Domain for Intervocalic Stop Voicing in Korean, *Harvard Studies in Korean Linguistics* III, 177-187, Seoul: Hanshin Publishing Co.

Sloat, C., S. Taylor, and J. Hoard(1978) *Introduction to Phonology*, Prentice-Hall, Englewood Cliffs, New Jersey.

Sohn, Hyang-Sook(1987) *Underspecification in Korean Phonology*, Ph. D. Dissertation, University of Illinois at Urbana Champaigne.

Steriade, Donka(1987) Locality Conditions and Feature Geometry, in J. McDoonough and B. Plunkett(eds.), *the Proceedings of NELS* 17, 595-618, University of Massachusetts, Amherst.

_____(1982) *Greek Prosodies and the Nature of Syllabification*, Ph. D. dissertation, MIT, Cambridge, Massachusetts.

Trubetzkoy, Nicholai Sergejevicč(1939) Grundzüge der Phonologie, *Travaux du Cercle Linguistique de Prague* VIII, 2 aufl(1958). 영역(1969) *Principles of Phonology*, trans. Christine A. M. Baltaxe, Berkeley: University of California Press.

Vennemann, Theo(1988) *Preference Laws for Syllable Structure and the Explanation of Sound Change with Special Reference to German, Italian, Latin*, Berlin: Mouton de Gruyter.

Vennemann, Theo(1972) On the Theory of Syllabic Phonology, *Linguistiche Berichte* 18, 1-18.

Vogel, Irene(1990) The Clitic Group in Prosodic Phonology, Mascaró, J. and M. Nespor(eds.), *Grammars in Progress*, 447-454, Dordrecht: Foris.

Winteler, Jost(1876) *Die Kerenzer Mundart des Canton Glarus*, Leipzig.

Yu, Hae Bae(1992) *External Evidence for Representations, and Constraints in Korean and Japanese*, Ph. D. dissertation, State University of New York at Stony Brook.

Zec, Draga(1988) *Sonority Constraints on Prosodic Structure*, Ph. D. dissertation, Stanford University.

Zec, Draga and Sharon Inkelas(1992) The Place of Clitics in the Prosodic Hierarchy, *WCCFL* 10, CSLI, Stanford University.

찾아보기

찾아보기(한영)

Broca's area(브로카영역) 20

c

cardinal vowels(기본모음) 64, 65

careful speech style(신중한 말씨) 364, 375, 440

casual speech style(일상적인 말씨) 200, 375, 408, 440

central of the tongue(중설) 47, 63

central vowels(중설모음) 61

change(변화) 175, 391

class node(부류마디) 248

click(흡착음) 36

clitic group(접어군) 276

closed syllable(폐음절) 294

closed vowels(폐모음) 61

closure(폐쇄) 45

coarticulations(동시조음) 58

coda clusters(말자음군) 238, 292, 293, 317, 438

coda conditions(말음조건) 325

coda neutralization(말음중화) 110, 325

coda(말음) 57, 295, 296

compensatory lengthening(보상적 장모음화) 364

complement rules(보충규칙) 183, 184, 238

complementary distribution(상보적 분포) 95

consonant cluster simplification(자음군단순화) 314, 315

[consonantal]([cons]) 130

consonants(자음) 40, 42

[constricted glottis]([CG]) 126

constriction-based model(협착에 기반한 모형) 249, 258

contour tone(굴곡성조) 72, 156

core syllabification(핵음절화) 307

coronal node(설정음마디) 252, 253, 255, 257, 258

[coronal]([cor]) 134, 135, 142, 152, 158~160, 164, 201, 203, 217, 219, 227, 228, 248, 259, 260~268, 273, 274, 330, 345, 407, 419, 420, 422~424

coronals(설정음) 67, 142, 254, 255, 417, 439

counterbleeding(역출혈) 212

counterfeeding(역급여) 212

d

dark vowels(음성모음) 425

declination(계단내림) 386

deep structure(심층구조) 179

default rules(기정치규칙) 183, 238

deletion rule(탈락규칙) 192

deletion(탈락) 391, 451

delinking(연결선삭제) 215, 219, 228

derivation(도출) 189

descriptive adequacy(기술적 타당성) 186

diachronic(통시적 방법) 89

diphthongs(이중모음) 66, 234

disjunctive order(이접적 순서) 194

dissimilation(이화) 392, 435

mapping(사상) 280

marked(유표적) 158, 271

maximal onset principle(최대두음원칙) 306

maximal projection(최대투영) 283

melody(선율) 28, 153, 154, 251, 364

methathesis(음운전위) 193

metrical phonology(율격음운론) 4, 143, 155

mid back round vowel(원순후설중모음) 63

Mid level(가운데 수평조) 380, 384

mid vowels(중모음) 61

minimal pair(최소대립쌍) 92

minimal set(최소대립군) 93

minor articulator(부조음자) 256, 262

mirror image rules(경상규칙) 205, 336

mora(모라) 301~305, 348, 360

morphophonemic alternation(형태음운변동) 408

morphophonological alternation(형태음운론적 교체) 176

n

narrow transcription(정밀전사) 88

nasal cavity(비강) 38

nasal consonants(비자음) 41, 130, 132, 133

nasal place assimilation(비음위치동화) 210, 211

nasal sounds(비강음) 41, 53

nasal vowels(비강모음) 84, 130, 206

[nasal]([nas]) 157, 158, 227, 246, 341

natural classes(자연부류) 161

naturalness(자연성) 186, 188

n-deletion(ㄴ-탈락) 334

neuron(신경세포) 20

n-insertion(ㄴ-삽입) 440, 441

n-lateralization(ㄴ-설측음화) 113, 335, 342

non-linear phonology(복선음운론) 157

n-palatalization(ㄴ-구개음화) 111, 404

nuclear tone, boundary tone(핵억양) 379~381, 384~386

nucleus(핵) 295, 296

o

Obligatory Contour Principle(필수굴곡원리) 268, 330

obligatory glide formation(필수적 반모음화) 347

obstruent nasal assimilation(장애음-비음동화) 339

obstruents(장애음) 41

occipital lobe(후두엽) 20

one-tube track(일관형기관) 24, 25

onset clusters(두자음군) 238, 292, 293, 295, 317, 438

onset conditions(두음조건) 319, 324

onset constraints(두음제약) 306

onset cooccurrence constraints(두음공기제약) 267, 329

onset first principle(두음우선원리) 306

onset(두음) 57, 295, 296

open syllable(개음절) 444

open vowels(개모음) 61

postlexical rules(후어휘규칙)   279

Prague School(프라그학파)   89, 91, 92

predictability(예측성)   186

primary cardinal vowels(제1차 기본모음)   65

privative opposition(유무대립)   158

progressive assimilation(순행동화)   397

prominence(돋들림)   69

prosodic features(운율자질)   69, 143, 153, 357

prosodic hierarchy(운율계층구조)   276

prosodic licensing(운율인가)   306

prosodic phonology(운율음운론)   4, 227, 276, 301

prosodic phrase, phonological phrase(운율구)   28, 227, 276, 278, 283, 307, 310, 313, 336, 340, 400, 404, 409, 414, 437, 453

Prosodic Structure Wellformedness Constraint (운율구조적형제약)   277

prosodic words, phonological words(운율어)   276

pulmonic egressives(폐호기음)   35

pulmonic ingressives(폐흡기음)   35

r

radical underspecification(급진적 미명시이론)   237

readjustment rules(재조정규칙)   180

redundancy rules(잉여규칙)   181, 183, 228

redundant features(잉여자질)   29, 127

reduplicant(중첩사)   300

regressive assimilation(역행동화)   397

release(개방)   45, 360

replacement(대치)   391

respiratory organs(호흡기관)   36

resyllabification(재음절화)   310

rhyme(운모)   295~297

rhythm unit(말토막)   375

rhythm(리듬)   29, 357

Rise Fall(오르내림조)   380, 381, 385

rising diphthongs(상승이중모음)   60, 66

rising sonority(공명도상승)   339

root node(뿌리마디)   221, 249, 252, 321, 341, 345

round palatal glide(원순경구개반모음)   59, 114

round velar glide(원순연구개반모음)   110

round vowels(원순모음)   62

[round]([rnd])   152, 238, 239

[RTR](Retracted Tongue Root)   139, 252

s

secondary articulations(이차적 조음)   55

secondary cardinal vowels(제2차 기본모음)   65

segmental tier(분절음층위)   229

segments(분절음)   40

semi vowels(반모음)   40, 59

semi-consonants(반자음)   40

sentence stress(문장강세)   71, 374

sibilants(치찰음)   133

simple vowels(단모음)   60